中国检察年鉴

PROCURATORIAL YEARBOOK OF CHINA

（重要文件·大事记）

最高人民检察院《中国检察年鉴》编辑部 编

2020

中国检察出版社

图书在版编目（CIP）数据

中国检察年鉴. 2020 ／ 最高人民检察院《中国检察
年鉴》编辑部编. -- 北京：中国检察出版社，2024. 12
ISBN 978 - 7 - 5102 - 2670 - 0

Ⅰ. ①中… Ⅱ. ①最… Ⅲ. ①检察机关 - 工作 - 中国
- 2020 - 年鉴 Ⅳ. ①D926. 3 - 54

中国版本图书馆 CIP 数据核字（2021）第 252786 号

中国检察年鉴（2020）

最高人民检察院《中国检察年鉴》编辑部　编

责任编辑：俞　骊
技术编辑：王英英
美术编辑：徐嘉武

出版发行：中国检察出版社
社　　址：北京市石景山区香山南路 109 号（100144）
网　　址：中国检察出版社（www. zgjccbs. com）
编辑电话：(010) 86423718
发行电话：(010) 86423726　86423727　86423728
　　　　　(010) 86423730　86423732
经　　销：新华书店
印　　刷：北京联合互通彩色印刷有限公司
开　　本：787 mm × 1092 mm　16 开
印　　张：16. 5　插页 4
字　　数：507 千字
版　　次：2024 年 12 月第一版　　2024 年 12 月第一次印刷
书　　号：ISBN 978 - 7 - 5102 - 2670 - 0
定　　价：98. 00 元

编辑说明

一、《中国检察年鉴》是记载中国检察工作情况、及时反映检察工作全貌和各个年度的新发展、新成就的大型资料性年刊。年鉴以法律赋予检察机关的任务为轴心,收集了来自检察工作实践丰富、翔实的信息、数据和第一手资料。年鉴所采用的资料均由最高人民检察院各业务部门和省、自治区、直辖市人民检察院,解放军军事检察院,新疆生产建设兵团人民检察院组织专业人员撰写和提供,具有权威性和准确性。

二、《中国检察年鉴》从 1988 年创刊开始,每年编辑出版一期。《中国检察年鉴》2020 年刊反映的是 2019 年的情况,内容包括 7 个部分。

三、《中国检察年鉴》收录的资料,均未包括台湾省和香港、澳门特别行政区。

四、《中国检察年鉴》收录的资料,均截止到当年 12 月 31 日。

五、《中国检察年鉴》的编辑工作,得到各省、自治区、直辖市人民检察院,解放军军事检察院,新疆生产建设兵团人民检察院和最高人民检察院有关业务部门的大力支持和协助,谨在此表示衷心的感谢。《中国检察年鉴》在编辑工作中存在的缺点和不足,恳请读者提出宝贵意见。

《中国检察年鉴》编辑部

2022 年 12 月

目　录

· 第 三 部 分 ·
案例选载

· 第 二 部 分 ·
最高人民检察院司法解释选载

· 第四部分 ·
交流与合作

· 第五部分 ·
大 事 记

· 第六部分 ·
统 计 资 料

```
·  第 七 部 分  ·
       名      录
```

第 一 部 分

最高人民检察院重要文件选载

最高人民检察院　生态环境部　国家发展和改革委员会　司法部　自然资源部　住房城乡建设部　交通运输部　水利部　农业农村部国家林业和草原局关于印发《关于在检察公益诉讼中加强协作配合依法打好污染防治攻坚战的意见》的通知

2019 年 1 月 2 日　高检会〔2019〕1 号

各省、自治区、直辖市人民检察院、生态环境厅(局)及发展和改革委员会、司法厅(局)、自然资源、住房城乡建设、交通运输、水利、农业农村、林业和草原主管部门,解放军军事检察院,新疆生产建设兵团人民检察院、生态环境主管部门及发展和改革委员会、司法局、自然资源、住房城乡建设、交通运输、水利、农业农村、林业和草原主管部门:

现将《关于在检察公益诉讼中加强协作配合依法打好污染防治攻坚战的意见》印发给你们,请结合本地实际,认真贯彻落实。执行中遇到的问题,请及时向最高人民检察院、生态环境部及国家发展和改革委员会、司法部、自然资源部、住房城乡建设部、交通运输部、水利部、农业农村部、国家林业和草原局报告。

关于在检察公益诉讼中加强协作配合依法打好污染防治攻坚战的意见

为贯彻落实党中央、国务院关于打好污染防治攻坚战的各项决策部署,充分发挥检察机关、行政执法机关职能作用,最高人民检察院、生态环境部会同国家发展和改革委员会、司法部、自然资源部、住房城乡建设部、交通运输部、水利部、农业农村部、国家林业和草原局等部门,就在检察公益诉讼中加强协作配合,合力打好污染防治攻坚战,共同推进生态文明建设,形成如下协作意见。

一、关于线索移送的问题

1. 完善公益诉讼案件线索移送机制。各方应积极借助行政执法与刑事司法衔接信息共享平台的经验做法,逐步实现生态环境和资源保护领域相关信息实时共享。行政执法机关发现涉嫌破坏生态环境和自然资源的公益诉讼案件线索,应及时移送检察机关办理。

2. 建立交流会商和研判机制。各单位确定相关职能部门共同建立执法情况和公益诉讼线索交流会商和研判机制,由检察机关召集,每年会商一次,确有需要的,可随时召开。有关行政机关也可就本系统行政执法和公益诉讼线索情况单独进行交流会商,共同研究解决生态环境和资源保护执法中的突出问题。检察机关对生态环境和资源保护领域易发、高发的系统性、领域性问题,可以集中提出意见建议;行政执法机关对检察机关办案中的司法不规范等问题，可以提出改进的意见建议。

3. 建立健全信息共享机制。根据检察机关办理公益诉讼案件需要，行政执法机关向检察机关提供行政执法信息平台中涉及生态环境和资源保护领域的行政处罚信息和监测数据，以及环保督察等专项行动中发现的问题和线索信息。检察机关定期向行政执法机关提供已办刑事犯罪、公益诉讼等案件信息和数据信息。进一步明确移送标准，逐步实现行政执法机关发现公益诉讼案件线索及时移送检察机关、检察机关发现行政执法机关可能存在履职违法性问题提前预警等功能。

二、关于立案管辖的问题

4. 探索建立管辖通报制度。检察机关办理行政公益诉讼案件，一般由违法行使职权或者不作为的行政机关所在地的同级人民检察院立案并进行诉前程序。对于多个检察机关均有管辖权的情形，上级检察机关可与被监督行政执法机关的上级机关加强沟通、征求意见，从有利于执法办案、有利于解决问题的角度，确定管辖的检察机关。

5. 坚持根据监督对象立案。对于一个行政执法机关涉及多个行政相对人的同类行政违法行为，检察机关可作为一个案件立案；对于一个污染环境或者破坏生态的事件，多个行政机关存在违法行使职权或者不作为情形的，检察机关可以分别立案。

6. 探索立案管辖与诉讼管辖适当分离。上级检察机关可根据案件情况，综合考虑被监督对象的行政层级、生态环境损害程度、社会影响、治理效果等因素，将案件线索指定辖区内其他下级检察机关立案。在人民法院实行环境资源案件集中管辖的地区，需要提起诉讼的，一般移送集中管辖法院对应的检察院提起诉讼。

三、关于调查取证的问题

7. 建立沟通协调机制。检察机关在调查取证过程中，要加强与行政执法机关的沟通协调。对于重大敏感案件线索，应及时向被监督行政执法机关的上级机关通报情况。行政执法机关应积极配合检察机关调查收集证据。

8. 建立专业支持机制。各行政执法机关可根据自身行业特点，为检察机关办案在调查取证、鉴定评估等方面提供专业咨询和技术支持，如协助做好涉案污染物的检测鉴定工作等。检察机关可根据行政执法机关办案需要或要求，提供相关法律咨询。

9. 做好公益诉讼与生态环境损害赔偿改革的衔接。深化对公益诉讼与生态环境损害赔偿诉讼关系的研究，加强检察机关、行政执法机关与审判机关的沟通协调，做好公益诉讼制度与生态环境损害赔偿制度的配合和衔接。

四、关于司法鉴定的问题

10. 探索建立检察公益诉讼中生态环境损害司法鉴定管理和使用衔接机制。遵循统筹规划、合理布局、总量控制、有序发展的原则，针对司法实践中存在的司法鉴定委托难等问题，适当吸纳相关行政执法机关的鉴定检测机构，加快准入一批诉讼急需、社会关注的生态环境损害司法鉴定机构。针对鉴定规范不明确、鉴定标准不统一等问题，加快对生态环境损害鉴定评估相关标准规范的修订、制定等工作，建立健全标准规范体系。加强对鉴定机构及其鉴定人的监督管理，实行动态管理，完善退出机制，建立与司法机关的管理和使用衔接机制，畅通联络渠道，实现信息共享，不断提高鉴定质量和公信力。

11. 探索完善鉴定收费管理和经费保障机制。司法部、生态环境部会同国家发展和改革委员会等部门指导地方完善司法鉴定收费政策。与相关鉴定机构协商，探索检察机关提起生态环境公益诉讼时先不预交鉴定费，待人民法院判决后由败诉方承担。与有关部门协商，探索将鉴定评估费用列入财政保障。

12. 依法合理使用专家意见等证据。检察机关在办案过程中，涉及案件的专门性问题难以鉴定的，可以结合案件其他证据，并参考行政执法机关意见、专家意见等予以认定。

五、关于诉前程序的问题

13. 明确行政执法机关履职尽责的标准。对行政执法机关不依法履行法定职责的判断和认定，应以法律规定的行政执法机关法定职责为依据，对照行政执法机关的执法权力清单和责任清单，以是否采取有效措施制止违法行为、是否全面运用法律法规、规章和规范性文件规定的行政监管手段、国家利益或者社会公共利益是否得到了有效保护为标准。检察机关和行政执法机关要加强沟通和协调，可通过听证、圆桌会议、公开宣告等形式，争取诉前工作效果最大化。最高人民检察院会同有关行政执法机关及时研究出台文件，明确行政执法机关不依法履行法定职责的认定标准。

14. 强化诉前检察建议释法说理。检察机关制发诉前检察建议，要准确写明行政执法机关违法行使职权或者不作为的事实依据和法律依据，意见部分要精准、具体，并进行充分的释法说理。要严守检察权边界，不干涉行政执法机关的正常履职和自由裁量权。

15. 依法履行行政监管职责。行政执法机关接到检察建议书后应在规定时间内书面反馈，确属履职不到位或存在不作为的，应当积极采取有效措施进行整改；因客观原因难以在规定期限内整改完毕的，应当制作具体可行的整改方案，及时向检察机关说明情况；不存在因违法行政致国家利益和社会公共利益受损情形的，应当及时回复并说明情况。

六、关于提起诉讼的问题

16. 检察机关应依法提起公益诉讼。经过诉前程序，行政执法机关仍未依法全面履行职责，国家利益或者社会公共利益受侵害状态尚未得到实质性遏制的，人民检察院依法提起行政公益诉讼。

17. 行政执法机关应依法参与诉讼活动。进入诉讼程序的，行政执法机关应按照行政应诉规定相关要求积极参加诉讼，做好应诉准备工作，根据诉讼类型和具体请求积极应诉答辩。对于国家利益或者社会公共利益受到损害的情形，在诉讼过程中要继续推动问题整改落实，力争实质解决。对于法院作出的生效判决要严格执行，及时纠正违法行政行为或主动依法履职。

七、关于日常联络的问题

18. 建立日常沟通联络制度。各方应明确专门联络机构和具体联络人员，负责日常联络及文件传输等工作。各方可定期或不定期召开联席会议，共

同研讨解决生态环境和资源保护领域中存在的具体问题，以及司法办案中突出存在的确定管辖难、调查取证难、司法鉴定难、法律适用难、从严惩治难等问题。对于达成一致的事项，以会议纪要、会签文件、共同出台指导意见等形式予以明确。检察机关和各相关行政执法机关可以在日常工作层面进一步拓宽交流沟通的渠道和方式，建立经常性、多样化的交流沟通机制。

19. 建立重大情况通报制度。为切实保护国家利益和社会公共利益，及时处置突发性、普遍性等重大问题，对于涉及生态环境行政执法及检察公益诉讼的重大案件、事件和舆情，各方应当及时相互通报，共同研究制定处置办法，及时回应社会关切。在办案中发现相关国家机关工作人员失职渎职等职务违法犯罪线索的，应当及时移送纪检监察机关。

20. 建立联合开展专项行动机制。各方开展的涉及对方工作范围的专项行动等，可邀请对方参与，真正形成检察机关与行政执法机关司法、执法工作合力，共同促进生态环境和资源保护领域依法行政。

八、关于人员交流的问题

21. 建立人员交流和培训机制。各方可定期互派业务骨干挂职，强化实践锻炼，进一步优化干部队伍素质。检察机关可聘请部分行政执法机关业务骨干任命为特邀检察官助理，共同参与公益诉讼办案工作。检察机关和行政执法机关举办相关培训时，可以为各方预留名额，或邀请各方单位领导和办案骨干介绍情况，定期开展业务交流活动，共同提高行政执法和检察监督能力。

最高人民法院　最高人民检察院　公安部
关于依法惩治妨害公共交通工具安全驾驶
违法犯罪行为的指导意见

2019 年 1 月 8 日　公通字〔2019〕1 号

各省、自治区、直辖市高级人民法院、人民检察院、　公安厅(局)，新疆维吾尔自治区高级人民法院生产

建设兵团分院,新疆生产建设兵团人民检察院、公安局:

近期,一些地方接连发生在公共交通工具上妨害安全驾驶的行为。有的乘客仅因琐事纷争,对正在驾驶公共交通工具的驾驶人员实施暴力干扰行为,造成重大人员伤亡、财产损失,严重危害公共安全,社会反响强烈。为依法惩治妨害公共交通工具安全驾驶违法犯罪行为,维护公共交通安全秩序,保护人民群众生命财产安全,根据有关法律规定,制定本意见。

一、准确认定行为性质,依法从严惩处妨害安全驾驶犯罪

(一)乘客在公共交通工具行驶过程中,抢夺方向盘、变速杆等操纵装置,殴打、拉拽驾驶人员,或者有其他妨害安全驾驶行为,危害公共安全,尚未造成严重后果的,依照刑法第一百一十四条的规定,以以危险方法危害公共安全罪定罪处罚;致人重伤、死亡或者使公私财产遭受重大损失的,依照刑法第一百一十五条第一款的规定,以以危险方法危害公共安全罪定罪处罚。

实施前款规定的行为,具有以下情形之一的,从重处罚:

1. 在夜间行驶或者恶劣天气条件下行驶的公共交通工具上实施的;

2. 在临水、临崖、急弯、陡坡、高速公路、高架道路、桥隧路段及其他易发生危险的路段实施的;

3. 在人员、车辆密集路段实施的;

4. 在实际载客 10 人以上或者时速 60 公里以上的公共交通工具上实施的;

5. 经他人劝告、阻拦后仍然继续实施的;

6. 持械袭击驾驶人员的;

7. 其他严重妨害安全驾驶的行为。

实施上述行为,即使尚未造成严重后果,一般也不得适用缓刑。

(二)乘客在公共交通工具行驶过程中,随意殴打其他乘客,追逐、辱骂他人,或者起哄闹事,妨害公共交通工具运营秩序,符合刑法第二百九十三条规定的,以寻衅滋事罪定罪处罚;妨害公共交通工具安全行驶,危害公共安全的,依照刑法第一百一十四条、第一百一十五条第一款的规定,以以危险方法危害公共安全罪定罪处罚。

(三)驾驶人员在公共交通工具行驶过程中,与乘客发生纷争后违规操作或者擅离职守,与乘客斯

打、互殴,危害公共安全,尚未造成严重后果的,依照刑法第一百一十四条的规定,以以危险方法危害公共安全罪定罪处罚;致人重伤、死亡或者使公私财产遭受重大损失的,依照刑法第一百一十五条第一款的规定,以以危险方法危害公共安全罪定罪处罚。

(四)对正在进行的妨害安全驾驶的违法犯罪行为,乘客等人员有权采取措施予以制止。制止行为造成违法犯罪行为人损害,符合法定条件的,应当认定为正当防卫。

(五)正在驾驶公共交通工具的驾驶人员遭到妨害安全驾驶行为侵害时,为避免公共交通工具倾覆或者人员伤亡等危害后果发生,采取紧急制动或者躲避措施,造成公共交通工具、交通设施损坏或者人身损害,符合法定条件的,应当认定为紧急避险。

(六)以暴力、威胁方法阻碍国家机关工作人员依法处置妨害安全驾驶违法犯罪行为、维护公共交通秩序的,依照刑法第二百七十七条的规定,以妨害公务罪定罪处罚;暴力袭击正在依法执行职务的人民警察的,从重处罚。

(七)本意见所称公共交通工具,是指公共汽车、公路客运车,大、中型出租车等车辆。

二、加强协作配合,有效维护公共交通安全秩序

妨害公共交通工具安全驾驶行为具有高度危险性,极易诱发重大交通事故,造成重大人身伤亡、财产损失,严重威胁公共安全。各级人民法院、人民检察院和公安机关要高度重视妨害安全驾驶行为的现实危害,深刻认识维护公共交通秩序对于保障人民群众生命财产安全与社会和谐稳定的重大意义,准确认定行为性质,依法从严惩处,充分发挥刑罚的震慑、教育作用,预防、减少妨害安全驾驶不法行为发生。

公安机关接到妨害安全驾驶相关警情后要及时处警,采取果断措施予以处置;要妥善保护事发现场,全面收集、提取证据,特别是注意收集行车记录仪、道路监控等视听资料。人民检察院应当对公安机关的立案、侦查活动进行监督;对于公安机关提请批准逮捕、移送审查起诉的案件,符合逮捕、起诉条件的,应当依法予以批捕、起诉。人民法院应当及时公开、公正审判。对于妨害安全驾驶行为构成犯罪的,严格依法追究刑事责任;尚不构成犯罪但构成违

反治安管理行为的,依法给予治安管理处罚。

在办理案件过程中,人民法院、人民检察院和公安机关要综合考虑公共交通工具行驶速度、通行路段情况、载客情况、妨害安全驾驶行为的严重程度及对公共交通安全的危害大小、行为人认罪悔罪表现等因素,全面准确评判,充分彰显强化保障公共交通安全的价值导向。

三、强化宣传警示教育,提升公众交通安全意识

人民法院、人民检察院、公安机关要积极回应人民群众关切,对于社会影响大、舆论关注度高的重大案件,在依法办案的同时要视情向社会公众发布案件进展情况。要广泛拓展传播渠道,尤其是充分运用微信公众号、微博等网络新媒体,及时通报

案件信息、澄清事实真相,借助焦点案事件向全社会传递公安和司法机关坚决惩治妨害安全驾驶违法犯罪的坚定决心,提升公众的安全意识、规则意识和法治意识。

办案单位要切实贯彻"谁执法、谁普法"的普法责任制,以各种有效形式开展以案释法,选择妨害安全驾驶犯罪的典型案例进行庭审直播,或者邀请专家学者、办案人员进行解读,阐明妨害安全驾驶行为的违法性、危害性。要坚持弘扬社会正气,选择及时制止妨害安全驾驶行为的见义勇为事例进行褒扬,向全社会广泛宣传制止妨害安全驾驶行为的正当性、必要性。

各地各相关部门要认真贯彻执行。执行中遇有问题,请及时上报。

最高人民法院　最高人民检察院　公安部
印发《关于办理非法集资刑事案件若干问题的意见》的通知

2019 年 1 月 30 日　高检会〔2019〕2 号

各省、自治区、直辖市高级人民法院、人民检察院、公安厅(局),解放军军事法院、解放军军事检察院,新疆维吾尔自治区高级人民法院生产建设兵团分院、新疆生产建设兵团人民检察院、公安局:

为依法惩治非法吸收公众存款、集资诈骗等非法集资犯罪活动,维护国家金融管理秩序,保护公民、法人和其他组织合法权益,最高人民法院、最高人民检察院、公安部现联合印发《关于办理非法集资刑事案件若干问题的意见》,请认真贯彻执行。

最高人民法院　最高人民检察院　公安部
关于办理非法集资刑事案件若干问题的意见

为依法惩治非法吸收公众存款、集资诈骗等非法集资犯罪活动,维护国家金融管理秩序,保护公民、法人和其他组织合法权益,根据刑法、刑事诉讼法等法律规定,结合司法实践,现就办理非法吸收公众存款、集资诈骗等非法集资刑事案件有关问题提出以下意见:

一、关于非法集资的"非法性"认定依据问题

人民法院、人民检察院、公安机关认定非法集资的"非法性",应当以国家金融管理法律法规作为依据。对于国家金融管理法律法规仅作原则性规定的,可以根据法律规定的精神并参考中国人民银行、中国银行保险监督管理委员会、中国证券监督

管理委员会等行政主管部门依照国家金融管理法律法规制定的部门规章或者国家有关金融管理的规定、办法、实施细则等规范性文件的规定予以认定。

二、关于单位犯罪的认定问题

单位实施非法集资犯罪活动，全部或者大部分违法所得归单位所有的，应当认定为单位犯罪。

个人为进行非法集资犯罪活动而设立的单位实施犯罪的，或者单位设立后，以实施非法集资犯罪活动为主要活动的，不以单位犯罪论处，对单位中组织、策划、实施非法集资犯罪活动的人员应当以自然人犯罪依法追究刑事责任。

判断单位是否以实施非法集资犯罪活动为主要活动，应当根据单位实施非法集资的次数、频度、持续时间、资金规模、资金流向、投入人力物力情况、单位进行正当经营的状况以及犯罪活动的影响、后果等因素综合考虑认定。

三、关于涉案下属单位的处理问题

办理非法集资刑事案件中，人民法院、人民检察院、公安机关应当全面查清涉案单位，包括上级单位（总公司、母公司）和下属单位（分公司、子公司）的主体资格、层级、关系、地位、作用、资金流向等，区分情况依法作出处理。

上级单位已被认定为单位犯罪，下属单位实施非法集资犯罪活动，且全部或者大部分违法所得归下属单位所有的，对该下属单位也应当认定为单位犯罪。上级单位和下属单位构成共同犯罪的，应当根据犯罪单位的地位、作用，确定犯罪单位的刑事责任。

上级单位已被认定为单位犯罪，下属单位实施非法集资犯罪活动，但全部或者大部分违法所得归上级单位所有的，对下属单位不单独认定为单位犯罪。下属单位中涉嫌犯罪的人员，可以作为上级单位的其他直接责任人员依法追究刑事责任。

上级单位未被认定为单位犯罪，下属单位被认定为单位犯罪的，对上级单位中组织、策划、实施非法集资犯罪的人员，一般可以与下属单位按照自然人与单位共同犯罪处理。

上级单位与下属单位均未被认定为单位犯罪的，一般以上级单位与下属单位中承担组织、领导、管理、协调职责的主管人员和发挥主要作用的人员作为主犯，以其他积极参加非法集资犯罪的人员作为从犯，按照自然人共同犯罪处理。

四、关于主观故意的认定问题

认定犯罪嫌疑人、被告人是否具有非法吸收公众存款的犯罪故意，应当依据犯罪嫌疑人、被告人的任职情况、职业经历、专业背景、培训经历、本人因同类行为受到行政处罚或者刑事追究情况以及吸收资金方式、宣传推广、合同资料、业务流程等证据，结合其供述，进行综合分析判断。

犯罪嫌疑人、被告人使用诈骗方法非法集资，符合《最高人民法院关于审理非法集资刑事案件具体应用法律若干问题的解释》第四条规定的，可以认定为集资诈骗罪中"以非法占有为目的"。

办案机关在办理非法集资刑事案件中，应当根据案件具体情况注意收集运用涉及犯罪嫌疑人、被告人的以下证据：是否使用虚假身份信息对外开展业务；是否虚假订立合同、协议；是否虚假宣传，明显超出经营范围或者夸大经营、投资、服务项目及盈利能力；是否吸收资金后隐匿、销毁合同、协议、账目；是否传授或者接受规避法律、逃避监管的方法，等等。

五、关于犯罪数额的认定问题

非法吸收或者变相吸收公众存款构成犯罪，具有下列情形之一的，向亲友或者单位内部人员吸收的资金应当与向不特定对象吸收的资金一并计入犯罪数额：

（一）在向亲友或者单位内部人员吸收资金的过程中，明知亲友或者单位内部人员向不特定对象吸收资金而予以放任的；

（二）以吸收资金为目的，将社会人员吸收为单位内部人员，并向其吸收资金的；

（三）向社会公开宣传，同时向不特定对象、亲友或者单位内部人员吸收资金的。

非法吸收或者变相吸收公众存款的数额，以行为人所吸收的资金全额计算。集资参与人收回本金或者获得回报后又重复投资的数额不予扣除，但可以作为量刑情节酌情考虑。

六、关于宽严相济刑事政策把握问题

办理非法集资刑事案件，应当贯彻宽严相济刑事政策，依法合理把握追究刑事责任的范围，综合运用刑事手段和行政手段处置和化解风险，做到惩处少数、教育挽救大多数。要根据行为人的客观行为、主观恶性、犯罪情节及其地位、作用、层级、职务等情况，综合判断行为人的责任轻重和刑事追究的必要性，按照区别对待原则分类处理涉案人员，做到罚当其罪、罪责刑相适应。

重点惩处非法集资犯罪活动的组织者、领导者和管理人员，包括单位犯罪中的上级单位（总公司、母公司）的核心层、管理层和骨干人员，下属单位（分公司、子公司）的管理层和骨干人员，以及其他发挥主要作用的人员。

对于涉案人员积极配合调查、主动退赃退赔、真诚认罪悔罪的，可以依法从轻处罚；其中情节轻微的，可以免除处罚；情节显著轻微、危害不大的，不作为犯罪处理。

七、关于管辖问题

跨区域非法集资刑事案件按照《国务院关于进一步做好防范和处置非法集资工作的意见》（国发〔2015〕59号）确定的工作原则办理。如果合并侦查、诉讼更为适宜的，可以合并办理。

办理跨区域非法集资刑事案件，如果多个公安机关都有权立案侦查的，一般由主要犯罪地公安机关作为案件主办地，对主要犯罪嫌疑人立案侦查和移送审查起诉；由其他犯罪地公安机关作为案件分办地根据案件具体情况，对本地区犯罪嫌疑人立案侦查和移送审查起诉。

管辖不明或者有争议的，按照有利于查清犯罪事实、有利于诉讼的原则，由其共同的上级公安机关协调确定或者指定有关公安机关作为案件主办地立案侦查。需要提请批准逮捕、移送审查起诉、提起公诉的，由分别立案侦查的公安机关所在地的人民检察院、人民法院受理。

对于重大、疑难、复杂的跨区域非法集资刑事案件，公安机关应当在协调确定或者指定案件主办地立案侦查的同时，通报同级人民检察院、人民法院。人民检察院、人民法院参照前款规定，确定主要犯罪地作为案件主办地，其他犯罪地作为案件分办地，由所在地的人民检察院、人民法院负责起诉、审判。

本条规定的"主要犯罪地"，包括非法集资活动的主要组织、策划、实施地，集资行为人的注册地、主要营业地、主要办事机构所在地，集资参与人的主要所在地等。

八、关于办案工作机制问题

案件主办地和其他涉案地办案机关应当密切沟通协调，协同推进侦查、起诉、审判、资产处置工作，配合有关部门最大限度追赃挽损。

案件主办地办案机关应当统一负责主要犯罪嫌疑人、被告人涉嫌非法集资全部犯罪事实的立案侦查、起诉、审判，防止遗漏犯罪事实；并应就全案处理政策、追诉主要犯罪嫌疑人、被告人的证据要求及诉讼时限、追赃挽损、资产处置等工作要求，向其他涉案地办案机关进行通报。其他涉案地办案机关应当对本地区犯罪嫌疑人、被告人涉嫌非法集资的犯罪事实及时立案侦查、起诉、审判，积极协助主办地处置涉案资产。

案件主办地和其他涉案地办案机关应当建立和完善证据交换共享机制。对涉及主要犯罪嫌疑人、被告人的证据，一般由案件主办地办案机关负责收集，其他涉案地提供协助。案件主办地办案机关应当及时通报接收涉及主要犯罪嫌疑人、被告人的证据材料的程序及要求。其他涉案地办案机关需要案件主办地提供证据材料的，应当向案件主办地办案机关提出证据需求，由案件主办地收集并依法移送。无法移送证据原件的，应当在移送复制件的同时，按照相关规定作出说明。

九、关于涉案财物追缴处置问题

办理跨区域非法集资刑事案件，案件主办地办案机关应当及时归集涉案财物，为统一资产处置做好基础性工作。其他涉案地办案机关应当及时查明涉案财物，明确其来源、去向、用途、流转情况，依法办理查封、扣押、冻结手续，并制作详细清单，对扣押款项应当设立明细账，在扣押后立即存入办案机关唯一合规账户，并将有关情况提供案件主办地办案机关。

人民法院、人民检察院、公安机关应当严格依照刑事诉讼法和相关司法解释的规定，依法移送、审查、处理查封、扣押、冻结的涉案财物。对审判时尚未追缴到案或者尚未足额退赔的违法所得，人民法院应当判决继续追缴或者责令退赔，并由人民法院负责执行，处置非法集资职能部门、人民检察院、公安机关等应当予以配合。

人民法院对涉案财物依法作出判决后，有关地方和部门应当在处置非法集资职能部门统筹协调下，切实履行协作义务，综合运用多种手段，做好涉案财物清运、财产变现、资金归集、资金清退等工作，确保最大限度减少实际损失。

根据有关规定，查封、扣押、冻结的涉案财物，一般应在诉讼终结后返还集资参与人。涉案财物不足全部返还的，按照集资参与人的集资额比例返还。退赔集资参与人的损失一般优先于其他民事债务以及罚金、没收财产的执行。

十、关于集资参与人权利保障问题

集资参与人，是指向非法集资活动投入资金的单位和个人，为非法集资活动提供帮助并获取经济利益的单位和个人除外。

人民法院、人民检察院、公安机关应当通过及时公布案件进展、涉案资产处置情况等方式，依法保障集资参与人的合法权利。集资参与人可以推选代表人向人民法院提出相关意见和建议；推选不出代表人的，人民法院可以指定代表人。人民法院可以视案件情况决定集资参与人代表人参加或者旁听庭审，对集资参与人提起附带民事诉讼等请求不予受理。

十一、关于行政执法与刑事司法衔接问题

处置非法集资职能部门或者有关行政主管部门，在调查非法集资行为或者行政执法过程中，认为案情重大、疑难、复杂的，可以商请公安机关就追诉标准、证据固定等问题提出咨询或者参考意见；发现非法集资行为涉嫌犯罪的，应当按照《行政执法机关移送涉嫌犯罪案件的规定》等规定，履行相关手续，在规定的期限内将案件移送公安机关。

人民法院、人民检察院、公安机关在办理非法集资刑事案件过程中，可商请处置非法集资职能部门或者有关行政主管部门指派专业人员配合开展工作，协助查阅、复制有关专业资料，就案件涉及的专业问题出具认定意见。涉及需要行政处理的事项，应当及时移交处置非法集资职能部门或者有关行政主管部门依法处理。

十二、关于国家工作人员相关法律责任问题

国家工作人员具有下列行为之一，构成犯罪的，应当依法追究刑事责任：

（一）明知单位和个人所申请机构或者业务涉嫌非法集资，仍为其办理行政许可或者注册手续的；

（二）明知所主管、监管的单位有涉嫌非法集资行为，未依法及时处理或者移送处置非法集资职能部门的；

（三）查处非法集资过程中滥用职权、玩忽职守、徇私舞弊的；

（四）徇私舞弊不向司法机关移交非法集资刑事案件的；

（五）其他通过职务行为或者利用职务影响，支持、帮助、纵容非法集资的。

最高人民法院　最高人民检察院
公安部　司法部　生态环境部
印发《关于办理环境污染刑事案件有关问题座谈会纪要》的通知

2019 年 2 月 20 日　高检会〔2019〕3 号

各省、自治区、直辖市高级人民法院、人民检察院、公安厅（局）、司法厅（局）、生态环境厅（局），解放军军事法院、解放军军事检察院、新疆维吾尔自治区高级人民法院生产建设兵团分院、新疆生产建设兵团人民检察院、公安局、司法局、环境保护局：

为深入学习贯彻习近平生态文明思想，认真落实党中央重大决策部署和全国人大常委会决议要求，全力参与和服务保障打好污染防治攻坚战，推进生态文明建设，形成各部门依法惩治环境污染犯罪的合力，2018 年 12 月，最高人民法院、最高人民检察院、公安部、司法部、生态环境部在北京联合召开座谈会。会议交流了当前办理环境污染刑事案件的工作情况，分析了遇到的突出困难和问题，研究了解决措施，对办理环境污染刑事案件中的有关问题形成了统一认识。现将会议纪要印发，请认真组织学习，并在工作中遵照执行。执行中遇到的重大问题，请及时向最高人民法院、最高人民检察院、公安部、司法部、生态环境部请示报告。

最高人民法院　最高人民检察院　公安部　司法部
生态环境部关于办理环境污染刑事案件
有关问题座谈会纪要

2018 年 6 月 16 日,中共中央、国务院发布《关于全面加强生态环境保护坚决打好污染防治攻坚战的意见》。7 月 10 日,全国人民代表大会常务委员会通过了《关于全面加强生态环境保护依法推动打好污染防治攻坚战的决议》。为深入学习贯彻习近平生态文明思想,认真落实党中央重大决策部署和全国人大常委会决议要求,全力参与和服务保障打好污染防治攻坚战,推进生态文明建设,形成各部门依法惩治环境污染犯罪的合力,2018 年 12 月,最高人民法院、最高人民检察院、公安部、司法部、生态环境部在北京联合召开座谈会。会议交流了当前办理环境污染刑事案件的工作情况,分析了遇到的突出困难和问题,研究了解决措施。会议对办理环境污染刑事案件中的有关问题形成了统一认识。纪要如下:

一

会议指出,2018 年 5 月 18 日至 19 日,全国生态环境保护大会在北京胜利召开,习近平总书记出席会议并发表重要讲话,着眼人民福祉和民族未来,从党和国家事业发展全局出发,全面总结党的十八大以来我国生态文明建设和生态环境保护工作取得的历史性成就、发生的历史性变革,深刻阐述加强生态文明建设的重大意义,明确提出加强生态文明建设必须坚持的重要原则,对加强生态环境保护、打好污染防治攻坚战作出了全面部署。这次大会最大的亮点,就是确立了习近平生态文明思想。习近平生态文明思想站在坚持和发展中国特色社会主义、实现中华民族伟大复兴中国梦的战略高度,把生态文明建设摆在治国理政的突出位置,作为统筹推进"五位一体"总体布局和协调推进"四个全面"战略布局的重要内容,深刻回答了为什么建设生态文明、建设什么样的生态文明、怎样建设生态文明的重大理论和

实践问题,是习近平新时代中国特色社会主义思想的重要组成部分。各部门要认真学习、深刻领会、全面贯彻习近平生态文明思想,将其作为生态环境行政执法和司法办案的行动指南和根本遵循,为守护绿水青山蓝天、建设美丽中国提供有力保障。

会议强调,打好防范化解重大风险、精准脱贫、污染防治的攻坚战,是以习近平同志为核心的党中央深刻分析国际国内形势、着眼党和国家事业发展全局作出的重大战略部署,对于夺取全面建成小康社会伟大胜利、开启全面建设社会主义现代化强国新征程具有重大的现实意义和深远的历史意义。服从服务党和国家工作大局,充分发挥职能作用,努力为打好打赢三大攻坚战提供优质法治环境和司法保障,是当前和今后一个时期人民法院、人民检察院、公安机关、司法行政机关、生态环境部门的重点任务。

会议指出,2018 年 12 月 19 日至 21 日召开的中央经济工作会议要求,打好污染防治攻坚战,要坚守阵地、巩固成果,聚焦做好打赢蓝天保卫战等工作,加大工作和投入力度,同时要统筹兼顾,避免处置措施简单粗暴。各部门要认真领会会议精神,紧密结合实际,强化政治意识、大局意识和责任担当,以加大办理环境污染刑事案件工作力度作为切入点和着力点,主动调整工作思路,积极谋划工作举措,既要全面履职、积极作为,又要综合施策、精准发力,保障污染防治攻坚战顺利推进。

二

会议要求,各部门要正确理解和准确适用刑法和《最高人民法院、最高人民检察院关于办理环境污染刑事案件适用法律若干问题的解释》(法释〔2016〕29 号,以下称《环境解释》)的规定,坚持最严格的环保司法制度、最严密的环保法治理念,统

一执法司法尺度，加大对环境污染犯罪的惩治力度。

1. 关于单位犯罪的认定

会议针对一些地方存在追究自然人犯罪多，追究单位犯罪少，单位犯罪认定难的情况和问题进行了讨论。会议认为，办理环境污染犯罪案件，认定单位犯罪时，应当依法合理把握追究刑事责任的范围，贯彻宽严相济刑事政策，重点打击出资者、经营者和主要获利者，既要防止不当缩小追究刑事责任的人员范围，又要防止打击面过大。

为了单位利益，实施环境污染行为，并具有下列情形之一的，应当认定为单位犯罪：(1)经单位决策机构按照决策程序决定的；(2)经单位实际控制人、主要负责人或者授权的分管负责人决定、同意的；(3)单位实际控制人、主要负责人或者授权的分管负责人得知单位成员个人实施环境污染犯罪行为，并未加以制止或者及时采取措施，而是予以追认、纵容或者默许的；(4)使用单位营业执照、合同书、公章、印鉴等对外开展活动，并调用单位车辆、船舶、生产设备、原辅材料等实施环境污染犯罪行为的。

单位犯罪中的"直接负责的主管人员"，一般是指对单位犯罪起决定、批准、组织、策划、指挥、授意、纵容等作用的主管人员，包括单位实际控制人、主要负责人或者授权的分管负责人、高级管理人员等；"其他直接责任人员"，一般是指在直接负责的主管人员的指挥、授意下积极参与实施单位犯罪或者对具体实施单位犯罪起较大作用的人员。

对于应当认定为单位犯罪的环境污染犯罪案件，公安机关未作为单位犯罪移送审查起诉的，人民检察院应当退回公安机关补充侦查。对于应当认定为单位犯罪的环境污染犯罪案件，人民检察院只作为自然人犯罪起诉的，人民法院应当建议人民检察院对犯罪单位补充起诉。

2. 关于犯罪未遂的认定

会议针对当前办理环境污染犯罪案件中，能否认定污染环境罪（未遂）的问题进行了讨论。会议认为，当前环境执法工作形势比较严峻，一些行为人拒不配合执法检查、接受检查时弄虚作假、故意逃避法律追究的情形时有发生，因此对于行为人已经着手实施非法排放、倾倒、处置有毒有害污染物的行为，由于有关部门查处或者其他意志以外的原因未得逞的情形，可以污染环境罪（未遂）追究刑事责任。

3. 关于主观过错的认定

会议针对当前办理环境污染犯罪案件中，如何准确认定犯罪嫌疑人、被告人主观过错的问题进行了讨论。会议认为，判断犯罪嫌疑人、被告人是否具有环境污染犯罪的故意，应当依据犯罪嫌疑人、被告人的任职情况、职业经历、专业背景、培训经历、本人因同类行为受到行政处罚或者刑事追究情况以及污染物种类、污染方式、资金流向等证据，结合其供述，进行综合分析判断。

实践中，具有下列情形之一，犯罪嫌疑人、被告人不能作出合理解释的，可以认定其故意实施环境污染犯罪，但有证据证明确系不知情的除外：(1)企业没有依法通过环境影响评价，或者未依法取得排污许可证，排放污染物，或者已经通过环境影响评价并且防治污染设施验收合格后，擅自更改工艺流程、原辅材料，导致产生新的污染物质的；(2)不使用验收合格的防治污染设施或者不按规范要求使用的；(3)防治污染设施发生故障，发现后不及时排除，继续生产放任污染物排放的；(4)生态环境部门责令限制生产、停产整治或者予以行政处罚后，继续生产放任污染物排放的；(5)将危险废物委托第三方处置，没有尽到查验经营许可的义务，或者委托处置费用明显低于市场价格或者处置成本的；(6)通过暗管、渗井、渗坑、裂隙、溶洞、灌注等逃避监管的方式排放污染物的；(7)通过篡改、伪造监测数据的方式排放污染物的；(8)其他足以认定的情形。

4. 关于生态环境损害标准的认定

会议针对如何适用《环境解释》第一条、第三条规定的"造成生态环境严重损害的""造成生态环境特别严重损害的"定罪量刑标准进行了讨论。会议指出，生态环境损害赔偿制度是生态文明制度体系的重要组成部分。党中央、国务院高度重视生态环境损害赔偿工作，党的十八届三中全会明确提出对造成生态环境损害的责任者严格实行赔偿制度。2015年，中央办公厅、国务院办公厅印发《生态环境损害赔偿制度改革试点方案》（中办发〔2015〕57号），在吉林等7个省市部署开展改革试点，取得明显成效。2017年，中央办公厅、国务院办公厅印发《生态环境损害赔偿制度改革方案》（中办发〔2017〕68号），在全国范围内试行生态环境损害赔偿制度。

会议指出，《环境解释》将造成生态环境损害规定为污染环境罪的定罪量刑标准之一,是为了与生态环境损害赔偿制度实现衔接配套,考虑到该制度尚在试行过程中,《环境解释》作了较原则的规定。司法实践中,一些省市结合本地区工作实际制定了具体标准。会议认为,在生态环境损害赔偿制度试行阶段,全国各省(自治区、直辖市)可以结合本地实际情况,因地制宜,因时制宜,根据案件具体情况准确认定"造成生态环境严重损害"和"造成生态环境特别严重损害"。

5. 关于非法经营罪的适用

会议针对如何把握非法经营罪与污染环境罪的关系以及如何具体适用非法经营罪的问题进行了讨论。会议强调,要高度重视非法经营危险废物案件的办理,坚持全链条、全环节、全流程对非法排放、倾倒、处置、经营危险废物的产业链进行刑事打击,查清犯罪网络,深挖犯罪源头,斩断利益链条,不断挤压和铲除此类犯罪滋生蔓延的空间。

会议认为,准确理解和适用《环境解释》第六条的规定应当注意把握两个原则:一要坚持实质判断原则,对行为人非法经营危险废物行为的社会危害性作实质性判断。比如,一些单位或者个人虽未依法取得危险废物经营许可证,但其收集、贮存、利用、处置危险废物经营活动,没有超标排放污染物、非法倾倒污染物或者其他违法造成环境污染情形的,则不宜以非法经营罪论处。二要坚持综合判断原则,对行为人非法经营危险废物行为根据其在犯罪链条中的地位、作用综合判断其社会危害性。比如,有证据证明单位或者个人的无证经营危险废物行为属于危险废物非法经营产业链的一部分,并且已经形成了分工负责、利益均沾、相对固定的犯罪链条,如果行为人或者与其联系紧密的上游或者下游环节具有排放、倾倒、处置危险废物违法造成环境污染的情形,且交易价格明显异常的,对行为人可以根据案件具体情况在污染环境罪和非法经营罪中,择一重罪处断。

6. 关于投放危险物质罪的适用

会议强调,目前我国一些地方环境违法犯罪活动高发多发,刑事处罚威慑力不强的问题仍然突出,现阶段在办理环境污染犯罪案件时必须坚决贯彻落实中央领导同志关于重典治理污染的指示精神,把刑法和《环境解释》的规定用足用好,形成对环境污染违法犯罪的强大震慑。

会议认为,司法实践中对环境污染行为适用投放危险物质罪追究刑事责任时,应当重点审查判断行为人的主观恶性、污染行为恶劣程度、污染物的毒害性危险性、污染持续时间、污染结果是否可逆、是否对公共安全造成现实、具体、明确的危险或者危害等各方面因素。对于行为人明知其排放、倾倒、处置的污染物含有毒害性、放射性、传染病病原体等危险物质,仍实施环境污染行为放任其危害公共安全,造成重大人员伤亡、重大公私财产损失等严重后果,以污染环境罪论处明显不足以罚当其罪的,可以按投放危险物质罪定罪量刑。实践中,此类情形主要是向饮用水水源保护区,饮用水供水单位取水口和出水口,南水北调水库、干渠、涵洞等配套工程,重要渔业水体以及自然保护区核心区等特殊保护区域,排放、倾倒、处置毒害性极强的污染物,危害公共安全并造成严重后果的情形。

7. 关于涉大气污染环境犯罪的处理

会议针对涉大气污染环境犯罪的打击处理问题进行了讨论。会议强调,打赢蓝天保卫战是打好污染防治攻坚战的重中之重。各级人民法院、人民检察院、公安机关、生态环境部门要认真分析研究全国人大常委会大气污染防治法执法检查发现的问题和提出的建议,不断加大对涉大气污染环境犯罪的打击力度,毫不动摇地以法律武器治理污染,用法治力量保卫蓝天,推动解决人民群众关注的突出大气环境问题。

会议认为,司法实践中打击涉大气污染环境犯罪,要抓住关键问题,紧盯薄弱环节,突出打击重点。对重污染天气预警期间,违反国家规定,超标排放二氧化硫、氮氧化物,受过行政处罚后又实施上述行为或者具有其他严重情节的,可以适用《环境解释》第一条第十八项规定的"其他严重污染环境的情形"追究刑事责任。

8. 关于非法排放、倾倒、处置行为的认定

会议针对如何准确认定环境污染犯罪中非法排放、倾倒、处置行为进行了讨论。会议认为,司法实践中认定非法排放、倾倒、处置行为时,应当根据《固体废物污染环境防治法》和《环境解释》的有关规定精神,从其行为方式是否违反国家规定或者行业操作规范、污染物是否与外环境接触、是否造成环境污染的危险或者危害等方面进行综合分析判断。对名为运输、贮存、利用,实为排放、倾倒、处置的行为应当认定为非法排放、倾倒、处置行为,可以

依法追究刑事责任。比如，未采取相应防范措施将没有利用价值的危险废物长期贮存、搁置，放任危险废物或者其有毒有害成分大量扬散、流失、泄漏、挥发，污染环境的。

9. 关于有害物质的认定

会议针对如何准确认定刑法第三百三十八条规定的"其他有害物质"的问题进行了讨论。会议认为，办理非法排放、倾倒、处置其他有害物质的案件，应当坚持主客观相一致原则，从行为人的主观恶性、污染行为恶劣程度、有害物质危险性毒害性等方面进行综合分析判断，准确认定其行为的社会危害性。实践中，常见的有害物质主要有：工业危险废物以外的其他工业固体废物；未经处理的生活垃圾；有害大气污染物、受控消耗臭氧层物质和有害水污染物；在利用和处置过程中必然产生有毒有害物质的其他物质；国务院生态环境保护主管部门会同国务院卫生主管部门公布的有毒有害污染物名录中的有关物质等。

10. 关于从重处罚情形的认定

会议强调，要坚决贯彻党中央推动长江经济带发展的重大决策，为长江经济带共抓大保护、不搞大开发提供有力的司法保障。实践中，对于发生在长江经济带十一省（直辖市）的下列环境污染犯罪行为，可以从重处罚：（1）跨省（直辖市）排放、倾倒、处置有放射性的废物、含传染病病原体的废物、有毒物质或者其他有害物质的；（2）向国家确定的重要江河、湖泊或者其他跨省（直辖市）江河、湖泊排放、倾倒、处置有放射性的废物、含传染病病原体的废物、有毒物质或者其他有害物质的。

11. 关于严格适用不起诉、缓刑、免予刑事处罚

会议针对当前办理环境污染犯罪案件中如何严格适用不起诉、缓刑、免予刑事处罚的问题进行了讨论。会议强调，环境污染犯罪案件的刑罚适用直接关系加强生态环境保护打好污染防治攻坚战的实际效果。各级人民法院、人民检察院要深刻认识环境污染犯罪的严重社会危害性，正确贯彻宽严相济刑事政策，充分发挥刑罚的惩治和预防功能。要在全面把握犯罪事实和量刑情节的基础上严格依照刑法和刑事诉讼法规定的条件适用不起诉、缓刑、免予刑事处罚，既要考虑从宽情节，又要考虑从严情节；既要做到刑罚与犯罪相当，又要做到刑罚执行方式与犯罪相当，切实避免不起诉、缓刑、免予刑事处罚不当适用造成的消极影响。

会议认为，具有下列情形之一的，一般不适用不起诉、缓刑或者免予刑事处罚：（1）不如实供述罪行的；（2）属于共同犯罪中情节严重的主犯的；（3）犯有数个环境污染犯罪依法实行并罚或者以一罪处理的；（4）曾因环境污染违法犯罪行为受过行政处罚或者刑事处罚的；（5）其他不宜适用不起诉、缓刑、免予刑事处罚的情形。

会议要求，人民法院审理环境污染犯罪案件拟适用缓刑或者免予刑事处罚的，应当分析案发前后的社会影响和反映，注意听取控辩双方提出的意见。对于情节恶劣、社会反映强烈的环境污染犯罪，不得适用缓刑、免予刑事处罚。人民法院对判处缓刑的被告人，一般应当同时宣告禁止令，禁止其在缓刑考验期内从事与排污或者处置危险废物有关的经营活动。生态环境部门根据禁止令，对上述人员担任实际控制人、主要负责人或者高级管理人员的单位，依法不得发放排污许可证或危险废物经营许可证。

三

会议要求，各部门要认真执行《环境解释》和原环境保护部、公安部、最高人民检察院《环境保护行政执法与刑事司法衔接工作办法》（环环监〔2017〕17 号）的有关规定，进一步理顺部门职责，畅通衔接渠道，建立健全环境行政执法与刑事司法衔接的长效工作机制。

12. 关于管辖的问题

会议针对环境污染犯罪案件的管辖问题进行了讨论。会议认为，实践中一些环境污染犯罪案件属于典型的跨区域刑事案件，容易存在管辖不明或者有争议的情况，各级人民法院、人民检察院、公安机关要加强沟通协调，共同研究解决。

会议提出，跨区域环境污染犯罪案件由犯罪地的公安机关管辖。如果由犯罪嫌疑人居住地的公安机关管辖更为适宜的，可以由犯罪嫌疑人居住地的公安机关管辖。犯罪地包括环境污染行为发生地和结果发生地。"环境污染行为发生地"包括环境污染行为的实施地以及预备地、开始地、途经地、结束地以及排放、倾倒污染物的车船停靠地、始发地、途经地、到达地等地点；环境污染行为有连续、持续或者继续状态的，相关地方都属于环境污染行为发生地。"环境污染结果发生地"包括污染物排放地、倾倒地、堆放地、污染发生地等。

多个公安机关都有权立案侦查的，由最初受理

的或者主要犯罪地的公安机关立案侦查，管辖有争议的，按照有利于查清犯罪事实、有利于诉讼的原则，由共同的上级公安机关协调确定的公安机关立案侦查，需要提请批准逮捕、移送审查起诉、提起公诉的，由该公安机关所在地的人民检察院、人民法院受理。

13. 关于危险废物的认定

会议针对危险废物如何认定以及是否需要鉴定的问题进行了讨论。会议认为，根据《环境解释》的规定精神，对于列入《国家危险废物名录》的，如果来源和相应特征明确，司法人员根据自身专业技术知识和工作经验认定难度不大的，司法机关可以依据名录直接认定。对于来源和相应特征不明确的，由生态环境部门、公安机关等出具书面意见，司法机关可以依据涉案物质的来源、产生过程、被告人供述、证人证言以及经批准或者备案的环境影响评价文件等证据，结合上述书面意见作出是否属于危险废物的认定。对于需要生态环境部门、公安机关等出具书面认定意见的，区分下列情况分别处理：(1)对已确认固体废物产生单位，且产废单位环评文件中明确为危险废物的，根据产废单位建设项目环评文件和审批、验收意见、案件笔录等材料，可对照《国家危险废物名录》等出具认定意见。(2)对已确认固体废物产生单位，但产废单位环评文件中未明确为危险废物的，应进一步分析废物产生工艺，对照判断其是否列入《国家危险废物名录》。列入名录的可以直接出具认定意见；未列入名录的，应根据原辅材料、产生工艺等进一步分析其是否具有危险特性，不可能具有危险特性的，不属于危险废物；可能具有危险特性的，抽取典型样品进行检测，并根据典型样品检测指标浓度，对照《危险废物鉴别标准》(GB5085.1－7)出具认定意见。(3)对固体废物产生单位无法确定的，应抽取典型样品进行检测，根据典型样品检测指标浓度，对照《危险废物鉴别标准》(GB5085.1－7)出具认定意见。对确需进一步委托有相关资质的检测鉴定机构进行检测鉴定的，生态环境部门或者公安机关按照有关规定开展检测鉴定工作。

14. 关于鉴定的问题

会议指出，针对当前办理环境污染犯罪案件中存在的司法鉴定有关问题，司法部将会同生态环境部，加快准入一批诉讼急需、社会关注的环境损害司法鉴定机构，加快对环境损害司法鉴定相关技术规范和标准的制定、修改和认定工作，规范鉴定程序，指导各地司法行政机关会同价格主管部门制定出台环境损害司法鉴定收费标准，加强与办案机关的沟通衔接，更好地满足办案机关需求。

会议要求，司法部应当根据《关于严格准入严格监管提高司法鉴定质量和公信力的意见》(司发〔2017〕11号)的要求，会同生态环境部加强对环境损害司法鉴定机构的事中事后监管，加强司法鉴定社会信用体系建设，建立黑名单制度，完善退出机制，及时向社会公开违法违规的环境损害司法鉴定机构和鉴定人行政处罚、行业惩戒等监管信息，对弄虚作假造成环境损害鉴定评估结论严重失实或者违规收取高额费用、情节严重的，依法撤销登记。鼓励有关单位或者个人向司法部、生态环境部举报环境损害司法鉴定机构的违法违规行为。

会议认为，根据《环境解释》的规定精神，对涉及案件定罪量刑的核心或者关键专门性问题难以确定的，由司法鉴定机构出具鉴定意见。实践中，这类核心或者关键专门性问题主要是案件具体适用的定罪量刑标准涉及的专门性问题，比如公私财产损失数额、超过排放标准倍数、污染物性质判断等。对案件的其他非核心或者关键专门性问题，或者可鉴定也可不鉴定的专门性问题，一般不委托鉴定。比如，适用《环境解释》第一条第二项"非法排放、倾倒、处置危险废物三吨以上"的规定对当事人追究刑事责任的，除可能适用公私财产损失第二档定罪量刑标准的以外，则不应再对公私财产损失数额或者超过排放标准倍数进行鉴定。涉及案件定罪量刑的核心或者关键专门性问题难以鉴定或者鉴定费用明显过高的，司法机关可以结合案件其他证据，并参考生态环境部门意见、专家意见等作出认定。

15. 关于监测数据的证据资格问题

会议针对实践中地方生态环境部门及其所属监测机构委托第三方监测机构出具报告的证据资格问题进行了讨论。会议认为，地方生态环境部门及其所属监测机构委托第三方监测机构出具的监测报告，地方生态环境部门及其所属监测机构在行政执法过程中予以采用的，其实质属于《环境解释》第十二条规定的"环境保护主管部门及其所属监测机构在行政执法过程中收集的监测数据"，在刑事诉讼中可以作为证据使用。

最高人民检察院　国务院扶贫开发领导小组办公室关于印发《最高人民检察院　国务院扶贫开发领导小组办公室关于检察机关国家司法救助工作支持脱贫攻坚的实施意见》的通知

2019 年 2 月 25 日　高检发〔2019〕3 号

各省、自治区、直辖市人民检察院、扶贫办（局），新疆生产建设兵团人民检察院、扶贫办：

现将《最高人民检察院、国务院扶贫开发领导小组办公室关于检察机关国家司法救助工作支持脱贫攻坚的实施意见》印发给你们，请结合实际，认真贯彻执行。执行中遇到的问题，请分别报告最高人民检察院、国务院扶贫开发领导小组办公室。

最高人民检察院　国务院扶贫开发领导小组办公室关于检察机关国家司法救助工作支持脱贫攻坚的实施意见

第一条　为了深入贯彻党的十九大和十九届二中、三中全会精神，全面落实《中共中央、国务院关于打赢脱贫攻坚战三年行动的指导意见》，充分履行检察职能，加大司法过程中对贫困当事人的救助工作力度，助力打赢脱贫攻坚战，现根据中央政法委、财政部、最高人民法院、最高人民检察院、公安部、司法部《关于建立完善国家司法救助制度的意见（试行）》等有关规定，就检察机关国家司法救助工作支持脱贫攻坚，制定本意见。

第二条　本意见所称贫困当事人，是指人民检察院在办理案件过程中，发现的符合下列情形之一，且属于建档立卡贫困人口的当事人：

（一）刑事案件被害人受到犯罪侵害致重伤或者严重残疾，因加害人死亡或者没有赔偿能力，无法通过诉讼获得赔偿，造成生活困难的；

（二）刑事案件被害人受到犯罪侵害危及生命，急需救治，无力承担医疗救治费用的；

（三）刑事案件被害人受到犯罪侵害致死，依靠其收入为主要生活来源的近亲属或者其赡养、扶养、抚养的其他人，因加害人死亡或者没有赔偿能力，无法通过诉讼获得赔偿，造成生活困难的；

（四）刑事案件被害人受到犯罪侵害，致使财产遭受重大损失，因加害人死亡或者没有赔偿能力，无法通过诉讼获得赔偿，造成生活困难的；

（五）举报人、证人、鉴定人因向检察机关举报、作证或者接受检察机关委托进行司法鉴定而受到打击报复，致使人身受到伤害或者财产受到重大损失，无法通过诉讼获得赔偿，造成生活困难的；

（六）因道路交通事故等民事侵权行为造成人身伤害，无法通过诉讼获得赔偿，造成生活困难的；

（七）人民检察院根据实际情况，认为需要救助的其他情形。

第三条　人民检察院在办案过程中应当注重发挥司法人文关怀作用，依法开展对贫困当事人的国家司法救助工作，主动帮助其解决生活面临的急迫困难，改善生活环境。

扶贫部门在脱贫攻坚工作中应当将贫困当事人列为重点对象，突出问题导向，优化政策供给，实施精准扶贫、精准脱贫。

第四条 人民检察院和扶贫部门坚持应救尽救、分类施策、精准发力、合力攻坚原则，依托国家司法救助工作帮助贫困当事人尽快摆脱生活困境，协同相关部门全面落实扶贫脱贫措施，提高救助效果和脱贫攻坚成果的可持续性。

第五条 人民检察院在办理案件过程中发现贫困当事人的，应当立即启动国家司法救助工作程序，指定检察人员优先办理，并在办结后五个工作日内将有关案件情况、给予救助情况、扶贫脱贫措施建议等书面材料移送扶贫部门。

人民检察院发现被救助人可能属于贫困人口但未建档立卡的，应当在办结后五个工作日内向扶贫部门提出进行贫困识别的书面建议，并同时移送有关材料。

第六条 对人民检察院移送的可能属于贫困人口线索，扶贫部门通过全国扶贫开发信息系统进行比对核实，属于建档立卡贫困人口的，应当进一步加大脱贫攻坚力度，细化实化帮扶措施，保障各项扶贫政策精准落实和相关工作精准到位，并及时向人民检察院反馈有关情况。

可能属于贫困人口但未建档立卡的，扶贫部门应当按照建档立卡标准和规定程序进行贫困识别，识别为建档立卡贫困人口的，依照前款规定落实脱贫攻坚责任，并及时向人民检察院反馈有关情况。

第七条 扶贫部门在脱贫攻坚工作中发现贫困当事人的，应当作为国家司法救助案件线索，在五个工作日内移送人民检察院。

对受到犯罪侵害危及生命，或者因道路交通事故等民事侵权行为造成严重人身伤害，急需救治，无力承担医疗救治费用的贫困当事人，扶贫部门应当立即告知人民检察院，人民检察院可以先行救助，救助后及时补办相关手续。

第八条 人民检察院对扶贫部门移送的国家司法救助案件线索，应当立即启动救助工作程序，指定检察人员优先办理，并在办结后五个工作日内向扶贫部门反馈案件办理情况。

第九条 人民检察院发现扶贫部门移送的国家司法救助案件线索不属于本院管辖的，应当在三个工作日内移送有管辖权的人民检察院，并告知扶贫部门；由本院负责救助对贫困当事人更为适宜

的，可以由本院管辖。

人民检察院认为扶贫部门移送的国家司法救助案件线索，由其他政法单位负责救助对贫困当事人更为适宜的，可以移送其他政法单位，并告知扶贫部门。

第十条 人民检察院在党委政法委领导下，争取政府财政部门支持，用好中央财政通过政法转移支付的补助资金，进一步拓宽国家司法救助资金来源渠道，提高救助金发放效率，完善救助金发放方式，增强救助实效。

第十一条 人民检察院和扶贫部门应当加强国家司法救助工作与扶贫脱贫措施的衔接融合，主动对接定点扶贫单位和责任部门，引导鼓励社会各方面力量，帮助贫困当事人通过产业扶持、转移就业、易地搬迁、教育支持、医疗救助等措施实现脱贫。对无法依靠产业扶持等措施实现脱贫的贫困当事人，帮助实行政策性保障兜底脱贫。

第十二条 办理国家司法救助案件的人民检察院所在地与当事人户籍所在地不一致的，救助案件办结后，办理案件的人民检察院应当在五个工作日内将有关案件情况、给予救助情况等材料，移送当事人户籍所在地人民检察院。

当事人户籍所在地人民检察院和扶贫部门参照本意见第五条、第六条进行办理。

第十三条 对获得国家司法救助的贫困当事人，人民检察院应当联合扶贫部门进行回访，掌握其脱贫及相关政策措施惠及情况，强化脱贫光荣导向，培养贫困当事人依靠自力更生实现脱贫致富的意识，提高其自我发展能力。

第十四条 人民检察院和扶贫部门应当分别确定相关内设机构具体负责国家司法救助工作支持脱贫攻坚的日常事务，并建立联席会议制度，定期召开例会。根据工作需要，可以召开临时联席会议。

第十五条 联席会议的主要任务是：

（一）通报工作情况，交换、共享工作信息；

（二）总结工作经验，梳理、解决突出问题；

（三）讨论重点、特殊贫困当事人的救助帮扶措施；

（四）研究出台本地区相关工作规范性文件；

（五）会商其他相关工作事宜。

第十六条 联席会议议定的事项，人民检察院和扶贫部门应当积极落实，并及时向对方反馈落实情况。

第十七条 上级人民检察院和扶贫部门应当

加强组织指导和业务督导，抓好统筹协调，健全工作机制，总结推广经验，营造良好氛围，推动国家司法救助工作更加有效助力脱贫攻坚。

第十八条 人民检察院会同扶贫部门建立对贫困当事人的观察台账，动态跟踪记录救助和扶贫脱贫情况，并健全国家司法救助工作支持脱贫攻坚档案制度。

第十九条 人民检察院和扶贫部门在每年一月份，经联席会议讨论通过，向上一级人民检察院及同级扶贫开发领导小组报送上年度国家司法救助工作支持脱贫攻坚情况报告。

第二十条 本意见由最高人民检察院和国务院扶贫开发领导小组办公室共同解释。执行中遇有具体应用问题，分别向最高人民检察院和国务院扶贫开发领导小组办公室报告。

第二十一条 本意见自发布之日起施行。

最高人民检察院 全国工商联关于印发《关于建立健全检察机关与工商联沟通联系机制的意见》的通知

2019 年 2 月 28 日 高检发〔2019〕5 号

各省、自治区、直辖市人民检察院、工商联，新疆生产建设兵团人民检察院、工商联：

为更好地贯彻落实党中央关于服务保障民营经济发展的精神，建立健全检察机关与工商联沟通联系机制，最高人民检察院、全国工商联研究制定了《关于建立健全检察机关与工商联沟通联系机制的意见》，现印发你们，请结合实际认真贯彻落实。贯彻落实中遇到的重要情况和问题，请及时层报最高人民检察院、全国工商联。

关于建立健全检察机关与工商联沟通联系机制的意见

为贯彻落实党中央关于服务保障民营经济发展的精神，建立健全检察机关与工商联沟通联系机制，为民营经济发展提供优质检察产品和法治保障，提出如下意见。

一、健全日常联系机制

1. 最高人民检察院与全国工商联每半年举行一次双方主要领导出席的高层会商，围绕检察机关如何更好地服务保障民营经济发展进行交流，深入了解民营企业家的司法诉求，研究加强和改进工作的有关举措。

2. 最高人民检察院和全国工商联在加强沟通联系的同时，共同推动省级检察院与省级工商联参照建立沟通联系机制。省级检察院和省级工商联加强对下指导，推动地市级、县区级检察院和工商联结合本地实际，建立能够满足需求的交流沟通机制。

二、建立联合调研机制

3. 最高人民检察院和全国工商联每年初围绕民营经济发展的司法保障，确定一至两个调研主题，联合开展调研。地方检察机关和工商联可结合本地实际,联合开展调研。

4. 针对日常工作中发现的相关问题,检察机关和工商联可共同组织开展专项调研。检察机关和工商联在日常调研活动中,涉及民营企业发展、产权等司法保护的,可邀请对方参加,共享调研成果。

三、健全民主监督机制

5. 最高人民检察院积极推动民营企业家中的党外人士和工商联、商会工作人员担任特约检察员,在出台司法解释、制定司法政策、研究重大检察决策和改革举措时充分听取工商联意见。地方各级检察院聘任特约检察员优先考虑民营企业家中的党外人士和工商联、商会工作人员。全国工商联积极发挥桥梁纽带作用,主动开展专项调研,收集意见建议,提高意见建议质量。

6. 检察机关在办理涉及民营企业和民营企业家的案件中,应坚持“三个没有变”,注重倾听企业诉求,认真核查案件线索,正确把握法律政策界限,严格区分罪与非罪的界限,坚决防止将经济纠纷当作犯罪处理,依法准确适用、及时变更强制措施,保护好民营企业财产权及其经营者的合法权益,促进企业健康发展。

7. 检察机关和工商联应及时互相通报对民营企业和民营企业家的意见建议的办理情况。

四、推动双方信息互通共享

8. 积极发挥全国工商联企业维权服务平台的作用,充分利用信息化手段,实现涉民营企业相关信息的互通共享。

9. 检察机关及时通过信息平台与工商联共享涉民营企业保护的典型案例、执法司法标准以及调研成果,引导民营企业合法经营、规范发展,工商联

有针对性地推进法治宣传和警示教育。对于工商联反馈的民营企业和民营企业家的司法诉求,特别是涉及案件办理的有关问题,检察机关要认真督办,并将处理结果及时反馈工商联。

10. 检察机关对办案中发现的民营企业管理漏洞和经营不规范问题,要深入分析原因,找准管理风险点和制度缺陷,及时制发检察建议。工商联应当有效运用检察建议,积极促进民营企业认真开展风险排查、法律“体检”,共同帮助民营企业健全制度,加强管理,合法经营,健康发展。

11. 推动检察机关与行业商会、行业调解组织搭建非诉调解平台,建立健全衔接联动机制。对涉及民营企业和民营企业家的民事诉讼监督案件,符合法定和解条件的,检察机关可邀请行业商会或者行业调解组织进行调解,并根据调解情况依法作出相应处理,处理情况通报工商联。工商联及所属商会要积极促进依法治企工作,做好商会调解,主动反映企业合法诉求,推动企业诉求依法得到公正有效解决。

五、联合开展宣传培训

12. 检察机关会同工商联积极开展民营企业法治培训和宣传工作,主动到民营企业了解司法诉求,帮助民营企业家提高法治意识和法律思维,增强企业风险防控能力。

六、明确责任部门

13. 最高人民检察院办公厅、全国工商联法律部具体负责日常沟通联系工作,最高人民检察院法律政策研究室和其他各相关业务部门配合做好相关工作。地方检察机关、工商联参照最高人民检察院和全国工商联,确定负责日常沟通联系的责任部门。

最高人民法院　最高人民检察院　公安部　司法部 印发《关于办理黑恶势力刑事案件中 财产处置若干问题的意见》的通知

2019 年 2 月 28 日　高检发〔2019〕6 号

各省、自治区、直辖市高级人民法院、人民检察院、公安厅（局）、司法厅（局），解放军军事法院、军事检察院，新疆维吾尔自治区高级人民法院生产建设兵团分院、新疆生产建设兵团人民检察院、公安局、司法局：

为认真贯彻落实中央关于开展扫黑除恶专项斗争的部署要求，正确理解和适用最高人民法院、最高人民检察院、公安部、司法部《关于办理黑恶势力犯罪案件若干问题的指导意见》，最高人民法院、最高人民检察院、公安部、司法部联合制定了《关于办理黑恶势力刑事案件中财产处置若干问题的意见》，现印发给你们，请认真贯彻执行。

最高人民法院　最高人民检察院　公安部　司法部 关于办理黑恶势力刑事案件中财产处置若干问题的意见

为认真贯彻中央关于开展扫黑除恶专项斗争的重大决策部署，彻底铲除黑恶势力犯罪的经济基础，根据刑法、刑事诉讼法及最高人民法院、最高人民检察院、公安部、司法部《关于办理黑恶势力犯罪案件若干问题的指导意见》（法发〔2018〕1 号）等规定，现对办理黑恶势力刑事案件中财产处置若干问题提出如下意见：

一、总体工作要求

1. 公安机关、人民检察院、人民法院在办理黑恶势力犯罪案件时，在查明黑恶势力组织违法犯罪事实并对黑恶势力成员依法定罪量刑的同时，要全面调查黑恶势力组织及其成员的财产状况，依法对涉案财产采取查询、查封、扣押、冻结等措施，并根据查明的情况，依法作出处理。

前款所称处理既包括对涉案财产中犯罪分子违法所得、违禁品、供犯罪所用的本人财物以及其他等值财产等依法追缴、没收，也包括对被害人的合法财产等依法返还。

2. 对涉案财产采取措施，应当严格依照法定条件和程序进行。严禁在立案之前查封、扣押、冻结财物。凡查封、扣押、冻结的财物，都应当及时进行审查，防止因程序违法、工作瑕疵等影响案件审理以及涉案财产处置。

3. 对涉案财产采取措施，应当为犯罪嫌疑人、被告人及其所扶养的亲属保留必需的生活费用和物品。

根据案件具体情况，在保证诉讼活动正常进行的同时，可以允许有关人员继续合理使用有关涉案财产，并采取必要的保值保管措施，以减少案件办理对正常办公和合法生产经营的影响。

4. 要彻底摧毁黑社会性质组织的经济基础，防止其死灰复燃。对于组织者、领导者一般应当并处没收个人全部财产。对于确属骨干成员或者为该组织转移、隐匿资产的积极参加者，可以并处没收个人全部财产。对于其他组织成员，应当根据所参与实施违法犯罪活动的次数、性质、地位、作用、违法所得数额以及造成损失的数额等情节，依法决定财产刑的适用。

5. 要深挖细查并依法打击黑恶势力组织进行的洗钱以及掩饰、隐瞒犯罪所得、犯罪所得收益等转变涉案财产性质的关联犯罪。

二、依法采取措施全面收集证据

6. 公安机关侦查期间，要根据《公安机关办理刑事案件适用查封、冻结措施有关规定》（公通字〔2013〕30号）等有关规定，会同有关部门全面调查黑恶势力及其成员的财产状况，并可以根据诉讼需要，先行依法对下列财产采取查询、查封、扣押、冻结等措施：

（1）黑恶势力组织的财产；

（2）犯罪嫌疑人个人所有的财产；

（3）犯罪嫌疑人实际控制的财产；

（4）犯罪嫌疑人出资购买的财产；

（5）犯罪嫌疑人转移至他人名下的财产；

（6）犯罪嫌疑人涉嫌洗钱以及掩饰、隐瞒犯罪所得、犯罪所得收益等犯罪涉及的财产；

（7）其他与黑恶势力组织及其违法犯罪活动有关的财产。

7. 查封、扣押、冻结已登记的不动产、特定动产及其他财产，应当通知有关登记机关；在查封、扣押、冻结期间禁止被查封、扣押、冻结的财产流转，不得办理被查封、扣押、冻结财产权属变更、抵押等手续。必要时可以提取有关产权证照。

8. 公安机关对于采取措施的涉案财产，应当全面收集证明其来源、性质、用途、权属及价值的有关证据，审查判断是否应当依法追缴、没收。

证明涉案财产来源、性质、用途、权属及价值的有关证据一般包括：

（1）犯罪嫌疑人、被告人关于财产来源、性质、用途、权属、价值的供述；

（2）被害人、证人关于财产来源、性质、用途、权属、价值的陈述、证言；

（3）财产购买凭证、银行往来凭证、资金注入凭据、权属证明等书证；

（4）财产价格鉴定、评估意见；

（5）可以证明财产来源、性质、用途、权属、价值的其他证据。

9. 公安机关对应当依法追缴、没收的财产中黑

恶势力组织及其成员聚敛的财产及其孳息、收益的数额，可以委托专门机构评估；确实无法准确计算的，可以根据有关法律规定及查明的事实、证据合理估算。

人民检察院、人民法院对于公安机关委托评估、估算的数额有不同意见的，可以重新委托评估、估算。

10. 人民检察院、人民法院根据案件诉讼的需要，可以依法采取上述相关措施。

三、准确处置涉案财产

11. 公安机关、人民检察院应当加强对在案财产审查甄别。在移送审查起诉、提起公诉时，一般应当对采取措施的涉案财产提出处理意见建议，并将采取措施的涉案财产及其清单随案移送。

人民检察院经审查，除对随案移送的涉案财产提出处理意见外，还需要对继续追缴的尚未被足额查封、扣押的其他违法所得提出处理意见建议。

涉案财产不宜随案移送的，应当按照相关法律、司法解释的规定，提供相应的清单、照片、录像、封存手续、存放地点说明、鉴定、评估意见、变价处理凭证等材料。

12. 对于不宜查封、扣押、冻结的经营性财产，公安机关、人民检察院、人民法院可以申请当地政府指定有关部门或者委托有关机构代管或者托管。

对易损毁、灭失、变质等不宜长期保存的物品，易贬值的汽车、船艇等物品，或者市场价格波动大的债券、股票、基金等财产，有效期即将届满的汇票、本票、支票等，经权利人同意或者申请，并经县级以上公安机关、人民检察院或者人民法院主要负责人批准，可以依法出售、变现或者先行变卖、拍卖，所得价款由扣押、冻结机关保管，并及时告知当事人或者其近亲属。

13. 人民检察院在法庭审理时应当对证明黑恶势力犯罪涉案财产情况进行举证质证，对于既能证明具体个罪又能证明经济特征的涉案财产情况相关证据在具体个罪中出示后，在经济特征中可以简要说明，不再重复出示。

14. 人民法院作出的判决，除应当对随案移送的涉案财产作出处理外，还应当在判决书中写明需要继续追缴尚未被足额查封、扣押的其他违法所得；对随案移送财产进行处理时，应当列明相关财产的具体名称、数量、金额、处置情况等。涉案财产或者有关当事人人数较多，不宜在判决书正文中详

细列明的,可以概括叙述并另附清单。

15. 涉案财产符合下列情形之一的,应当依法追缴、没收:

（1）黑恶势力组织及其成员通过违法犯罪活动或者其他不正当手段聚敛的财产及其孳息、收益;

（2）黑恶势力组织成员通过个人实施违法犯罪活动聚敛的财产及其孳息、收益;

（3）其他单位、组织、个人为支持该黑恶势力组织活动资助或者主动提供的财产;

（4）黑恶势力组织及其成员通过合法的生产、经营活动获取的财产或者组织成员个人、家庭合法财产中,实际用于支持该组织活动的部分;

（5）黑恶势力组织成员非法持有的违禁品以及供犯罪所用的本人财物;

（6）其他单位、组织、个人利用黑恶势力组织及其成员违法犯罪活动获取的财产及其孳息、收益;

（7）其他应当追缴、没收的财产。

16. 应当追缴、没收的财产已用于清偿债务或者转让、或者设置其他权利负担,具有下列情形之一的,应当依法追缴:

（1）第三人明知是违法犯罪所得而接受的;

（2）第三人无偿或者以明显低于市场的价格取得涉案财物的;

（3）第三人通过非法债务清偿或者违法犯罪活动取得涉案财物的;

（4）第三人通过其他方式恶意取得涉案财物的。

17. 涉案财产符合下列情形之一的,应当依法返还:

（1）有证据证明确属被害人合法财产;

（2）有证据证明确与黑恶势力及其违法犯罪活动无关。

18. 有关违法犯罪事实查证属实后,对于有证据证明权属明确且无争议的被害人、善意第三人或者其他人员合法财产及其孳息,凡返还不损害其他

利害关系人的利益,不影响案件正常办理的,应当在登记、拍照或者录像后,依法及时返还。

四、依法追缴、没收其他等值财产

19. 有证据证明依法应当追缴、没收的涉案财产无法找到、被他人善意取得、价值灭失或者与其他合法财产混合且不可分割的,可以追缴、没收其他等值财产。

对于证明前款各种情形的证据,公安机关或者人民检察院应当及时调取。

20. 本意见第19条所称"财产无法找到",是指有证据证明存在依法应当追缴、没收的财产,但无法查证财产去向、下落。被告人有不同意见的,应当出示相关证据。

21. 追缴、没收的其他等值财产的数额,应当与无法直接追缴、没收的具体财产的数额相对应。

五、其他

22. 本意见所称孳息,包括天然孳息和法定孳息。

本意见所称收益,包括但不限于以下情形:

（1）聚敛、获取的财产直接产生的收益,如使用聚敛、获取的财产购买彩票中奖所得收益等;

（2）聚敛、获取的财产用于违法犯罪活动产生的收益,如使用聚敛、获取的财产赌博赢利所得收益、非法放贷所得收益、购买并贩卖毒品所得收益等;

（3）聚敛、获取的财产投资、置业形成的财产及其收益;

（4）聚敛、获取的财产和其他合法财产共同投资或者置业形成的财产中,与聚敛、获取的财产对应的份额及其收益;

（5）应当认定为收益的其他情形。

23. 本意见未规定的黑恶势力刑事案件财产处置工作其他事宜,根据相关法律法规、司法解释等规定办理。

24. 本意见自2019年4月9日起施行。

最高人民法院　最高人民检察院　公安部　司法部
印发《关于办理恶势力刑事案件若干问题的意见》的通知

2019 年 2 月 28 日　法发〔2019〕10 号

各省、自治区、直辖市高级人民法院、人民检察院、公安厅（局）、司法厅（局），解放军军事法院、军事检察院，新疆维吾尔自治区高级人民法院生产建设兵团分院、新疆生产建设兵团人民检察院、公安局、司法局：

为认真贯彻落实中央开展扫黑除恶专项斗争的部署要求，正确理解和适用最高人民法院、最高人民检察院、公安部、司法部《关于办理黑恶势力犯罪案件若干问题的指导意见》（法发〔2018〕1 号），最高人民法院、最高人民检察院、公安部、司法部联合印发了《关于办理恶势力刑事案件若干问题的意见》，请认真贯彻执行。

最高人民法院　最高人民检察院　公安部　司法部
关于办理恶势力刑事案件若干问题的意见

为认真贯彻落实中央开展扫黑除恶专项斗争的部署要求，正确理解和适用最高人民法院、最高人民检察院、公安部、司法部《关于办理黑恶势力犯罪案件若干问题的指导意见》（法发〔2018〕1号，以下简称《指导意见》），根据刑法、刑事诉讼法及有关司法解释、规范性文件的规定，现对办理恶势力刑事案件若干问题提出如下意见：

一、办理恶势力刑事案件的总体要求

1. 人民法院、人民检察院、公安机关和司法行政机关要深刻认识恶势力违法犯罪的严重社会危害，毫不动摇地坚持依法严惩方针，在侦查、起诉、审判、执行各阶段，运用多种法律手段全面体现依法从严惩处精神，有力震慑恶势力违法犯罪分子，有效打击和预防恶势力违法犯罪。

2. 人民法院、人民检察院、公安机关和司法行政机关要严格坚持依法办案，确保在案件事实清楚、证据确实、充分的基础上，准确认定恶势力和恶势力犯罪集团，坚决防止人为拔高或者降低认定标准。要坚持贯彻落实宽严相济刑事政策，根据犯罪嫌疑人、被告人的主观恶性、人身危险性、在恶势力、恶势力犯罪集团中的地位、作用以及在具体犯罪中的罪责，切实做到宽严有据，罚当其罪，实现政治效果、法律效果和社会效果的统一。

3. 人民法院、人民检察院、公安机关和司法行政机关要充分发挥各自职能，分工负责，互相配合，互相制约，坚持以审判为中心的刑事诉讼制度改革要求，严格执行"三项规程"，不断强化程序意识和证据意识，有效加强法律监督，确保严格执法、公正司法，充分保障当事人、诉讼参与人的各项诉讼权利。

二、恶势力、恶势力犯罪集团的认定标准

4. 恶势力，是指经常纠集在一起，以暴力、威胁或者其他手段，在一定区域或者行业内多次实施违法犯罪活动，为非作恶，欺压百姓，扰乱经济、社会生活秩序，造成较为恶劣的社会影响，但尚未形成黑社会性质组织的违法犯罪组织。

5. 单纯为牟取不法经济利益而实施的"黄、赌、毒、盗、抢、骗"等违法犯罪活动，不具有为非作恶、欺压百姓特征的，或者因本人及近亲属的婚恋纠纷、家庭纠纷、邻里纠纷、劳动纠纷、合法债务纠纷而引发以及其他确属事出有因的违法犯罪活动，不应作为恶势力案件处理。

6. 恶势力一般为 3 人以上，纠集者相对固定。纠集者，是指在恶势力实施的违法犯罪活动中起组织、策划、指挥作用的违法犯罪分子。成员较为固定且符合恶势力其他认定条件，但多次实施违法犯罪活动是由不同的成员组织、策划、指挥，也可以认定为恶势力，有前述行为的成员均可以认定为纠集者。

恶势力的其他成员，是指知道或应当知道与他人经常纠集在一起是为了共同实施违法犯罪，仍按照纠集者的组织、策划、指挥参与违法犯罪活动的违法犯罪分子，包括已有充分证据证明但尚未归案的人员，以及因法定情形不予追究法律责任，或者因参与实施恶势力违法犯罪活动已受到行政或刑事处罚的人员。仅因临时雇佣或被雇佣、利用或被利用以及受蒙蔽参与少量恶势力违法犯罪活动的，一般不应认定为恶势力成员。

7. "经常纠集在一起，以暴力、威胁或者其他手段，在一定区域或者行业内多次实施违法犯罪活动"，是指犯罪嫌疑人、被告人于 2 年之内，以暴力、威胁或者其他手段，在一定区域或者行业内多次实施违法犯罪活动，且包括纠集者在内，至少应有 2 名相同的成员多次参与实施违法犯罪活动。对于"纠集在一起"时间明显较短，实施违法犯罪活动刚刚达到"多次"标准，且尚不足以造成较为恶劣影响的，一般不应认定为恶势力。

8. 恶势力实施的违法犯罪活动，主要为强迫交易、故意伤害、非法拘禁、敲诈勒索、故意毁坏财物、聚众斗殴、寻衅滋事，但也包括具有为非作恶、欺压百姓特征，主要以暴力、威胁为手段的其他违法犯罪活动。

恶势力还可能伴随实施开设赌场、组织卖淫、强迫卖淫、贩卖毒品、运输毒品、制造毒品、抢劫、抢夺、聚众扰乱社会秩序、聚众扰乱公共场所秩序、交通秩序以及聚众"打砸抢"等违法犯罪活动，但仅有前述伴随实施的违法犯罪活动，且不能认定具有为非作恶、欺压百姓特征的，一般不应认定为恶势力。

9. 办理恶势力刑事案件，"多次实施违法犯罪活动"至少应包括 1 次犯罪活动。对于反复实施强迫交易、非法拘禁、敲诈勒索、寻衅滋事等单一性质

的违法行为，单次情节、数额尚不构成犯罪，但按照刑法或者有关司法解释、规范性文件的规定累加后应作为犯罪处理的，在认定是否属于"多次实施违法犯罪活动"时，可将已用于累加的违法行为计为 1 次犯罪活动，其他违法行为单独计算违法活动的次数。

已被处理或者已作为民间纠纷调处，后经查证确属恶势力违法犯罪活动的，均可以作为认定恶势力的事实依据，但不符合法定情形的，不得重新追究法律责任。

10. 认定"扰乱经济、社会生活秩序，造成较为恶劣的社会影响"，应当结合侵害对象及其数量、违法犯罪次数、手段、规模、人身损害后果、经济损失数额、违法所得数额、引起社会秩序混乱的程度以及对人民群众安全感的影响程度等因素综合把握。

11. 恶势力犯罪集团，是指符合恶势力全部认定条件，同时又符合犯罪集团法定条件的犯罪组织。

恶势力犯罪集团的首要分子，是指在恶势力犯罪集团中起组织、策划、指挥作用的犯罪分子。恶势力犯罪集团的其他成员，是指知道或者应当知道是为共同实施犯罪而组成的较为固定的犯罪组织，仍接受首要分子领导、管理、指挥，并参与该组织犯罪活动的犯罪分子。

恶势力犯罪集团应当有组织地实施多次犯罪活动，同时还可能伴随实施违法活动。恶势力犯罪集团所实施的违法犯罪活动，参照《指导意见》第十条第二款的规定认定。

12. 全部成员或者首要分子、纠集者以及其他重要成员均为未成年人、老年人、残疾人的，认定恶势力、恶势力犯罪集团时应当特别慎重。

三、正确运用宽严相济刑事政策的有关要求

13. 对于恶势力的纠集者、恶势力犯罪集团的首要分子、重要成员以及恶势力、恶势力犯罪集团共同犯罪中罪责严重的主犯，要正确运用法律规定加大惩处力度，对依法应当判处重刑或死刑的，坚决判处重刑或死刑。同时要严格掌握取保候审，严格掌握不起诉，严格掌握缓刑、减刑、假释，严格掌握保外就医适用条件，充分利用资格刑、财产刑等法律手段全方位从严惩处。对于符合刑法第三十七条之一规定的，可以依法禁止其从事相关职业。

对于恶势力、恶势力犯罪集团的其他成员，在

共同犯罪中罪责相对较小、人身危险性、主观恶性相对不大的，具有自首、立功、坦白、初犯等法定或酌定从宽处罚情节，可以依法从轻、减轻或免除处罚。认罪认罚或者仅参与实施少量的犯罪活动且只起次要、辅助作用，符合缓刑条件的，可以适用缓刑。

14. 恶势力犯罪集团的首要分子检举揭发与该犯罪集团及其违法犯罪活动有关联的其他犯罪线索，如果在认定立功的问题上存在事实、证据或法律适用方面的争议，应当严格把握。依法应认定为立功或者重大立功的，在决定是否从宽处罚、如何从宽处罚时，应当根据罪责刑相一致原则从严掌握。可能导致全案量刑明显失衡的，不予从宽处罚。

恶势力犯罪集团的其他成员如果能够配合司法机关查办案件，有提供线索、帮助收集证据或者其他协助行为，并在侦破恶势力犯罪集团案件、查处"保护伞"等方面起到较大作用的，即使依法不能认定立功，一般也应酌情对其从轻处罚。

15. 犯罪嫌疑人、被告人同时具有法定、酌定从严和法定、酌定从宽处罚情节的，量刑时要根据所犯具体罪行的严重程度，结合被告人在恶势力、恶势力犯罪集团中的地位、作用、主观恶性、人身危险性等因素整体把握。对于恶势力的纠集者、恶势力犯罪集团的首要分子、重要成员，量刑时要体现总体从严。对于在共同犯罪中罪责相对较小、人身危险性、主观恶性相对不大，且能够真诚认罪悔罪的其他成员，量刑时要体现总体从宽。

16. 恶势力刑事案件的犯罪嫌疑人、被告人自愿如实供述自己的罪行，承认指控的犯罪事实，愿意接受处罚的，可以依法从宽处理，并适用认罪认罚从宽制度。对于犯罪性质恶劣、犯罪手段残忍、社会危害严重的犯罪嫌疑人、被告人，虽然认罪认罚，但不足以从轻处罚的，不适用该制度。

四、办理恶势力刑事案件的其他问题

17. 人民法院、人民检察院、公安机关经审查认为案件符合恶势力认定标准的，应当在起诉意见书、起诉书、判决书、裁定书等法律文书中的案件事实部分明确表述，列明恶势力的纠集者、其他成员、违法犯罪事实以及据以认定的证据；符合恶势力犯罪集团认定标准的，应当在上述法律文书中明确定性，列明首要分子、其他成员、违法犯罪事实以及据以认定的证据，并引用刑法总则关于犯罪集团的相关规定。被告人及其辩护人对恶势力定性提出辩解和辩护意见，人民法院可以在裁判文书中予以评析回应。

恶势力刑事案件的起诉意见书、起诉书、判决书、裁定书等法律文书，可以在案件事实部分先概述恶势力、恶势力犯罪集团的概括事实，再分述具体的恶势力违法犯罪事实。

18. 对于公安机关未在起诉意见书中明确认定，人民检察院在审查起诉期间发现构成恶势力或者恶势力犯罪集团，且相关违法犯罪事实已经查清，证据确实、充分，依法应追究刑事责任的，应当作出起诉决定，根据查明的事实向人民法院提起公诉，并在起诉书中明确认定为恶势力或者恶势力犯罪集团。人民检察院认为恶势力相关违法犯罪事实不清、证据不足，或者存在遗漏恶势力违法犯罪事实、遗漏同案犯罪嫌疑人等情形需要补充侦查的，应当提出具体的书面意见，连同案卷材料一并退回公安机关补充侦查；人民检察院也可以自行侦查，必要时可以要求公安机关提供协助。

对于人民检察院未在起诉书中明确认定，人民法院在审判期间发现构成恶势力或恶势力犯罪集团的，可以建议人民检察院补充或者变更起诉；人民检察院不同意或者在七日内未回复意见的，人民法院不应主动认定，可仅就起诉指控的犯罪事实依照相关规定作出判决、裁定。

审理被告人或者被告人的法定代理人、辩护人、近亲属上诉的案件时，一审判决认定黑社会性质组织有误的，二审法院应当纠正，符合恶势力、恶势力犯罪集团认定标准，应当作出相应认定；一审判决认定恶势力或恶势力犯罪集团有误的，应当纠正，但不得升格认定；一审判决未认定恶势力或恶势力犯罪集团的，不得增加认定。

19. 公安机关、人民检察院、人民法院应当分别以起诉意见书、起诉书、裁判文书所明确的恶势力、恶势力犯罪集团，作为相关数据的统计依据。

20. 本意见自2019年4月9日起施行。

最高人民法院　最高人民检察院　公安部　司法部
印发《关于办理"套路贷"刑事案件若干问题的意见》的通知

2019 年 2 月 28 日　法发〔2019〕11 号

各省、自治区、直辖市高级人民法院、人民检察院、公安厅（局）、司法厅（局），解放军军事法院、军事检察院，新疆维吾尔自治区高级人民法院生产建设兵团分院、新疆生产建设兵团人民检察院、公安局、司法局：

为持续深入开展扫黑除恶专项斗争，准确甄别和依法严厉惩处"套路贷"违法犯罪分子，最高人民法院、最高人民检察院、公安部、司法部联合印发了《关于办理"套路贷"刑事案件若干问题的意见》，请认真贯彻执行。

最高人民法院　最高人民检察院　公安部　司法部
关于办理"套路贷"刑事案件若干问题的意见

为持续深入开展扫黑除恶专项斗争，准确甄别和依法严厉惩处"套路贷"违法犯罪分子，根据刑法、刑事诉讼法、有关司法解释以及最高人民法院、最高人民检察院、公安部、司法部《关于办理黑恶势力犯罪案件若干问题的指导意见》等规范性文件的规定，现对办理"套路贷"刑事案件若干问题提出如下意见：

一、准确把握"套路贷"与民间借贷的区别

1. "套路贷"，是对以非法占有为目的，假借民间借贷之名，诱使或迫使被害人签订"借贷"或变相"借贷""抵押""担保"等相关协议，通过虚增借贷金额、恶意制造违约、肆意认定违约、毁匿还款证据等方式形成虚假债权债务，并借助诉讼、仲裁、公证或者采用暴力、威胁以及其他手段非法占有被害人财物的相关违法犯罪活动的概括性称谓。

2. "套路贷"与平等主体之间基于意思自治而形成的民事借贷关系存在本质区别，民间借贷的出借人是为了到期按照协议约定的内容收回本金并获取利息，不具有非法占有他人财物的目的，也不会在签订、履行借贷协议过程中实施虚增借贷金额、制造虚假给付痕迹、恶意制造违约、肆意认定违约、毁匿还款证据等行为。

司法实践中，应当注意非法讨债引发的案件与"套路贷"案件的区别，犯罪嫌疑人、被告人不具有非法占有目的，也未使用"套路"与借款人形成虚假债权债务，不应视为"套路贷"。因使用暴力、威胁以及其他手段强行索债构成犯罪的，应当根据具体案件事实定罪处罚。

3. 实践中，"套路贷"的常见犯罪手法和步骤包括但不限于以下情形：

（1）制造民间借贷假象。犯罪嫌疑人、被告人往往以"小额贷款公司""投资公司""咨询公司""担保公司""网络借贷平台"等名义对外宣传，以低息、无抵押、无担保、快速放款等为诱饵吸引被害人借款，继以"保证金""行规"等虚假理由诱使被害人基于错误认识签订金额虚高的"借贷"协议或相关协议。有的犯罪嫌疑人、被告人还会以被害人先前借贷违约等理由，迫使对方签订金额虚高的

"借贷"协议或相关协议。

（2）制造资金走账流水等虚假给付事实。犯罪嫌疑人、被告人按照虚高的"借贷"协议金额将资金转入被害人账户，制造已将全部借款交付被害人的银行流水痕迹，随后便采取各种手段将其中全部或者部分资金收回，被害人实际上并未取得或者完全取得"借贷"协议、银行流水上显示的钱款。

（3）故意制造违约或者肆意认定违约。犯罪嫌疑人、被告人往往会以设置违约陷阱、制造还款障碍等方式，故意造成被害人违约，或者通过肆意认定违约，强行要求被害人偿还虚假债务。

（4）恶意垒高借款金额。当被害人无力偿还时，有的犯罪嫌疑人、被告人会安排其所属公司或者指定的关联公司、关联人员为被害人偿还"借款"，继而与被害人签订金额更大的虚高"借贷"协议或相关协议，通过这种"转单平账""以贷还贷"的方式不断垒高"债务"。

（5）软硬兼施"索债"。在被害人未偿还虚高"借款"的情况下，犯罪嫌疑人、被告人借助诉讼、仲裁、公证或者采用暴力、威胁以及其他手段向被害人或者被害人的特定关系人索取"债务"。

二、依法严惩"套路贷"犯罪

4. 实施"套路贷"过程中，未采用明显的暴力或者威胁手段，其行为特征从整体上表现为以非法占有为目的，通过虚构事实、隐瞒真相骗取被害人财物的，一般以诈骗罪定罪处罚；对于在实施"套路贷"过程中多种手段并用，构成诈骗、敲诈勒索、非法拘禁、虚假诉讼、寻衅滋事、强迫交易、抢劫、绑架等多种犯罪的，应当根据具体案件事实，区分不同情况，依照刑法及有关司法解释的规定数罪并罚或者择一重处。

5. 多人共同实施"套路贷"犯罪，犯罪嫌疑人、被告人在所参与的犯罪中起主要作用的，应当认定为主犯，对其参与或组织、指挥的全部犯罪承担刑事责任；起次要或辅助作用的，应当认定为从犯。

明知他人实施"套路贷"犯罪，具有以下情形之一，以相关犯罪的共犯论处，但刑法和司法解释等另有规定的除外：

（1）组织发送"贷款"信息、广告，吸引、介绍被害人"借款"的；

（2）提供资金、场所、银行卡、账号、交通工具等帮助的；

（3）出售、提供、帮助获取公民个人信息的；

（4）协助制造走账记录等虚假给付事实的；

（5）协助办理公证的；

（6）协助以虚假事实提起诉讼或者仲裁的；

（7）协助套现、取现、办理动产或不动产过户等，转移犯罪所得及其产生的收益的；

（8）其他符合共同犯罪规定的情形。

上述规定中的"明知他人实施'套路贷'犯罪"，应当结合行为人的认知能力、既往经历、行为次数和手段、与同案人、被害人的关系、获利情况、是否曾因"套路贷"受过处罚、是否故意规避查处等主客观因素综合分析认定。

6. 在认定"套路贷"犯罪数额时，应当与民间借贷相区别，从整体上予以否定性评价，"虚高债务"和以"利息""保证金""中介费""服务费""违约金"等名目被犯罪嫌疑人、被告人非法占有的财物，均应计入犯罪数额。

犯罪嫌疑人、被告人实际给付被害人的本金数额，不计入犯罪数额。

已经着手实施"套路贷"，但因意志以外原因未得逞的，可以根据相关罪名所涉及的刑法、司法解释规定，按照已着手非法占有的财物数额认定犯罪未遂。既有既遂，又有未遂，犯罪既遂部分与未遂部分分别对应不同法定刑幅度的，应当先决定对未遂部分是否减轻处罚，确定未遂部分对应的法定刑幅度，再与既遂部分对应的法定刑幅度进行比较，选择处罚较重的法定刑幅度，并酌情从重处罚；二者在同一量刑幅度的，以犯罪既遂酌情从重处罚。

7. 犯罪嫌疑人、被告人实施"套路贷"违法所得的一切财物，应当予以追缴或者责令退赔；对被害人的合法财产，应当及时返还。有证据证明是犯罪嫌疑人、被告人为实施"套路贷"而交付给被害人的本金，赔偿被害人损失后如有剩余，应依法予以没收。

犯罪嫌疑人、被告人已将违法所得的财物用于清偿债务、转让或者设置其他权利负担，具有下列情形之一的，应当依法追缴：

（1）第三人明知是违法所得财物而接受的；

（2）第三人无偿取得或者以明显低于市场的价格取得违法所得财物的；

（3）第三人通过非法债务清偿或者违法犯罪活动取得违法所得财物的；

（4）其他应当依法追缴的情形。

8. 以老年人、未成年人、在校学生、丧失劳动能力的人为对象实施"套路贷"，或者因实施"套路贷"造成被害人或其特定关系人自杀、死亡、精神失常、为偿还"债务"而实施犯罪活动的，除刑法、司法解释另有规定的外，应当酌情从重处罚。

在坚持依法从严惩处的同时，对于认罪认罚、积极退赃、真诚悔罪或者具有其他法定、酌定从轻处罚情节的被告人，可以依法从宽处罚。

9. 对于"套路贷"犯罪分子，应当根据其所触犯的具体罪名，依法加大财产刑适用力度。符合刑法第三十七条之一规定的，可以依法禁止从事相关职业。

10. 三人以上为实施"套路贷"而组成的较为固定的犯罪组织，应当认定为犯罪集团。对首要分子应按照集团所犯全部罪行处罚。

符合黑恶势力认定标准的，应当按照黑社会性质组织、恶势力或者恶势力犯罪集团侦查、起诉、审判。

三、依法确定"套路贷"刑事案件管辖

11. "套路贷"犯罪案件一般由犯罪地公安机关侦查，如果由犯罪嫌疑人居住地公安机关立案侦查更为适宜的，可以由犯罪嫌疑人居住地公安机关立案侦查。犯罪地包括犯罪行为发生地和犯罪结果发生地。

"犯罪行为发生地"包括为实施"套路贷"所设立的公司所在地、"借贷"协议或相关协议签订地、非法讨债行为实施地、为实施"套路贷"而进行诉讼、仲裁、公证的受案法院、仲裁委员会、公证机构所在地，以及"套路贷"行为的预备地、开始地、途经地、结束地等。

"犯罪结果发生地"包括违法所得财物的支付地、实际取得地、藏匿地、转移地、使用地、销售地等。

除犯罪地、犯罪嫌疑人居住地外，其他地方公安机关对于公民扭送、报案、控告、举报或者犯罪嫌疑人自首的"套路贷"犯罪案件，都应当立即受理，经审查认为有犯罪事实的，移送有管辖权的公安机关处理。

黑恶势力实施的"套路贷"犯罪案件，由侦办黑社会性质组织、恶势力或者恶势力犯罪集团案件的公安机关进行侦查。

12. 具有下列情形之一的，有关公安机关可以在其职责范围内并案侦查：

（1）一人犯数罪的；

（2）共同犯罪的；

（3）共同犯罪的犯罪嫌疑人还实施其他犯罪的；

（4）多个犯罪嫌疑人实施的犯罪存在直接关联，并案处理有利于查明案件事实的。

13. 本意见自 2019 年 4 月 9 日起施行。

最高人民法院　最高人民检察院　公安部　司法部印发《关于办理实施"软暴力"的刑事案件若干问题的意见》的通知

2019 年 2 月 28 日　　公通字〔2019〕15 号

各省、自治区、直辖市高级人民法院、人民检察院、公安厅（局）、司法厅（局），解放军军事法院、军事检察院，新疆维吾尔自治区高级人民法院生产建设兵团分院、新疆生产建设兵团人民检察院、公安局、司法局：

为认真贯彻落实中央开展扫黑除恶专项斗争的部署要求，正确理解和适用最高人民法院、最高人民检察院、公安部、司法部《关于办理黑恶势力犯罪案件若干问题的指导意见》，最高人民法院、最高人民检察院、公安部、司法部联合印发了《关于办理实施"软暴力"的刑事案件若干问题的意见》，请认真贯彻执行。

最高人民法院 最高人民检察院 公安部 司法部
关于办理实施"软暴力"的刑事案件若干问题的意见

为深入贯彻落实中央关于开展扫黑除恶专项斗争的决策部署,正确理解和适用最高人民法院、最高人民检察院、公安部、司法部《关于办理黑恶势力犯罪案件若干问题的指导意见》(法发〔2018〕1号,以下简称《指导意见》)关于对依法惩处采用"软暴力"实施犯罪的规定,依法办理相关犯罪案件,根据《刑法》《刑事诉讼法》及有关司法解释、规范性文件,提出如下意见:

一、"软暴力"是指行为人为谋取不法利益或形成非法影响,对他人或者在有关场所进行滋扰、纠缠、哄闹、聚众造势等,足以使他人产生恐惧、恐慌进而形成心理强制,或者足以影响、限制人身自由、危及人身财产安全,影响正常生活、工作、生产、经营的违法犯罪手段。

二、"软暴力"违法犯罪手段通常的表现形式有:

(一)侵犯人身权利、民主权利、财产权利的手段,包括但不限于跟踪贴靠、扬言传播疾病、揭发隐私、恶意举报、诬告陷害、破坏、霸占财物等;

(二)扰乱正常生活、工作、生产、经营秩序的手段,包括但不限于非法侵入他人住宅、破坏生活设施、设置生活障碍、贴报喷字、拉挂横幅、燃放鞭炮、播放哀乐、摆放花圈、泼洒污物、断水断电、堵门阻工,以及通过驱赶从业人员、派驻人员据守等方式直接或间接地控制厂房、办公区、经营场所等;

(三)扰乱社会秩序的手段,包括但不限于摆场架势示威、聚众哄闹滋扰、拦路闹事等;

(四)其他符合本意见第一条规定的"软暴力"手段。

通过信息网络或者通讯工具实施,符合本意见第一条规定的违法犯罪手段,应当认定为"软暴力"。

三、行为人实施"软暴力",具有下列情形之一,可以认定为足以使他人产生恐惧、恐慌进而形成心理强制或者足以影响、限制人身自由、危及人身财产安全或者影响正常生活、工作、生产、经营:

(一)黑恶势力实施的;

(二)以黑恶势力名义实施的;

(三)曾因组织、领导、参加黑社会性质组织、恶势力犯罪集团、恶势力以及因强迫交易、非法拘禁、敲诈勒索、聚众斗殴、寻衅滋事等犯罪受过刑事处罚后又实施的;

(四)携带凶器实施的;

(五)有组织地实施的或者足以使他人认为暴力、威胁具有现实可能性的;

(六)其他足以使他人产生恐惧、恐慌进而形成心理强制或者足以影响、限制人身自由、危及人身财产安全或者影响正常生活、工作、生产、经营的情形。

由多人实施的,编造或明示暴力违法犯罪经历进行恐吓的,或者以自报组织、头目名号、统一着装、显露纹身、特殊标识以及其他明示、暗示方式,足以使他人感知相关行为的有组织性的,应当认定为"以黑恶势力名义实施"。

由多人实施的,只要有部分行为人符合本条第一款第(一)项至第(四)项所列情形的,该项即成立。

虽然具体实施"软暴力"的行为人不符合本条第一款第(一)项、第(三)项所列情形,但雇佣者、指使者或者纠集者符合的,该项成立。

四、"软暴力"手段属于《刑法》第二百九十四条第五款第(三)项"黑社会性质组织行为特征"以及《指导意见》第14条"恶势力"概念中的"其他手段"。

五、采用"软暴力"手段,使他人产生心理恐惧或者形成心理强制,分别属于《刑法》第二百二十六条规定的"威胁"、《刑法》第二百九十三条第一款第(二)项规定的"恐吓",同时符合其他犯罪构成要件的,应当分别以强迫交易罪、寻衅滋事罪定罪处罚。

《关于办理寻衅滋事刑事案件适用法律若干问

题的解释》第二条至第四条中的"多次"一般应当理解为二年内实施寻衅滋事行为三次以上。三次以上寻衅滋事行为既包括同一类别的行为，也包括不同类别的行为；既包括未受行政处罚的行为，也包括已受行政处罚的行为。

六、有组织地多次短时间非法拘禁他人的，应当认定为《刑法》第二百三十八条规定的"以其他方法非法剥夺他人人身自由"。非法拘禁他人三次以上、每次持续时间在四小时以上，或者非法拘禁他人累计时间在十二小时以上的，应当以非法拘禁罪定罪处罚。

七、以"软暴力"手段非法进入或者滞留他人住宅的，应当认定为《刑法》第二百四十五条规定的"非法侵入他人住宅"，同时符合其他犯罪构成要件的，应当以非法侵入住宅罪定罪处罚。

八、以非法占有为目的，采用"软暴力"手段强行索取公私财物，同时符合《刑法》第二百七十四条规定的其他犯罪构成要件的，应当以敲诈勒索罪定罪处罚。

《关于办理敲诈勒索刑事案件适用法律若干问题的解释》第三条中"二年内敲诈勒索三次以上"，

包括已受行政处罚的行为。

九、采用"软暴力"手段，同时构成两种以上犯罪的，依法按照处罚较重的犯罪定罪处罚，法律另有规定的除外。

十、根据本意见第五条、第八条规定，对已受行政处罚的行为追究刑事责任的，行为人先前所受的行政拘留处罚应当折抵刑期，罚款应当抵扣罚金。

十一、雇佣、指使他人采用"软暴力"手段强迫交易、敲诈勒索，构成强迫交易罪、敲诈勒索罪的，对雇佣者、指使者，一般应当以共同犯罪中的主犯论处。

为强索不受法律保护的债务或者因其他非法目的，雇佣、指使他人采用"软暴力"手段非法剥夺他人人身自由构成非法拘禁罪，或者非法侵入他人住宅、寻衅滋事，构成非法侵入住宅罪、寻衅滋事罪的，对雇佣者、指使者，一般应当以共同犯罪中的主犯论处；因本人及近亲属合法债务、婚恋、家庭、邻里纠纷等民间矛盾而雇佣、指使，没有造成严重后果的，一般不作为犯罪处理，但经有关部门批评制止或者处理处罚后仍继续实施的除外。

十二、本意见自 2019 年 4 月 9 日起施行。

中共中央政法委员会　最高人民法院　最高人民检察院 关于印发《关于加强司法权力运行监督管理的意见》的通知

2019 年 3 月 15 日　中政委〔2019〕25 号

各省、自治区、直辖市党委政法委、高级人民法院、人民检察院，新疆生产建设兵团党委政法委，新疆维吾尔自治区高级人民法院生产建设兵团分院，新

疆生产建设兵团人民检察院：

现将《关于加强司法权力运行监督管理的意见》印发给你们，请结合实际认真贯彻执行。

关于加强司法权力运行监督管理的意见

为贯彻党的十九大和十九届二中、三中全会精神，深化司法体制综合配套改革，全面落实司法责任制，正确处理有序放权和有效监管的关系，根据有关法律法规和司法工作实际，就进一步加强司法权力运行监督管理，提出以下意见。

一、明确职责权限，规范司法权力配置

（一）突出法官、检察官办案主体地位。独任审理案件的裁判文书由独任法官签署，合议庭审理案件的裁判文书由该案合议庭法官签署。除审委会讨论决定的案件以外，院长、庭长不签发其未直接参加审理案件的裁判文书。坚持突出检察官的办案主体地位与检察长领导检察院工作相统一。检察官对检察长负责，在职权范围内决定办案事项，确保检察官在授权范围内依法、独立行使相应职权。

（二）明确法院院长、庭长的监督管理权限。法院院长、庭长除依照法律规定履行相关审判职责外，还应当履行审核批准程序性事项、综合指导审判工作、督促统一裁判标准、排除案外因素对审判活动的干扰等审判监督管理职责，保障和促进审判组织依法独立公正行使审判权。院长、庭长行使审判监督管理职责的时间、内容、节点、处理结果等，应当在办公办案平台上全程留痕、长期保存。

（三）明确检察院检察长、业务部门负责人的监督管理权限。检察长有权对检察官办理的案件进行审核，检察长不同意检察官处理意见的，可以提出复核意见，或者提交检委会讨论，必要时也可以直接作出决定。检察长要求复核的意见、决定应当以书面形式作出，归入案件卷宗。业务部门负责人可以组织部门内检察官进行业务研讨，召集检察官联席会议，行使业务管理职责。主办检察官组织、指挥、协调办案组承办案件的办理及对办案成员的管理工作。检察长、业务部门负责人行使监督管理职责的时间、内容、节点、处理结果等，应当在办公办案平台上全程留痕、长期保存。

（四）规范审委会、检委会的职能范围。明确审委会统一裁判标准的职能，强化审委会总结审判经验、加强审判管理、研究审判工作重大事项的宏观指导职能，涉及国家安全、外交、社会稳定等敏感案件和重大疑难复杂案件，由审委会讨论决定。检委会对重大案件和其他重大问题负有决策、指导和监督职能。检委会讨论决定的案件，主要是本院办理的重大疑难复杂案件，涉及国家安全、外交、社会稳定的案件，下一级检察院提请抗诉、提请复议的案件。

二、完善工作机制，加强案件监督管理

（五）健全案件承办确定机制。完善随机分案为主、指定分案为辅的案件分配机制。根据案件类型和繁简分流安排，随机确定案件承办人，非因法定回避情形或者工作调动、身体健康、廉政风险等事由，不得变更。如需对随机分案结果进行调整，应当由院长、庭长和检察长、业务部门负责人按权限审批决定，调整理由及结果应当及时通知当事人并在统一办案平台公示。重大疑难复杂案件可以指定分案。明确指定分案的范围和条件，指定分案的情况应当在统一办案平台中留痕。

（六）完善办案留痕和节点监控机制。编制涵盖主要办案程序的流程标准，推进办案工作规范化、标准化、流程化。实时准确记录法官、检察官司法活动，院长、庭长和检察长、业务部门负责人行使监督管理职权，以及审委会、检委会讨论决定案件情况。充分运用信息化平台，实现办案全流程、各环节的记录全覆盖、可查询、可追溯。全面梳理办案流程、审限管理、司法公开等关键节点，分析研判每个节点可能存在的办案风险，有针对性地进行预警提示，实现监管具体化、明确化、精细化。

（七）发挥专业法官会议、检察官联席会议的作用。健全专业法官会议、检察官联席会议制度，对重大疑难复杂案件及其他重要司法事项进行讨论，为承办法官、检察官提供参考意见。经院长、检察长同意，可组成跨部门专业法官会议、检察官联席会议。专业法官会议、检察官联席会议讨论情况和意见应当全面记录，经参加会议的法官、检察官签名后附卷保存。

（八）加强对特殊案件的管理监督。对于有下列情形之一的案件，院长、庭长和检察长、业务部门负责人有权要求法官、检察官报告案件进展及处理意见，法官、检察官应当报请监督：（1）疑难、复杂、敏感且在社会上有重大影响的；（2）可能对国家安全和社会稳定、政法机关形象和执法司法公信力产生重大影响的；（3）可能与本院、上级院类案处理结果发生冲突的；（4）公安机关、检察院、法院对案件处理存在重大意见分歧的；（5）发回重审的；（6）有关单位或个人反映法官、检察官有违法行为的。院长、庭长和检察长、业务部门负责人对案件办理过程及处理意见有异议的，可以依职权将案件提交专业法官会议、检察官联席会议、审委会、检委会进行讨论。院长、庭长和检察长、业务部门负责人对上述案件监督建议的时间、内容、处理结果等，应当在案卷和办公办案平台上全程留痕。

（九）依法充分保障当事人诉讼权利。严格执行送达、举证质证、保全、审计、评估、拍卖、司法鉴定，以及审查逮捕、移送起诉、退回补充侦查、提请抗诉等方面的法律规定，确保诉讼全流程符合法定程序。严格审限中止、扣除、延长和重新计算的流程审批及后续跟踪，对多次延长、扣除审限的案件进行重点监控。依法保障律师会见权、阅卷权和申请收集、调取证据的权利，建立健全律师辩护与代理预约平台，充分听取并合理采纳律师的意见建议。保障人民陪审员、人民监督员有序参与司法，促进司法公正。除特殊案件外，各级法院应逐步提高当庭裁判率，缩短办案周期，排除外部干扰，提升办案质效。

（十）加强上级法院对下级法院的审级监督指导。强化上级法院对下级法院的审级监督，建立健全上下级法院之间改判、发回重审、指令再审案件的信息通报、跟踪督办、异议反馈制度机制，完善双向沟通协调及分析研判机制。探索上级法院将发回重审、指令再审案件交由其他法院重新审理机制。原审法院应当加强对发回重审、指令再审案件的讨论、研究，促进审判水平提高和裁判尺度统一。上级法院通过加强裁判文书说理、发布典型案例等方式，统一本辖区内法院裁判标准。

（十一）加强上级检察院对下级检察院司法办案工作的领导。上级检察院可以指令下级检察院纠正错误决定，或依法撤销、变更下级检察院对案件的决定；可以对下级检察院管辖的案件指定异地管辖；可以在辖区内各检察院之间调配检察官异地履行职务。上级检察院对下级检察院司法办案工作的重要指令，应当由检察长决定或由检委会讨论决定，以上级检察院的名义作出。

三、加强考核评查，严格司法责任追究

（十二）健全司法绩效考核评价体制。紧紧围绕办案质量和效率进行考核，综合考虑案件类型、难易程度等因素，制定科学合理、简便易行的绩效考核办法。考核信息动态管理、全程留痕，并在系统平台公开。考核结果记入司法业绩档案，作为法官、检察官等级升降、评优奖励及员额退出的重要依据。绩效考核奖金分配坚持向一线办案人员倾斜，体现工作实绩，按考核档次适当拉开差距。

（十三）加强案件质量评查。健全案件质量评估体系和评价机制，完善案件质量评查的标准和程序。定期分析审判、检察质量运行态势，通过常规抽查、重点评查、专项评查等方式对办案质量进行专业评价。改进评查方式，扩大案件评查范围。聘请第三方专业人士参与案件质量评查。案件质量评查结果作为评价法官、检察官办案业绩和能力、水平的重要依据，纳入业绩考核评价体系，并记入司法业绩档案。

（十四）强化廉政风险防控。加强内部廉政风险防控体系建设，梳理编制廉政风险较大的岗位、领域、环节清单，找准廉政风险点，合理分解、科学配置司法权力。完善组织人事、纪检监察、督察、审计、案件管理部门与业务部门的协调配合机制，强化廉政风险监督管理。严格落实领导干部干预司法活动、司法机关内部人员过问案件、司法人员不正当接触交往的通报和责任追究规定，严肃执纪问责。

（十五）规范司法责任的认定和追究。法官、检察官在职责范围内对办案质量终身负责。负有监督管理职责的法官、检察官因故意或重大过失怠于行使或不当行使监督管理权，导致司法办案工作出现严重错误的，应当承担相应的司法责任。司法辅助人员参与司法办案工作的，根据职权和分工承担相应的责任；法官、检察官有审核把关责任的，应当承担相应的责任。健全法官、检察官惩戒制度，发挥好惩戒委员会作用。对于各类审判人员、检察人员承担司法责任的具体情形、追究方式，应严格依照《关于完善人民法院司法责任制的若干意见》《关于完善人民检察院司法责任制的若干意见》确定。

四、深化科技运用，提高监督管理水平

（十六）加强人工智能辅助办案平台建设。推广网上办案和卷宗同步数字化，加强刑事、民事、行政智能辅助办案系统建设，借助大数据、人工智能手段，将办案标准嵌入业务系统，促进实现实时、动态、智能化的证据校验、法条案例推送、裁判偏离度预警、办案瑕疵提示、文书纠错功能，在提高办案效率的同时，进一步统一办案标准、规范司法行为，全方位提升办案质量。

（十七）完善智能化案件监督机制。借助信息化手段，将监督事项嵌入办案业务系统，实现办案信息全程记录、庭审规范自动巡查、司法活动完整留痕、违规操作及时拦截、办案风险实时提示。加大对海量司法数据的挖掘开发，总结办案风险规律，推动司法管理监督由盯人盯案、层层审批向全院、全员、全过程实时动态监管转变，提升对办案不规范、不廉洁行为的发现、防控能力，确保司法权依法规范行使。

（十八）构建开放动态透明的阳光司法机制。坚持公开为原则、不公开为例外，依托信息技术，加强审判公开、检务公开平台建设，主动及时公开立案信息、办案流程信息和执行信息。强化庭审直播、生效法律文书公开，完善案件公开审查、公开答复制度，全方位接受当事人和社会监督。

中共中央政法委员会　最高人民法院　最高人民检察院关于印发《关于进一步优化司法资源配置全面提升司法效能的意见》的通知

2019 年 3 月 15 日　中政委〔2019〕26 号

各省、自治区、直辖市党委政法委、高级人民法院、人民检察院，新疆生产建设兵团党委政法委，新疆维吾尔自治区高级人民法院生产建设兵团分院，新疆生产建设兵团人民检察院：

现将《关于进一步优化司法资源配置全面提升司法效能的意见》印发给你们，请结合实际认真贯彻执行。

关于进一步优化司法资源配置全面提升司法效能的意见

为贯彻党的十九大和十九届二中、三中全会精神，深化司法体制综合配套改革，全面落实司法责任制，根据有关法律法规和司法工作实际，就进一步优化司法资源配置、全面提升司法效能，提出以下意见。

一、关口前移，健全多元化解机制

（一）引导纠纷合理分流。深化司法服务平台建设，挖掘利用司法案件资源，提供类案推送、诉讼风险分析、结果预判等服务，引导鼓励当事人选择非诉纠纷解决方式。推进诉讼服务中心调解工作室和工作站建设，为当事人提供诉前调解、法律咨询等服务，促进矛盾纠纷充分过滤、合理分流。对法律关系简单等具备调解基础的案件，按照自愿、合法的原则，完善先行调解、委派调解工作机制，引导鼓励当事人选择非诉纠纷解决方式。

（二）推动纠纷多元化解。坚持和发展新时代"枫桥经验"，加强基层社会治理和矛盾纠纷源头化

解，构建社会矛盾纠纷综合防控体系。大力发展人民调解，加强各类人民调解委员会建设，推进行政调解、行业专业调解工作，完善委托调解、特邀调解机制。建立健全社会组织平台，组织律师、法学专家、心理咨询师等社会力量参与调解工作。健全完善律师调解、公证调解制度。支持商事调解组织、律师事务所、公证处等探索按照市场化方式提供矛盾纠纷多元化解服务。积极扩大公证、仲裁、行政复议、行政裁决、刑事和解等方式适用，从源头减少进入诉讼程序的案件。

（三）完善诉调对接机制。加强司法机关与行政机关、公证机构、仲裁机构，以及各类调解组织协调配合，推动在程序安排、效力确认、法律指导等方面有机衔接。积极倡导无争议事实记载、无异议调解方案认可。推广网上司法确认模式，推动调解协议的达成与申请司法确认无缝衔接、调解成果当场固定、矛盾纠纷就地化解。

（四）依法规范诉讼行为。积极引导当事人理性、诚信诉讼，依法加大对虚假诉讼、恶意诉讼、无理缠诉等滥用诉权行为的惩治力度。探索建立诉讼失信人名单制度，与社会征信系统接轨，对不诚信诉讼行为人实施信用惩戒。对严重的虚假诉讼、恶意诉讼、妨碍诉讼等行为，依法适用罚款、拘留等妨碍民事诉讼强制措施，构成犯罪的，依法追究刑事责任。探索检察机关对虚假诉讼的监督机制。

二、繁简分流，优化诉讼资源配置

（五）完善分案机制。完善随机分案为主、指定分案为辅的分案机制，确保简单案件由速裁团队及时办理，系列性、群体性或关联性案件原则上由同一办案组织办理，同类案件由专业化办案组织集中办理。探索运用大数据和人工智能技术，自动识别案件繁简，自动分案。

（六）推动简案快办。完善小额诉讼程序和标准，健全技术和机制保障，推广运用诉讼费减免、快速执行等激励机制，引导当事人选择适用小额诉讼程序，推广电子督促程序适用。适当扩大民商事案件适用独任制审理的案件范围，推动基层法院形成以独任制为主，合议制为辅的案件审理格局。落实轻罪案件快速办理机制，创新刑事速裁机制，深化刑事案件认罪认罚从宽制度改革，推动侦查、审查起诉、审判阶段程序简化。依法扩大行政案件简易程序适用，探索建立行政速裁工作机制。健全发挥

检察机关审前程序作用工作机制，提升侦查和起诉的工作效率。

（七）推进庭审方式改革。充分发挥庭前会议在归纳争议焦点、促进庭前和解等方面作用。推广组别式审理方式，对同类简单案件实行集中排期、送达、开庭，实行要素式审理，推动类案快审。探索示范诉讼方式，通过个案示范处理带动批量案件高效解决。运用智能语音识别技术，推动庭审记录方式改革。经双方当事人同意，可依法简化庭审程序，不严格区分法庭调查、法庭辩论阶段。

（八）简化法律文书。对复杂、新类型案件以及具有普遍指导意义的简单案件，加强说理。对其他简单案件可以使用令状式、要素式、表格式等简式法律文书，简化说理。当庭宣判的案件，裁判文书可以适当简化。当庭即时履行的民事案件，经当事人同意，可在庭审笔录中予以记录后，不再出具裁判文书。

（九）完善送达机制。综合运用电子送达、委托送达、约定送达、公证送达等多种方式，探索送达新路径，系统性、体系化破解送达难。利用中国审判流程信息公开网、检察机关案件程序信息公开平台，搭建全国统一的电子送达平台。推广集约化、分段化送达工作机制，积极探索运用社会化服务方式开展送达工作。规范公告送达程序和适用条件。

三、集约统筹，健全组织管理体系

（十）加快推进内设机构改革。坚持优化协同高效总体要求，积极推进省以下法院检察院内设机构改革，坚持综合机构和业务机构同步改，机构精简和职能优化相结合，推动司法人力资源配置向办案一线倾斜，让政务、业务运行更加高效顺畅。

（十一）科学组建新型办案团队。综合考虑案件类型、繁简程度等因素组建新型办案团队，通过"术业专攻"实现案件办理提质增效，实现简案快办、类案专办，促进办案尺度统一。完善团队内部激励约束机制，赋予法官、检察官对助理的工作分配权、考核评价权、奖惩建议权，助理的绩效奖金、入额遴选与业绩挂钩，进一步调动积极性。与相关行政机关、金融管理部门等开展干部交流，辅助检察官办理案件。

（十二）提升司法辅助事务集约化、社会化水平。推进司法辅助事务集中管理，设立专门化工作平台和工作团队，集中办理司法辅助事务。积极推

广购买社会服务方式办理司法辅助事务,推广公证参与司法辅助事务试点经验,降低司法成本,提高办案效率。建立健全公开竞标、运营监管、业务培训等制度,保障司法辅助事务外包合法合规,服务质量不断提升。

四、智能辅助,深化现代科技应用

(十三)建设政法机关跨部门大数据办案平台,推进电子卷宗共享。加快推进政法机关设施联通、网络畅通、平台贯通、数据融通,逐步推广案件全流程在线办理机制,完善电子卷宗制作、流转、安全工作制度,加强标准化数据建设及深度应用,减少重复录入。推进电子卷宗随案同步生成和深度应用,统一政法各部门之间电子卷宗的制作、流转标准,推动实行电子档案为主、纸质档案为辅的案件归档方式。推动政法系统与相关部门、企事业单位数据信息共享机制,推动政法系统讯(询)问录音录像、庭审、看守所、监狱监控等视频互联互通和共享应用,提升运转效率,强化办案合力。

(十四)强化办案智能辅助。积极运用大数据、云计算、人工智能等信息技术,转变司法工作模式、提升司法工作效能。推广网上立案、在线调解、远程讯问、询问、庭审、视频接访等,促进纠纷解决现代化、智能化。依托司法大数据建立智能辅助办案系统,为办案人员提供类案推送、期限预警、文书生成、裁判结果自动监测等服务,统一法律适用,规范办案流程。

(十五)推动执行信息化建设。健全网络查控体系,完善执行信息内部共享机制,实现网上查询、网上冻结、网上扣划,推动信用联合惩戒机制建设。建设现代化执行办案指挥平台和精细化管理系统,智能分析案件难易程度,对财产流转关键节点进行风险预警,实现案件质效可视化精准管理。完善跨区域异地执行视频互通、远程指挥系统,探索实现远程制作笔录、在线签章打印,提升执行案件办理质效。

(十六)积极推进司法服务网络化。推广运用"互联网＋服务"等模式,推动诉讼服务事项线上办理。依托"两微一端"等新媒体平台,构建快捷便利的移动服务体系。深化远程立案、电子印章、异地视频作证工作,逐步实现网上缴费,进一步方便当事人诉讼。

五、综合配套,完善执法办案保障

(十七)建立政法编制和员额动态调整机制。在中央核定的政法专项编制总量内,建立完善"以案定编""以案定额"的司法人员编制、员额动态调整机制,综合考虑区域经济社会发展、人口数量、案件数量等因素,统一调配政法专项编制,形成动态调整的员额管理体制。严格落实员额退出机制,对办案绩效考核不达标的坚决退出员额。健全常态化遴选机制,及时补充一线办案力量。

(十八)严格落实入额领导干部办案责任。严格落实领导干部办案情况定期通报和分级考核制度,坚决防止挂名办案、仅办简单案等行为。完善办案考核标准,兼顾入额领导干部管理监督与办案职责。

(十九)优化司法辅助人员管理培养。落实未入额人员和符合条件的编制内书记员转任助理要求,充实办案团队力量。创新完善助理培养模式,提升履职能力。规范聘用制书记员管理,健全层级化管理等配套制度,建立健全聘用制书记员管理监督和退出机制,确保队伍稳定,提升能力水平。

(二十)完善激励保障制度。建立健全与奖金分配、等级晋升、提拔使用挂钩的绩效考核办法。以办案数量为主,结合案件类型、难易程度、办案质量效果,科学设计绩效奖金发放标准,合理拉开档次,强化考核结果在按期晋升、择优选升中的实际运用,确保办案多、质量高、效果好的一线司法人员成为最大受益者,激励广大司法人员多办案、办好案。

最高人民检察院关于印发
《最高人民检察院关于案例指导工作的规定》的通知

2019 年 4 月 4 日　高检发办字〔2019〕42 号

各省、自治区、直辖市人民检察院，解放军军事检察院，新疆生产建设兵团人民检察院：

《最高人民检察院关于案例指导工作的规定》已经 2019 年 3 月 20 日最高人民检察院第十三届检察委员会第十六次会议修订，现印发你们，请结合实际，认真贯彻落实。

最高人民检察院关于案例指导工作的规定

（2010 年 7 月 29 日最高人民检察院第十一届检察委员会第四十次会议通过
2015 年 12 月 9 日最高人民检察院第十二届检察委员会第四十四次会议第一次修订
2019 年 3 月 20 日最高人民检察院第十三届检察委员会第十六次会议第二次修订）

第一条　为了加强和规范检察机关案例指导工作，发挥指导性案例对检察办案工作的示范引领作用，促进检察机关严格公正司法，保障法律统一正确实施，根据《中华人民共和国人民检察院组织法》等法律规定，结合检察工作实际，制定本规定。

第二条　检察机关指导性案例由最高人民检察院发布。指导性案例应当符合以下条件：

（一）案件处理结果已经发生法律效力；

（二）办案程序符合法律规定；

（三）在事实认定、证据运用、法律适用、政策把握、办案方法等方面对办理类似案件具有指导意义；

（四）体现检察机关职能作用，取得良好政治效果、法律效果和社会效果。

第三条　指导性案例的体例，一般包括标题、关键词、要旨、基本案情、检察机关履职过程、指导意义和相关规定等部分。

第四条　发布指导性案例，应当注意保守国家秘密和商业秘密，保护涉案人员隐私。

第五条　省级人民检察院负责本地区备选指导性案例的收集、整理、审查和向最高人民检察院推荐工作。办理案件的人民检察院或者检察官可以向省级人民检察院推荐备选指导性案例。

省级人民检察院各检察部和法律政策研究室向最高人民检察院对口部门推荐备选指导性案例，应当提交以下材料：

（一）指导性案例推荐表；

（二）按照规定体例撰写的案例文本；

（三）有关法律文书和工作文书。

最高人民检察院经初步审查认为可以作为备选指导性案例的，应当通知推荐案例的省级人民检察院报送案件卷宗。

第六条　人大代表、政协委员、人民监督员、专家咨询委员以及社会各界人士，可以向办理案件的人民检察院或者其上级人民检察院推荐备选指导性案例。

接受推荐的人民检察院应当及时告知推荐人备选指导性案例的后续情况。

第七条　最高人民检察院法律政策研究室统筹协调指导性案例的立项、审核、发布、清理工作。

最高人民检察院各检察厅和法律政策研究室分工负责指导性案例的研究编制工作。各检察厅研究编制职责范围内的指导性案例，法律政策研究室研究编制涉及多个检察厅业务或者院领导指定专题的指导性案例。

第八条　最高人民检察院各检察厅和法律政策研究室研究编制指导性案例，可以征求本业务条线、相关内设机构、有关机关对口业务部门和人大代表、专家学者等的意见。

第九条　最高人民检察院设立案例指导工作委员会。案例指导工作委员会由最高人民检察院分管法律政策研究室的副检察长、检察委员会专职委员、部分检察厅负责人或者全国检察业务专家以及法学界专家组成。

提请检察委员会审议的备选指导性案例，应当经案例指导工作委员会讨论同意。

案例指导工作委员会应当定期研究案例指导工作，每年度专题向检察委员会作出报告。

案例指导工作委员会的日常工作由法律政策研究室承担。

第十条　最高人民检察院各检察厅和法律政策研究室认为征集的案例符合备选指导性案例条件的，应当按照指导性案例体例进行编写，报分管副检察长同意后，提交案例指导工作委员会讨论。

第十一条　案例指导工作委员会同意作为备选指导性案例提请检察委员会审议的，承办部门应当按照案例指导工作委员会讨论意见对备选指导性案例进行修改，送法律政策研究室审核，并根据审核意见进一步修改后，报检察长决定提交检察委员会审议。

第十二条　检察委员会审议备选指导性案例时，由承办部门汇报案例研究编制情况，并就案例

发布后的宣传培训提出建议。

第十三条　检察委员会审议通过的指导性案例，承办部门应当根据审议意见进行修改完善，送法律政策研究室进行法律核稿、统一编号后，报分管副检察长审核，由检察长签发。

第十四条　最高人民检察院发布的指导性案例，应当在《最高人民检察院公报》和最高人民检察院官方网站公布。

第十五条　各级人民检察院应当参照指导性案例办理类似案件，可以引述相关指导性案例进行释法说理，但不得代替法律或者司法解释作为案件处理决定的直接依据。

各级人民检察院检察委员会审议案件时，承办检察官应当报告有无类似指导性案例，并说明参照适用情况。

第十六条　最高人民检察院建立指导性案例数据库，为各级人民检察院和社会公众检索、查询、参照适用指导性案例提供便利。

第十七条　各级人民检察院应当将指导性案例纳入业务培训，加强对指导性案例的学习应用。

第十八条　最高人民检察院在开展案例指导工作中，应当加强与有关机关的沟通。必要时，可以商有关机关就互涉法律适用问题共同发布指导性案例。

第十九条　指导性案例具有下列情形之一的，最高人民检察院应当及时宣告失效，并在《最高人民检察院公报》和最高人民检察院官方网站公布：

（一）案例援引的法律或者司法解释废止；

（二）与新颁布的法律或者司法解释冲突；

（三）被新发布的指导性案例取代；

（四）其他应当宣告失效的情形。

宣告指导性案例失效，由最高人民检察院检察委员会决定。

第二十条　本规定自印发之日起施行。

应急管理部　公安部　最高人民法院
最高人民检察院关于印发《安全生产行政执法与刑事司法衔接工作办法》的通知

2019 年 4 月 16 日　应急〔2019〕54 号

最高人民检察院关于印发《安全生产行政执法与刑事司法衔接工作办法》的通知各省、自治区、直辖市应急管理厅（局）、公安厅（局）、高级人民法院、人民检察院，新疆生产建设兵团应急管理局、公安局、新疆维吾尔自治区高级人民法院生产建设兵团分院、新疆生产建设兵团人民检察院，各省级煤矿安全监察局：

为了建立健全安全生产行政执法与刑事司法衔接工作机制，依法惩治安全生产违法犯罪行为，保障人民群众生命财产安全和社会稳定，应急管理部、公安部、最高人民法院、最高人民检察院联合研究制定了《安全生产行政执法与刑事司法衔接工作办法》，现予以印发，请遵照执行。

安全生产行政执法与刑事司法衔接工作办法

第一章　总　　则

第一条　为了建立健全安全生产行政执法与刑事司法衔接工作机制，依法惩治安全生产违法犯罪行为，保障人民群众生命财产安全和社会稳定，依据《中华人民共和国刑法》《中华人民共和国刑事诉讼法》《中华人民共和国安全生产法》《中华人民共和国消防法》和《行政执法机关移送涉嫌犯罪案件的规定》《生产安全事故报告和调查处理条例》《最高人民法院　最高人民检察院关于办理危害生产安全刑事案件适用法律若干问题的解释》等法律、行政法规、司法解释及有关规定，制定本办法。

第二条　本办法适用于应急管理部门、公安机关、人民法院、人民检察院办理的涉嫌安全生产犯罪案件。

应急管理部门查处违法行为时发现的涉嫌其他犯罪案件，参照本办法办理。

本办法所称应急管理部门，包括煤矿安全监察机构、消防机构。

属于《中华人民共和国监察法》规定的公职人员在行使公权力过程中发生的依法由监察机关负责调查的涉嫌安全生产犯罪案件，不适用本办法，应当依法及时移送监察机关处理。

第三条　涉嫌安全生产犯罪案件主要包括下列案件：

（一）重大责任事故案件；

（二）强令违章冒险作业案件；

（三）重大劳动安全事故案件；

（四）危险物品肇事案件；

（五）消防责任事故、失火案件；

（六）不报、谎报安全事故案件；

（七）非法采矿，非法制造、买卖、储存爆炸物，非法经营，伪造、变造、买卖国家机关公文、证件、印章等涉嫌安全生产的其他犯罪案件。

第四条　人民检察院对应急管理部门移送涉嫌安全生产犯罪案件和公安机关有关立案活动，依法实施法律监督。

第五条　各级应急管理部门、公安机关、人民检察院、人民法院应当加强协作，统一法律适用，不断完善案件移送、案情通报、信息共享等工作机制。

第六条　应急管理部门在行政执法过程中发现行使公权力的公职人员涉嫌安全生产犯罪的问题线索，或者应急管理部门、公安机关、人民检察院在查处有关违法犯罪行为过程中发现行使公权力的公职人员涉嫌贪污贿赂、失职渎职等职务违法或者职务犯罪的问题线索，应当依法及时移送监察机关处理。

第二章　日常执法中的案件移送与法律监督

第七条　应急管理部门在查处违法行为过程中发现涉嫌安全生产犯罪案件的，应当立即指定 2 名以上行政执法人员组成专案组专门负责，核实情况后提出移送涉嫌犯罪案件的书面报告。应急管理部门正职负责人或者主持工作的负责人应当自接到报告之日起 3 日内作出批准移送或者不批准移送的决定。批准移送的，应当在 24 小时内向同级公安机关移送；不批准移送的，应当将不予批准的理由记录在案。

第八条　应急管理部门向公安机关移送涉嫌安全生产犯罪案件，应当附下列材料，并将案件移送书抄送同级人民检察院。

（一）案件移送书，载明移送案件的应急管理部门名称、违法行为涉嫌犯罪罪名、案件主办人及联系电话等。案件移送书应当附移送材料清单，并加盖应急管理部门公章；

（二）案件调查报告，载明案件来源、查获情况、嫌疑人基本情况、涉嫌犯罪的事实、证据和法律依据、处理建议等；

（三）涉案物品清单，载明涉案物品的名称、数量、特征、存放地等事项，并附采取行政强制措施、现场笔录等表明涉案物品来源的相关材料；

（四）附有鉴定机构和鉴定人资质证明或者其他证明文件的检验报告或者鉴定意见；

（五）现场照片、询问笔录、电子数据、视听资料、认定意见、责令整改通知书等其他与案件有关的证据材料。

对有关违法行为已经作出行政处罚决定的，还应当附行政处罚决定书。

第九条　公安机关对应急管理部门移送的涉嫌安全生产犯罪案件，应当出具接受案件的回执或者在案件移送书的回执上签字。

第十条　公安机关审查发现移送的涉嫌安全生产犯罪案件材料不全的，应当在接受案件的 24 小时内书面告知应急管理部门在 3 日内补正。

公安机关审查发现涉嫌安全生产犯罪案件移送材料不全、证据不充分的，可以就证明有犯罪事实的相关证据要求等提出补充调查意见，由移送案件的应急管理部门补充调查。根据实际情况，公安机关可以依法自行调查。

第十一条　公安机关对移送的涉嫌安全生产犯罪案件，应当自接受案件之日起 3 日内作出立案或者不予立案的决定；涉嫌犯罪线索需要查证的，应当自接受案件之日起 7 日内作出决定；重大疑难复杂案件，经县级以上公安机关负责人批准，可以自受案之日起 30 日内作出决定。依法不予立案的，应当说明理由，相应退回案件材料。

对属于公安机关管辖但不属于本公安机关管辖的案件，应当在接受案件后 24 小时内移送有管辖权的公安机关，并书面通知移送案件的应急管理部门，抄送同级人民检察院。对不属于公安机关管辖的案件，应当在 24 小时内退回移送案件的应急管理部门。

第十二条　公安机关作出立案、不予立案决定的，应当自作出决定之日起 3 日内书面通知应急管理部门，并抄送同级人民检察院。

对移送的涉嫌安全生产犯罪案件，公安机关立案后决定撤销案件的，应当将撤销案件决定书送达移送案件的应急管理部门，并退回案卷材料。对依法应当追究行政法律责任的，可以同时提出书面建议。有关撤销案件决定书应当抄送同级人民检察院。

第十三条　应急管理部门应当自接到公安机关立案通知书之日起 3 日内将涉案物品以及与案件有关的其他材料移交公安机关，并办理交接手续。

对保管条件、保管场所有特殊要求的涉案物品，可以在公安机关采取必要措施固定留取证据后，由应急管理部门代为保管。应急管理部门应当妥善保管涉案物品，并配合公安机关、人民检察院、人民法院在办案过程中对涉案物品的调取、使用及鉴定等工作。

第十四条　应急管理部门接到公安机关不予立案的通知书后，认为依法应当由公安机关决定立案的，可以直接到不予立案通知书之日起3日内提请作出不予立案决定的公安机关复议，也可以建议人民检察院进行立案监督。

公安机关应当自收到提请复议的文件之日起3日内作出复议决定，并书面通知应急管理部门。应急管理部门对公安机关的复议决定仍有异议的，应当自收到复议决定之日起3日内建议人民检察院进行立案监督。

应急管理部门对公安机关逾期未作出是否立案决定以及立案后撤销案件决定有异议的，可以建议人民检察院进行立案监督。

第十五条　应急管理部门建议人民检察院进行立案监督的，应当提供立案监督建议书、相关案件材料，并附公安机关不予立案通知、复议维持不予立案通知或者立案后撤销案件决定及有关说明理由材料。

第十六条　人民检察院应当对应急管理部门立案监督建议进行审查，认为需要公安机关说明不予立案、立案后撤销案件的理由的，应当要求公安机关在7日内说明理由。公安机关应当书面说明理由，回复人民检察院。

人民检察院经审查认为公安机关不予立案或者立案后撤销案件理由充分，符合法律规定情形的，应当作出支持不予立案、撤销案件的检察意见。认为有关理由不能成立的，应当通知公安机关立案。

公安机关收到立案通知书后，应当在15日内立案，并将立案决定书送达人民检察院。

第十七条　人民检察院发现应急管理部门不移送涉嫌安全生产犯罪案件的，可以派员查询、调阅有关案件材料，认为应当移送的，应当提出检察意见。应急管理部门应当自收到检察意见后3日内将案件移送公安机关，并将案件移送书抄送人民检察院。

第十八条　人民检察院对符合逮捕、起诉条件的犯罪嫌疑人，应当依法批准逮捕、提起公诉。

人民检察院对决定不起诉的案件，应当自作出决定之日起3日内，将不起诉决定书送达公安机关和应急管理部门。对依法应当追究行政法律责任的，可以同时提出检察意见，并要求应急管理部门及时通报处理情况。

第三章　事故调查中的案件移送与法律监督

第十九条　事故发生地有管辖权的公安机关根据事故的情况，对涉嫌安全生产犯罪的，应当依法立案侦查。

第二十条　事故调查中发现涉嫌安全生产犯罪的，事故调查组或者负责火灾调查的消防机构应当及时将有关材料或者其复印件移交有管辖权的公安机关依法处理。

事故调查过程中，事故调查组或者负责火灾调查的消防机构可以召开专题会议，向有管辖权的公安机关通报事故调查进展情况。

有管辖权的公安机关对涉嫌安全生产犯罪案件立案侦查的，应当在3日内将立案决定书抄送同级应急管理部门、人民检察院和组织事故调查的应急管理部门。

第二十一条　对有重大社会影响的涉嫌安全生产犯罪案件，上级公安机关采取挂牌督办、派员参与等方法加强指导和督促，必要时，可以按照有关规定直接组织办理。

第二十二条　组织事故调查的应急管理部门及同级公安机关、人民检察院对涉嫌安全生产犯罪案件的事实、性质认定、证据采信、法律适用以及责任追究有意见分歧的，应当加强协调沟通。必要时，可以就法律适用等方面问题听取人民法院意见。

第二十三条　对发生一人以上死亡的情形，经依法组织调查，作出不属于生产安全事故或者生产安全责任事故的书面调查结论的，应急管理部门应当将该调查结论及时抄送同级监察机关、公安机关、人民检察院。

第四章　证据的收集与使用

第二十四条　在查处违法行为的过程中，有关应急管理部门应当全面收集、妥善保存证据材料。对容易灭失的痕迹、物证，应当采取措施提取、固定；对查获的涉案物品，如实填写涉案物品清单，并按照国家有关规定予以处理；对需要进行检验、鉴定的涉案物品，由法定检验、鉴定机构进行检验、鉴定，并出具检验报告或者鉴定意见。

在事故调查的过程中，有关部门根据有关法律法规的规定或者事故调查组的安排,按照前款规定收集、保存相关的证据材料。

第二十五条　在查处违法行为或者事故调查的过程中依法收集制作的物证、书证、视听资料、电子数据、检验报告、鉴定意见、勘验笔录、检查笔录等证据材料以及经依法批复的事故调查报告,在刑事诉讼中可以作为证据使用。

事故调查组依照有关规定提交的事故调查报告应当由其成员签名。没有签名的,应当予以补正或者作出合理解释。

第二十六条　当事人及其辩护人、诉讼代理人对检验报告、鉴定意见、勘验笔录、检查笔录等提出异议,申请重新检验、鉴定、勘验或者检查的,应当说明理由。人民法院经审理认为有必要的,应当同意。人民法院同意重新鉴定申请的,应当及时委托鉴定,并将鉴定意见告知人民检察院、当事人及其辩护人、诉讼代理人;也可以由公安机关自行或者委托相关机构重新进行检验、鉴定、勘验、检查等。

第五章　协作机制

第二十七条　各级应急管理部门、公安机关、人民检察院、人民法院应当建立安全生产行政执法与刑事司法衔接长效工作机制。明确本单位的牵头机构和联系人,加强日常工作沟通与协作。定期召开联席会议,协调解决重要问题,并以会议纪要等方式明确议定事项。

各省、自治区、直辖市应急管理部门、公安机关、人民检察院、人民法院应当每年定期联合通报辖区内有关涉嫌安全生产犯罪案件移送、立案、批捕、起诉、裁判结果等方面信息。

第二十八条　应急管理部门对重大疑难复杂案件,可以就刑事案件立案追诉标准、证据的固定和保全等问题咨询公安机关、人民检察院;公安机关、人民检察院可以就案件办理中的专业性问题咨询应急管理部门。受咨询的机关应当及时答复;书面咨询的,应当在7日内书面答复。

第二十九条　人民法院应当在有关案件的判决、裁定生效后,按照规定及时将判决书、裁定书在互联网公布。适用职业禁止措施的,应当在判决、裁定生效后10日内将判决书、裁定书送达罪犯居住地的县级应急管理部门和公安机关,同时抄送罪犯居住地的县级人民检察院。具有国家工作人员身份的,应当将判决书、裁定书送达罪犯原所在单位。

第三十条　人民检察院、人民法院发现有关生产经营单位在安全生产保障方面存在问题或者有关部门在履行安全生产监督管理职责方面存在违法、不当情形的,可以发出检察建议、司法建议。有关生产经营单位或者有关部门应当按规定及时处理,并将处理情况书面反馈提出建议的人民检察院、人民法院。

第三十一条　各级应急管理部门、公安机关、人民检察院应当运用信息化手段,逐步实现涉嫌安全生产犯罪案件的网上移送、网上受理和网上监督。

第六章　附　　则

第三十二条　各省、自治区、直辖市的应急管理部门、公安机关、人民检察院、人民法院可以根据本地区实际情况制定实施办法。

第三十三条　本办法自印发之日起施行。

最高人民检察院关于印发
《最高人民检察院司法解释工作规定》的通知

2019年5月5日　高检发办字〔2019〕55号

各省、自治区、直辖市人民检察院,解放军军事检察院,新疆生产建设兵团人民检察院:

《最高人民检察院司法解释工作规定》已经

2019年3月20日最高人民检察院第十三届检察委员会第十六次会议修订,现印发你们,请结合实际,认真贯彻落实。

最高人民检察院司法解释工作规定

(2006 年 4 月 18 日最高人民检察院第十届检察委员会第五十三次会议通过
2015 年 12 月 16 日最高人民检察院第十二届检察委员会第四十五次会议第一次修订
2019 年 3 月 20 日最高人民检察院第十三届检察委员会第十六次会议第二次修订)

第一章 一般规定

第一条 为加强和规范司法解释工作,统一法律适用标准,维护司法公正,根据《中华人民共和国人民检察院组织法》《全国人民代表大会常务委员会关于加强法律解释工作的决议》等法律规定,结合检察工作实际,制定本规定。

第二条 人民检察院在检察工作中具体应用法律的问题,由最高人民检察院作出司法解释。

地方人民检察院、专门人民检察院不得制定司法解释和司法解释性质文件。

第三条 司法解释应当主要针对具体的法律条文,并符合立法的目的、原则和原意。

第四条 司法解释工作应当依法接受全国人民代表大会及其常务委员会的监督。

全国人民代表大会及其常务委员会认为司法解释违反法律规定的,最高人民检察院应当及时予以修改或者废止。

研究制定司法解释过程中,对于法律规定需要进一步明确具体含义,或者法律制定后出现新情况,需要明确适用法律依据的,最高人民检察院应当向全国人民代表大会常务委员会提出法律解释的要求或者提出制定、修改有关法律的议案。

第五条 最高人民检察院制定并发布的司法解释具有法律效力。人民检察院在起诉书、抗诉书、检察建议书等法律文书中,需要引用法律和司法解释的,应当先援引法律,后援引司法解释。

第六条 司法解释采用"解释""规则""规定""批复""决定"等形式,统一编排最高人民检察院司法解释文号。

对检察工作中如何具体应用某一法律或者对某一类案件、某一类问题如何应用法律制定的司法解释,采用"解释""规则"的形式。

对检察工作中需要制定的办案规范、意见等司法解释,采用"规定"的形式。

对省级人民检察院(包括解放军军事检察院、新疆生产建设兵团人民检察院)就检察工作中具体应用法律问题的请示制定的司法解释,采用"批复"的形式。

修改或者废止司法解释,采用"决定"的形式。

第七条 对于同时涉及检察工作和审判工作中具体应用法律的问题,最高人民检察院应当商请最高人民法院联合制定司法解释。对于最高人民法院商请最高人民检察院联合制定司法解释的,最高人民检察院应当及时研究,提出意见。

最高人民检察院与最高人民法院联合制定的司法解释需要修改、补充或者废止的,应当与最高人民法院协商。

第八条 司法解释的研究起草工作由最高人民检察院法律政策研究室和各检察厅分别负责。法律政策研究室主要负责涉及多部门业务的综合性司法解释的研究起草工作,各检察厅主要负责本部门业务范围的司法解释的研究起草工作。

司法解释的立项、审核、编号、备案、清理等工作由法律政策研究室负责。

地方人民检察院、专门人民检察院应当配合最高人民检察院法律政策研究室和各检察厅做好司法解释有关工作。

第二章 司法解释的立项

第九条 制定司法解释,应当立项。

最高人民检察院制定司法解释的立项来源包括:

(一)最高人民检察院检察委员会关于制定司

法解释的决定；

（二）最高人民检察院检察长关于制定司法解释的批示；

（三）最高人民检察院法律政策研究室、各检察厅提出制定司法解释的建议；

（四）省级人民检察院向最高人民检察院提出制定司法解释的请示；

（五）全国人大代表、全国政协委员提出制定司法解释的建议或者提案；

（六）有关机关、社会团体或者其他组织以及公民提出制定司法解释的建议；

（七）最高人民检察院认为需要制定司法解释的其他情形。

省级以下人民检察院认为需要制定司法解释的，应当层报省级人民检察院，由省级人民检察院审查决定是否向最高人民检察院提出请示。

第十条　最高人民检察院检察委员会决定制定司法解释或者最高人民检察院检察长批示制定司法解释的，由最高人民检察院法律政策研究室直接立项。

其他制定司法解释的立项建议，由最高人民检察院法律政策研究室提出审查意见，报检察长决定。

第十一条　各检察厅需要制定司法解释的，应当于每年年底前提出下一年度的立项建议。

根据工作需要，临时制定司法解释的，应当及时提出立项建议。

第十二条　法律政策研究室根据立项情况，于每年年初起草本年度司法解释工作计划，报检察长决定提交检察委员会审议。

根据工作需要，经检察长或者检察委员会决定，可以对司法解释工作计划进行补充或者调整。

第十三条　司法解释应当按照年度工作计划完成。不能按照年度工作计划完成的，司法解释起草部门应当及时作出书面说明，由法律政策研究室提出是否继续立项的意见，报检察长决定。

第三章　司法解释的起草、审核

第十四条　已经立项的司法解释，起草部门应当及时开展调研起草工作，形成司法解释意见稿。

第十五条　司法解释意见稿应当报送全国人民代表大会相关专门委员会或者全国人民代表大会常务委员会相关工作机构征求意见。

司法解释意见稿应当征求有关机关以及地方人民检察院、专门人民检察院的意见；根据情况，可以征求人大代表、政协委员以及专家学者等的意见。

涉及广大人民群众切身利益的司法解释，经检察长决定，可以在报纸、互联网等媒体上公开征求意见。

第十六条　司法解释起草部门在征求意见和对司法解释意见稿进行修改完善后，认为可以提交检察委员会审议的，应当形成司法解释送审稿，撰写起草说明，附典型案例等相关材料，经分管副检察长同意，送法律政策研究室审核。

第十七条　司法解释送审稿的起草说明包括以下内容：

（一）立项来源和背景；

（二）研究起草和修改过程；

（三）司法解释送审稿的逐条说明，包括各方面意见、争议焦点、起草部门研究意见和理由；

（四）司法解释通过后进行发布和培训的工作方案。

第十八条　法律政策研究室应当对司法解释送审稿及其起草说明进行审核。认为需要进一步修改、补充、论证的，提出书面意见，退回起草部门。

认为需要征求有关机关意见的，报分管副检察长批准，以最高人民检察院或者最高人民检察院办公厅名义征求意见。

认为可以提交检察委员会审议的，形成司法解释审议稿，报检察长决定提交检察委员会审议。

第四章　检察委员会审议

第十九条　最高人民检察院发布的司法解释应当经最高人民检察院检察委员会审议通过。

检察委员会审议司法解释，由法律政策研究室汇报，起草部门说明相关问题，回答委员询问。

第二十条　对检察委员会审议通过的司法解释，法律政策研究室根据审议意见对司法解释审议稿进行修改后，报检察长签发。

第二十一条　检察委员会经审议，认为制定司法解释的条件尚不成熟的，可以决定进一步研究论证或者撤销立项。

第五章　司法解释的发布、备案

第二十二条　最高人民检察院的司法解释以

最高人民检察院公告的形式,在《最高人民检察院公报》和最高人民检察院官方网站公布。

第二十三条 司法解释以最高人民检察院发布公告的日期为生效时间。司法解释另有规定的除外。

第二十四条 司法解释应当自公布之日起三十日以内报送全国人民代表大会常务委员会备案。

第六章 其他相关工作

第二十五条 最高人民检察院法律政策研究室应当对地方人民检察院和专门人民检察院执行司法解释的情况和效果进行检查评估,检查评估情况向检察长或者检察委员会报告。

第二十六条 法律制定、修改、废止后,相关司法解释与现行法律规定相矛盾的内容自动失效;最高人民检察院对相关司法解释应当及时予以修改或者废止。

第二十七条 最高人民检察院定期对司法解释进行清理,并对现行有效的司法解释进行汇编。司法解释清理参照司法解释制定程序的相关规定办理。

司法解释清理情况应当及时报送全国人民代表大会常务委员会。

第二十八条 本规定自印发之日起施行。

最高人民检察院关于印发
《人民检察院检务督察工作条例》的通知

2019 年 6 月 1 日　高检发〔2019〕8 号

各省、自治区、直辖市人民检察院,解放军军事检察院,新疆生产建设兵团人民检察院:

《人民检察院检务督察工作条例》已经 2019 年

5 月 16 日第十三届最高人民检察院党组第六十二次会议通过,现印发你们,请结合实际,认真贯彻执行。

人民检察院检务督察工作条例

第一章 总 则

第一条 为强化检察机关内部监督,保证检察机关和检察人员依法履职、公正司法,根据《中华人民共和国人民检察院组织法》《中华人民共和国检察官法》等有关规定,制定本条例。

第二条 人民检察院检务督察部门是检察机关专司内部监督的综合业务部门,通过执法督察、巡视巡察、内部审计、追责惩戒,开展内部监督。

第三条 最高人民检察院领导地方各级人民检察院和专门人民检察院检务督察工作,上级人民检察院领导下级人民检察院检务督察工作。

地方各级人民检察院和专门人民检察院检务督察部门在上级人民检察院检务督察部门指导下开展工作。

第四条 检务督察部门与派驻纪检监察组、其他负有监督管理职责的内设机构各司其职,相互配合,形成监督合力。

第五条 检务督察工作必须坚持依法依规、客观公正,做到监督与保障并重、惩处与教育结合。

第二章　机构职责

第六条　最高人民检察院设检务督察局。省级人民检察院和设区的市级人民检察院设检务督察部门。未设检务督察部门的基层人民检察院应当有专人负责检务督察工作。

设区的市级以上人民检察院检务督察部门与巡视(巡察)工作领导小组办公室合署办公。

最高人民检察院和省级人民检察院检务督察部门承担本级检察官惩戒委员会的日常工作。

第七条　检务督察人员应当具备良好的政治素质、业务素质和职业道德素质,一般应当具有司法办案或监督审计等相关工作经历。

第八条　检务督察部门主要负责人可以列席本级人民检察院检察委员会会议。

第九条　检务督察部门履行下列职责:

(一)督察检察机关、检察人员执行法律、法规以及最高人民检察院和上级人民检察院规定、决定情况;

(二)承担司法责任追究和检察官惩戒相关工作;

(三)承担内部审计工作;

(四)承担党组巡视(巡察)工作领导小组的日常工作;

(五)指导司法办案廉政风险防控工作;

(六)有关法律法规、文件规定的其他职责。

第三章　工作程序

第十条　检务督察部门开展执法督察、追责惩戒办案工作,一般应当按照受理、初核、立案、调查、处理等程序进行。

对检察官故意违反法律法规办理案件、因重大过失导致案件错误并造成严重后果的,按照检察官惩戒工作程序办理。

第十一条　检务督察部门统一受理下列途径发现的涉嫌违反检察职责线索:

(一)人民检察院内设机构、派驻派出机构、直属单位和下级人民检察院移送的;

(二)统一业务应用系统信息反映的;

(三)开展内部监督工作发现的;

(四)检察人员有关工作记录报告的;

(五)检察长和上级人民检察院检务督察部门交办的。

第十二条　检务督察部门对线索的初核,应当报请检察长批准。

第十三条　检务督察部门初核后认为需要立案调查的,应当报请检察长批准后,组成调查组开展工作。

第十四条　调查组对查核认定的问题应当提出处理建议,报检务督察部门主要负责人审核后,提请检察长办公会审议决定。

第十五条　检务督察部门可以采取下列方式开展工作:

(一)参加或者列席与督察事项有关的会议;

(二)听取被督察单位、部门的汇报;

(三)听取有关单位及人民群众的意见和建议;

(四)查阅、调取、复制与督察事项有关的材料、案卷、档案、电子数据等;

(五)与被督察对象谈话、函询;

(六)向有关知情人询问情况;

(七)现场督察或者视情开展暗访;

(八)其他合法合规的工作方式。

第十六条　检务督察部门开展巡视巡察、内部审计工作,按照相关程序和方式进行。

第十七条　检务督察人员办理的督察事项与本人或者其近亲属有利害关系的,或者有其他关系可能影响督察事项公正处理的,应当回避。

检务督察部门主要负责人的回避,由检察长决定;其他人员的回避,由检务督察部门主要负责人决定。

第四章　处理方式

第十八条　对被督察的单位、部门、办案组织的处理方式包括:

(一)检查。对履行职责不力,情节较轻的,责令其作出书面检查。

(二)通报。对履行职责不力,情节较重的,在一定范围内通报批评。

对被督察的检察人员的处理方式包括:

(一)批评教育。对失职失责,情节轻微的,批评教育并责令检讨。

(二)诫勉。对失职失责,情节较轻的,以谈话或者书面方式进行诫勉。

(三)组织调整或者组织处理。对失职失责,情节较重的,视情采取停职检查、调整职务、调离司法办案岗位、延期晋职晋级、责令辞职、降职、降低等级、免职、退出检察官员额等组织措施。

(四)移送纪检监察机构处理。对失职失责应当给予纪律处分的，由检务督察部门移送纪检监察机构处理。

上述处理经检察长办公会研究决定后，由检务督察或政工部门依职能承办。

第十九条 被督察对象能够主动说明情况，及时挽回损失，未造成严重后果的，可以从宽处理。

第二十条 被督察对象不如实报告情况，不配合调查工作，甚至干扰对抗调查的，应当从严处理。

第二十一条 被督察对象尽到了注意义务，没有故意或者重大过失的，不承担责任；

被督察对象虽有过错，但情节显著轻微，未造成不良后果的，可以免除责任。

第五章 履职保障

第二十二条 各级人民检察院要为检务督察部门提供必要的履职保障，加强检务督察工作信息化建设与应用。被督察对象应当支持配合检务督察部门的工作。

第二十三条 检务督察人员应当带头遵守法律规定、党纪党规和检纪检规，忠诚履职、敢于担当，对在工作中有显著成绩和突出贡献的，应当给予表彰奖励。

对履行职责中有假公济私、失职渎职等违法违纪行为的，视情节轻重，给予批评教育、组织处理或纪律处分，直至追究法律责任。

第六章 附 则

第二十四条 本条例由最高人民检察院负责解释。

第二十五条 本条例自颁布之日起施行。《人民检察院监察工作条例》《最高人民检察院检务督察工作暂行规定》同时废止。

民政部 最高人民法院 最高人民检察院 发展改革委 教育部 公安部 司法部 财政部 国家医疗保障局 共青团中央 全国妇联 中国残联 关于进一步加强事实无人抚养 儿童保障工作的意见

2019 年 6 月 18 日 民发〔2019〕62 号

各省、自治区、直辖市民政厅（局）、高级人民法院、人民检察院、发展改革委、教育厅（教委）、公安厅（局）、司法厅（局）、财政厅（局）、医保局、团委、妇联、残联，新疆生产建设兵团民政局、新疆维吾尔自治区高级人民法院生产建设兵团分院、新疆生产建设兵团人民检察院、发展改革委、教育局、公安局、司法局、财政局、医疗保障局、团委、妇联、残联：

为深入学习贯彻习近平新时代中国特色社会主义思想，全面贯彻党的十九大和十九届二中、三中全会精神，认真落实习近平总书记关于民政工作的重要指示精神，坚持以人民为中心的发展思想，聚焦脱贫攻坚，聚焦特殊群体，聚焦群众关切，推动落实《国务院关于加强困境儿童保障工作的意见》（国发〔2016〕36 号）要求，进一步加强事实无人抚养儿童保障工作，提出如下意见：

一、明确保障对象

事实无人抚养儿童是指父母双方均符合重残、重病、服刑在押、强制隔离戒毒、被执行其他限制人身自由的措施、失联情形之一的儿童；或者父母一方死亡或失踪，另一方符合重残、重病、服刑在押、强制隔离戒毒、被执行其他限制人身自由的措施、失联情形之一的儿童。

以上重残是指一级二级残疾或三级四级精神、智力残疾;重病由各地根据当地大病、地方病等实际情况确定;失联是指失去联系且未履行监护抚养责任6个月以上;服刑在押、强制隔离戒毒或被执行其他限制人身自由的措施是指期限在6个月以上;死亡是指自然死亡或人民法院宣告死亡,失踪是指人民法院宣告失踪。

二、规范认定流程

(一)申请。事实无人抚养儿童监护人或受监护人委托的近亲属填写《事实无人抚养儿童基本生活补贴申请表》(见附件),向儿童户籍所在地乡镇人民政府(街道办事处)提出申请。情况特殊的,可由儿童所在村(居)民委员会提出申请。

(二)查验。乡镇人民政府(街道办事处)受理申请后,应当对事实无人抚养儿童父母重残、重病、服刑在押、强制隔离戒毒、被执行其他限制人身自由的措施、失联以及死亡、失踪等情况进行查验。查验一般采取部门信息比对的方式进行。因档案管理、数据缺失等原因不能通过部门信息比对核实的,可以请事实无人抚养儿童本人或其监护人、亲属协助提供必要补充材料。乡镇人民政府(街道办事处)应当在自收到申请之日起15个工作日内作出查验结论。对符合条件的,连同申报材料一并报县级民政部门。对有异议的,可根据工作需要采取入户调查、邻里访问、信函核证、群众评议等方式再次进行核实。为保护儿童隐私,不宜设置公示环节。

(三)确认。县级民政部门应当在自收到申报材料及查验结论之日起15个工作日内作出确认。符合条件的,从确认的次月起纳入保障范围,同时将有关信息录入"全国儿童福利信息管理系统"。不符合保障条件的,应当书面说明理由。

(四)终止。规定保障情形发生变化的,事实无人抚养儿童监护人或受委托的亲属、村(居)民委员会应当及时告知乡镇人民政府(街道办事处)。乡镇人民政府(街道办事处)、县级民政部门要加强动态管理,对不再符合规定保障情形的,应当及时终止其保障资格。

三、突出保障重点

(一)强化基本生活保障。各地对事实无人抚养儿童发放基本生活补贴,应当根据本地区经济社会发展水平以及儿童关爱保护工作需要,按照与当地孤儿保障标准相衔接的原则确定补贴标准,参照孤儿基本生活费发放办法确定发放方式。中央财政比照孤儿基本生活保障资金测算方法,通过困难群众救助补助经费渠道对生活困难家庭中的和纳入特困人员救助供养范围的事实无人抚养儿童给予适当补助。生活困难家庭是指建档立卡贫困户家庭、城乡最低生活保障家庭。已获得最低生活保障金、特困人员救助供养金或者困难残疾人生活补贴且未达到事实无人抚养儿童基本生活保障补贴标准的进行补差发放,其他事实无人抚养儿童按照补贴标准全额发放。已全额领取事实无人抚养儿童补贴的儿童家庭申请最低生活保障或特困救助供养的,事实无人抚养儿童基本生活补贴不计入家庭收入,在享受低保或特困救助供养待遇之后根据人均救助水平进行重新计算,补差发放。已全额领取事实无人抚养儿童补贴的残疾儿童不享受困难残疾人生活补贴。

(二)加强医疗康复保障。对符合条件的事实无人抚养儿童按规定实施医疗救助,分类落实资助参保政策。重点加大对生活困难家庭的重病、重残儿童救助力度。加强城乡居民基本医疗保险、大病保险、医疗救助有效衔接,实施综合保障,梯次减轻费用负担。符合条件的事实无人抚养儿童可同时享受重度残疾人护理补贴及康复救助等相关政策。

(三)完善教育资助救助。将事实无人抚养儿童参照孤儿纳入教育资助范围,享受相应的政策待遇。优先纳入国家资助政策体系和教育帮扶体系,落实助学金、减免学费政策。对于残疾事实无人抚养儿童,通过特殊教育学校就读、普通学校就读、儿童福利机构特教班就读、送教上门等多种方式,做好教育安置。将义务教育阶段的事实无人抚养儿童列为享受免住宿费的优先对象,对就读高中阶段(含普通高中及中职学校)的事实无人抚养儿童,根据家庭困难情况开展结对帮扶和慈善救助。完善义务教育控辍保学工作机制,依法完成义务教育。事实无人抚养儿童成年后仍在校就读的,按国家有关规定享受相应政策。

(四)督促落实监护责任。人民法院、人民检察院和公安机关等部门应当依法打击故意或者恶意不履行监护职责等各类侵害儿童权益的违法犯罪行为,根据情节轻重依法追究其法律责任。对符合《最高人民法院、最高人民检察院、公安部、民政部关于依法处理监护人侵害未成年人权益行为若干问题的意见》(法发〔2014〕24号)规定情形的,应当依法撤销监护人监护资格。对有能力履行抚养义务而拒不抚养的父母，民政部门可依法追索抚养费，因此起诉到人民法院的，人民法院应当支持。民政部门应当加强送养工作指导，创建信息对接渠道，在充分尊重被送养儿童和送养人意愿的前提下，鼓励支持有收养意愿的国内家庭依法收养。加大流浪儿童救助保护力度，及时帮助儿童寻亲返家，教育、督促其父母及其他监护人履行抚养义务，并将其纳入重点关爱对象，当地未成年人救助保护机构每季度应当至少组织一次回访，防止其再次外出流浪。

（五）优化关爱服务机制。完善法律援助机制，加强对权益受到侵害的事实无人抚养儿童的法律援助工作。维护残疾儿童权益，大力推进残疾事实无人抚养儿童康复、教育服务，提高保障水平和服务能力。充分发挥儿童福利机构、未成年人救助保护机构、康复和特教服务机构等服务平台作用，提供政策咨询、康复、特教、养护和临时照料等关爱服务支持。加强家庭探访，协助提供监护指导、返校复学、落实户籍等关爱服务。加强精神关爱，通过政府购买服务等方式，发挥共青团、妇联等群团组织的社会动员优势，引入专业社会组织和青少年事务社工，提供心理咨询、心理疏导、情感抚慰等专业服务，培养健康心理和健全人格。

四、强化保障措施

（一）加强组织领导。各地要充分认识推进事实无人抚养儿童保障工作的重大意义，将其作为保障和改善民生的重要任务，及时研究解决事实无人抚养儿童保障工作中存在的实际困难和问题。抓紧制定政策措施，切实贯彻与当地孤儿保障标准相衔接的原则要求，加强与相关社会福利、社会救助、社会保险等制度有效衔接，做到应保尽保、不漏一人。落实工作责任，明确职责分工，细化业务流程，健全跟踪调研和督促落实机制，确保事实无人抚养儿童保障工作顺利推进。

（二）加强部门协作。民政部门应当履行主管部门职责，做好资格确认、生活补贴发放、综合协调和监督管理等工作。对认定过程中处境危急的儿童，应当实施临时救助和监护照料。人民法院应当对申请宣告儿童父母失踪、死亡及撤销父母监护权等案件设立绿色通道，及时将法律文书抄送儿童户籍地县级民政部门、乡镇人民政府（街道办事处），实现信息实时共享。人民检察院应当对涉及儿童权益的民事诉讼活动进行监督，必要时可以支持起

诉维护合法权益，对有关部门不履行相关职责的应当提出依法履职的检察建议。公安部门应当加大对失联父母的查寻力度，对登记受理超过6个月仍下落不明的，通过信息共享、书面函复等途径，向民政部门或相关当事人提供信息查询服务。财政部门应当加强资金保障，支持做好事实无人抚养儿童保障等相关工作。共青团应当充分动员青年社会组织和青少年事务社工，指导少先队组织，依托基层青少年服务阵地，配合提供各类关爱和志愿服务。妇联组织应当发挥村（居）妇联主席和妇联执委作用，提供家庭教育指导、关爱帮扶及权益维护等服务。公安、司法、刑罚执行机关在办案中发现涉案人员子女或者涉案儿童属于或者可能属于事实无人抚养儿童的，应当及时通报其所在地民政部门或乡镇人民政府（街道办事处）。民政、公安、司法、医疗保障、残联等部门和组织应当加强工作衔接和信息共享，为开展查验工作提供支持，切实让数据多跑路、让群众少跑腿。

（三）加强监督管理。健全信用评价和失信行为联合惩戒机制，将存在恶意弃养情形或者采取虚报、隐瞒、伪造等手段骗取保障资金、物资或服务的父母及其他监护人失信行为记入信用记录，纳入全国信用信息共享平台，实施失信联合惩戒。对于监护人有能力支配保障金的，补贴发放至其监护人，并由监护人管理和使用；监护人没有能力支配的，补贴发放至儿童实际抚养人或抚养机构，并明确其对儿童的抚养义务。财政、民政部门要加强资金使用管理，提高财政资金绩效，防止发生挤占、挪用、冒领、套取等违法违规现象，对存在违法违规行为的，要按照相关规定进行处理。

（四）加强政策宣传。充分利用报纸、电台、电视、网络等新闻媒体，大力开展事实无人抚养儿童保障政策宣传，使社会各界广泛了解党和政府的爱民之心、惠民之举，帮助事实无人抚养儿童及其监护人准确知晓保障对象范围、补助标准和申请程序。动员引导社会力量关心、支持事实无人抚养儿童帮扶救助工作，为儿童及其家庭提供多样化、个性化服务，营造良好氛围。

各省、自治区、直辖市可根据本意见精神，在2019年10月底之前制定完善本地事实无人抚养儿童保障政策，民政部将会同财政部等相关部门督促各地做好贯彻落实工作。

附件：事实无人抚养儿童基本生活补贴申请表（略）

最高人民法院　最高人民检察院　公安部　司法部
印发《关于办理非法放贷刑事案件若干问题的意见》的通知

2019 年 7 月 23 日　　法发〔2019〕24 号

各省、自治区、直辖市高级人民法院、人民检察院、公安厅（局）、司法厅（局），解放军军事法院、军事检察院，新疆维吾尔自治区高级人民法院生产建设兵团分院、新疆生产建设兵团人民检察院、公安局、司法局：

为依法惩治非法放贷犯罪活动，切实维护国家金融市场秩序与社会和谐稳定，有效防范因非法放贷诱发涉黑涉恶以及其他违法犯罪活动，保护公民、法人和其他组织合法权益，最高人民法院、最高人民检察院、公安部、司法部联合制定了《关于办理非法放贷刑事案件若干问题的意见》，请认真贯彻执行。

最高人民法院　最高人民检察院　公安部　司法部
关于办理非法放贷刑事案件若干问题的意见

为依法惩治非法放贷犯罪活动，切实维护国家金融市场秩序与社会和谐稳定，有效防范因非法放贷诱发涉黑涉恶以及其他违法犯罪活动，保护公民、法人和其他组织合法权益，根据刑法、刑事诉讼法及有关司法解释、规范性文件的规定，现对办理非法放贷刑事案件若干问题提出如下意见：

一、违反国家规定，未经监管部门批准，或者超越经营范围，以营利为目的，经常性地向社会不特定对象发放贷款，扰乱金融市场秩序，情节严重的，依照刑法第二百二十五条第（四）项的规定，以非法经营罪定罪处罚。

前款规定中的"经常性地向社会不特定对象发放贷款"，是指 2 年内向不特定多人（包括单位和个人）以借款或其他名义出借资金 10 次以上。

贷款到期后延长还款期限的，发放贷款次数按照 1 次计算。

二、以超过 36% 的实际年利率实施符合本意见第一条规定的非法放贷行为，具有下列情形之一的，属于刑法第二百二十五条规定的"情节严重"，但单次非法放贷行为实际年利率未超过 36% 的，定罪量刑时不得计入：

（一）个人非法放贷数额累计在 200 万元以上的，单位非法放贷数额累计在 1000 万元以上的；

（二）个人违法所得数额累计在 80 万元以上的，单位违法所得数额累计在 400 万元以上的；

（三）个人非法放贷对象累计在 50 人以上的，单位非法放贷对象累计在 150 人以上的；

（四）造成借款人或者其近亲属自杀、死亡或者精神失常等严重后果的。

具有下列情形之一的，属于刑法第二百二十五条规定的"情节特别严重"：

（一）个人非法放贷数额累计在 1000 万元以上的，单位非法放贷数额累计在 5000 万元以上的；

（二）个人违法所得数额累计在 400 万元以上的，单位违法所得数额累计在 2000 万元以上的；

（三）个人非法放贷对象累计在 250 人以上的，单位非法放贷对象累计在 750 人以上的；

（四）造成多名借款人或者其近亲属自杀、死亡或者精神失常等特别严重后果的。

三、非法放贷数额、违法所得数额、非法放贷对象数量接近本意见第二条规定的"情节严重""情节特别严重"的数额、数量起点标准，并具有下列情形之一的，可以分别认定为"情节严重""情节特别严重"：

（一）2 年内因实施非法放贷行为受过行政处罚 2 次以上的；

（二）以超过 72% 的实际年利率实施非法放贷行为 10 次以上的。

前款规定中的"接近"，一般应当掌握在相应数额、数量标准的 80% 以上。

四、仅向亲友、单位内部人员等特定对象出借资金，不得适用本意见第一条的规定定罪处罚。但具有下列情形之一的，定罪量刑时应当与向不特定对象非法放贷的行为一并处理：

（一）通过亲友、单位内部人员等特定对象向不特定对象发放贷款的；

（二）以发放贷款为目的，将社会人员吸收为单位内部人员，并向其发放贷款的；

（三）向社会公开宣传，同时向不特定多人和亲友、单位内部人员等特定对象发放贷款的。

五、非法放贷数额应当以实际出借给借款人的本金金额认定。非法放贷行为人以介绍费、咨询费、管理费、逾期利息、违约金等名义和以从本金中预先扣除等方式收取利息的，相关数额在计算实际年利率时均应计入。

非法放贷行为人实际收取的除本金之外的全部财物，均应计入违法所得。

非法放贷行为未经处理的，非法放贷次数和数额、违法所得数额、非法放贷对象数量等应当累计计算。

六、为从事非法放贷活动，实施擅自设立金融机构、套取金融机构资金高利转贷、骗取贷款、非法吸收公众存款等行为，构成犯罪的，应当择一重罪处罚。

为强行索要因非法放贷而产生的债务，实施故意杀人、故意伤害、非法拘禁、故意毁坏财物、寻衅滋事等行为，构成犯罪的，应当数罪并罚。

纠集、指使、雇佣他人采用滋扰、纠缠、哄闹、聚众造势等手段强行索要债务，尚不单独构成犯罪，但实施非法放贷行为已构成非法经营罪的，应当按照非法经营罪的规定酌情从重处罚。

以上规定的情形，刑法、司法解释另有规定的除外。

七、有组织地非法放贷，同时又有其他违法犯罪活动，符合黑社会性质组织或者恶势力、恶势力犯罪集团认定标准的，应当分别按照黑社会性质组织或者恶势力、恶势力犯罪集团侦查、起诉、审判。

黑恶势力非法放贷的，据以认定"情节严重""情节特别严重"的非法放贷数额、违法所得数额、非法放贷对象数量起点标准，可以分别按照本意见第二条规定中相应数额、数量标准的 50% 确定；同时具有本意见第三条第一款规定情形的，可以分别按照相应数额、数量标准的 40% 确定。

八、本意见自 2019 年 10 月 21 日起施行。对于本意见施行前发生的非法放贷行为，依照最高人民法院《关于准确理解和适用刑法中"国家规定"的有关问题的通知》（法发〔2011〕155 号）的规定办理。

最高人民法院　最高人民检察院　公安部　司法部
关于印发《关于办理利用信息网络实施黑恶势力犯罪刑事案件若干问题的意见》的通知

2019 年 7 月 23 日　公通字〔2019〕28 号

各省、自治区、直辖市高级人民法院、人民检察院、公安厅（局）、司法厅（局），解放军军事法院、军事检察院，新疆维吾尔自治区高级人民法院生产建设兵团分院、新疆生产建设兵团人民检察院、公安局、司法局：

为认真贯彻落实中央开展扫黑除恶专项斗争的部署要求，正确理解和适用最高人民法院、最高人民检察院、公安部、司法部《关于办理黑恶势力犯罪案件若干问题的指导意见》，最高人民法院、最高人民检察院、公安部、司法部研究制定了《关于办理利用信息网络实施黑恶势力犯罪刑事案件若干问题的意见》。现印发给你们，请认真贯彻执行。

最高人民法院　最高人民检察院　公安部　司法部
关于办理利用信息网络实施黑恶势力犯罪刑事案件若干问题的意见

为认真贯彻中央关于开展扫黑除恶专项斗争的部署要求，正确理解和适用最高人民法院、最高人民检察院、公安部、司法部《关于办理黑恶势力犯罪案件若干问题的指导意见》（法发〔2018〕1 号，以下简称《指导意见》），根据刑法、刑事诉讼法、网络安全法及有关司法解释、规范性文件的规定，现对办理利用信息网络实施黑恶势力犯罪案件若干问题提出以下意见：

一、总体要求

1. 各级人民法院、人民检察院、公安机关及司法行政机关应当统一执法思想、提高执法效能，坚持"打早打小"，坚决依法严厉惩处利用信息网络实施的黑恶势力犯罪，有效维护网络安全和经济、社会生活秩序。

2. 各级人民法院、人民检察院、公安机关及司法行政机关应当正确运用法律，严格依法办案，坚持"打准打实"，认真贯彻落实宽严相济刑事政策，切实做到宽严有据、罚当其罪，实现政治效果、法律效果和社会效果的统一。

3. 各级人民法院、人民检察院、公安机关及司法行政机关应当分工负责、互相配合、互相制约，切实加强与相关行政管理部门的协作，健全完善风险防控机制，积极营造线上线下社会综合治理新格局。

二、依法严惩利用信息网络实施的黑恶势力犯罪

4. 对通过发布、删除负面或虚假信息，发送侮辱性信息、图片，以及利用信息、电话骚扰等方式，威胁、要挟、恐吓、滋扰他人，实施黑恶势力违法犯罪的，应当准确认定，依法严惩。

5. 利用信息网络威胁他人，强迫交易，情节严重的，依照刑法第二百二十六条的规定，以强迫交易罪定罪处罚。

6. 利用信息网络威胁、要挟他人，索取公私财物，数额较大，或者多次实施上述行为的，依照刑法第二百七十四条的规定，以敲诈勒索罪定罪处罚。

7. 利用信息网络辱骂、恐吓他人，情节恶劣，破坏社会秩序的，依照刑法第二百九十三条第一款第二项的规定，以寻衅滋事罪定罪处罚。

编造虚假信息，或者明知是编造的虚假信息，在信息网络上散布，或者组织、指使人员在信息网络上散布，起哄闹事，造成公共秩序严重混乱的，依照刑法第二百九十三条第一款第四项的规定，以寻衅滋事罪定罪处罚。

8. 侦办利用信息网络实施的强迫交易、敲诈勒索等非法敛财类案件，确因被害人人数众多等客观条件的限制，无法逐一收集被害人陈述的，可以结合已收集的被害人陈述，以及经查证属实的银行账户交易记录、第三方支付结算账户交易记录、通话记录、电子数据等证据，综合认定被害人人数以及涉案资金数额等。

三、准确认定利用信息网络实施犯罪的黑恶势力

9. 利用信息网络实施违法犯罪活动，符合刑法、《指导意见》以及最高人民法院、最高人民检察院、公安部、司法部《关于办理恶势力刑事案件若干问题的意见》等规定的恶势力、恶势力犯罪集团、黑社会性质组织特征和认定标准的，应当依法认定为恶势力、恶势力犯罪集团、黑社会性质组织。

认定利用信息网络实施违法犯罪活动的黑社会性质组织时，应当依照刑法第二百九十四条第五款规定的"四个特征"进行综合审查判断，分析"四个特征"相互间的内在联系，根据在网络空间和现实社会中实施违法犯罪活动对公民人身、财产、民主权利和经济、社会生活秩序所造成的危害，准确评价，依法予以认定。

10. 认定利用信息网络实施违法犯罪的黑恶势力组织特征，要从违法犯罪的起因、目的，以及组织、策划、指挥、参与人员是否相对固定，组织形成后是否持续进行犯罪活动、是否有明确的职责分工、行为规范、利益分配机制等方面综合判断。利用信息网络实施违法犯罪的黑恶势力组织成员之间一般通过即时通讯工具、通讯群组、电子邮件、网盘等信息网络方式联络，对部分组织成员通过信息网络方式联络实施黑恶势力违法犯罪活动，即使相

互未见面、彼此不熟识，不影响对组织特征的认定。

11. 利用信息网络有组织地通过实施违法犯罪活动或者其他手段获取一定数量的经济利益，用于违法犯罪活动或者支持该组织生存、发展的，应当认定为符合刑法第二百九十四条第五款第二项规定的黑社会性质组织经济特征。

12. 通过线上线下相结合的方式，有组织地多次利用信息网络实施违法犯罪活动，侵犯不特定多人的人身权利、民主权利、财产权利，破坏经济秩序、社会秩序的，应当认定为符合刑法第二百九十四条第五款第三项规定的黑社会性质组织行为特征。单纯通过线上方式实施的违法犯罪活动，且不具有为非作恶、欺压残害群众特征的，一般不应作为黑社会性质组织行为特征的认定依据。

13. 对利用信息网络实施黑恶势力犯罪非法控制和影响的"一定区域或者行业"，应当结合危害行为发生地或者危害行业的相对集中程度，以及犯罪嫌疑人、被告人在网络空间和现实社会中的控制和影响程度综合判断。虽然危害行为发生地、危害的行业比较分散，但涉案犯罪组织利用信息网络多次实施强迫交易、寻衅滋事、敲诈勒索等违法犯罪活动，在网络空间和现实社会造成重大影响，严重破坏经济、社会生活秩序的，应当认定为"在一定区域或者行业内，形成非法控制或者重大影响"。

四、利用信息网络实施黑恶势力犯罪案件管辖

14. 利用信息网络实施的黑恶势力犯罪案件管辖依照《关于办理黑社会性质组织犯罪案件若干问题的规定》和《关于办理网络犯罪案件适用刑事诉讼程序若干问题的意见》的有关规定确定，坚持以犯罪地管辖为主、被告人居住地管辖为辅的原则。

15. 公安机关可以依法对利用信息网络实施的黑恶势力犯罪相关案件并案侦查或者指定下级公安机关管辖，并案侦查或者由上级公安机关指定管辖的公安机关应当全面调查收集能够证明黑恶势力犯罪事实的证据，各涉案地公安机关应当积极配合。并案侦查或者由上级公安机关指定管辖的案件，需要提请批准逮捕、移送审查起诉、提起公诉的，由立案侦查的公安机关所在地的人民检察院、人民法院受理。

16. 人民检察院对于公安机关提请批准逮捕、移送审查起诉的利用信息网络实施的黑恶势力犯罪案件，人民法院对于已进入审判程序的利用信息网络实施的黑恶势力犯罪案件，被告人及其辩护人

提出的管辖异议成立,或者办案单位发现没有管辖权的,受案人民检察院、人民法院经审查,可以依法报请与有管辖权的人民检察院、人民法院共同的上级人民检察院、人民法院指定管辖,不再自行移交。对于在审查批准逮捕阶段,上级检察机关已经指定管辖的案件,审查起诉工作由同一人民检察院受理。人民检察院、人民法院认为应当分案起诉、审

理的,可以依法分案处理。

17. 公安机关指定下级公安机关办理利用信息网络实施的黑恶势力犯罪案件的,应当同时抄送同级人民检察院、人民法院。人民检察院认为需要依法指定审判管辖的,应当协商同级人民法院办理指定管辖有关事宜。

18. 本意见自 2019 年 10 月 21 日起施行。

最高人民检察院关于印发《关于建立过问或干预、插手检察办案等重大事项记录报告制度的实施办法》的通知

2019 年 8 月 23 日　高检发〔2019〕10 号

各级人民检察院:

《关于建立过问或干预、插手检察办案等重大事项记录报告制度的实施办法》已经 2019 年 8 月 20 日第十三届最高人民检察院党组第 73 次会议讨论通过,现印发你们。各级检察机关要深入学习贯彻中央关于全面从严治党的法规文件特别是"三个

规定",顺应作风建设新要求,坚持执纪从严,坚持问题导向,进一步研究提出具体落实办法和措施。特别是各级院党组要履行好主体责任,各级领导干部要以身作则、率先垂范,发挥好带头和表率作用。各地贯彻落实中遇到的情况和问题,请及时报告最高人民检察院。

关于建立过问或干预、插手检察办案等重大事项记录报告制度的实施办法

第一条　为进一步推进检察机关全面从严治党、全面从严治检,强化对检察人员行使权力的监督,确保检察权依法公正规范行使,根据《关于新形势下党内政治生活的若干准则》《中国共产党党内监督条例》《领导干部干预司法活动、插手具体案件处理的记录、通报和责任追究规定》《司法机关内部人员过问案件的记录和责任追究规定》《最高人民法院、最高人民检察院、公安部、国家安全部、司法部关于进一步规范司法人员与当事人、律师、特殊关系人、中介组织接触交往行为的若干规定》

等党内法规政策和检察纪律规定,结合工作实际,制定本实施办法。

第二条　本实施办法所称检察人员,是指在检察机关及下属单位工作的干部职工。退(离)休人员过问或干预、插手检察办案等重大事项的,适用本实施办法。

本实施办法所称重大事项,是指检察机关的司法办案、干部选拔任用、项目安排、工程建设、监督执纪等活动。

第三条　检察人员应当坚定理想信念,牢记为

民宗旨，坚守初心使命，依法履行职责，严格遵守党纪国法，不得违反规定过问或干预、插手检察办案等重大事项，不得以任何方式为利害关系人说情打招呼。领导干部不得授意、纵容、默许身边工作人员、近亲属违反规定过问或干预、插手检察办案等重大事项的正常进行。

因履行法定职责需要，向承办人员了解正在办理的重大事项有关情况的，或者对正在办理的重大事项提出指导性意见的，应当依照法律程序或工作程序正式提出。仅以口头或者短信、微信、电话等形式私下提出的，由承办人员作为日常工作记录在案后，依程序办理。

第四条 对下列过问或干预、插手检察办案等重大事项的行为，检察人员应当全面、如实、及时记录，做到全程留痕、有据可查，适时报告。

（一）在司法办案中，直接或者请托他人过问案情，转递涉案材料，打招呼说情，或者干预、插手具体案件处理的；

（二）在干部选拔任用中，直接或者请托他人过问酝酿动议、民主推荐、组织考察、讨论决定干部等情况，谋求关照，或者干预、插手干部选拔任用的；

（三）在项目安排、工程建设中，直接或者请托他人过问有关项目、工程的投资决策、承发包、资金使用、物资采购等情况，要求提供便利，或者干预、插手项目安排、工程建设的；

（四）在监督执纪中，直接或者请托他人过问内部监督、巡视巡察和信访受理、线索处置、初核立案、性质认定、审查调查组组成等情况，帮助被审查人传递材料、信息，或者施加影响干预的；

（五）其他过问或干预、插手检察办案等重大事项的情形。

第五条 对来自熟人、亲友、同学、战友等各方请托，违反规定过问或干预、插手检察办案等重大事项，属于本实施办法第四条规定情形的，均应记录报告。

第六条 以下因工作职责了解过问重大事项的，不适用本实施办法。

（一）领导干部在主管或分管工作范围内通过正常工作程序收到群众来信、舆情信息后作出批示的；

（二）领导干部在主管或分管工作范围内对反映检察机关的情况和问题要求核查和反馈的；

（三）人大代表、政协委员通过正常渠道交办转办的案件。

第七条 承办人员对于过问了解检察办案等重大事项的行为，一时难以判定是否违反相关纪律规定的，或者对本单位以外人员过问或干预、插手检察办案等重大事项的，均应当记录在案。

第八条 过问或干预、插手检察办案等重大事项实行零报告制度。

承办人员记录的过问或干预、插手重大事项的情况，应当在每月3日前向驻院纪检监察部门和检务督察部门汇总报告上个月记录情况，重大紧急情况应当及时报告。

第九条 检察人员依规按程序报告记录事项的，应当严格遵守保密方面制度规定。

第十条 纪检监察部门对收到或者发现的过问或干预、插手重大事项的情况，根据其性质和程度，进行综合分析与研判后，依职权按程序作出处理，并督促落实治理预防措施。

第十一条 承办人员对过问或干预、插手重大事项的情况不记录或者不如实记录的，视情采取约谈、批评教育、责令改正等措施；构成违纪违法的，依照《中国共产党纪律处分条例》、《公职人员政务处分暂行规定》和检察纪律规定等给予批评教育、组织处理或者党纪政务处分。有关领导授意不记录或者不如实记录的，依纪依法追究领导责任。

第十二条 承办人员如实记录、报告过问或干预、插手重大事项情况，受法律和组织保护。

对如实记录过问或干预、插手重大事项情况的承办人员进行打击报复的，依照《中国共产党纪律处分条例》、《公职人员政务处分暂行规定》和检察纪律规定等给予党纪政务处分；构成犯罪的，依法追究刑事责任。

第十三条 检察机关各级党组织应当全面落实党建工作责任制，切实担负起管党治党政治责任，加强组织领导，切实把记录报告制度落到实处。对过问或干预、插手重大事项经审查构成违纪违法的检察人员，依照《中国共产党纪律处分条例》、《公职人员政务处分暂行规定》和检察纪律规定等给予批评教育、组织处理或者党纪政务处分；构成犯罪的，依法追究刑事责任。

检察人员过问或干预、插手重大事项的情况和承办人员相应的记录情况，应当纳入党风廉政建设责任制和工作业绩考核体系，作为考核检察人员是否遵纪守法、依法办事、担当作为、廉洁自律的重要依据。

第十四条 本实施办法自印发之日起施行。

最高人民检察院关于印发《人民检察院办案活动接受人民监督员监督的规定》的通知

2019 年 8 月 27 日　高检发〔2019〕11 号

各级人民检察院：

《人民检察院办案活动接受人民监督员监督的规定》已经 2019 年 6 月 28 日最高人民检察院第十三届检察委员会第二十次会议通过，现印发给你们，请结合实际认真贯彻落实。各地在实施过程中遇到的重要情况和问题，请及时报告。

人民检察院办案活动接受人民监督员监督的规定

（2019 年 6 月 28 日最高人民检察院第十三届检察委员会第二十次会议通过）

第一条　为了健全检察权运行的外部监督制约机制，保障人民监督员依法履行职责，促进司法公正，提升司法公信，根据《中华人民共和国人民检察院组织法》等规定，制定本规定。

第二条　人民检察院的办案活动依照法律和本规定接受人民监督员的监督。

第三条　人民监督员依法、独立、公正履行监督职责。

人民监督员行使监督权受法律保护。

人民监督员履行监督职责，应当遵守国家法律、法规和保密规定。

第四条　人民检察院应当保障人民监督员履行监督职责，自觉接受人民监督员的监督。

第五条　人民监督员的选任和培训、考核等管理工作，依照相关规定由司法行政机关负责，人民检察院予以配合协助。

第六条　各级人民检察院应当明确负责人民监督员工作的机构。人民监督员工作机构的主要职责是：

（一）组织人民监督员监督办案活动；

（二）通报检察工作情况；

（三）受理、审查、办理人民监督员提出的监督要求和相关材料；

（四）协调、督促相关部门办理监督事项；

（五）反馈监督案件处理结果；

（六）有关人民监督员履职的其他工作。

第七条　人民监督员对检察办案活动实行监督，应当遵守有关人民监督员回避的规定。

第八条　人民检察院下列工作可以安排人民监督员依法进行监督：

（一）案件公开审查、公开听证；

（二）检察官出庭支持公诉；

（三）巡回检察；

（四）检察建议的研究提出、督促落实等相关工作；

（五）法律文书宣告送达；

（六）案件质量评查；

（七）司法规范化检查；

（八）检察工作情况通报；

（九）其他相关司法办案工作。

第九条 人民检察院对不服检察机关处理决定的刑事申诉案件、拟决定不起诉的案件、羁押必要性审查案件等进行公开审查，或者对有重大影响的审查逮捕案件、行政诉讼监督案件等进行公开听证的，应当邀请人民监督员参加，听取人民监督员对案件事实、证据的认定和案件处理的意见。

第十条 人民检察院对检察官出席法庭的公开审理案件，可以协调人民法院安排人民监督员旁听，对检察官的出庭活动进行监督，庭审结束后应当听取人民监督员对检察官出庭行为规范、文书质量、讯问询问、举证答辩等指控证明犯罪情况的意见建议。

第十一条 人民检察院对监狱、看守所等进行巡回检察的，可以邀请人民监督员参加，听取人民监督员对巡回检察工作的意见建议。

第十二条 人民检察院研究提出检察建议、督促落实检察建议等相关工作的，可以邀请人民监督员参加，听取人民监督员对检察建议必要性、可行性、说理性等方面的意见建议，或者对检察建议督促落实方案、效果等方面的意见建议。

第十三条 人民检察院组织开展法律文书宣告送达活动的，可以邀请人民监督员参加，听取人民监督员对法律文书说理工作的意见建议。

第十四条 人民检察院组织开展案件质量评查活动的，可以邀请人民监督员担任评查员，听取人民监督员对评查工作的意见建议，或者对检察办案活动的意见建议。

第十五条 人民检察院组织开展司法规范化检查活动的，可以邀请人民监督员参加，听取人民监督员对检查方式、内容、效果等方面的意见建议，或者对检察办案活动的意见建议。

第十六条 人民检察院应当建立健全检察工作通报机制，向人民监督员通报重大工作部署、司法办案总体情况以及开展检察建议、案件质量评查、巡回检察等工作情况，听取人民监督员的意见建议。

第十七条 人民监督员通过其他方式对检察办案活动提出意见建议的，人民检察院人民监督员工作机构应当受理审查，及时转交办理案件的检察官办案组或者独任检察官审查处理。

第十八条 人民监督员监督检察办案活动，依

法独立发表监督意见，人民检察院应当如实记录在案，列入检察案卷。

第十九条 人民检察院应当认真研究人民监督员的监督意见，依法作出处理。监督意见的采纳情况应当及时告知人民监督员。

人民检察院经研究未采纳监督意见的，应当向人民监督员作出解释说明。人民监督员对于解释说明仍有异议的，相关部门或者检察官办案组、独任检察官应当报请检察长决定。

第二十条 人民检察院邀请人民监督员监督办案活动的，应当根据具体情况确定人民监督员的人数。

第二十一条 省、自治区、直辖市人民检察院和设区的市级人民检察院接受人民监督员监督办案活动的，由本院协调联络同级司法行政机关抽选人民监督员并组织开展监督；基层人民检察院或者直辖市人民检察院分院接受人民监督员监督办案活动的，由设区的市级人民检察院或者直辖市人民检察院协调同级司法行政机关抽选人民监督员，具体联络、组织开展监督等工作由基层人民检察院或者直辖市人民检察院分院负责。

第二十二条 人民检察院人民监督员工作机构根据本规定第八条规定拟安排人民监督员开展监督活动，应当组织、协调相关部门或者检察官办案组、独任检察官在工作中予以配合。相关部门或者检察官办案组、独任检察官也可以视具体工作，主动邀请人民监督员依照本规定进行监督，并提前告知人民监督员工作机构做好联络安排工作。

人民监督员工作机构应当通知相关部门或者检察官办案组、独任检察官提供与监督有关的材料并及时送交人民监督员。

第二十三条 人民检察院应当提前将邀请参加监督活动的人民监督员人数、监督时间、地点以及其他有关事项通知同级司法行政机关，由司法行政机关依照相关规定，从人民监督员信息库中随机抽选和联络确定参加监督工作的人民监督员。

第二十四条 人民检察院应当严格依照本规定接受人民监督员的监督，不得限制、规避人民监督员对办案活动的监督，不得干扰人民监督员依法独立发表监督意见，不得违反规定泄露人民监督员监督办案活动情况。

第二十五条 人民检察院应当为人民监督员提供履行监督职责所需的工作场所以及其他必

要条件。

第二十六条　人民检察院应当加强人民监督员监督工作信息化建设，为人民监督员实时了解相关司法办案信息提供技术支持。

第二十七条　人民监督员监督检察办案活动的经费，除依照相关规定由司法行政机关予以补助外，列入人民检察院检察业务经费保障范围。

第二十八条　人民检察院应当定期将人民监督员监督检察办案活动情况通报司法行政机关。

第二十九条　本规定由最高人民检察院负责解释。

第三十条　本规定自公布之日起施行，2016 年印发的《最高人民检察院关于人民监督员监督工作的规定》同时废止。

最高人民法院　最高人民检察院
公安部　国家安全部　司法部
印发《关于适用认罪认罚从宽制度的指导意见》的通知

2019 年 10 月 11 日　　高检发〔2019〕13 号

各省、自治区、直辖市高级人民法院、人民检察院、公安厅（局）、国家安全厅（局）、司法厅（局），解放军军事法院、军事检察院，新疆维吾尔自治区高级人民法院生产建设兵团分院，新疆生产建设兵团人民检察院、公安局、国家安全局、司法局：

为正确实施刑事诉讼法新规定，精准适用认罪认罚从宽制度，确保严格公正司法，推动国家治理体系和治理能力现代化，最高人民法院、最高人民检察院会同公安部、国家安全部、司法部制定了《关于适用认罪认罚从宽制度的指导意见》（以下简称《指导意见》），现予印发，请结合实际贯彻执行。具体工作要求通知如下：

一、充分认识设立认罪认罚从宽制度的重大意义

认罪认罚从宽是 2018 年修改后刑事诉讼法规定的一项重要制度，是全面贯彻宽严相济刑事政策的重要举措。各级人民法院、人民检察院、公安机关、国家安全机关、司法行政机关要站在推动国家治理体系和治理能力现代化的高度，充分认识这项制度对及时有效惩治犯罪、加强人权司法保障、优化司法资源配置、提高刑事诉讼效率、化解社会矛盾纠纷、促进社会和谐稳定的重要意义，强化责任担当，敢于积极作为，深入推进制度贯彻实施，确保制度效用有效发挥。

二、加强组织领导和业务指导

各级人民法院、人民检察院、公安机关、国家安全机关、司法行政机关要加强组织领导，将适用认罪认罚从宽制度作为重要工作来落实，紧密结合本地实际，根据《指导意见》研究制定实施方案或实施细则，分别层报最高人民法院、最高人民检察院、公安部、国家安全部、司法部备案。要加强对刑事诉讼法有关规定和《指导意见》等规范性文件的学习和培训，明确工作原则和要求，统一思想认识，提高办理认罪认罚案件的能力。要加强业务指导，深入开展调查研究，及时掌握本地区推进情况，确保工作规范有序开展。

三、加强协调配合

认罪认罚从宽制度涉及侦查、批捕、起诉、审判等各个诉讼环节，涉及人民法院、人民检察院、公安机关、国家安全机关、司法行政机关等多个部门。各级人民法院、人民检察院、公安机关、国家安全机关、司法行政机关在分工负责、各司其职的基础上，要加强沟通、协调和配合，建立绿色通道、专人联络、定期通报、联席会议等制度，及时研究解决实践中出现的问题，形成贯彻实施合力。对法律援助机构人员紧缺、经费保障困难等问题，司法行政机关要积极争取党委和政府支持，将值班律师补贴纳入法律援助业务经费开支范围并合理确定补贴标准。

四、加强监督制约

加强监督制约是确保认罪认罚从宽制度正确适用和公正运行，防止产生"权权交易"、"权钱交易"等司法腐败问题的重要手段。各级人民法院、人民检察院、公安机关、国家安全机关、司法行政机关要健全监督制约机制，切实防范认罪认罚从宽制度适用中可能产生的廉政风险，筑牢不能腐、不敢腐的制度篱笆。要加强对认罪认罚案件办理情况的监督，将具有从宽幅度较大、程序互相转换、认罪认罚后又反悔、社会关注度高、群众有反映等情形的案件作为监督评查的重点，促进提升案件质量和效果，确保制度统一正确适用。

最高人民法院　最高人民检察院　公安部　国家安全部
司法部关于适用认罪认罚从宽制度的指导意见

适用认罪认罚从宽制度，对准确及时惩罚犯罪、强化人权司法保障、推动刑事案件繁简分流、节约司法资源、化解社会矛盾、推动国家治理体系和治理能力现代化，具有重要意义。为贯彻落实修改后刑事诉讼法，确保认罪认罚从宽制度正确有效实施，根据法律和有关规定，结合司法工作实际，制定本意见。

一、基本原则

1. 贯彻宽严相济刑事政策。落实认罪认罚从宽制度，应当根据犯罪的具体情况，区分案件性质、情节和对社会的危害程度，实行区别对待，做到该宽则宽，当严则严，宽严相济，罚当其罪。对可能判处三年有期徒刑以下刑罚的认罪认罚案件，要尽量依法从简从快从宽办理，探索相适应的处理原则和办案方式；对因民间矛盾引发的犯罪，犯罪嫌疑人、被告人自愿认罪、真诚悔罪并取得谅解、达成和解、尚未严重影响人民群众安全感的，要积极适用认罪认罚从宽制度，特别是对其中社会危害不大的初犯、偶犯、过失犯、未成年犯，一般应当体现从宽；对严重危害国家安全、公共安全犯罪，严重暴力犯罪，以及社会普遍关注的重大敏感案件，应当慎重把握从宽，避免案件处理明显违背人民群众的公平正义观念。

2. 坚持罪责刑相适应原则。办理认罪认罚案件，既要考虑体现认罪认罚从宽，又要考虑其所犯罪行的轻重、应负刑事责任和人身危险性的大小，依照法律规定提出量刑建议，准确裁量刑罚，确保罚当其罪，避免罪刑失衡。特别是对于共同犯罪案件，主犯认罪认罚，从犯不认罪认罚的，人民法院、人民检察院应当注意两者之间的量刑平衡，防止因量刑失当严重偏离一般的司法认知。

3. 坚持证据裁判原则。办理认罪认罚案件，应当以事实为根据，以法律为准绳，严格按照证据裁判要求，全面收集、固定、审查和认定证据。坚持法定证明标准，侦查终结、提起公诉、作出有罪裁判应当做到犯罪事实清楚，证据确实、充分，防止因犯罪嫌疑人、被告人认罪而降低证据要求和证明标准。对犯罪嫌疑人、被告人认罪认罚，但证据不足，不能认定其有罪的，依法作出撤销案件、不起诉决定或者宣告无罪。

4. 坚持公检法三机关配合制约原则。办理认罪认罚案件，公、检、法三机关应当分工负责、互相配合、互相制约，保证犯罪嫌疑人、被告人自愿认罪认罚，依法推进从宽落实。要严格执法、公正司法，强化对自身执法司法办案活动的监督，防止产生"权权交易"、"权钱交易"等司法腐败问题。

二、适用范围和适用条件

5. 适用阶段和适用案件范围。认罪认罚从宽制度贯穿刑事诉讼全过程，适用于侦查、起诉、审判各个阶段。

认罪认罚从宽制度没有适用罪名和可能判处刑罚的限定，所有刑事案件都可以适用，不能因罪轻、罪重或者罪名特殊等原因而剥夺犯罪嫌疑人、被告人自愿认罪认罚获得从宽处理的机会。但"可以"适用不是一律适用，犯罪嫌疑人、被告人认罪认罚后是否从宽，由司法机关根据案件具体情况决定。

6.“认罪”的把握。认罪认罚从宽制度中的"认罪"，是指犯罪嫌疑人、被告人自愿如实供述自己的罪行，对指控的犯罪事实没有异议。承认指控的主要犯罪事实，仅对个别事实情节提出异议，或者虽然对行为性质提出辩解但表示接受司法机关认定意见的，不影响"认罪"的认定。犯罪嫌疑人、被告人犯数罪，仅如实供述其中一罪或部分罪名事实的，全案不作"认罪"的认定，不适用认罪认罚从宽制度，但对如实供述的部分，人民检察院可以提出从宽处罚的建议，人民法院可以从宽处罚。

7.“认罚”的把握。认罪认罚从宽制度中的"认罚"，是指犯罪嫌疑人、被告人真诚悔罪，愿意接受处罚。"认罚"，在侦查阶段表现为表示愿意接受处罚；在审查起诉阶段表现为接受人民检察院拟作出的起诉或不起诉决定，认可人民检察院的量刑建议，签署认罪认罚具结书；在审判阶段表现为当庭确认自愿签署具结书，愿意接受刑罚处罚。

“认罚”考察的重点是犯罪嫌疑人、被告人的悔罪态度和悔罪表现，应当结合退赃退赔、赔偿损失、赔礼道歉等因素来考量。犯罪嫌疑人、被告人虽然表示"认罚"，却暗中串供、干扰证人作证、毁灭、伪造证据或者隐匿、转移财产，有赔偿能力而不赔偿损失，则不能适用认罪认罚从宽制度。犯罪嫌疑人、被告人享有程序选择权，不同意适用速裁程序、简易程序的，不影响"认罚"的认定。

三、认罪认罚后"从宽"的把握

8.“从宽”的理解。从宽处理既包括实体上从宽处罚，也包括程序上从简处理。"可以从宽"，是指一般应当体现法律规定和政策精神，予以从宽处理。但可以从宽不是一律从宽，对犯罪性质和危害后果特别严重、犯罪手段特别残忍、社会影响特别恶劣的犯罪嫌疑人、被告人，认罪认罚不足以从轻处罚的，依法不予从宽处罚。

办理认罪认罚案件，应当依照刑法、刑事诉讼法的基本原则，根据犯罪的事实、性质、情节和对社会的危害程度，结合法定、酌定的量刑情节，综合考虑认罪认罚的具体情况，依法决定是否从宽、如何从宽。对于减轻、免除处罚，应当于法有据；不具备减轻处罚情节的，应当在法定幅度以内提出从轻处罚的量刑建议和量刑；对其中犯罪情节轻微不需要判处刑罚的，可以依法作出不起诉决定或者判决免予刑事处罚。

9.从宽幅度的把握。办理认罪认罚案件，应当区别认罪认罚的不同诉讼阶段、对查明案件事实的价值和意义、是否确有悔罪表现，以及罪行严重程度等，综合考量确定从宽的限度和幅度。在刑罚评价上，主动认罪优于被动认罪，早认罪优于晚认罪，彻底认罪优于不彻底认罪，稳定认罪优于不稳定认罪。

认罪认罚的从宽幅度一般应当大于仅有坦白，或者虽认罪但不认罚的从宽幅度。对犯罪嫌疑人、被告人具有自首、坦白情节，同时认罪认罚的，应当在法定刑幅度内给予相对更大的从宽幅度。认罪认罚与自首、坦白不作重复评价。

对罪行较轻、人身危险性较小的，特别是初犯、偶犯，从宽幅度可以大一些；罪行较重、人身危险性较大的，以及累犯、再犯，从宽幅度应当从严把握。

四、犯罪嫌疑人、被告人辩护权保障

10. 获得法律帮助权。人民法院、人民检察院、公安机关办理认罪认罚案件，应当保障犯罪嫌疑人、被告人获得有效法律帮助，确保其了解认罪认罚的性质和法律后果，自愿认罪认罚。

犯罪嫌疑人、被告人自愿认罪认罚，没有辩护人的，人民法院、人民检察院、公安机关（看守所）应当通知值班律师为其提供法律咨询、程序选择建议、申请变更强制措施等法律帮助。符合通知辩护条件的，应当依法通知法律援助机构指派律师为其提供辩护。

人民法院、人民检察院、公安机关（看守所）应当告知犯罪嫌疑人、被告人有权约见值班律师，获得法律帮助，并为其约见值班律师提供便利。犯罪嫌疑人、被告人及其近亲属提出法律帮助请求的，人民法院、人民检察院、公安机关（看守所）应当通知值班律师为其提供法律帮助。

11. 派驻值班律师。法律援助机构可以在人民法院、人民检察院、看守所派驻值班律师。人民法院、人民检察院、看守所应当为派驻值班律师提供必要办公场所和设施。

法律援助机构应当根据人民法院、人民检察院、看守所的法律帮助需求和当地法律服务资源，合理安排值班律师。值班律师可以定期值班或轮流值班，律师资源短缺的地区可以通过探索现场值班和电话、网络值班相结合，在人民法院、人民检察院毗邻设置联合工作站，省内和市内统筹调配律师资源，以及建立政府购买值班律师服务机制等方式，保障法律援助值班律师工作有序开展。

12. 值班律师的职责。值班律师应当维护犯罪嫌疑人、被告人的合法权益,确保犯罪嫌疑人、被告人在充分了解认罪认罚性质和法律后果的情况下,自愿认罪认罚。值班律师应当为认罪认罚的犯罪嫌疑人、被告人提供下列法律帮助:

（一）提供法律咨询,包括告知涉嫌或指控的罪名、相关法律规定,认罪认罚的性质和法律后果等;

（二）提出程序适用的建议;

（三）帮助申请变更强制措施;

（四）对人民检察院认定罪名、量刑建议提出意见;

（五）就案件处理,向人民法院、人民检察院、公安机关提出意见;

（六）引导、帮助犯罪嫌疑人、被告人及其近亲属申请法律援助;

（七）法律法规规定的其他事项。

值班律师可以会见犯罪嫌疑人、被告人,看守所应当为值班律师会见提供便利。危害国家安全犯罪、恐怖活动犯罪案件,侦查期间值班律师会见在押犯罪嫌疑人的,应当经侦查机关许可。自人民检察院对案件审查起诉之日起,值班律师可以查阅案卷材料、了解案情。人民法院、人民检察院应当为值班律师查阅案卷材料提供便利。

值班律师提供法律咨询、查阅案卷材料、会见犯罪嫌疑人或者被告人、提出书面意见等法律帮助活动的相关情况应当记录在案,并随案移送。

13. 法律帮助的衔接。对于被羁押的犯罪嫌疑人、被告人,在不同诉讼阶段,可以由派驻看守所的同一值班律师提供法律帮助。对于未被羁押的犯罪嫌疑人、被告人,前一诉讼阶段的值班律师可以在后续诉讼阶段继续为犯罪嫌疑人、被告人提供法律帮助。

14. 拒绝法律帮助的处理。犯罪嫌疑人、被告人自愿认罪认罚,没有委托辩护人,拒绝值班律师帮助的,人民法院、人民检察院、公安机关应当允许,记录在案并随案移送。但是审查起诉阶段签署认罪认罚具结书时,人民检察院应当通知值班律师到场。

15. 辩护人职责。认罪认罚案件犯罪嫌疑人、被告人委托辩护人或者法律援助机构指派律师为其辩护的,辩护律师在侦查、审查起诉和审判阶段,应当与犯罪嫌疑人、被告人就是否认罪认罚进行沟通,提供法律咨询和帮助,并就定罪量刑、诉讼程序

适用等向办案机关提出意见。

五、被害方权益保障

16. 听取意见。办理认罪认罚案件,应当听取被害人及其诉讼代理人的意见,并将犯罪嫌疑人、被告人是否与被害方达成和解协议、调解协议或者赔偿被害方损失,取得被害方谅解,作为从宽处罚的重要考虑因素。人民检察院、公安机关听取意见情况应当记录在案并随案移送。

17. 促进和解谅解。对符合当事人和解程序适用条件的公诉案件,犯罪嫌疑人、被告人认罪认罚的,人民法院、人民检察院、公安机关应当积极促进当事人自愿达成和解。对其他认罪认罚案件,人民法院、人民检察院、公安机关可以促进犯罪嫌疑人、被告人通过向被害方赔偿损失、赔礼道歉等方式获得谅解,被害方出具的谅解意见应当随案移送。

人民法院、人民检察院、公安机关在促进当事人和解谅解过程中,应当向被害方释明认罪认罚从宽、公诉案件当事人和解适用程序等具体法律规定,充分听取被害方意见,符合司法救助条件的,应当积极协调办理。

18. 被害方异议的处理。被害人及其诉讼代理人不同意对认罪认罚的犯罪嫌疑人、被告人从宽处理的,不影响认罪认罚从宽制度的适用。犯罪嫌疑人、被告人认罪认罚,但没有退赃退赔、赔偿损失,未能与被害方达成调解或者和解协议的,从宽时应当予以酌减。犯罪嫌疑人、被告人自愿认罪并且愿意积极赔偿损失,但由于被害方赔偿请求明显不合理,未能达成调解或者和解协议的,一般不影响对犯罪嫌疑人、被告人从宽处理。

六、强制措施的适用

19. 社会危险性评估。人民法院、人民检察院、公安机关应当将犯罪嫌疑人、被告人认罪认罚作为其是否具有社会危险性的重要考虑因素。对于罪行较轻,采用非羁押性强制措施足以防止发生刑事诉讼法第八十一条第一款规定的社会危险性的犯罪嫌疑人、被告人,根据犯罪性质及可能判处的刑罚,依法可不适用羁押性强制措施。

20. 逮捕的适用。犯罪嫌疑人认罪认罚,公安机关认为罪行较轻、没有社会危险性的,应当不再提请人民检察院审查逮捕。对提请逮捕的,人民检察院认为没有社会危险性不需要逮捕的,应当作出不批准逮捕的决定。

21. 逮捕的变更。已经逮捕的犯罪嫌疑人、被

告人认罪认罚的,人民法院、人民检察院应当及时审查羁押的必要性,经审查认为没有继续羁押必要的,应当变更为取保候审或者监视居住。

七、侦查机关的职责

22. 权利告知和听取意见。公安机关在侦查过程中,应当告知犯罪嫌疑人享有的诉讼权利、如实供述罪行可以从宽处理和认罪认罚的法律规定,听取犯罪嫌疑人及其辩护人或者值班律师的意见,记录在案并随案移送。

对在非讯问时间、办案人员不在场情况下,犯罪嫌疑人向看守所工作人员或者辩护人、值班律师表示愿意认罪认罚的,有关人员应当及时告知办案单位。

23. 认罪教育。公安机关在侦查阶段应当同步开展认罪教育工作,但不得强迫犯罪嫌疑人认罪,不得作出具体的从宽承诺。犯罪嫌疑人自愿认罪,愿意接受司法机关处罚的,应当记录在案并附卷。

24. 起诉意见。对移送审查起诉的案件,公安机关应当在起诉意见书中写明犯罪嫌疑人自愿认罪认罚情况。认为案件符合速裁程序适用条件的,可以在起诉意见书中建议人民检察院适用速裁程序办理,并简要说明理由。

对可能适用速裁程序的案件,公安机关应当快速办理,对犯罪嫌疑人未被羁押的,可以集中移送审查起诉,但不得为集中移送拖延案件办理。

对人民检察院在审查逮捕期间或者重大案件听取意见中提出的开展认罪认罚工作的意见或建议,公安机关应当认真听取,积极开展相关工作。

25. 执法办案管理中心建设。加快推进公安机关执法办案管理中心建设,探索在执法办案管理中心设置速裁法庭,对适用速裁程序的案件进行快速办理。

八、审查起诉阶段人民检察院的职责

26. 权利告知。案件移送审查起诉后,人民检察院应当告知犯罪嫌疑人享有的诉讼权利和认罪认罚的法律规定,保障犯罪嫌疑人的程序选择权。告知应当采取书面形式,必要时应当充分释明。

27. 听取意见。犯罪嫌疑人认罪认罚的,人民检察院应当就下列事项听取犯罪嫌疑人、辩护人或者值班律师的意见,记录在案并附卷:

(一)涉嫌的犯罪事实、罪名及适用的法律规定;

(二)从轻、减轻或者免除处罚等从宽处罚的

建议;

(三)认罪认罚后案件审理适用的程序;

(四)其他需要听取意见的情形。

人民检察院未采纳辩护人、值班律师意见的,应当说明理由。

28. 自愿性、合法性审查。对侦查阶段认罪认罚的案件,人民检察院应当重点审查以下内容:

(一)犯罪嫌疑人是否自愿认罪认罚,有无因受到暴力、威胁、引诱而违背意愿认罪认罚;

(二)犯罪嫌疑人认罪认罚时的认知能力和精神状态是否正常;

(三)犯罪嫌疑人是否理解认罪认罚的性质和可能导致的法律后果;

(四)侦查机关是否告知犯罪嫌疑人享有的诉讼权利,如实供述自己罪行可以从宽处理和认罪认罚的法律规定,并听取意见;

(五)起诉意见书中是否写明犯罪嫌疑人认罪认罚情况;

(六)犯罪嫌疑人是否真诚悔罪,是否向被害人赔礼道歉。

经审查,犯罪嫌疑人违背意愿认罪认罚的,人民检察院可以重新开展认罪认罚工作。存在刑讯逼供等非法取证行为的,依照法律规定处理。

29. 证据开示。人民检察院可以针对案件具体情况,探索证据开示制度,保障犯罪嫌疑人的知情权和认罪认罚的真实性及自愿性。

30. 不起诉的适用。完善起诉裁量权,充分发挥不起诉的审前分流和过滤作用,逐步扩大相对不起诉在认罪认罚案件中的适用。对认罪认罚后没有争议,不需要判处刑罚的轻微刑事案件,人民检察院可以依法作出不起诉决定。人民检察院应当加强对案件量刑的预判,对其中可能判处免刑的轻微刑事案件,可以依法作出不起诉决定。

对认罪认罚后案件事实不清、证据不足的案件,应当依法作出不起诉决定。

31. 签署具结书。犯罪嫌疑人自愿认罪,同意量刑建议和程序适用的,应当在辩护人或者值班律师在场的情况下签署认罪认罚具结书。犯罪嫌疑人被羁押的,看守所应当为签署具结书提供场所。具结书应当包括犯罪嫌疑人如实供述罪行、同意量刑建议、程序适用等内容,由犯罪嫌疑人、辩护人或者值班律师签名。

犯罪嫌疑人认罪认罚,有下列情形之一的,不

需要签署认罪认罚具结书：

（一）犯罪嫌疑人是盲、聋、哑人，或者是尚未完全丧失辨认或者控制自己行为能力的精神病人的；

（二）未成年犯罪嫌疑人的法定代理人、辩护人对未成年人认罪认罚有异议的；

（三）其他不需要签署认罪认罚具结书的情形。

上述情形犯罪嫌疑人未签署认罪认罚具结书的，不影响认罪认罚从宽制度的适用。

32. 提起公诉。人民检察院向人民法院提起公诉的，应当在起诉书中写明被告人认罪认罚情况，提出量刑建议，并移送认罪认罚具结书等材料。量刑建议书可以另行制作，也可以在起诉书中写明。

33. 量刑建议的提出。犯罪嫌疑人认罪认罚的，人民检察院应当就主刑、附加刑、是否适用缓刑等提出量刑建议。人民检察院提出量刑建议前，应当充分听取犯罪嫌疑人、辩护人或者值班律师的意见，尽量协商一致。

办理认罪认罚案件，人民检察院一般应当提出确定刑量刑建议。对新类型、不常见犯罪案件，量刑情节复杂的重罪案件等，也可以提出幅度刑量刑建议。提出量刑建议，应当说明理由和依据。

犯罪嫌疑人认罪认罚没有其他法定量刑情节的，人民检察院可以根据犯罪的事实、性质等，在基准刑基础上适当减让提出确定刑量刑建议。有其他法定量刑情节的，人民检察院应当综合认罪认罚和其他法定量刑情节，参照相关量刑规范提出确定刑量刑建议。

犯罪嫌疑人在侦查阶段认罪认罚的，主刑从宽的幅度可以在前款基础上适当放宽；被告人在审判阶段认罪认罚的，在前款基础上可以适当缩减。建议判处罚金刑的，参照主刑的从宽幅度提出确定的数额。

34. 速裁程序的办案期限。犯罪嫌疑人认罪认罚，人民检察院经审查，认为符合速裁程序适用条件的，应当在十日以内作出是否提起公诉的决定；对可能判处的有期徒刑超过一年的，可以在十五日以内作出是否提起公诉的决定。

九、社会调查评估

35. 侦查阶段的社会调查。犯罪嫌疑人认罪认罚，可能判处管制、宣告缓刑的，公安机关可以委托犯罪嫌疑人居住地的社区矫正机构进行调查评估。

公安机关在侦查阶段委托社区矫正机构进行调查评估，社区矫正机构在公安机关移送审查起诉后完成调查评估的，应当及时将评估意见提交受理案件的人民检察院或者人民法院，并抄送公安机关。

36. 审查起诉阶段的社会调查。犯罪嫌疑人认罪认罚，人民检察院拟提出缓刑或者管制量刑建议的，可以及时委托犯罪嫌疑人居住地的社区矫正机构进行调查评估，也可以自行调查评估。人民检察院提起公诉时，已收到调查材料的，应当将材料一并移送，未收到调查材料的，应当将委托文书随案移送；在提起公诉后收到调查材料的，应当及时移送人民法院。

37. 审判阶段的社会调查。被告人认罪认罚，人民法院拟判处管制或者宣告缓刑的，可以及时委托被告人居住地的社区矫正机构进行调查评估，也可以自行调查评估。

社区矫正机构出具的调查评估意见，是人民法院判处管制、宣告缓刑的重要参考。对没有委托社区矫正机构进行调查评估或者判决前未收到社区矫正机构调查评估报告的认罪认罚案件，人民法院经审理认为被告人符合管制、缓刑适用条件的，可以判处管制、宣告缓刑。

38. 司法行政机关的职责。受委托的社区矫正机构应当根据委托机关的要求，对犯罪嫌疑人、被告人的居所情况、家庭和社会关系、一贯表现、犯罪行为的后果和影响、居住地村（居）民委员会和被害人意见、拟禁止的事项等进行调查了解，形成评估意见，及时提交委托机关。

十、审判程序和人民法院的职责

39. 审判阶段认罪认罚自愿性、合法性审查。办理认罪认罚案件，人民法院应当告知被告人享有的诉讼权利和认罪认罚的法律规定，听取被告人及其辩护人或者值班律师的意见。庭审中应当对认罪认罚的自愿性、具结书内容的真实性和合法性进行审查核实，重点核实以下内容：

（一）被告人是否自愿认罪认罚，有无因受到暴力、威胁、引诱而违背意愿认罪认罚；

（二）被告人认罪认罚时的认知能力和精神状态是否正常；

（三）被告人是否理解认罪认罚的性质和可能导致的法律后果；

（四）人民检察院、公安机关是否履行告知义务并听取意见；

（五）值班律师或者辩护人是否与人民检察院

进行沟通,提供了有效法律帮助或者辩护,并在场见证认罪认罚具结书的签署。

庭审中审判人员可以根据具体案情,围绕定罪量刑的关键事实,对被告人认罪认罚的自愿性、真实性等进行发问,确认被告人是否实施犯罪,是否真诚悔罪。

被告人违背意愿认罪认罚,或者认罪认罚后又反悔,依法需要转换程序的,应当按照普通程序对案件重新审理。发现存在刑讯逼供等非法取证行为的,依照法律规定处理。

40.量刑建议的采纳。对于人民检察院提出的量刑建议,人民法院应当依法进行审查。对于事实清楚,证据确实、充分,指控的罪名准确,量刑建议适当的,人民法院应当采纳。具有下列情形之一的,不予采纳:

(一)被告人的行为不构成犯罪或者不应当追究刑事责任的;

(二)被告人违背意愿认罪认罚的;

(三)被告人否认指控的犯罪事实的;

(四)起诉指控的罪名与审理认定的罪名不一致的;

(五)其他可能影响公正审判的情形。

对于人民检察院起诉指控的事实清楚,量刑建议适当,但指控的罪名与审理认定的罪名不一致的,人民法院可以听取人民检察院、被告人及其辩护人对审理认定罪名的意见,依法作出裁判。

人民法院不采纳人民检察院量刑建议的,应当说明理由和依据。

41.量刑建议的调整。人民法院经审理,认为量刑建议明显不当,或者被告人、辩护人对量刑建议有异议且有理有据的,人民法院应当告知人民检察院,人民检察院可以调整量刑建议。人民法院认为调整后的量刑建议适当的,应当予以采纳;人民检察院不调整量刑建议或者调整后仍然明显不当的,人民法院应当依法作出判决。

适用速裁程序审理的,人民检察院调整量刑建议应当在庭前或者当庭提出。调整量刑建议后,被告人同意继续适用速裁程序的,不需要转换程序处理。

42.速裁程序的适用条件。基层人民法院管辖的可能判处三年有期徒刑以下刑罚的案件,案件事实清楚,证据确实、充分,被告人认罪认罚并同意适用速裁程序的,可以适用速裁程序,由审判员一人

独任审判。人民检察院提起公诉时,可以建议人民法院适用速裁程序。

有下列情形之一的,不适用速裁程序办理:

(一)被告人是盲、聋、哑人,或者是尚未完全丧失辨认或者控制自己行为能力的精神病人的;

(二)被告人是未成年人的;

(三)案件有重大社会影响的;

(四)共同犯罪案件中部分被告人对指控的犯罪事实、罪名、量刑建议或者适用速裁程序有异议的;

(五)被告人与被害人或者其法定代理人没有就附带民事诉讼赔偿等事项达成调解或者和解协议的;

(六)其他不宜适用速裁程序办理的案件。

43.速裁程序的审理期限。适用速裁程序审理案件,人民法院应当在受理后十日以内审结;对可能判处的有期徒刑超过一年的,应当在十五日以内审结。

44.速裁案件的审理程序。适用速裁程序审理案件,不受刑事诉讼法规定的送达期限的限制,一般不进行法庭调查、法庭辩论,但在判决宣告前应当听取辩护人的意见和被告人的最后陈述意见。

人民法院适用速裁程序审理案件,可以在向被告人送达起诉书时一并送达权利义务告知书、开庭传票,并核实被告人自然信息等情况。根据需要,可以集中送达。

人民法院适用速裁程序审理案件,可以集中开庭,逐案审理。人民检察院可以指派公诉人集中出庭支持公诉。公诉人简要宣读起诉书后,审判人员应当当庭询问被告人对指控事实、证据、量刑建议以及适用速裁程序的意见,核实具结书签署的自愿性、真实性、合法性,并核实附带民事诉讼赔偿等情况。

适用速裁程序审理案件,应当当庭宣判。集中审理的,可以集中当庭宣判。宣判时,根据案件需要,可以由审判员进行法庭教育。裁判文书可以简化。

45.速裁案件的二审程序。被告人不服适用速裁程序作出的第一审判决提出上诉的案件,可以不开庭审理。第二审人民法院审查后,按照下列情形分别处理:

(一)发现被告人以事实不清、证据不足为由提出上诉的,应当裁定撤销原判,发回原审人民法院

适用普通程序重新审理，不再按认罪认罚案件从宽处罚；

（二）发现被告人以量刑不当为由提出上诉的，原判量刑适当的，应当裁定驳回上诉，维持原判；原判量刑不当的，经审理后依法改判。

46. 简易程序的适用。基层人民法院管辖的被告人认罪认罚案件，事实清楚、证据充分，被告人对适用简易程序没有异议的，可以适用简易程序审判。

适用简易程序审理认罪认罚案件，公诉人可以简要宣读起诉书，审判人员当庭询问被告人对指控的犯罪事实、证据、量刑建议及适用简易程序的意见，核实具结书签署的自愿性、真实性、合法性。法庭调查可以简化，但对有争议的事实和证据应当进行调查、质证，法庭辩论可以仅围绕有争议的问题进行。裁判文书可以简化。

47. 普通程序的适用。适用普通程序办理认罪认罚案件，可以适当简化法庭调查、辩论程序。公诉人宣读起诉书后，合议庭当庭询问被告人对指控的犯罪事实、证据及量刑建议的意见，核实具结书签署的自愿性、真实性、合法性。公诉人、辩护人、审判人员对被告人的讯问、发问可以简化。对控辩双方无异议的证据，可以仅就证据名称及证明内容进行说明；对控辩双方有异议，或者法庭认为有必要调查核实的证据，应当出示并进行质证。法庭辩论主要围绕有争议的问题进行，裁判文书可以适当简化。

48. 程序转换。人民法院在适用速裁程序审理过程中，发现有被告人的行为不构成犯罪或者不应当追究刑事责任、被告人违背意愿认罪认罚、被告人否认指控的犯罪事实情形的，应当转为普通程序审理。发现其他不宜适用速裁程序但符合简易程序适用条件的，应当转为简易程序重新审理。

发现有不宜适用简易程序审理情形的，应当转为普通程序审理。

人民检察院在人民法院适用速裁程序审理案件过程中，发现有不宜适用速裁程序审理情形的，应当建议人民法院转为普通程序或者简易程序重新审理；发现有不宜适用简易程序审理情形的，应当建议人民法院转为普通程序重新审理。

49. 被告人当庭认罪认罚案件的处理。被告人在侦查、审查起诉阶段没有认罪认罚，但当庭认罪，愿意接受处罚的，人民法院应当根据审理查明的事实，就定罪和量刑听取控辩双方意见，依法作出裁判。

50. 第二审程序中被告人认罪认罚案件的处理。被告人在第一审程序中未认罪认罚，在第二审程序中认罪认罚的，审理程序依照刑事诉讼法规定的第二审程序进行。第二审人民法院应当根据其认罪认罚的价值、作用决定是否从宽，并依法作出裁判。确定从宽幅度时应当与第一审程序认罪认罚有所区别。

十一、认罪认罚的反悔和撤回

51. 不起诉后反悔的处理。因犯罪嫌疑人认罪认罚，人民检察院依照刑事诉讼法第一百七十七条第二款作出不起诉决定后，犯罪嫌疑人否认指控的犯罪事实或者不积极履行赔礼道歉、退赃退赔、赔偿损失等义务的，人民检察院应当进行审查，区分下列情形依法作出处理：

（一）发现犯罪嫌疑人没有犯罪事实，或者符合刑事诉讼法第十六条规定的情形之一的，应当撤销原不起诉决定，依法重新作出不起诉决定；

（二）认为犯罪嫌疑人仍属于犯罪情节轻微，依照刑法规定不需要判处刑罚或者免除刑罚的，可以维持原不起诉决定；

（三）排除认罪认罚因素后，符合起诉条件的，应当根据案件具体情况撤销原不起诉决定，依法提起公诉。

52. 起诉前反悔的处理。犯罪嫌疑人认罪认罚，签署认罪认罚具结书，在人民检察院提起公诉前反悔的，具结书失效，人民检察院应当在全面审查事实证据的基础上，依法提起公诉。

53. 审判阶段反悔的处理。案件审理过程中，被告人反悔不再认罪认罚的，人民法院应当根据审理查明的事实，依法作出裁判。需要转换程序的，依照本意见的相关规定处理。

54. 人民检察院的法律监督。完善人民检察院对侦查活动和刑事审判活动的监督机制，加强对认罪认罚案件办理全过程的监督，规范认罪认罚案件的抗诉工作，确保无罪的人不受刑事追究、有罪的人受到公正处罚。

十二、未成年人认罪认罚案件的办理

55. 听取意见。人民法院、人民检察院办理未成年人认罪认罚案件，应当听取未成年犯罪嫌疑人、被告人的法定代理人的意见，法定代理人无法到场的，应当听取合适成年人的意见，但受案时犯罪嫌疑人已经成年的除外。

56. 具结书签署。未成年犯罪嫌疑人签署认罪认罚具结书时,其法定代理人应当到场并签字确认。法定代理人无法到场的,合适成年人应当到场签字确认。法定代理人、辩护人对未成年人认罪认罚有异议的,不需要签署认罪认罚具结书。

57. 程序适用。未成年人认罪认罚案件,不适用速裁程序,但应当贯彻教育、感化、挽救的方针,坚持从快从宽原则,确保案件及时办理,最大限度保护未成年人合法权益。

58. 法治教育。办理未成年人认罪认罚案件,应当做好未成年犯罪嫌疑人、被告人的认罪服法、悔过教育工作,实现惩教结合目的。

十三、附则

59. 国家安全机关、军队保卫部门、中国海警局、监狱办理刑事案件,适用本意见的有关规定。

60. 本指导意见由会签单位协商解释,自发布之日起施行。

最高人民检察院关于印发
《人民检察院检察官员额退出办法》的通知

2019 年 10 月 19 日　　高检发办字〔2019〕91 号

各省、自治区、直辖市人民检察院,解放军军事检察院,新疆生产建设兵团人民检察院:

《人民检察院检察官员额退出办法》已于 2019 年 9 月 25 日经最高人民检察院第十三届检察委员会第二十五次会议审议通过。现印发给你们,请结合工作实际认真贯彻落实。各地在实施过程中遇到重要情况和问题,请及时报告。

人民检察院检察官员额退出办法

第一条 为进一步完善检察官管理制度,促进检察官履职尽责,根据《中华人民共和国检察官法》等法律规定和改革文件,制定本办法。

第二条 检察官员额退出,坚持以下原则:

(一)党管干部;

(二)人岗相适、能进能出;

(三)依法依规退额;

(四)公开、公平、公正。

第三条 检察官具有下列情形之一的,自然退出员额:

(一)丧失中华人民共和国国籍的;

(二)调出所任职检察院的;

(三)退休、辞职的;

(四)依法被辞退或者开除的;

(五)实行任职交流调整到检察院非业务岗位的。

第四条 检察官具有下列情形之一的,应当退出员额:

(一)应当实行任职回避的;

(二)因健康或个人其他原因超过一年不能履行检察官职务的;

(三)因违纪违法不宜继续担任检察官职务的;

(四)配偶已移居国(境)外,或者没有配偶但子女均已移居国(境)外的;

(五)其他不宜担任检察官职务的情形。

第五条 检察官具有《中华人民共和国检察官法》第四十七条第四项、第五项规定的违反检察职责的行为,经检察官惩戒委员会审查,提出构成故意违反职责或存在重大过失的意见,被所在人民检察院作出调离司法办案岗位、免职、责令辞职、辞退等处理决定的,应当退出员额。

第六条 经所在人民检察院检察官考评委员会考核认定,检察官具有下列情形之一的,应当退出员额:

(一)办案数量、质量和效率达不到规定要求,办案能力明显不胜任的;

(二)因重大过失导致所办案件出现证据审查、事实认定、法律适用错误而影响公正司法等严重质量问题,造成恶劣影响的;

(三)连续或多次出现办案质量和效果问题,经综合评价,政治素质、业务素质达不到员额检察官标准的;

(四)负有司法办案监督管理职责的检察官违反规定不正确履行职责,后果严重的;

(五)其他不能胜任检察官职务的情形。

第七条 检察官自愿申请退出员额,经审核批准的,可以退出员额。

第八条 省级以下人民检察院检察官具有退出员额情形的,由所在人民检察院组织人事部门提出意见,经所在院党组研究后,二个月内层报省级人民检察院审批后退出员额,并送省级检察官遴选委员会备案。

最高人民检察院检察官具有退出员额情形的,由最高人民检察院政治部提出意见,经最高人民检察院党组批准后退出员额,并送最高人民检察院检察官遴选委员会备案。

第九条 因本办法第六条情形退出员额的,所在人民检察院组织人事部门应当在提出退出员额意见前,当面听取当事检察官的陈述、申辩。

第十条 检察官对涉及本人退出员额的决定有异议的,可以在收到决定后七日内向所在人民检察院党组申请复核。

基层、设区的市级人民检察院党组应当自收到本院检察官的复核申请后三十日内作出复核决定,层报省级人民检察院党组审批后,书面答复当事人。

省级人民检察院、最高人民检察院党组应当自收到本院检察官的复核申请后三十日内作出决定,并书面答复当事人。

第十一条 检察官具有退出员额情形,但所在人民检察院组织人事部门未启动退出员额程序的,检务督察等部门可以向本院党组建议启动对该检察官的退出员额程序。

上级人民检察院发现下级人民检察院的检察官具有退出员额情形,但下级人民检察院未启动退出员额程序的,应当督促下级人民检察院尽快启动相关程序。

第十二条 检察官退出员额后依法需要免除法律职务的,应当及时提请办理相关免职手续。

第十三条 检察官具有本办法第三、五条情形之一的,自上述情形出现时起,不再行使检察官职权;具有本办法第四、六、七条情形之一退出检察官员额的,自审批机关批准退出员额之日起,不再行使检察官职权。

第十四条 根据工作需要,检察官退出员额后仍在检察机关工作的,由所在人民检察院根据《法官、检察官单独职务序列改革试点方案》有关规定,按照检察官等级晋升审批权限,综合考虑任职资历、工作经历、工作业绩等因素,在规定的职数范围内,比照确定职务或职级,转任为检察辅助人员或者司法行政人员。

第十五条 检察官从办理退额手续次月起,不再享受员额检察官相应待遇。

第十六条 检察官因本办法第三条第(二)(五)项情形、第四条第(一)(二)(四)项情形退出员额后申请重新入额,符合入额条件的,在员额比例范围内,按照以下程序入额:

(一)基层、设区的市级人民检察院检察官,退出员额五年内回到本院司法办案岗位的,经所在检察院党组研究后,层报省级人民检察院批准入额;省级人民检察院、最高人民检察院检察官,退出员额五年内回到本院司法办案岗位的,分别由省级人民检察院党组、最高人民检察院党组决定入额。

(二)退出员额超过五年的,需回到检察院司法办案岗位参与办案满一年,经业绩考核合格后,再按上述程序办理入额手续。

检察官因本办法第五条受到调离司法办案岗位、免职处理退出员额五年后,因本办法第六条、第七条情形退出员额二年后,可以申请重新入额。符合入额条件的,参加遴选考试考核,按照统一程序选拔入额。

第十七条 各省级人民检察院应当结合工作实际,研究细化检察官员额退出的情形和程序等内容,制定具体实施办法。

第十八条 本办法由最高人民检察院政治部负责解释,自发布之日起实施。

最高人民检察院关于印发
《省以下人民检察院检察官员额动态调整指导意见》的通知

2019 年 10 月 19 日　高检发办字〔2019〕92 号

各省、自治区、直辖市人民检察院,新疆生产建设兵团人民检察院:

《省以下人民检察院检察官员额动态调整指导意见》已于 2019 年 9 月 25 日经最高人民检察院第十三届检察委员会第二十五次会议审议通过。现印发给你们,请结合工作实际认真贯彻落实。各地在实施过程中遇到重要情况和问题,请及时报告。

省以下人民检察院
检察官员额动态调整指导意见

为充分利用检察官员额资源,建立科学合理、符合司法办案实际的检察官员额配置、调整、管理机制,根据《中华人民共和国检察官法》等法律和有关改革文件精神,结合检察机关实际,制定本意见。

一、省以下人民检察院检察官员额以中央政法专项编制为基数核定,不超过中央政法专项编制的 39%。

二、省以下人民检察院检察官员额,由省级人民检察院在核定总量内统筹管理,原则上以设区的市为单位,在全省(自治区、直辖市)范围内配置使用、动态调整。

三、设区的市级人民检察院可以根据省级人民检察院的部署,对辖区内的检察官员额进行统筹配置、动态调整。

四、基层人民检察院的检察官员额配置,以核定编制、总体办案量、检察官人均办案量为主要依据。设区的市级人民检察院、省级人民检察院的员额配置,可以在编制和办案量基础上,适当考虑对下指导等司法业务工作量。

五、检察官员额配置应当向基层和办案一线倾斜。省级人民检察院的检察官员额比例不得高于基层检察院平均水平。

六、上级人民检察院可以根据辖区内各检察院办案工作量变化情况,以及机构、人员编制、检察官数量情况,对检察官员额的配置进行调整。

七、上级人民检察院可以预留合理比例或数量的检察官员额,用于辖区内调整配置。上级人民检察院为动态调整预留的检察官员额,不得用于本院。

八、上级人民检察院对辖区内检察官员额进行调整配置的,可以调整使用预留的检察官员额,也可以对各检察院已经配置的检察官员额进行统筹调整配置。

九、出现下列情形之一的,应当及时对检察院检察官员额进行调整:

(一)办案工作量大幅增加,检察官员额明显不能适应办案工作需要;

(二)因行政区划调整、机构撤销或设立等导致检察院编制发生较大调整,办案数量或工作量发生重大变化;

(三)检察官办案数量较少,存在明显闲置;

(四)其他确有必要对检察官员额进行调整的

情形。

十、省级人民检察院应当定期对所辖各检察院办案工作量、检察官员额配置使用情况等进行全面调查评估，提出动态调整使用的意见，由院党组研究决定后实施。省级人民检察院对辖区内检察官员额实施全面调整的，在一届检察长任期内不超过两次。

十一、检察官员额的实时动态调整，可以由有调整需求的人民检察院提出，层报省级人民检察院批准。设区的市级人民检察院可以对辖区内人民检察院检察官员额配置提出调整方案，报省级人民检察院批准后实施。

十二、省级人民检察院应当根据辖区内检察院

的检察官员额使用情况，及时统筹进行检察官员额调整并启动检察官增补、退出工作。

十三、检察院因被核减检察官员额导致检察官超额配备的，省级人民检察院可结合实际设置不超过三年的过渡期，逐步解决超额问题。

十四、根据工作需要，省级人民检察院可以采取借用、转任等方式，将检察官及所用员额一并调整配置到需要增补检察官的检察院。

十五、各省级人民检察院应当结合工作实际，根据本意见研究制定本地区检察官员额动态调整管理办法。

十六、本意见由最高人民检察院政治部负责解释，自发布之日起施行。

国家监察委员会　最高人民法院　最高人民检察院　公安部　司法部关于在扫黑除恶专项斗争中分工负责、互相配合、互相制约严惩公职人员涉黑涉恶违法犯罪问题的通知

2019 年 10 月 20 日　国监发〔2019〕3 号

为认真贯彻党中央关于开展扫黑除恶专项斗争的重大决策部署，全面落实习近平总书记关于扫黑除恶与反腐败结合起来，与基层"拍蝇"结合起来的重要批示指示精神，进一步规范和加强各级监察机关、人民法院、人民检察院、公安机关、司法行政机关在惩治公职人员涉黑涉恶违法犯罪中的协作配合，推动扫黑除恶专项斗争取得更大成效，根据刑法、刑事诉讼法、监察法及最高人民法院、最高人民检察院、公安部、司法部《关于办理黑恶势力犯罪案件若干问题的指导意见》的规定，现就有关问题通知如下：

一、总体要求

1. 进一步提升政治站位。坚持以习近平新时代中国特色社会主义思想为指导，从增强"四个意识"、坚定"四个自信"、做到"两个维护"的政治高度，立足党和国家工作大局，深刻认识和把握开展扫黑除恶专项斗争的重大意义。深挖黑恶势力滋生根源，铲除黑恶势力生存根基，严惩公职人员涉

黑涉恶违法犯罪，除恶务尽，切实维护群众利益，进一步净化基层政治生态，推动扫黑除恶专项斗争不断向纵深发展，推进全面从严治党不断向基层延伸。

2. 坚持实事求是。坚持以事实为依据，以法律为准绳，综合考虑行为人的主观故意、客观行为、具体情节和危害后果，以及相关黑恶势力的犯罪事实、犯罪性质、犯罪情节和对社会的危害程度，准确认定问题性质，做到不偏不倚、不枉不纵。坚持惩前毖后、治病救人方针，严格区分罪与非罪的界限，区别对待、宽严相济。

3. 坚持问题导向。找准扫黑除恶与反腐"拍蝇"工作的结合点，聚焦涉黑涉恶问题突出、群众反映强烈的重点地区、行业和领域，紧盯农村和城乡结合部，紧盯建筑工程、交通运输、矿产资源、商贸集市、渔业捕捞、集资放贷等涉黑涉恶问题易发多发的行业和领域，紧盯村"两委"、乡镇基层站所及

其工作人员,严肃查处公职人员涉黑涉恶违法犯罪行为。

二、严格查办公职人员涉黑涉恶违法犯罪案件

4. 各级监察机关、人民法院、人民检察院、公安机关应聚焦黑恶势力违法犯罪案件及坐大成势的过程,严格查办公职人员涉黑涉恶违法犯罪案件。重点查办以下案件:公职人员直接组织、领导、参与黑恶势力违法犯罪活动的案件;公职人员包庇、纵容、支持黑恶势力犯罪及其他严重刑事犯罪的案件;公职人员收受贿赂、滥用职权,帮助黑恶势力人员获取公职或政治荣誉,侵占国家和集体资金、资源、资产,破坏公平竞争秩序,或为黑恶势力提供政策、项目、资金、金融信贷等支持帮助的案件;负有查禁监管职责的国家机关工作人员滥用职权、玩忽职守帮助犯罪分子逃避处罚的案件;司法工作人员徇私枉法、民事枉法裁判、执行判决裁定失职或滥用职权、私放在押人员以及徇私舞弊减刑、假释、暂予监外执行的案件;在扫黑除恶专项斗争中发生的公职人员滥用职权,徇私舞弊,包庇、阻碍查处黑恶势力犯罪的案件,以及泄露国家秘密、商业秘密、工作秘密,为犯罪分子通风报信的案件;公职人员利用职权打击报复办案人员的案件。

公职人员的范围,根据《中华人民共和国监察法》第十五条的规定认定。

5. 以上情形,由有关机关依规依纪依法调查处置,涉嫌犯罪的,依法追究刑事责任。

三、准确适用法律

6. 国家机关工作人员包庇黑社会性质的组织,或者纵容黑社会性质的组织进行违法犯罪活动的,以包庇、纵容黑社会性质组织罪定罪处罚。

国家机关工作人员既组织、领导、参加黑社会性质组织,又对该组织进行包庇、纵容的,应当以组织、领导、参加黑社会性质组织罪从重处罚。

国家机关工作人员包庇、纵容黑社会性质组织,该包庇、纵容行为同时还构成包庇罪、伪证罪、妨害作证罪、徇私枉法罪、滥用职权罪、帮助犯罪分子逃避处罚罪、徇私舞弊不移交刑事案件罪,以及徇私舞弊减刑、假释、暂予监外执行罪等其他犯罪的,应当择一重罪处罚。

7. 非国家机关工作人员与国家机关工作人员共同包庇、纵容黑社会性质组织,且不属于该组织成员的,以包庇、纵容黑社会性质组织罪的共犯论处。非国家机关工作人员的行为同时还构成其他

犯罪的,应当择一重罪处罚。

8. 公职人员利用职权或职务便利实施包庇、纵容黑恶势力、伪证、妨害作证,帮助毁灭、伪造证据,以及窝藏、包庇等犯罪行为的,应酌情从重处罚。事先有通谋而实施支持帮助、包庇纵容等保护行为的,以具体犯罪的共犯论处。

四、形成打击公职人员涉黑涉恶违法犯罪的监督制约、配合衔接机制

9. 监察机关、公安机关、人民检察院、人民法院在查处、办理公职人员涉黑涉恶违法犯罪案件过程中,应当分工负责,互相配合,互相制约,通过对办理的黑恶势力犯罪案件逐案筛查、循线深挖等方法,保证准确有效地执行法律,彻查公职人员涉黑涉恶违法犯罪。

10. 监察机关、公安机关、人民检察院、人民法院要建立完善查办公职人员涉黑涉恶违法犯罪重大疑难案件研判分析、案件通报等工作机制,进一步加强监察机关、政法机关之间的配合,共同研究和解决案件查处、办理过程中遇到的疑难问题,相互及时通报案件进展情况,进一步增强工作整体性、协同性。

11. 监察机关、公安机关、人民检察院、人民法院、司法行政机关要建立公职人员涉黑涉恶违法犯罪线索移送制度,对工作中收到、发现的不属于本单位管辖的公职人员涉黑涉恶违法犯罪线索,应当及时移送有管辖权的单位处置。

移送公职人员涉黑涉恶违法犯罪线索,按照以下规定执行:

(1)公安机关、人民检察院、人民法院、司法行政机关在工作中发现公职人员涉黑涉恶违法犯罪中的涉嫌贪污贿赂、失职渎职等职务违法和职务犯罪等应由监察机关管辖的问题线索,应当移送监察机关。

(2)监察机关在信访举报、监督检查、审查调查等工作中发现公职人员涉黑涉恶违法犯罪线索的,应当将其中涉嫌包庇、纵容黑社会性质组织犯罪等由公安机关管辖的案件线索移送公安机关处理。

(3)监察机关、公安机关、人民检察院、人民法院、司法行政机关在工作中发现司法工作人员涉嫌利用职权实施的侵犯公民权利、损害司法公正案件线索的,根据有关规定,经沟通后协商确定管辖机关。

12. 监察机关、公安机关、人民检察院接到移送的公职人员涉黑涉恶违法犯罪线索,应当按各自职

责及时处置、核查,依法依规作出处理,并做好沟通反馈工作;必要时,可以与相关线索或案件并案处理。

对于重大疑难复杂的公职人员涉黑涉恶违法犯罪案件,监察机关、公安机关、人民检察院可以同步立案、同步查处,根据案件办理需要,相互移送相关证据,加强沟通配合,做到协同推进。

13. 公职人员涉黑涉恶违法犯罪案件中,既涉嫌贪污贿赂、失职渎职等严重职务违法或职务犯罪,又涉嫌公安机关、人民检察院管辖的违法犯罪的,一般应当以监察机关为主调查,公安机关、人民

检察院予以协助。监察机关和公安机关、人民检察院分别立案调查(侦查)的,由监察机关协调调查和侦查工作。犯罪行为仅涉及公安机关、人民检察院管辖的,由有关机关依法按照管辖职能进行侦查。

14. 公安机关、人民检察院、人民法院对公职人员涉黑涉恶违法犯罪移送审查起诉、提起公诉、作出裁判,必要时听取监察机关的意见。

15. 公职人员涉黑涉恶违法犯罪案件开庭审理时,人民法院应当通知监察机关派员旁听,也可以通知涉罪公职人员所在单位、部门、行业以及案件涉及的单位、部门、行业等派员旁听。

最高人民法院　最高人民检察院
公安部　司法部关于跨省异地执行刑罚的
黑恶势力罪犯坦白检举构成自首、立功若干问题的意见

2019 年 10 月 21 日　司发〔2019〕5 号

各省、自治区、直辖市高级人民法院、人民检察院、公安厅(局)、司法厅(局),新疆维吾尔自治区高级人民法院生产建设兵团分院、新疆生产建设兵团人民检察院、公安局、司法局、监狱管理局:

为认真贯彻落实中央开展扫黑除恶专项斗争的部署要求,根据刑法、刑事诉讼法和有关司法解释、规范性文件的规定,现对办理跨省异地执行刑罚的黑恶势力罪犯坦白交代本人犯罪和检举揭发他人犯罪案件提出如下意见:

一、总体工作要求

1. 人民法院、人民检察院、公安机关、监狱要充分认识黑恶势力犯罪的严重社会危害,在办理案件中加强沟通协调,促使黑恶势力罪犯坦白交代本人犯罪和检举揭发他人犯罪,进一步巩固和扩大扫黑除恶专项斗争成果。

2. 人民法院、人民检察院、公安机关、监狱在办理跨省异地执行刑罚的黑恶势力罪犯坦白、检举构成自首、立功案件中,应当贯彻宽严相济刑事政策,充分发挥职能作用,坚持依法办案,快办快结,保持密切配合,形成合力,实现政治效果、法律效果和社

会效果的统一。

二、排查和移送案件线索

3. 监狱应当依法从严管理跨省异地执行刑罚的黑恶势力罪犯,积极开展黑恶势力犯罪线索排查,加大政策宣讲力度,教育引导罪犯坦白交代司法机关还未掌握的本人其他犯罪行为,鼓励罪犯检举揭发他人犯罪行为。

4. 跨省异地执行刑罚的黑恶势力罪犯检举揭发他人犯罪行为、提供重要线索,或者协助司法机关抓捕其他犯罪嫌疑人的,各部门在办案中应当采取必要措施,保护罪犯及其近亲属人身和财产安全。

5. 跨省异地执行刑罚的黑恶势力罪犯坦白、检举的,监狱应当就基本犯罪事实、涉案人员和作案时间、地点等情况对罪犯进行询问,形成书面材料后报省级监狱管理机关。省级监狱管理机关根据案件性质移送原办案侦查机关所在地省级公安机关、人民检察院或者其他省级主管部门。

6. 原办案侦查机关所在地省级公安机关、人民检察院收到监狱管理机关移送的案件线索材料后,

应当进行初步审查。经审查认为属于公安机关或者人民检察院管辖的,应当按照有关管辖的规定处理。经审查认为不属于公安机关或者人民检察院管辖的,应当及时退回移送的省级监狱管理机关,并书面说明理由。

三、办理案件程序

7. 办案侦查机关收到罪犯坦白、检举案件线索或者材料后,应当及时进行核实。依法不予立案的,应当说明理由,并将不予立案通知书送这罪犯服刑监狱。依法决定立案的,应当在立案后十日内,将立案情况书面告知罪犯服刑监狱。依法决定撤销案件的,应当将案件撤销情况书面告知罪犯服刑监狱。

8. 人民检察院审查起诉跨省异地执行刑罚的黑恶势力罪犯坦白、检举案件,依法决定不起诉的,应当在作出不起诉决定后十日内将有关情况书面告知罪犯服刑监狱。

9. 人民法院审理跨省异地执行刑罚的黑恶势力罪犯坦白案件,可以依法适用简易程序、速裁程序。有条件的地区,可以通过远程视频方式开庭审理。判决生效后十日内,人民法院应当向办案侦查机关和罪犯服刑监狱发出裁判文书。

10. 跨省异地执行刑罚的黑恶势力罪犯在服刑期间,检举揭发他人犯罪、提供重要线索,或者协助司法机关抓捕其他犯罪嫌疑人的,办案侦查机关应当在人民法院判决生效后十日内根据人民法院判决对罪犯是否构成立功或重大立功提出书面意见,与案件相关材料一并送交监狱。

11. 跨省异地执行刑罚的黑恶势力罪犯在原审判决生效前,检举揭发他人犯罪活动、提供重要线索,或者协助司法机关抓捕其他犯罪嫌疑人的,在原审判决生效后才被查证属实的,参照本意见第10条情形办理。

12. 跨省异地执行刑罚的黑恶势力罪犯检举揭发他人犯罪,构成立功或者重大立功的,监狱依法向人民法院提请减刑。对于检举他人犯罪行为基本属实,但未构成立功或者重大立功的,监狱可以根据有关规定给予日常考核奖励或者物质奖励。

13. 公安机关、人民检察院、人民法院认为需要提审跨省异地执行刑罚的黑恶势力罪犯的,提审人员应当持工作证等有效证件和县级以上公安机关、人民检察院、人民法院出具的介绍信等证明材料到罪犯服刑监狱进行提审。

14. 公安机关、人民检察院、人民法院认为需要将异地执行刑罚的黑恶势力罪犯跨省解回侦查、起诉、审判的,办案地省级公安机关、人民检察院、人民法院应当先将解回公函及相关材料送监狱所在地省级公安机关、人民检察院、人民法院审核。经审核确认无误的,监狱所在地省级公安机关、人民检察院、人民法院应当出具确认公函,与解回公函及材料一并转送监狱所在地省级监狱管理机关审批。监狱所在地省级监狱管理机关应当在收到上述材料后三日内作出是否批准的书面决定。批准将罪犯解回侦查、起诉、审判的,办案地公安机关、人民检察院、人民法院应当派员到监狱办理罪犯离监手续。案件办理结束后,除将罪犯依法执行死刑外,应当将罪犯押解回原服刑监狱继续服刑。

15. 本意见所称"办案侦查机关",是指依法对案件行使侦查权的公安机关、人民检察院。

最高人民检察院关于印发
《人民检察院检察建议督促落实统管工作办法》的通知

2019 年 10 月 26 日   高检发办字〔2019〕96 号

各级人民检察院：

为进一步加强检察建议督促落实工作，切实提升检察建议落实效果，最高人民检察院制定了《人民检察院检察建议督促落实统管工作办法》（以下简称《办法》）。现予印发，请结合实际认真贯彻执行。

党的十九大明确将"实现国家治理体系和治理能力现代化"作为全面建设社会主义现代化国家的重要内容。社会治理是国家治理体系的重要组成部分。检察建议是检察机关参与社会治理的重要抓手，在推动提升社会治理水平、促进社会治理法治化方面具有十分重要的作用。同时，检察建议作为检察机关依法履行法律监督职责的重要方式，在规范司法行为、维护司法公正，促进依法行政、严格执法，预防和减少违法犯罪，保护国家利益和社会公共利益等方面也发挥着积极作用。一直以来，各级人民检察院高度重视并持续改进检察建议工作，取得了一定的成效，但是仍然存在检察建议质量不高、督促落实措施不多、工作不到位等突出问题，导致一些检察建议的效果不理想、检察机关的法律监督作用发挥不充分。因此，必须下大气力做深做实检察建议督促落实工作，确保检察建议做成刚性、做到刚性、取得实效。

各级人民检察院要认真贯彻落实《办法》规定的各项制度机制，检察委员会、检察长、副检察长要切实担负起职责，积极谋划部署检察建议督促落实工作，研究解决落实中的问题，推动检察建议得到真正有效落实。各办案部门要加强调查核实，规范检察建议办理程序，切实提高检察建议的质量；要加强沟通协调，主动作为、综合施策，帮助、支持、督促被建议单位将检察建议落地落实。法律政策研究部门要发挥对检察建议工作的管理、监督作用，全面了解各办案部门、各业务条线检察建议的落实情况，适时通报工作情况和典型案例。案件管理部门要依托统一业务应用系统，加强对检察建议的流程监控、分类统计、质量评查，将检察建议落实情况作为业务数据分析研判的重要内容，促进提升检察建议的规范性和实效性。

各级人民检察院可以结合本地工作实际制定加强检察建议督促落实统管工作的具体规定。《办法》执行情况和遇到的问题，请及时报告最高人民检察院。

人民检察院检察建议督促落实统管工作办法

（2019 年 9 月 12 日最高人民检察院第十三届检察委员会第二十四次会议通过）

第一条　为了加强检察建议的督促落实工作，促进将检察建议做到刚性，充分发挥检察机关在助力国家治理体系和治理能力现代化，维护司法公正，促进依法行政，预防和减少违法犯罪，保护国家利益和社会公共利益，维护个人和组织合法权益，保障法律统一正确实施中的重要作用，根据《人民检察院检察建议工作规定》，结合工作实际，制定本办法。

第二条　本办法所称检察建议是指《人民检察院检察建议工作规定》第五条规定的再审检察建议、纠正违法检察建议、公益诉讼检察建议、社会治理检察建议和其他检察建议。

第三条　各级人民检察院成立检察建议落实工作分析督导小组，对检察建议落实工作进行经常性督促检查，对落实情况和存在的问题进行定期分析研判，解决检察建议落实中的问题，提升检察建议落实效果。

第四条　检察建议落实工作分析督导小组，由检察长或者负责日常工作的副检察长任组长，分管法律政策研究部门或者案件管理部门的副检察长任副组长，成员由各办案部门、法律政策研究部门、案件管理部门、检务督察部门等的负责人组成。

法律政策研究部门负责日常协调联络、会议组织、报告撰写等事宜。案件管理部门负责检察建议相关数据统计分析报告等事宜。

第五条　检察建议落实工作分析督导小组会议每半年召开一次。根据院领导指示或者分析督导小组成员提议，也可以适时召开。

分析督导小组会议结合案件管理部门检察建议统计分析报告、各业务部门专门检查报告、汇总分析报告等检察建议工作实际，特别是存在的问题，研究提出提高检察建议质量、解决检察建议落实有关问题的意见和措施。

分析督导小组每年向检察委员会报告一次检察建议落实情况。

第六条　承办检察建议的检察官办案组或者独任检察官负责跟踪了解检察建议落实情况，定期对被建议单位进行回访，督促被建议单位落实检察建议。督促落实中遇到的困难和问题，及时报告部门负责人，并由各办案部门汇总后，按季度报告分管院领导和检察建议落实工作分析督导小组。

承办检察建议的检察官办案组或者独任检察官在督促落实工作中存在困难难以解决的，由部门负责人出面协调解决；必要时，由院领导协调解决。

第七条　各办案部门负责本业务条线检察建议督促落实和业务指导工作，加强对本业务条线检察建议质量的评查和落实情况的跟踪了解，指导下级检察机关相应部门有效推进检察建议的督促落实。

第八条　各办案部门每半年对本业务条线制发的检察建议落实情况进行一次专门检查和汇总分析，法律政策研究部门会同案件管理部门每年对辖区内检察建议落实情况进行一次专门检查和汇总分析，报检察建议落实工作分析督导小组。分析督导小组研究讨论后，适时向检察委员会报告，作为检察委员会对检察建议落实效果进行评估时的参考。

相关部门在日常工作中发现检察建议督促落实工作存在问题的，可以临时进行检查。

第九条　各办案部门应当适时通报、发布本业务条线优差典型检察建议，有针对性地加强业务指导。法律政策研究部门每年组织筛选发布本年度典型检察建议。

第十条　案件管理部门应当加强对制发和落实检察建议的流程监控，并将之纳入业务数据分析报告。

第十一条　检察委员会按照《人民检察院检察建议工作规定》第二十六条的规定，每年对本院制发的检察建议的落实效果进行评估，对开展检察建议工作中的重大问题进行审议，提出解决对策措施。

第十二条　本办法自印发之日起施行。

最高人民检察院关于印发《人民检察院办理群众来信工作规定》的通知

2019 年 11 月 21 日　高检发办字〔2019〕107 号

各级人民检察院：

《人民检察院办理群众来信工作规定》已经 2019 年 7 月 10 日最高人民检察院第十三届检察委员会第二十一次会议通过，现印发你们，请结合实际认真贯彻执行。

人民检察院办理群众来信工作规定

第一章　总　　则

第一条　为进一步加强和规范人民检察院办理群众来信工作，落实以人民为中心发展思想，根据有关法律规定，结合检察工作实际，制定本规定。

第二条　本规定所称办理群众来信，是指公民、法人或者其他组织采用书信、网络、传真等形式向人民检察院提出申诉、控告、举报或者建议和意见，人民检察院依法进行处理的活动。

第三条　办理群众来信工作应当遵循以下原则：

（一）件件回复，准确分流；

（二）属地管理，分级负责；

（三）依法受理，及时办理；

（四）谁接收、谁回复，谁办理、谁答复。

第四条　办理群众来信的检察人员与来信人或者来信反映事项有法定回避情形的，应当依法回避。

第五条　办理群众来信，应当严格办理程序。办理属于控告、举报性质的群众来信，应当严格遵守保密规定。

第六条　人民检察院应当对群众来信情况进行分析研究，及时发现群众反映强烈的重点、热点问题，掌握社情民意，预判信访风险，提出工作建议和意见，参与社会治理。

第七条　人民检察院应当设立由检察长和有关内设机构负责人组成的信访工作领导小组，加强对办理群众来信工作的领导。有关内设机构应当明确信访工作联络员，与本院负责控告申诉检察的部门加强沟通和协调。

第二章　管辖与分工

第八条　人民检察院依据有关法律规定受理、办理应当由本院管辖的群众来信事项。

最高人民检察院、上级人民检察院收到属于下级人民检察院管辖的群众来信，应当移送下级人民检察院办理；经审查认为有必要的，可以直接受理、办理或者在受理后指定其他下级人民检察院办理。

群众来信事项涉及多个地区的，由最初受理的人民检察院管辖或者由所涉及地区的人民检察院协商管辖。对于管辖权有争议的，报请共同的上一级人民检察院指定管辖。

第九条　负责控告申诉检察的部门统一接收、回复、移送、交办群众来信，并对国家赔偿、司法救助和直接办理的控告、刑事申诉案件进行答复。

人民检察院有关内设机构根据职责分工负责群众来信的办理、答复等工作。

人民检察院各内设机构应当共同做好办理群众来信工作，负责控告申诉检察的部门应当发挥组织、协调作用。

第十条　群众来信事项涉及检察业务工作的，由相应内设业务部门办理；涉及法律适用问题研究以及司法体制改革相关政策问题的，由法律政策研究部门或者报请上级人民检察院办理；涉及案件管理工作的，由案件管理部门办理；涉及检察政治工作和检察队伍建设的，由政工部门办理。涉及多个部门的，由检察长指定办理部门。

群众来信反映检察人员违法违纪的，移送相关纪检监察机构办理。

第十一条　涉及案件的群众来信，应当由检察官办案组或者独任检察官办理。

检察官助理、书记员可以辅助办理群众来信。

第三章　受理与答复

第十二条　人民检察院对收到的群众来信应当及时拆阅、编号，标明收信日期。

对于书信形式的群众来信，启封时应当保持邮票、邮戳、邮编、地址、联系电话和信封内材料的完整。

12309检察服务中心网络平台接收群众来信，应当及时下载并保持内容的原始状态。

第十三条　来信人的基本情况、来信主要内容以及分流处理情况等，应当逐项录入信访信息系统，确保基本信息准确、完整。

对于群众首次来信应当详细录入；就同一事项重复来信的，可以简化录入。

第十四条　负责控告申诉检察的部门根据群众来信事项应当分别作出以下处理：

（一）涉及重大、敏感问题的，报检察长决定；

（二）属于本院管辖且符合受理条件的，对来信人身份信息等进行必要的核实与确认后，按照职责分工移送本院有关部门办理或者直接办理；材料不齐的，应当一次性列出需要补充的材料清单，告知来信人予以补充，待材料齐备后移送或者直接办理；

（三）属于检察机关管辖但不属于本院管辖的，移送有管辖权的人民检察院办理；

（四）不属于检察机关管辖的，移送同级其他机关或者信访部门处理；

（五）内容不清、诉求不明且无法回复或者移送的，作存查处理。

第十五条　群众来信反映紧急事项且需要及时处置的，负责控告申诉检察的部门应当做好应急处置工作，并迅速提出处理意见，报告本院检察长。

第十六条　负责控告申诉检察的部门应当自收到群众来信之日起七个工作日以内，根据群众来信事项分别作出以下回复：

（一）本院依法受理的，告知受理情况；

（二）属于本院管辖但材料不齐的，告知来信人补充材料；

（三）属于其他人民检察院管辖的，告知移送情况；

（四）移送同级其他机关或者信访部门处理的，告知移送情况。

第十七条　具有下列情形之一的，可以不予回复：

（一）来信人联系方式不详的；

（二）因同一事由重复来信且已回复的，但提出新的事实、证据和理由的除外；

（三）内容违法的；

（四）其他不具备回复条件的。

第十八条　多人联名来信反映同一事项的，可以选择若干代表予以回复。

委托律师或者代理人来信的，可以直接向律师或者代理人回复。

第十九条　回复群众来信，可以采用短信、电话、书面、当面或者其他适当的方式，并做好记录和归档留存。

来信地址明确的，应当在短信、电话回复的同时，予以书面回复。

第二十条　负责控告申诉检察的部门应当自收到群众来信之日起十个工作日以内导入法律程序或者完成移送工作，移送群众来信应当标明首次回复日期。

第二十一条　办理群众来信，应当审查来信请求、事实和理由，必要时可以进行调查核实。

群众来信事项重大、疑难、复杂的，可以依据有关规定举行听证。

第二十二条　各内设机构应当自收到移送的群众来信七个工作日以内告知来信人，一般应当在收到移送的群众来信之日起三个月以内答复办理结果。三个月以内不能办结的，报部门负责人决定，可以依照有关规定延长办理期限，并告知来信人。所涉事项重大、疑难、复杂，在延长期限内仍不能办结的，应当每个月答复一次办理进展情况。

第二十三条　向来信人答复办理结果或者办理进展情况，可以采取书面、当面、短信、电话、视频等形式。对于已办结的案件，应当制作相关法律文书送达来信人。必要时可以进行公开答复。

当面或者电话答复的，应当做好记录，载明答复时间、地点、内容等；视频答复的，应当留存相关资料。

第二十四条　有关内设机构应当将办理、答复群众来信情况及时通报负责控告申诉检察的部门。

第四章　交办与督办

第二十五条　对于具有下列情形之一的群众来信，上级人民检察院负责控告申诉检察的部门可以代表本院向下级人民检察院交办：

（一）来信内容详实，涉及案情重大的；

（二）来信事项群众反映强烈，社会影响较大的；

（三）有关机关移送，所涉事项重要的；

（四）检察长批办的。

第二十六条　交办群众来信，应当由检察官办案组或者独任检察官提出意见，由负责控告申诉检察的部门负责人决定。

第二十七条　负责控告申诉检察的部门交办群众来信，应当及时向本院有关内设机构通报情况，有关内设机构应当加强对下级人民检察院办理交办事项的指导。

第二十八条　对于交办的群众来信，承办人民检察院一般应当自收到交办文书之日起三个月以内办结。交办事项复杂，确需延长办结期限的，应当报分管检察长决定，延长期限不得超过三个月。延期办理的，应当向上级人民检察院报告，并说明理由。

第二十九条　对于交办的群众来信，承办人民检察院有关内设机构应当制作办理情况报告，报分管检察长决定，由负责控告申诉检察的部门以本院名义报上一级人民检察院。

第三十条　上级人民检察院收到报告后，由负责控告申诉检察的部门审查。认为处理正确、适当的，应当结案；认为需要补充相关内容的，可以要求下级人民检察院补报材料；认为处理错误或者不当的，应当提出纠正意见，报检察长决定。

第三十一条　对于交办的群众来信，上级人民检察院负责控告申诉检察的部门可以进行督办。

第三十二条　向有管辖权的人民检察院函转群众来信，应当逐件附转办函。

向有管辖权的人民检察院移送群众来信，应当附移送清单。

第五章　考评与问责

第三十三条　人民检察院应当将办理群众来信工作情况纳入业务考评体系，定期通报办理、答复群众来信工作情况，表彰办理群众来信工作成绩突出的单位、部门和检察人员。

第三十四条　办理群众来信工作违反本规定，具有下列情形之一的，对责任单位、部门和直接责任人员应当予以问责，情节严重的，按照有关规定给予组织处理、纪律处分，直至追究刑事责任：

（一）无故推诿、敷衍，应当受理而不予受理的；

（二）无故拖延，未在规定期限内办结的；

（三）对事实清楚，符合法律规定的来信请求未予支持的；

（四）玩忽职守、徇私舞弊，打击报复来信人，或者把有关情况泄露给被控告人、被举报人的。

第六章　附　　则

第三十五条　办理涉港、澳、台有关来信工作，另行规定。

人民检察院组织开展巡视巡察期间收到的群众来信，依照有关规定办理。

第三十六条　本规定由最高人民检察院负责解释。

第三十七条　本规定自印发之日起施行。此前有关规定与本规定不一致的，适用本规定。

最高人民检察院　中华全国妇女联合会
关于建立共同推动保护妇女儿童权益
工作合作机制的通知

2019 年 12 月 27 日　　高检发〔2019〕15 号

各省、自治区、直辖市人民检察院、妇联，新疆生产建设兵团人民检察院、妇联：

为进一步深化妇女、儿童权益保护工作，充分发挥检察机关和妇联组织的职能优势，根据《中华人民共和国刑事诉讼法》《中华人民共和国妇女权益保障法》《中华人民共和国未成年人保护法》《中华人民共和国预防未成年人犯罪法》等法律规定，最高人民检察院和全国妇联，就进一步加强合作，共同推动妇女儿童权益保护工作，提出如下意见，请结合实际认真落实。

一、目标任务

1. 加强对侵害妇女儿童权益犯罪的惩治打击，切实保障妇女儿童合法权益，进一步增强妇女儿童的获得感、幸福感、安全感。

2. 推动未成年人司法保护社会支持体系建设，实现专业化办案与社会化保护配合衔接，为儿童权益提供全方位司法保障。

3. 促进妇女儿童保护法律体系健全完善,推动妇女儿童权益保护社会治理体系和治理能力现代化建设。

二、合作内容

(一)构建妇女儿童权益保护联动机制

1. 检察机关与妇联组织实行案件线索及时共享。各级妇联组织发现妇女儿童被家暴、性侵或者民事、行政合法权益被侵害等线索或涉检来信来访的,应及时将案件线索或涉检信访材料移送同级人民检察院。受理的检察院应当及时处置,快速办理,并将处理结果反馈妇联组织。对严重侵害妇女儿童合法权益的案件,应提前介入引导侦查取证。其中,对性侵未成年人的案件,应当监督公安机关及时立案,实行"一站式"取证,保障有效惩治犯罪。

2. 检察机关在办案中发现妇女、未成年人被侵害需要救助的,在积极开展司法救助的同时,及时将信息通报妇联组织,双方可以就心理辅导、经济帮扶、家庭教育指导等方面联合开展救助工作。

3. 检察机关在办理未成年人案件中发现,有必要撤销监护权、变更抚养权或追索抚养费的,可以委托妇联组织就监护意愿、监护条件或经济状况等开展调查或者评估工作。

4. 检察机关与妇联组织共同做好农村留守儿童、困境儿童关爱保护工作,加强在救助帮扶、权益保护等方面的配合协作。

5. 检察机关在办理涉妇女儿童权益保护案件或者涉及妇女儿童的信访工作中,可以邀请妇联组织共同参与矛盾化解工作。

6. 针对国家机关、事业单位招聘工作中涉嫌就业性别歧视,相关组织、个人通过大众传播媒介或者其他方式贬低损害妇女人格等问题,检察机关可以发出检察建议,或者提起公益诉讼。

(二)推动涉案未成年司法保护制度落实

检察机关在办理涉未成年人案件时,可以根据案件需要,委托或者会同妇联组织或者妇联组织推荐的专业力量开展以下工作:

1. 对于未成年人刑事案件,在讯问和审判的时候,未成年犯罪嫌疑人、被告人的法定代理人无法通知、不能到场或不宜到场的,选择合适成年人参与诉讼。

2. 开展针对未成年犯罪嫌疑人、被告人的社会

调查、附条件不起诉考察帮教、法庭教育、社会观护等工作。

3. 提供心理咨询、心理疏导等心理健康服务,帮助涉案未成年人及其监护人等缓解不良情绪,疏导心理压力,为妥善处理案件提供专业支持。

4. 开展对涉案未成年人家长的家庭教育指导,积极提升家长的家庭教育意识和能力,改变未成年人家庭监护环境,为未成年人教育矫治创造有利条件。

(三)法治宣传与犯罪预防

1. 检察机关与妇联组织加强资源整合和项目合作,共同开展法治宣传教育活动。宣传男女平等基本国策、未成年人保护政策和知识,共同推动家庭暴力防范和性侵犯罪预防,提升妇女儿童自我保护意识和能力。

2. 检察机关与妇联组织共同配合,积极推动未成年人教育培训和看护行业等与未成年人密切接触行业从业人员的入职查询和从业限制制度的落实与完善,加强源头管理,预防利用职业便利侵害未成年人的违法犯罪。

3. 检察机关积极参与妇女儿童维权服务工作。妇联组织要畅通12338妇女维权公益服务热线、网络等维权渠道,及时受理涉妇女儿童权益的家庭暴力、监护侵害、性侵害等投诉,为妇女儿童提供心理咨询、法律咨询、法律帮助等服务。各级人民检察院应当积极配合同级妇联组织的维权服务工作,提升维权工作的专业化和法治化水平。

(四)推动完善相关法律政策

1. 检察机关与妇联组织可以联合开展涉妇女儿童权益保护疑难问题、前瞻性课题的研究合作,进一步推动与妇女儿童利益密切相关的法律法规与公共政策的完善。

2. 检察机关在制定司法解释、司法文件时,应当贯彻落实男女平等和最有利于未成年人原则,充分考虑妇女儿童的特殊利益或可能对妇女儿童带来的不利影响,涉及妇女儿童权益重大问题的,应当听取妇联组织提出的保障妇女儿童权益的相关意见,加强对妇女儿童合法权益的源头保障。

三、工作制度

1. 最高人民检察院与全国妇联建立定期会商机制。每年召开1~2次工作联席会议,通报妇女儿童权益保护工作情况,加强工作交流,了解工作

动态,形成互通共享机制。

2. 建立联络员制度。各级人民检察院与妇联组织分别指定专人作为联络员,负责日常联络和信息沟通,及时解决日常工作中涉及的妇女儿童权益保护问题。

3. 建立培训机制。检察机关与妇联组织可以通过定期培训、以案释法等方式,针对妇联组织社会调查员、家庭教育指导师、合适成年人等人员,加大与妇女儿童权益保护密切相关的法律理解与适用、妇女儿童权益保护、被害人救助支持等方面的培训,提高其妇女儿童权益维护工作能力和水平,推动妇女儿童司法保护工作的专业化发展。

4. 探索建立人员交流机制。各级检察机关与妇联组织可通过建立干部交流、挂职、兼职等机制,优化队伍结构,提高履职能力。

第 二 部 分

最高人民检察院司法解释选载

行人民法院生效刑事判决、裁定、决定等法律文书过程中存在普遍性、倾向性违法问题，或者有其他重大隐患，需要引起重视予以解决的；

（五）诉讼活动中其他需要以检察建议形式纠正违法的情形。

第十条 人民检察院在履行职责中发现生态环境和资源保护、食品药品安全、国有财产保护、国有土地使用权出让等领域负有监督管理职责的行政机关违法行使职权或者不作为，致使国家利益或者社会公共利益受到侵害，符合法律规定的公益诉讼条件的，应当按照公益诉讼案件办理程序向行政机关提出督促依法履职的检察建议。

第十一条 人民检察院在办理案件中发现社会治理工作存在下列情形之一的，可以向有关单位和部门提出改进工作、完善治理的检察建议：

（一）涉案单位在预防违法犯罪方面制度不健全、不落实，管理不完善，存在违法犯罪隐患，需要及时消除的；

（二）一定时期某类违法犯罪案件多发、频发，或者已发生的案件暴露出明显的管理监督漏洞，需要督促行业主管部门加强和改进管理监督工作的；

（三）涉及一定群体的民间纠纷问题突出，可能导致发生群体性事件或者恶性案件，需要督促相关部门完善风险预警防范措施，加强调解疏导工作的；

（四）相关单位或者部门不依法及时履行职责，致使个人或者组织合法权益受到损害或者存在损害危险，需要及时整改消除的；

（五）需要给予有关涉案人员、责任人员或者组织行政处罚、政务处分、行业惩戒，或者需要追究有关责任人员的司法责任的；

（六）其他需要提出检察建议的情形。

第十二条 对执法、司法机关在诉讼活动中的违法情形，以及需要对被不起诉人给予行政处罚、处分或者需要没收其违法所得，法律、司法解释和其他有关规范性文件明确规定应当发出纠正违法通知书、检察意见书的，依照相关规定执行。

第三章　调查办理和督促落实

第十三条 检察官在履行职责中发现有应当依照本规定提出检察建议情形的，应当报经检察长决定，对相关事项进行调查核实，做到事实清楚、准确。

第十四条 检察官可以采取以下措施进行调查核实：

（一）查询、调取、复制相关证据材料；

（二）向当事人、有关知情人员或者其他相关人员了解情况；

（三）听取被建议单位意见；

（四）咨询专业人员、相关部门或者行业协会等对专门问题的意见；

（五）委托鉴定、评估、审计；

（六）现场走访、查验；

（七）查明事实所需要采取的其他措施。

进行调查核实，不得采取限制人身自由和查封、扣押、冻结财产等强制性措施。

第十五条 检察官一般应当在检察长作出决定后两个月以内完成检察建议事项的调查核实。情况紧急的，应当及时办结。

检察官调查核实完毕，应当制作调查终结报告，写明调查过程和认定的事实与证据，提出处理意见。认为需要提出检察建议的，应当起草检察建议书，一并报送检察长，由检察长或者检察委员会讨论决定是否提出检察建议。

经调查核实，查明相关单位不存在需要纠正或者整改的违法事实或者重大隐患，决定不提出检察建议的，检察官应当将调查终结报告连同相关材料订卷存档。

第十六条 检察建议书要阐明相关的事实和依据，提出的建议应当符合法律、法规及其他有关规定，明确具体、说理充分、论证严谨、语言简洁、有操作性。

检察建议书一般包括以下内容：

（一）案件或者问题的来源；

（二）依法认定的案件事实或者经调查核实的事实及其证据；

（三）存在的违法情形或者应当消除的隐患；

（四）建议的具体内容及所依据的法律、法规和有关文件等的规定；

（五）被建议单位提出异议的期限；

（六）被建议单位书面回复落实情况的期限；

（七）其他需要说明的事项。

第十七条 检察官依据本规定第十一条的规定起草的检察建议书，报送检察长前，应当送本院负责法律政策研究的部门对检察建议的必要性、合法性、说理性等进行审核。

检察建议书正式发出前,可以征求被建议单位的意见。

第十八条 检察建议书应当以人民检察院的名义送达有关单位。送达检察建议书,可以书面送达,也可以现场宣告送达。

宣告送达检察建议书应当商被建议单位同意,可以在人民检察院、被建议单位或者其他适宜场所进行,由检察官向被建议单位负责人当面宣读检察建议书并进行示证、说理,听取被建议单位负责人意见。必要时,可以邀请人大代表、政协委员或者特约检察员、人民监督员等第三方人员参加。

第十九条 人民检察院提出检察建议,除另有规定外,应当要求被建议单位自收到检察建议书之日起两个月以内作出相应处理,并书面回复人民检察院。因情况紧急需要被建议单位尽快处理的,可以根据实际情况确定相应的回复期限。

第二十条 涉及事项社会影响大、群众关注度高、违法情形具有典型性、所涉问题应当引起有关部门重视的检察建议书,可以抄送同级党委、人大、政府、纪检监察机关或者被建议单位的上级机关、行政主管部门以及行业自律组织等。

第二十一条 发出的检察建议书,应当于五日内报上一级人民检察院对口业务部门和负责法律政策研究的部门备案。

第二十二条 检察长认为本院发出的检察建议书确有不当的,应当决定变更或者撤回,并及时通知有关单位,说明理由。

上级人民检察院认为下级人民检察院发出的检察建议书确有不当的,应当指令下级人民检察院变更或者撤回,并及时通知有关单位,说明理由。

第二十三条 被建议单位对检察建议提出异议的,检察官应当立即进行复核。经复核,异议成立的,应当报经检察长或者检察委员会讨论决定后,及时对检察建议书作出修改或者撤回检察建议书;异议不成立的,应当报经检察长同意后,向被建议单位说明理由。

第二十四条 人民检察院应当积极督促和支持配合被建议单位落实检察建议。督促落实工作由原承办检察官办理,可以采取询问、走访、不定期会商、召开联席会议等方式,并制作笔录或者工作记录。

第二十五条 被建议单位在规定期限内经督促无正当理由不予整改或者整改不到位的,经检察长决定,可以将相关情况报告上级人民检察院,通报被建议单位的上级机关、行政主管部门或者行业自律组织等,必要时可以报告同级党委、人大,通报同级政府、纪检监察机关。符合提起公益诉讼条件的,依法提起公益诉讼。

第四章 监督管理

第二十六条 各级人民检察院检察委员会应当定期对本院制发的检察建议的落实效果进行评估。

第二十七条 人民检察院案件管理部门负责检察建议的流程监控和分类统计,定期组织对检察建议进行质量评查,对检察建议工作情况进行综合分析。

第二十八条 人民检察院应当将制发检察建议的质量和效果纳入检察官履职绩效考核。

第二十九条 上级人民检察院应当加强对下级人民检察院开展检察建议工作的指导,及时通报情况,帮助解决检察建议工作中的问题。

第五章 附 则

第三十条 法律、司法解释和其他有关规范性文件对再审检察建议、纠正违法检察建议和公益诉讼检察建议的办理有规定的,依照其规定办理;没有规定的,参照本规定办理。

第三十一条 本规定由最高人民检察院负责解释。

第三十二条 本规定自公布之日起施行,2009年印发的《人民检察院检察建议工作规定(试行)》同时废止。

最高人民检察院关于《非药用类麻醉药品和精神药品管制品种增补目录》能否作为认定毒品依据的批复

（2018 年 12 月 12 日最高人民检察院第十三届检察委员会第十一次会议通过
2019 年 4 月 29 日最高人民检察院公告公布　自 2019 年 4 月 30 日起施行）

高检发释字〔2019〕2 号

河南省人民检察院：

你院《关于〈非药用类麻醉药品和精神药品管制品种增补目录〉能否作为认定毒品的依据的请示》收悉。经研究，批复如下：

根据《中华人民共和国刑法》第三百五十七条和《中华人民共和国禁毒法》第二条的规定，毒品是指鸦片、海洛因、甲基苯丙胺（冰毒）、吗啡、大麻、可卡因以及国家规定管制的其他能够使人形成瘾癖的麻醉药品和精神药品。

2015 年 10 月 1 日起施行的公安部、国家食品药品监督管理总局、国家卫生和计划生育委员会、国家禁毒委员会办公室《非药用类麻醉药品和精神药品列管办法》及其附表《非药用类麻醉药品和精神药品管制品种增补目录》，是根据国务院《麻醉药品和精神药品管理条例》第三条第二款授权制定的，《非药用类麻醉药品和精神药品管制品种增补目录》可以作为认定毒品的依据。

最高人民检察院关于废止部分司法解释性质文件和规范性文件的决定

（2019 年 5 月 8 日最高人民检察院第十三届检察委员会第十八次会议通过
2019 年 6 月 14 日最高人民检察院公告公布）

高检发释字〔2019〕3 号

为了贯彻落实《中华人民共和国监察法》《中华人民共和国刑事诉讼法》，保证国家法律统一正确实施，最高人民检察院对单独或者联合其他单位制发的司法解释性质文件和规范性文件进行了清理。现决定：

一、对最高人民检察院单独制发的 22 件司法解释性质文件和规范性文件予以废止（见附件 1）。

二、经征得有关单位同意，对最高人民检察院与有关单位联合制发的 22 件司法解释性质文件和规范性文件予以废止（见附件 2）。

三、为了便于工作和查询，对最高人民检察院与有关单位联合制发的文件中已经被废止的 2 件司法解释性质文件和规范性文件，一并予以公布（见附件 3）。

附件1

决定废止的单独制发的司法解释性质文件和规范性文件目录（22件）

序号	文件名称	发文日期及文号	废止理由
1	最高人民检察院关于对"公捕"问题的意见	1983年7月12日（83）高检一函第26号	现行《中华人民共和国刑事诉讼法》和《人民检察院刑事诉讼规则（试行）》对执行逮捕的方式已有明确规定。
2	最高人民检察院关于印发《最高人民检察院关于贪污受贿案件免予起诉工作的规定》的通知	1992年1月7日高检发〔1992〕2号	免予起诉制度已被1996年《中华人民共和国刑事诉讼法》废止。
3	最高人民检察院关于对携款潜逃的贪污、贿赂等案犯及时立案、报告的通知	1992年6月18日高检发贪检字〔1992〕39号	根据《中华人民共和国监察法》和2018年修改的《中华人民共和国刑事诉讼法》第十九条第二款，该文件不再适用。
4	最高人民检察院关于加强查处偷税、抗税、骗取国家出口退税犯罪案件工作的通知	1993年7月20日高检发贪检字〔1993〕35号	全文涉及税务领域职务犯罪查处，根据现行《中华人民共和国刑事诉讼法》，人民检察院不再承担这项职能。
5	最高人民检察院关于进一步加强大案要案查处工作的通知	1993年11月4日高检发贪检字〔1993〕57号	根据《中华人民共和国监察法》、2018年修改的《中华人民共和国刑事诉讼法》第十九条第二款以及最高人民检察院关于印发《关于人民检察院立案侦查司法工作人员相关职务犯罪案件若干问题的规定》的通知（高检发研字〔2018〕28号），该文件不再适用。
6	最高人民检察院关于印发《关于人民检察院直接受理立案侦查案件范围的规定》的通知	1998年5月11日高检发释字〔1998〕1号	根据《中华人民共和国监察法》、2018年修改的《中华人民共和国刑事诉讼法》第十九条第二款以及最高人民检察院关于印发《关于人民检察院立案侦查司法工作人员相关职务犯罪案件若干问题的规定》的通知（高检发研字〔2018〕28号），该文件不再适用。

序号	文件名称	发文日期及文号	废止理由
7	最高人民检察院关于加强预防职务犯罪工作的意见	1999 年 1 月 29 日 高检发〔1999〕7 号	根据《中华人民共和国监察法》和 2018 年修改的《中华人民共和国刑事诉讼法》第十九条第二款,该文件不再适用。
8	最高人民检察院关于印发《最高人民检察院关于检察机关反贪污贿赂工作若干问题的决定》的通知	1999 年 11 月 8 日 高检发〔1999〕27 号	根据《中华人民共和国监察法》和 2018 年修改的《中华人民共和国刑事诉讼法》第十九条第二款,该文件不再适用。
9	最高人民检察院关于印发《最高人民检察院关于进一步加强预防职务犯罪工作的决定》的通知	2000 年 12 月 13 日 高检发〔2000〕24 号	根据《中华人民共和国监察法》和 2018 年修改的《中华人民共和国刑事诉讼法》第十九条第二款,该文件不再适用。
10	最高人民检察院关于进一步加大对严重行贿犯罪打击力度的通知	2000 年 12 月 21 日 高检发反贪字〔2000〕34 号	根据《中华人民共和国监察法》和 2018 年修改的《中华人民共和国刑事诉讼法》第十九条第二款,该文件不再适用。
11	最高人民检察院关于印发《最高人民检察院关于检察机关有关内设机构预防职务犯罪工作职责分工的规定》的通知	2002 年 4 月 12 日 高检发预字〔2002〕1 号	根据《中华人民共和国监察法》和 2018 年修改的《中华人民共和国刑事诉讼法》第十九条第二款,该文件不再适用。
12	最高人民检察院关于印发《最高人民检察院考评各省、自治区、直辖市检察机关查办职务犯罪案件工作办法（试行）》的通知	2004 年 2 月 13 日 高检发反贪字〔2004〕5 号	根据《中华人民共和国监察法》和 2018 年修改的《中华人民共和国刑事诉讼法》第十九条第二款,该文件不再适用。
13	最高人民检察院关于印发《人民检察院〈关于加强行政机关与检察机关在重大责任事故调查处理中的联系和配合的暂行规定〉的实施办法》的通知	2007 年 11 月 5 日 高检发渎检字〔2007〕8 号	根据《中华人民共和国监察法》和 2018 年修改的《中华人民共和国刑事诉讼法》第十九条第二款,该文件不再适用。

续表

序号	文件名称	发文日期及文号	废止理由
14	最高人民检察院关于印发《关于加强查办危害土地资源渎职犯罪工作的指导意见》的通知	2008 年 11 月 6 日 高检发渎检字〔2008〕12 号	根据《中华人民共和国监察法》和 2018 年修改的《中华人民共和国刑事诉讼法》第十九条第二款,该文件不再适用。
15	最高人民检察院关于印发《关于省级以下人民检察院立案侦查的案件由上一级人民检察院审查决定逮捕的规定(试行)》的通知	2009 年 9 月 2 日 高检发〔2009〕17 号	根据最高人民检察院关于印发《关于人民检察院立案侦查司法工作人员相关职务犯罪案件若干问题的规定》的通知(高检发研字〔2018〕28号),该文件不再适用。
16	最高人民检察院关于印发省级以下人民检察院立案侦查的案件由上一级人民检察院审查决定逮捕法律文书工作文书的通知	2009 年 9 月 3 日 高检发侦监字〔2009〕22 号	根据最高人民检察院关于印发《关于人民检察院立案侦查司法工作人员相关职务犯罪案件若干问题的规定》的通知(高检发研字〔2018〕28号),该文件所依据的《关于省级以下人民检察院立案侦查的案件由上一级人民检察院审查决定逮捕的规定(试行)》不再适用。
17	最高人民检察院关于印发《人民检察院文明接待室评比标准》的通知	2010 年 9 月 9 日 高检发控字〔2010〕5 号	该文件已被最高人民检察院关于印发《人民检察院文明接待室评比标准》《人民检察院文明接待室评比办法》的通知(高检发控字〔2015〕3号)替代。
18	最高人民检察院关于印发《最高人民检察院关于加强和改进新形势下惩治和预防渎职侵权犯罪工作若干问题的决定》的通知	2010 年 9 月 10 日 高检发〔2010〕17 号	根据《中华人民共和国监察法》和 2018 年修改的《中华人民共和国刑事诉讼法》第十九条第二款,该文件不再适用。
19	最高人民检察院关于印发《〈关于省级以下人民检察院立案侦查的案件由上一级人民检察院审查决定逮捕的规定(试行)〉的补充规定》的通知	2011 年 6 月 2 日 高检发办字〔2011〕24 号	根据最高人民检察院关于印发《关于人民检察院立案侦查司法工作人员相关职务犯罪案件若干问题的规定》的通知(高检发研字〔2018〕28号),该文件不再适用。

序号	文件名称	发文日期及文号	废止理由
20	最高人民检察院关于印发《最高人民检察院关于实行惩治和预防职务犯罪年度报告制度的意见》的通知	2011年12月1日 高检发预字〔2011〕3号	根据《中华人民共和国监察法》和2018年修改的《中华人民共和国刑事诉讼法》第十九条第二款,该文件不再适用。
21	最高人民检察院关于印发《最高人民检察院关于行贿犯罪档案查询工作的规定》的通知	2013年2月6日 高检发预字〔2013〕2号	根据《中华人民共和国监察法》和2018年修改的《中华人民共和国刑事诉讼法》第十九条第二款,该文件不再适用。
22	最高人民检察院关于印发《最高人民检察院关于加强职务犯罪侦查预防能力建设的意见》的通知	2016年7月29日 高检发反贪字〔2016〕289号	根据《中华人民共和国监察法》和2018年修改的《中华人民共和国刑事诉讼法》第十九条第二款,该文件不再适用。

附件2

决定废止的与有关单位联合制发的司法解释性质文件和规范性文件目录(22件)

序号	文件名称	发文日期及文号	废止理由
1	最高人民检察院、国家工商行政管理总局关于加强联系与配合,在工商行政管理系统共同开展预防职务犯罪工作的通知	2001年4月11日 高检会〔2001〕2号	根据《中华人民共和国监察法》和2018年修改的《中华人民共和国刑事诉讼法》第十九条第二款,该文件不再适用。
2	最高人民检察院、海关总署关于在海关系统共同开展预防职务犯罪工作中加强联系配合的通知	2001年4月26日 高检会〔2001〕4号	根据《中华人民共和国监察法》和2018年修改的《中华人民共和国刑事诉讼法》第十九条第二款,该文件不再适用。
3	最高人民检察院、国家税务总局关于在税务系统中共同做好预防职务犯罪工作的通知	2001年4月30日 高检会〔2001〕5号	根据《中华人民共和国监察法》和2018年修改的《中华人民共和国刑事诉讼法》第十九条第二款,该文件不再适用。

序号	文件名称	发文日期及文号	废止理由
4	最高人民检察院、中共中央企业工作委员会、国家经济贸易委员会关于共同做好国有企业中贪污贿赂犯罪预防工作的通知	2001 年 7 月 18 日高检会〔2001〕7 号	根据《中华人民共和国监察法》和 2018 年修改的《中华人民共和国刑事诉讼法》第十九条第二款,该文件不再适用。
5	最高人民检察院、中央金融工委、中国人民银行、中国证券监督管理委员会、中国保险监督管理委员会关于在金融系统共同开展预防职务犯罪工作的通知	2001 年 8 月 1 日高检会〔2001〕6 号	根据《中华人民共和国监察法》和 2018 年修改的《中华人民共和国刑事诉讼法》第十九条第二款,该文件不再适用。
6	最高人民检察院、卫生部、国家药品监督管理局、国家中医药管理局关于在医药卫生领域职务犯罪系统预防工作中加强联系配合的通知	2001 年 8 月 2 日高检会〔2001〕9 号	根据《中华人民共和国监察法》和 2018 年修改的《中华人民共和国刑事诉讼法》第十九条第二款,该文件不再适用。
7	最高人民检察院、国家发展计划委员会、建设部、交通部、水利部关于在工程建设领域共同开展预防职务犯罪工作中加强联系配合的通知	2001 年 10 月 18 日高检会〔2001〕8 号	根据《中华人民共和国监察法》和 2018 年修改的《中华人民共和国刑事诉讼法》第十九条第二款,该文件不再适用。
8	最高人民检察院、审计署关于进一步加强检察机关与审计机关在反腐败工作中协作配合的通知	2004 年 11 月 19 日高检会〔2004〕5 号	根据《中华人民共和国监察法》和 2018 年修改的《中华人民共和国刑事诉讼法》第十九条第二款,该文件不再适用。
9	最高人民检察院、国家税务总局关于印发《关于加强检察机关税务机关在开展集中查办破坏社会主义市场经济秩序渎职犯罪专项工作中协作配合的联席会议纪要》的通知	2005 年 12 月 30 日高检会〔2005〕5 号	根据《中华人民共和国监察法》和 2018 年修改的《中华人民共和国刑事诉讼法》第十九条第二款,该文件不再适用。
10	最高人民检察院、中国银行业监督管理委员会关于在查处贪污贿赂等职务犯罪案件中加强协调配合的通知	2006 年 11 月 2 日高检会〔2006〕14 号	根据《中华人民共和国监察法》和 2018 年修改的《中华人民共和国刑事诉讼法》第十九条第二款,该文件不再适用。

序号	文件名称	发文日期及文号	废止理由
11	最高人民检察院、建设部关于在查处贪污贿赂等职务犯罪案件中加强协作配合的通知	2006 年 12 月 21 日 高检会〔2006〕15 号	根据《中华人民共和国监察法》和 2018 年修改的《中华人民共和国刑事诉讼法》第十九条第二款,该文件不再适用。
12	最高人民检察院、审计署关于加强铁路检察机关与审计机关工作协作配合、健全案件移送制度的通知	2007 年 8 月 31 日 高检会〔2007〕2 号	根据《中华人民共和国监察法》和 2018 年修改的《中华人民共和国刑事诉讼法》第十九条第二款,该文件不再适用。
13	最高人民检察院、国家质量监督检验检疫总局关于印发《最高人民检察院、国家质量监督检验检疫总局关于在查处和预防渎职等职务犯罪工作中加强联系协作的若干意见(暂行)》的通知	2007 年 10 月 12 日 高检会〔2007〕6 号	根据《中华人民共和国监察法》和 2018 年修改的《中华人民共和国刑事诉讼法》第十九条第二款,该文件不再适用。
14	最高人民检察院、国土资源部关于印发《关于人民检察院与国土资源行政主管部门在查处和预防渎职等职务犯罪工作中协作配合的若干规定(暂行)》的通知	2007 年 10 月 10 日 高检会〔2007〕7 号	根据《中华人民共和国监察法》和 2018 年修改的《中华人民共和国刑事诉讼法》第十九条第二款,该文件不再适用。
15	最高人民检察院、国家林业局关于印发《关于人民检察院与林业主管部门在查处和预防渎职等职务犯罪工作中加强联系和协作的意见》的通知	2007 年 12 月 29 日 高检会〔2007〕11 号	根据《中华人民共和国监察法》和 2018 年修改的《中华人民共和国刑事诉讼法》第十九条第二款,该文件不再适用。
16	最高人民检察院、住房和城乡建设部关于建立案件线索移送和加强协作配合制度的通知	2008 年 12 月 16 日 高检会〔2008〕6 号	根据《中华人民共和国监察法》和 2018 年修改的《中华人民共和国刑事诉讼法》第十九条第二款,该文件不再适用。

续表

序号	文件名称	发文日期及文号	废止理由
17	最高人民检察院、中央农村工作领导小组办公室、国家发展和改革委员会、教育部、民政部、财政部、人力资源和社会保障部、国土资源部、水利部、农业部、卫生部、审计署、国家林业局、国务院扶贫开发领导小组办公室关于在查办和预防涉农惠民领域职务犯罪工作中加强协作配合的通知	2012 年 6 月 1 日高检会〔2012〕4 号	根据《中华人民共和国监察法》和 2018 年修改的《中华人民共和国刑事诉讼法》第十九条第二款,该文件不再适用。
18	最高人民检察院、民政部关于印发《关于在民政系统预防职务犯罪工作中加强联系配合的意见》的通知	2012 年 12 月 12 日高检会〔2012〕5 号	根据《中华人民共和国监察法》和 2018 年修改的《中华人民共和国刑事诉讼法》第十九条第二款,该文件不再适用。
19	最高人民检察院、国家发展和改革委员会关于在招标投标活动中全面开展行贿犯罪档案查询的通知	2015 年 5 月 8 日高检会〔2015〕3 号	根据《中华人民共和国监察法》和 2018 年修改的《中华人民共和国刑事诉讼法》第十九条第二款,该文件不再适用。
20	最高人民检察院、住房和城乡建设部、交通运输部、水利部关于在工程建设领域开展行贿犯罪档案查询工作的通知	2015 年 5 月 22 日高检会〔2015〕5 号	根据《中华人民共和国监察法》和 2018 年修改的《中华人民共和国刑事诉讼法》第十九条第二款,该文件不再适用。
21	最高人民检察院、国务院扶贫办关于在扶贫开发领域预防职务犯罪工作中加强联系配合的意见	2015 年 9 月 20 日高检会〔2015〕8 号	根据《中华人民共和国监察法》和 2018 年修改的《中华人民共和国刑事诉讼法》第十九条第二款,该文件不再适用。
22	最高人民检察院、国务院扶贫办关于印发《全国检察机关、扶贫部门集中整治和加强预防扶贫领域职务犯罪专项工作方案》的通知	2016 年 2 月 19 日高检会〔2016〕2 号	该文件系阶段性工作部署,根据《中华人民共和国监察法》和 2018 年修改的《中华人民共和国刑事诉讼法》第十九条第二款,该文件不再适用。

附件3

已被废止的与有关单位联合制发的司法解释性质文件和规范性文件目录（2件）

序号	文件名称	发文日期及文号	废止理由
1	最高人民检察院、审计署关于进一步加强检察机关和审计机关工作联系的通知	1990年8月7日 审法发〔1990〕228号	该文件已被《审计署办公厅关于废止审计机关与检察机关协作配合联系制度文件的通知》（审办审理发〔2019〕6号）废止。
2	最高人民检察院、审计署关于建立案件移送和加强工作协作配合制度的通知	2000年3月23日 审法发〔2000〕30号	该文件已被《审计署办公厅关于废止审计机关与检察机关协作配合联系制度文件的通知》（审办审理发〔2019〕6号）废止。

人民检察院刑事诉讼规则

（2019年12月2日最高人民检察院第十三届检察委员会第二十八次会议通过
2019年12月30日最高人民检察院公告公布并施行）

高检发释字〔2019〕4号

目　录

第一章　通　　则

第一条　为保证人民检察院在刑事诉讼中严格依照法定程序办案,正确履行职权,实现惩罚犯罪与保障人权的统一,根据《中华人民共和国刑事诉讼法》《中华人民共和国人民检察院组织法》和有关法律规定,结合人民检察院工作实际,制定本规则。

第二条　人民检察院在刑事诉讼中的任务,是立案侦查直接受理的案件、审查逮捕、审查起诉和提起公诉、对刑事诉讼实行法律监督,保证准确、及时查明犯罪事实,正确应用法律,惩罚犯罪分子,保障无罪的人不受刑事追究,保障刑事法律的统一正确实施,维护社会主义法制,尊重和保障人权,保护公民的人身权利、财产权利、民主权利和其他权利,保障社会主义建设事业的顺利进行。

第三条　人民检察院办理刑事案件,应当严格遵守《中华人民共和国刑事诉讼法》以及其他法律的有关规定,秉持客观公正的立场,尊重和保障人权,既要追诉犯罪,也要保障无罪的人不受刑事追究。

第四条　人民检察院办理刑事案件,由检察官、检察长、检察委员会在各自职权范围内对办案事项作出决定,并依照规定承担相应司法责任。

检察官在检察长领导下开展工作。重大办案事项,由检察长决定。检察长可以根据案件情况,提交检察委员会讨论决定。其他办案事项,检察长可以自行决定,也可以委托检察官决定。

本规则对应当由检察长或者检察委员会决定

的重大办案事项有明确规定的，依照本规则的规定。本规则没有明确规定的，省级人民检察院可以制定有关规定，报最高人民检察院批准。

以人民检察院名义制发的法律文书，由检察长签发；属于检察官职权范围内决定事项的，检察长可以授权检察官签发。

重大、疑难、复杂或者有社会影响的案件，应当向检察长报告。

第五条　人民检察院办理刑事案件，根据案件情况，可以由一名检察官独任办理，也可以由两名以上检察官组成办案组办理。由检察官办案组办理的，检察长应当指定一名检察官担任主办检察官，组织、指挥办案组办理案件。

检察官办理案件，可以根据需要配备检察官助理、书记员、司法警察、检察技术人员等检察辅助人员。检察辅助人员依照法律规定承担相应的检察辅助事务。

第六条　人民检察院根据检察工作需要设置业务机构，在刑事诉讼中按照分工履行职责。

业务机构负责人对本部门的办案活动进行监督管理。需要报请检察长决定的事项和需要向检察长报告的案件，应当先由业务机构负责人审核。业务机构负责人可以主持召开检察官联席会议进行讨论，也可以直接报请检察长决定或者向检察长报告。

第七条　检察长不同意检察官处理意见的，可以要求检察官复核，也可以直接作出决定，或者提请检察委员会讨论决定。

检察官执行检察长决定时，认为决定错误的，应当书面提出意见。检察长不改变原决定的，检察官应当执行。

第八条　对同一刑事案件的审查逮捕、审查起诉、出庭支持公诉和立案监督、侦查监督、审判监督等工作，由同一检察官或者检察官办案组负责，但是审查逮捕、审查起诉由不同人民检察院管辖，或者依照法律、有关规定应当另行指派检察官或者检察官办案组办理的除外。

人民检察院履行审查逮捕和审查起诉职责的办案部门，本规则中统称为负责捕诉的部门。

第九条　最高人民检察院领导地方各级人民检察院和专门人民检察院的工作，上级人民检察院领导下级人民检察院的工作。检察长统一领导人民检察院的工作。

上级人民检察院可以依法统一调用辖区的检察人员办理案件，调用的决定应当以书面形式作出。被调用的检察官可以代表办理案件的人民检察院履行出庭支持公诉等各项检察职责。

第十条　上级人民检察院对下级人民检察院作出的决定，有权予以撤销或者变更；发现下级人民检察院办理的案件有错误的，有权指令下级人民检察院予以纠正。

下级人民检察院对上级人民检察院的决定应当执行。如果认为有错误的，应当在执行的同时向上级人民检察院报告。

第十一条　犯罪嫌疑人、被告人自愿如实供述自己的罪行，承认指控的犯罪事实，愿意接受处罚的，可以依法从宽处理。

认罪认罚从宽制度适用于所有刑事案件。人民检察院办理刑事案件的各个诉讼环节，都应当做好认罪认罚的相关工作。

第十二条　人民检察院办理刑事案件的活动依照规定接受人民监督员监督。

第二章　管　辖

第十三条　人民检察院在对诉讼活动实行法律监督中发现的司法工作人员利用职权实施的非法拘禁、刑讯逼供、非法搜查等侵犯公民权利、损害司法公正的犯罪，可以由人民检察院立案侦查。

对于公安机关管辖的国家机关工作人员利用职权实施的重大犯罪案件，需要由人民检察院直接受理的，经省级以上人民检察院决定，可以由人民检察院立案侦查。

第十四条　人民检察院办理直接受理侦查的案件，由设区的市级人民检察院立案侦查。基层人民检察院发现犯罪线索的，应当报设区的市级人民检察院决定立案侦查。

设区的市级人民检察院根据案件情况也可以将案件交由基层人民检察院立案侦查，或者要求基层人民检察院协助侦查。对于刑事执行派出检察院辖区内与刑事执行活动有关的犯罪线索，可以交由刑事执行派出检察院立案侦查。

最高人民检察院、省级人民检察院发现犯罪线索的，可以自行立案侦查，也可以将犯罪线索交由指定的省级人民检察院或者设区的市级人民检察院立案侦查。

第十五条　对本规则第十三条第二款规定的

案件,人民检察院需要直接立案侦查的,应当层报省级人民检察院决定。

报请省级人民检察院决定立案侦查的案件,应当制作提请批准直接受理书,写明案件情况以及需要由人民检察院立案侦查的理由,并附有关材料。

省级人民检察院应当在收到提请批准直接受理书后十日以内作出是否立案侦查的决定。省级人民检察院可以决定由设区的市级人民检察院立案侦查,也可以自行立案侦查。

第十六条 上级人民检察院在必要的时候,可以直接立案侦查或者组织、指挥、参与侦查下级人民检察院管辖的案件。下级人民检察院认为案情重大、复杂,需要由上级人民检察院立案侦查的案件,可以请求移送上级人民检察院立案侦查。

第十七条 人民检察院办理直接受理侦查的案件,发现犯罪嫌疑人同时涉嫌监察机关管辖的职务犯罪线索的,应当及时与同级监察机关沟通。

经沟通,认为全案由监察机关管辖更为适宜的,人民检察院应当将案件和相应职务犯罪线索一并移送监察机关;认为由监察机关和人民检察院分别管辖更为适宜的,人民检察院应当将监察机关管辖的相应职务犯罪线索移送监察机关,对依法由人民检察院管辖的犯罪案件继续侦查。

人民检察院应当及时将沟通情况报告上一级人民检察院。沟通期间不得停止对案件的侦查。

第十八条 人民检察院办理直接受理侦查的案件涉及公安机关管辖的刑事案件,应当将属于公安机关管辖的刑事案件移送公安机关。如果涉嫌的主罪属于公安机关管辖,由公安机关为主侦查,人民检察院予以配合;如果涉嫌的主罪属于人民检察院管辖,由人民检察院为主侦查,公安机关予以配合。

对于一人犯数罪、共同犯罪、共同犯罪的犯罪嫌疑人还实施其他犯罪,多个犯罪嫌疑人实施的犯罪存在关联,并案处理有利于查明案件事实和诉讼进行的,人民检察院可以在职责范围内对相关犯罪案件并案处理。

第十九条 本规则第十三条规定的案件,由犯罪嫌疑人工作单位所在地的人民检察院管辖。如果由其他人民检察院管辖更为适宜的,可以由其他人民检察院管辖。

第二十条 对管辖不明确的案件,可以由有关人民检察院协商确定管辖。

第二十一条 几个人民检察院都有权管辖的案件,由最初受理的人民检察院管辖。必要时,可以由主要犯罪地的人民检察院管辖。

第二十二条 对于下列案件,上级人民检察院可以指定管辖:

(一)管辖有争议的案件;

(二)需要改变管辖的案件;

(三)需要集中管辖的特定类型的案件;

(四)其他需要指定管辖的案件。

对前款案件的审查起诉指定管辖的,人民检察院应当与相应的人民法院协商一致。对前款第三项案件的审查逮捕指定管辖的,人民检察院应当与相应的公安机关协商一致。

第二十三条 军事检察院等专门人民检察院的管辖以及军队与地方互涉刑事案件的管辖,按照有关规定执行。

第三章 回 避

第二十四条 检察人员在受理举报和办理案件过程中,发现有刑事诉讼法第二十九条或者第三十条规定的情形之一的,应当自行提出回避;没有自行提出回避的,人民检察院应当决定其回避,当事人及其法定代理人有权要求其回避。

第二十五条 检察人员自行回避的,应当书面或者口头提出,并说明理由。口头提出的,应当记录在案。

第二十六条 人民检察院应当告知当事人及其法定代理人有依法申请回避的权利,并告知办理相关案件的检察人员、书记员等人员的姓名、职务等有关情况。

第二十七条 当事人及其法定代理人要求检察人员回避的,应当书面或者口头向人民检察院提出,并说明理由。口头提出的,应当记录在案。根据刑事诉讼法第三十条的规定要求检察人员回避的,应当提供有关证明材料。

人民检察院经过审查或者调查,认为检察人员符合回避条件的,应当作出回避决定;不符合回避条件的,应当驳回申请。

第二十八条 在开庭审理过程中,当事人及其法定代理人向法庭申请出庭的检察人员回避的,在收到人民法院通知后,人民检察院应当作出回避或者驳回申请的决定。不属于刑事诉讼法第二十九条、第三十条规定情形的回避申请,出席法庭的检察人员应当建议法庭当庭驳回。

第二十九条 检察长的回避,由检察委员会讨论决定。检察委员会讨论检察长回避问题时,由副检察长主持,检察长不得参加。

其他检察人员的回避,由检察长决定。

第三十条 当事人及其法定代理人要求公安机关负责人回避,向同级人民检察院提出,或者向公安机关提出后,公安机关移送同级人民检察院的,由检察长提交检察委员会讨论决定。

第三十一条 检察长应当回避,本人没有自行回避,当事人及其法定代理人也没有申请其回避的,检察委员会应当决定其回避。

其他检察人员有前款规定情形的,检察长应当决定其回避。

第三十二条 人民检察院作出驳回申请回避的决定后,应当告知当事人及其法定代理人如不服本决定,有权在收到驳回申请回避的决定书后五日以内向原决定机关申请复议一次。

第三十三条 当事人及其法定代理人对驳回申请回避的决定不服申请复议的,决定机关应当在三日以内作出复议决定并书面通知申请人。

第三十四条 对人民检察院直接受理的案件进行侦查的人员或者进行补充侦查的人员在回避决定作出以前和复议期间,不得停止对案件的侦查。

第三十五条 参加过同一案件侦查的人员,不得承办该案的审查逮捕、审查起诉、出庭支持公诉和诉讼监督工作,但在审查起诉阶段参加自行补充侦查的人员除外。

第三十六条 被决定回避的检察长在回避决定作出以前所取得的证据和进行的诉讼行为是否有效,由检察委员会根据案件具体情况决定。

被决定回避的其他检察人员在回避决定作出以前所取得的证据和进行的诉讼行为是否有效,由检察长根据案件具体情况决定。

被决定回避的公安机关负责人在回避决定作出以前所进行的诉讼行为是否有效,由作出决定的人民检察院检察委员会根据案件具体情况决定。

第三十七条 本规则关于回避的规定,适用于书记员、司法警察和人民检察院聘请或者指派的翻译人员、鉴定人。

书记员、司法警察和人民检察院聘请或者指派的翻译人员、鉴定人的回避由检察长决定。

辩护人、诉讼代理人可以依照刑事诉讼法及本规则关于回避的规定要求回避、申请复议。

第四章 辩护与代理

第三十八条 人民检察院在办案过程中,应当依法保障犯罪嫌疑人行使辩护权利。

第三十九条 辩护人、诉讼代理人向人民检察院提出有关申请、要求或者提交有关书面材料的,负责案件管理的部门应当接收并及时移送办案部门或者与办案部门联系,具体业务由办案部门负责办理,本规则另有规定的除外。

第四十条 人民检察院负责侦查的部门在第一次讯问犯罪嫌疑人或者对其采取强制措施时,应当告知犯罪嫌疑人有权委托辩护人,并告知其如果因经济困难或者其他原因没有委托辩护人的,可以申请法律援助。属于刑事诉讼法第三十五条规定情形的,应当告知犯罪嫌疑人有权获得法律援助。

人民检察院自收到移送起诉案卷材料之日起三日以内,应当告知犯罪嫌疑人有权委托辩护人,并告知其如果因经济困难或者其他原因没有委托辩护人的,可以申请法律援助。属于刑事诉讼法第三十五条规定情形的,应当告知犯罪嫌疑人有权获得法律援助。

当面口头告知的,应当记入笔录,由被告知人签名;电话告知的,应当记录在案;书面告知的,应当将送达回执入卷。

第四十一条 在押或者被指定居所监视居住的犯罪嫌疑人向人民检察院提出委托辩护人要求的,人民检察院应当及时向其监护人、近亲属或者其指定的人员转达要求,并记录在案。

第四十二条 人民检察院办理直接受理侦查案件和审查起诉案件,发现犯罪嫌疑人是盲、聋、哑人或者是尚未完全丧失辨认或者控制自己行为能力的精神病人,或者可能被判处无期徒刑、死刑,没有委托辩护人的,应当自发现之日起三日以内书面通知法律援助机构指派律师为其提供辩护。

第四十三条 人民检察院收到在押或者被指定居所监视居住的犯罪嫌疑人提出的法律援助申请,应当在二十四小时以内将申请材料转交法律援助机构,并通知犯罪嫌疑人的监护人、近亲属或者其委托的其他人员协助提供有关证件、证明等材料。

第四十四条 属于应当提供法律援助的情形,

犯罪嫌疑人拒绝法律援助机构指派的律师作为辩护人的,人民检察院应当查明拒绝的原因。有正当理由的,予以准许,但犯罪嫌疑人需另行委托辩护人;犯罪嫌疑人未另行委托辩护人的,应当书面通知法律援助机构另行指派律师为其提供辩护。

第四十五条 辩护人接受委托后告知人民检察院,或者法律援助机构指派律师后通知人民检察院的,人民检察院负责案件管理的部门应当及时登记辩护人的相关信息,并将有关情况和材料及时通知、移交办案部门。

负责案件管理的部门对办理业务的辩护律师,应当查验其律师执业证书、律师事务所证明和授权委托或者法律援助公函。对其他辩护人、诉讼代理人,应当查验其身份证明和授权委托书。

第四十六条 人民检察院负责案件管理的部门应当依照法律规定对辩护人、诉讼代理人的资格进行审查,办案部门应当予以协助。

第四十七条 自人民检察院对案件审查起诉之日起,应当允许辩护律师查阅、摘抄、复制本案的案卷材料。案卷材料包括案件的诉讼文书和证据材料。

人民检察院直接受理侦查案件移送起诉,审查起诉案件退回补充侦查、改变管辖、提起公诉的,应当及时告知辩护律师。

第四十八条 自人民检察院对案件审查起诉之日起,律师以外的辩护人向人民检察院申请查阅、摘抄、复制本案的案卷材料或者申请同在押、被监视居住的犯罪嫌疑人会见和通信的,由人民检察院负责捕诉的部门进行审查并作出是否许可的决定,在三日以内书面通知申请人。

人民检察院许可律师以外的辩护人同在押或者被监视居住的犯罪嫌疑人通信的,可以要求看守所或者公安机关将书信送交人民检察院进行检查。

律师以外的辩护人申请查阅、摘抄、复制案卷材料或者申请同在押、被监视居住的犯罪嫌疑人会见和通信,具有下列情形之一的,人民检察院可以不予许可:

(一)同案犯罪嫌疑人在逃的;

(二)案件事实不清,证据不足,或者遗漏罪行、遗漏同案犯罪嫌疑人需要补充侦查的;

(三)涉及国家秘密或者商业秘密的;

(四)有事实表明存在串供、毁灭、伪造证据或者危害证人人身安全可能的。

第四十九条 辩护律师或者经过许可的其他辩护人到人民检察院查阅、摘抄、复制本案的案卷材料,由负责案件管理的部门及时安排,由办案部门提供案卷材料。因办案部门工作等原因无法及时安排的,应当向辩护人说明,并自即日起三个工作日以内安排辩护人阅卷,办案部门应当予以配合。

人民检察院应当为辩护人查阅、摘抄、复制案卷材料设置专门的场所或者电子卷宗阅览终端设备。必要时,人民检察院可以派员在场协助。

辩护人复制案卷材料可以采取复印、拍照、扫描、刻录等方式,人民检察院不收取费用。

第五十条 案件提请批准逮捕或者移送起诉后,辩护人认为公安机关在侦查期间收集的证明犯罪嫌疑人无罪或者罪轻的证据材料未提交,申请人民检察院向公安机关调取的,人民检察院负责捕诉的部门应当及时审查。经审查,认为辩护人申请调取的证据已收集并且与案件事实有联系的,应当予以调取;认为辩护人申请调取的证据未收集或者与案件事实没有联系的,应当决定不予调取并向辩护人说明理由。公安机关移送相关证据材料的,人民检察院应当在三日以内告知辩护人。

人民检察院办理直接受理侦查的案件,适用前款规定。

第五十一条 在人民检察院侦查、审查逮捕、审查起诉过程中,辩护人收集的有关犯罪嫌疑人不在犯罪现场、未达到刑事责任年龄、属于依法不负刑事责任的精神病人的证据,告知人民检察院的,人民检察院应当及时审查。

第五十二条 案件移送起诉后,辩护律师依据刑事诉讼法第四十三条第一款的规定申请人民检察院收集、调取证据的,人民检察院负责捕诉的部门应当及时审查。经审查,认为需要收集、调取证据的,应当决定收集、调取并制作笔录附卷;决定不予收集、调取的,应当书面说明理由。

人民检察院根据辩护律师的申请收集、调取证据时,辩护律师可以在场。

第五十三条 辩护律师申请人民检察院许可其向被害人或者其近亲属、被害人提供的证人收集与本案有关材料的,人民检察院负责捕诉的部门应当及时进行审查。人民检察院应当在五日以内作出是否许可的决定,通知辩护律师;不予许可的,应当书面说明理由。

第五十四条 在人民检察院侦查、审查逮捕、审查起诉过程中，辩护人要求听取其意见的，办案部门应当及时安排。辩护人提出书面意见的，办案部门应当接收并登记。

听取辩护人意见应当制作笔录或者记录在案，辩护人提出的书面意见应当附卷。

辩护人提交案件相关材料的，办案部门应当将辩护人提交材料的目的、来源及内容等情况记录在案，一并附卷。

第五十五条 人民检察院自收到移送起诉案卷材料之日起三日以内，应当告知被害人及其法定代理人或者其近亲属、附带民事诉讼的当事人及其法定代理人有权委托诉讼代理人。被害人及其法定代理人、近亲属因经济困难没有委托诉讼代理人的，应当告知其可以申请法律援助。

当面口头告知的，应当记入笔录，由被告知人签名；电话告知的，应当记录在案；书面告知的，应当将送达回执入卷。被害人众多或者不确定，无法以上述方式逐一告知的，可以公告告知。无法告知的，应当记录在案。

被害人有法定代理人的，应当告知其法定代理人；没有法定代理人的，应当告知其近亲属。

法定代理人或者近亲属为二人以上的，可以告知其中一人。告知时应当按照刑事诉讼法第一百零八条第三项、第六项列举的顺序择先进行。

当事人及其法定代理人、近亲属委托诉讼代理人的，参照刑事诉讼法第三十三条等法律规定执行。

第五十六条 经人民检察院许可，诉讼代理人查阅、摘抄、复制本案案卷材料的，参照本规则第四十九条的规定办理。

律师担任诉讼代理人，需要申请人民检察院收集、调取证据的，参照本规则第五十二条的规定办理。

第五十七条 辩护人、诉讼代理人认为公安机关、人民检察院、人民法院及其工作人员具有下列阻碍其依法行使诉讼权利行为之一，向同级或者上一级人民检察院申诉或者控告的，人民检察院负责控告申诉检察的部门应当接受并依法办理，其他办案部门应当予以配合：

（一）违反规定，对辩护人、诉讼代理人提出的回避要求不予受理或者对不予回避决定不服的复议申请不予受理的；

（二）未依法告知犯罪嫌疑人、被告人有权委托辩护人的；

（三）未转达在押或者被监视居住的犯罪嫌疑人、被告人委托辩护人的要求或者未转交其申请法律援助材料的；

（四）应当通知而不通知法律援助机构为符合条件的犯罪嫌疑人、被告人或者被申请强制医疗的人指派律师提供辩护或者法律援助的；

（五）在规定时间内不受理、不答复辩护人提出的变更强制措施申请或者解除强制措施要求的；

（六）未依法告知辩护律师犯罪嫌疑人涉嫌的罪名和案件有关情况的；

（七）违法限制辩护律师同在押、被监视居住的犯罪嫌疑人、被告人会见和通信的；

（八）违法不允许辩护律师查阅、摘抄、复制本案的案卷材料的；

（九）违法限制辩护律师收集、核实有关证据材料的；

（十）没有正当理由不同意辩护律师收集、调取证据或者通知证人出庭作证的申请，或者不答复、不说明理由的；

（十一）未依法提交证明犯罪嫌疑人、被告人无罪或者罪轻的证据材料的；

（十二）未依法听取辩护人、诉讼代理人意见的；

（十三）未依法将开庭的时间、地点及时通知辩护人、诉讼代理人的；

（十四）未依法向辩护人、诉讼代理人及时送达本案的法律文书或者及时告知案件移送情况的；

（十五）阻碍辩护人、诉讼代理人在法庭审理过程中依法行使诉讼权利的；

（十六）其他阻碍辩护人、诉讼代理人依法行使诉讼权利的。

对于直接向上一级人民检察院申诉或者控告的，上一级人民检察院可以交下级人民检察院办理，也可以直接办理。

辩护人、诉讼代理人认为看守所及其工作人员有阻碍其依法行使诉讼权利的行为，向人民检察院申诉或者控告的，由负责刑事执行检察的部门接受并依法办理；其他办案部门收到申诉或者控告的，应当及时移送负责刑事执行检察的部门。

第五十八条 辩护人、诉讼代理人认为其依法行使诉讼权利受到阻碍向人民检察院申诉或者控告的,人民检察院应当及时受理并调查核实,在十日以内办结并书面答复。情况属实的,通知有关机关或者本院有关部门、下级人民检察院予以纠正。

第五十九条　辩护律师告知人民检察院其委托人或者其他人员准备实施、正在实施危害国家安全、危害公共安全以及严重危及他人人身安全犯罪的,人民检察院应当接受并立即移送有关机关依法处理。

人民检察院应当为反映情况的辩护律师保密。

第六十条　人民检察院发现辩护人有帮助犯罪嫌疑人、被告人隐匿、毁灭、伪造证据、串供,或者威胁、引诱证人作伪证以及其他干扰司法机关诉讼活动的行为,可能涉嫌犯罪的,应当将涉嫌犯罪的线索或者证据材料移送有管辖权的机关依法处理。

人民检察院发现辩护律师在刑事诉讼中违反法律、法规或者执业纪律的,应当及时向其所在的律师事务所、所属的律师协会以及司法行政机关通报。

第五章　证　据

第六十一条　人民检察院认定案件事实,应当以证据为根据。

公诉案件中被告人有罪的举证责任由人民检察院承担。人民检察院在提起公诉指控犯罪时,应当提出确实、充分的证据,并运用证据加以证明。

人民检察院提起公诉,应当秉持客观公正立场,对被告人有罪、罪重、罪轻的证据都应当向人民法院提出。

第六十二条　证据的审查认定,应当结合案件的具体情况,从证据与待证事实的关联程度、各证据之间的联系、是否依照法定程序收集等方面进行综合审查判断。

第六十三条　人民检察院侦查终结或者提起公诉的案件,证据应当确实、充分。证据确实、充分,应当符合以下条件:

(一)定罪量刑的事实都有证据证明;

(二)据以定案的证据均经法定程序查证属实;

(三)综合全案证据,对所认定事实已排除合理怀疑。

第六十四条　行政机关在行政执法和查办案件过程中收集的物证、书证、视听资料、电子数据等证据材料,经人民检察院审查符合法定要求的,可以作为证据使用。

行政机关在行政执法和查办案件过程中收集的鉴定意见、勘验、检查笔录,经人民检察院审查符合法定要求的,可以作为证据使用。

第六十五条　监察机关依照法律规定收集的物证、书证、证人证言、被调查人供述和辩解、视听资料、电子数据等证据材料,在刑事诉讼中可以作为证据使用。

第六十六条　对采用刑讯逼供等非法方法收集的犯罪嫌疑人供述和采用暴力、威胁等非法方法收集的证人证言、被害人陈述,应当依法排除,不得作为移送审查逮捕、批准或者决定逮捕、移送起诉以及提起公诉的依据。

第六十七条　对采用下列方法收集的犯罪嫌疑人供述,应当予以排除:

(一)采用殴打、违法使用戒具等暴力方法或者变相肉刑的恶劣手段,使犯罪嫌疑人遭受难以忍受的痛苦而违背意愿作出的供述;

(二)采用以暴力或者严重损害本人及其近亲属合法权益等进行威胁的方法,使犯罪嫌疑人遭受难以忍受的痛苦而违背意愿作出的供述;

(三)采用非法拘禁等非法限制人身自由的方法收集的供述。

第六十八条　对采用刑讯逼供方法使犯罪嫌疑人作出供述,之后犯罪嫌疑人受该刑讯逼供行为影响而作出的与该供述相同的重复性供述,应当一并排除,但下列情形除外:

(一)侦查期间,根据控告、举报或者自己发现等,公安机关确认或者不能排除以非法方法收集证据而更换侦查人员,其他侦查人员再次讯问时告知诉讼权利和认罪认罚的法律规定,犯罪嫌疑人自愿供述的;

(二)审查逮捕、审查起诉期间,检察人员讯问时告知诉讼权利和认罪认罚的法律规定,犯罪嫌疑人自愿供述的。

第六十九条　采用暴力、威胁以及非法限制人身自由等非法方法收集的证人证言、被害人陈述,应当予以排除。

第七十条　收集物证、书证不符合法定程序,可能严重影响司法公正的,人民检察院应当及时要求公安机关补正或者作出书面解释;不能补正或者无法作出合理解释的,对该证据应当予以排除。

对公安机关的补正或者解释,人民检察院应当予以审查。经补正或者作出合理解释的,可以作为批准或者决定逮捕、提起公诉的依据。

第七十一条　对重大案件，人民检察院驻看守所检察人员在侦查终结前应当对讯问合法性进行核查并全程同步录音、录像，核查情况应当及时通知本院负责捕诉的部门。

负责捕诉的部门认为确有刑讯逼供等非法取证情形的，应当要求公安机关依法排除非法证据，不得作为提请批准逮捕、移送起诉的依据。

第七十二条　人民检察院发现侦查人员以非法方法收集证据的，应当及时进行调查核实。

当事人及其辩护人或者值班律师、诉讼代理人报案、控告、举报侦查人员采用刑讯逼供等非法方法收集证据，并提供涉嫌非法取证的人员、时间、地点、方式和内容等材料或者线索的，人民检察院应当受理并进行审查。根据现有材料无法证明证据收集合法性的，应当及时进行调查核实。

上一级人民检察院接到对侦查人员采用刑讯逼供等非法方法收集证据的报案、控告、举报，可以直接进行调查核实，也可以交由下级人民检察院调查核实。交由下级人民检察院调查核实的，下级人民检察院应当及时将调查结果报告上一级人民检察院。

人民检察院决定调查核实的，应当及时通知公安机关。

第七十三条　人民检察院经审查认定存在非法取证行为的，对该证据应当予以排除，其他证据不能证明犯罪嫌疑人实施犯罪行为的，应当不批准或者决定逮捕。已经移送起诉的，可以依法将案件退回监察机关补充调查或者退回公安机关补充侦查，或者作出不起诉决定。被排除的非法证据应当随案移送，并写明为依法排除的非法证据。

对于侦查人员的非法取证行为，尚未构成犯罪的，应当依法向其所在机关提出纠正意见。对于需要补正或者作出合理解释的，应当提出明确要求。

对于非法取证行为涉嫌犯罪需要追究刑事责任的，应当依法立案侦查。

第七十四条　人民检察院认为可能存在以刑讯逼供等非法方法收集证据情形的，可以书面要求监察机关或者公安机关对证据收集的合法性作出说明。说明应当加盖单位公章，并由调查人员或者侦查人员签名。

第七十五条　对于公安机关立案侦查的案件，存在下列情形之一的，人民检察院在审查逮捕、审查起诉和审判阶段，可以调取公安机关讯问犯罪嫌疑人的录音、录像，对证据收集的合法性以及犯罪嫌疑人、被告人供述的真实性进行审查：

（一）认为讯问活动可能存在刑讯逼供等非法取证行为的；

（二）犯罪嫌疑人、被告人或者辩护人提出犯罪嫌疑人、被告人供述系非法取得，并提供相关线索或者材料的；

（三）犯罪嫌疑人、被告人提出讯问活动违反法定程序或者翻供，并提供相关线索或者材料的；

（四）犯罪嫌疑人、被告人或者辩护人提出讯问笔录内容不真实，并提供相关线索或者材料的；

（五）案情重大、疑难、复杂的。

人民检察院调取公安机关讯问犯罪嫌疑人的录音、录像，公安机关未提供，人民检察院经审查认为不能排除有刑讯逼供等非法取证行为的，相关供述不得作为批准逮捕、提起公诉的依据。

人民检察院直接受理侦查的案件，负责侦查的部门移送审查逮捕、移送起诉时，应当将讯问录音、录像连同案卷材料一并移送审查。

第七十六条　对于提起公诉的案件，被告人及其辩护人提出审前供述系非法取得，并提供相关线索或者材料的，人民检察院可以将讯问录音、录像连同案卷材料一并移送人民法院。

第七十七条　在法庭审理过程中，被告人或者辩护人对讯问活动合法性提出异议，公诉人可以要求被告人及其辩护人提供相关线索或者材料。必要时，公诉人可以提请法庭当庭播放相关时段的讯问录音、录像，对有关异议或者事实进行质证。

需要播放的讯问录音、录像中涉及国家秘密、商业秘密、个人隐私或者含有其他不宜公开内容的，公诉人应当建议在法庭组成人员、公诉人、侦查人员、被告人及其辩护人范围内播放。因涉及国家秘密、商业秘密、个人隐私或者其他犯罪线索等内容，人民检察院对讯问录音、录像的相关内容进行技术处理的，公诉人应当向法庭作出说明。

第七十八条　人民检察院认为第一审人民法院有关证据收集合法性的审查、调查结论导致第一审判决、裁定错误的，可以依照刑事诉讼法第二百二十八条的规定向人民法院提出抗诉。

第七十九条　人民检察院在办理危害国家安全犯罪、恐怖活动犯罪、黑社会性质的组织犯罪、毒品犯罪等案件过程中，证人、鉴定人、被害人因在诉讼中作证,本人或者其近亲属人身安全面临危险,向人民检察院请求保护的,人民检察院应当受理并及时进行审查。对于确实存在人身安全危险的,应当立即采取必要的保护措施。人民检察院发现存在上述情形的,应当主动采取保护措施。

人民检察院可以采取以下一项或者多项保护措施:

(一)不公开真实姓名、住址和工作单位等个人信息;

(二)建议法庭采取不暴露外貌、真实声音等出庭作证措施;

(三)禁止特定的人员接触证人、鉴定人、被害人及其近亲属;

(四)对人身和住宅采取专门性保护措施;

(五)其他必要的保护措施。

人民检察院依法决定不公开证人、鉴定人、被害人的真实姓名、住址和工作单位等个人信息的,可以在起诉书、询问笔录等法律文书、证据材料中使用化名。但是应当另行书面说明使用化名的情况并标明密级,单独成卷。

人民检察院依法采取保护措施,可以要求有关单位和个人予以配合。

对证人及其近亲属进行威胁、侮辱、殴打或者打击报复,构成犯罪或者应当给予治安管理处罚的,人民检察院应当移送公安机关处理;情节轻微的,予以批评教育、训诫。

第八十条 证人在人民检察院侦查、审查逮捕、审查起诉期间因履行作证义务而支出的交通、住宿、就餐等费用,人民检察院应当给予补助。

第六章 强制措施

第一节 拘 传

第八十一条 人民检察院根据案件情况,对犯罪嫌疑人可以拘传。

第八十二条 拘传时,应当向被拘传的犯罪嫌疑人出示拘传证。对抗拒拘传的,可以使用戒具,强制到案。

执行拘传的人员不得少于二人。

第八十三条 拘传的时间从犯罪嫌疑人到案时开始计算。犯罪嫌疑人到案后,应当责令其在拘传证上填写到案时间,签名或者盖章,并捺指印,然后立即讯问。拘传结束后,应当责令犯罪嫌疑人在

拘传证上填写拘传结束时间。犯罪嫌疑人拒绝填写的,应当在拘传证上注明。

一次拘传持续的时间不得超过十二小时;案情特别重大、复杂,需要采取拘留、逮捕措施的,拘传持续的时间不得超过二十四小时。两次拘传间隔的时间一般不得少于十二小时,不得以连续拘传的方式变相拘禁犯罪嫌疑人。

拘传犯罪嫌疑人,应当保证犯罪嫌疑人的饮食和必要的休息时间。

第八十四条 人民检察院拘传犯罪嫌疑人,应当在犯罪嫌疑人所在市、县内的地点进行。

犯罪嫌疑人工作单位与居住地不在同一市、县的,拘传应当在犯罪嫌疑人工作单位所在的市、县内进行;特殊情况下,也可以在犯罪嫌疑人居住地所在的市、县内进行。

第八十五条 需要对被拘传的犯罪嫌疑人变更强制措施的,应当在拘传期限内办理变更手续。

在拘传期间决定不采取其他强制措施的,拘传期限届满,应当结束拘传。

第二节 取保候审

第八十六条 人民检察院对于具有下列情形之一的犯罪嫌疑人,可以取保候审:

(一)可能判处管制、拘役或者独立适用附加刑的;

(二)可能判处有期徒刑以上刑罚,采取取保候审不致发生社会危险性的;

(三)患有严重疾病、生活不能自理,怀孕或者正在哺乳自己婴儿的妇女,采取取保候审不致发生社会危险性的;

(四)羁押期限届满,案件尚未办结,需要采取取保候审的。

第八十七条 人民检察院对于严重危害社会治安的犯罪嫌疑人,以及其他犯罪性质恶劣、情节严重的犯罪嫌疑人不得取保候审。

第八十八条 被羁押或者监视居住的犯罪嫌疑人及其法定代理人、近亲属或者辩护人向人民检察院申请取保候审,人民检察院应当在三日以内作出是否同意的答复。经审查符合本规则第八十六条规定情形之一的,可以对被羁押或者监视居住的犯罪嫌疑人依法办理取保候审手续。经审查不符合取保候审条件的,应当告知申请人,并说明不同意取保候审的理由。

第八十九条　人民检察院决定对犯罪嫌疑人取保候审,应当责令犯罪嫌疑人提出保证人或者交纳保证金。

对同一犯罪嫌疑人决定取保候审,不得同时使用保证人保证和保证金保证方式。

对符合取保候审条件,具有下列情形之一的犯罪嫌疑人,人民检察院决定取保候审时,可以责令其提供一至二名保证人:

（一）无力交纳保证金的;

（二）系未成年人或者已满七十五周岁的人;

（三）其他不宜收取保证金的。

第九十条　采取保证人保证方式的,保证人应当符合刑事诉讼法第六十九条规定的条件,并经人民检察院审查同意。

第九十一条　人民检察院应当告知保证人履行以下义务:

（一）监督被保证人遵守刑事诉讼法第七十一条的规定;

（二）发现被保证人可能发生或者已经发生违反刑事诉讼法第七十一条规定的行为的,及时向执行机关报告。

保证人保证承担上述义务后,应当在取保候审保证书上签名或者盖章。

第九十二条　采取保证金保证方式的,人民检察院可以根据犯罪嫌疑人的社会危险性、案件的性质、情节,可能判处刑罚的轻重,犯罪嫌疑人的经济状况等,责令犯罪嫌疑人交纳一千元以上的保证金。对于未成年犯罪嫌疑人,可以责令交纳五百元以上的保证金。

第九十三条　人民检察院决定对犯罪嫌疑人取保候审的,应当制作取保候审决定书,载明取保候审开始的时间、保证方式、被取保候审人应当履行的义务和应当遵守的规定。

人民检察院作出取保候审决定时,可以根据犯罪嫌疑人涉嫌犯罪的性质、危害后果、社会影响,犯罪嫌疑人、被害人的具体情况等,有针对性地责令其遵守以下一项或者多项规定:

（一）不得进入特定的场所;

（二）不得与特定的人员会见或者通信;

（三）不得从事特定的活动;

（四）将护照等出入境证件、驾驶证件交执行机关保存。

第九十四条　人民检察院应当向取保候审的犯罪嫌疑人宣读取保候审决定书,由犯罪嫌疑人签名或者盖章,并捺指印,责令犯罪嫌疑人遵守刑事诉讼法第七十一条的规定,告知其违反规定应负的法律责任。以保证金方式保证的,应当同时告知犯罪嫌疑人一次性将保证金存入公安机关指定银行的专门账户。

第九十五条　向犯罪嫌疑人宣布取保候审决定后,人民检察院应当将执行取保候审通知书送达公安机关执行,并告知公安机关在执行期间拟批准犯罪嫌疑人离开所居住的市、县的,应当事先征得人民检察院同意。以保证人方式保证的,应当将取保候审保证书同时送交公安机关。

人民检察院核实保证金已经交纳到公安机关指定银行的凭证后,应当将银行出具的凭证及其他有关材料与执行取保候审通知书一并送交公安机关。

第九十六条　采取保证人保证方式的,如果保证人在取保候审期间不愿继续保证或者丧失保证条件的,人民检察院应当在收到保证人不愿继续保证的申请或者发现其丧失保证条件后三日以内,责令犯罪嫌疑人重新提出保证人或者交纳保证金,并将变更情况通知公安机关。

第九十七条　采取保证金保证方式的,被取保候审人拒绝交纳保证金或者交纳保证金不足决定数额时,人民检察院应当作出变更取保候审措施、变更保证方式或者变更保证金数额的决定,并将变更情况通知公安机关。

第九十八条　公安机关在执行取保候审期间向人民检察院征询是否同意批准犯罪嫌疑人离开所居住的市、县时,人民检察院应当根据案件的具体情况及时作出决定,并通知公安机关。

第九十九条　人民检察院发现保证人没有履行刑事诉讼法第七十条规定的义务,应当通知公安机关,要求公安机关对保证人作出罚款决定。构成犯罪的,依法追究保证人的刑事责任。

第一百条　人民检察院发现犯罪嫌疑人违反刑事诉讼法第七十一条的规定,已交纳保证金的,应当书面通知公安机关没收部分或者全部保证金,并且根据案件的具体情况,责令犯罪嫌疑人具结悔过,重新交纳保证金、提出保证人,或者决定对其监视居住、予以逮捕。

公安机关发现犯罪嫌疑人违反刑事诉讼法第七十一条的规定,提出没收保证金或者变更强制措施意见的,人民检察院应当在收到意见后五日以内作出决定,并通知公安机关。

重新交纳保证金的程序适用本规则第九十二条的规定;提出保证人的程序适用本规则第九十条、第九十一条的规定。对犯罪嫌疑人继续取保候审的,取保候审的时间应当累计计算。

对犯罪嫌疑人决定监视居住的,应当办理监视居住手续。监视居住的期限应当自执行监视居住决定之日起计算并告知犯罪嫌疑人。

第一百零一条 犯罪嫌疑人有下列违反取保候审规定的行为,人民检察院应当对犯罪嫌疑人予以逮捕:

(一)故意实施新的犯罪;

(二)企图自杀、逃跑;

(三)实施毁灭、伪造证据,串供或者干扰证人作证,足以影响侦查、审查起诉工作正常进行;

(四)对被害人、证人、鉴定人、举报人、控告人及其他人员实施打击报复。

犯罪嫌疑人有下列违反取保候审规定的行为,人民检察院可以对犯罪嫌疑人予以逮捕:

(一)未经批准,擅自离开所居住的市、县,造成严重后果,或者两次未经批准,擅自离开所居住的市、县;

(二)经传讯不到案,造成严重后果,或者经两次传讯不到案;

(三)住址、工作单位和联系方式发生变动,未在二十四小时以内向公安机关报告,造成严重后果;

(四)违反规定进入特定场所、与特定人员会见或者通信、从事特定活动,严重妨碍诉讼程序正常进行。

有前两款情形,需要对犯罪嫌疑人予以逮捕的,可以先行拘留;已交纳保证金的,同时书面通知公安机关没收保证金。

第一百零二条 人民检察院决定对犯罪嫌疑人取保候审,最长不得超过十二个月。

第一百零三条 公安机关决定对犯罪嫌疑人取保候审,案件移送人民检察院审查起诉后,对于需要继续取保候审的,人民检察院应当依法重新作出取保候审决定,并对犯罪嫌疑人办理取保候审手续。取保候审的期限应当重新计算并告知犯罪嫌疑人。对继续采取保证金方式取保候审的,被取保候审人没有违反刑事诉讼法第七十一条规定的,不

变更保证金数额,不再重新收取保证金。

第一百零四条 在取保候审期间,不得中断对案件的侦查、审查起诉。

第一百零五条 取保候审期限届满或者发现不应当追究犯罪嫌疑人的刑事责任的,应当及时解除或者撤销取保候审。

解除或者撤销取保候审的决定,应当及时通知执行机关,并将解除或者撤销取保候审的决定书送达犯罪嫌疑人;有保证人的,应当通知保证人解除保证义务。

第一百零六条 犯罪嫌疑人在取保候审期间没有违反刑事诉讼法第七十一条的规定,或者发现不应当追究犯罪嫌疑人刑事责任的,变更、解除或者撤销取保候审时,应当告知犯罪嫌疑人可以凭变更、解除或者撤销取保候审的通知或者有关法律文书到银行领取退还的保证金。

第三节 监视居住

第一百零七条 人民检察院对于符合逮捕条件,具有下列情形之一的犯罪嫌疑人,可以监视居住:

(一)患有严重疾病、生活不能自理的;

(二)怀孕或者正在哺乳自己婴儿的妇女;

(三)系生活不能自理的人的唯一扶养人;

(四)因为案件的特殊情况或者办理案件的需要,采取监视居住措施更为适宜的;

(五)羁押期限届满,案件尚未办结,需要采取监视居住措施的。

前款第三项中的扶养包括父母、祖父母、外祖父母对子女、孙子女、外孙子女的抚养和子女、孙子女、外孙子女对父母、祖父母、外祖父母的赡养以及配偶、兄弟姐妹之间的相互扶养。

对符合取保候审条件,但犯罪嫌疑人不能提出保证人,也不交纳保证金的,可以监视居住。

第一百零八条 人民检察院应当向被监视居住的犯罪嫌疑人宣读监视居住决定书,由犯罪嫌疑人签名或者盖章,并捺指印,责令犯罪嫌疑人遵守刑事诉讼法第七十七条的规定,告知其违反规定应负的法律责任。

指定居所监视居住的,不得要求被监视居住人支付费用。

第一百零九条 人民检察院核实犯罪嫌疑人住处或者为其指定居所后,应当制作监视居住执行

通知书，将有关法律文书和案由、犯罪嫌疑人基本情况材料，送交监视居住地的公安机关执行，必要时人民检察院可以协助公安机关执行。

人民检察院应当告知公安机关在执行期间拟批准犯罪嫌疑人离开执行监视居住的处所、会见他人或者通信的，应当事先征得人民检察院同意。

第一百一十条 人民检察院可以根据案件的具体情况，商请公安机关对被监视居住的犯罪嫌疑人采取电子监控、不定期检查等监视方法，对其遵守监视居住规定的情况进行监督。

人民检察院办理直接受理侦查的案件对犯罪嫌疑人采取监视居住的，在侦查期间可以商请公安机关对其通信进行监控。

第一百一十一条 犯罪嫌疑人有下列违反监视居住规定的行为，人民检察院应当对犯罪嫌疑人予以逮捕：

（一）故意实施新的犯罪行为；

（二）企图自杀、逃跑；

（三）实施毁灭、伪造证据或者串供、干扰证人作证行为，足以影响侦查、审查起诉工作正常进行；

（四）对被害人、证人、鉴定人、举报人、控告人及其他人员实施打击报复。

犯罪嫌疑人有下列违反监视居住规定的行为，人民检察院可以对犯罪嫌疑人予以逮捕：

（一）未经批准，擅自离开执行监视居住的处所，造成严重后果，或者两次未经批准，擅自离开执行监视居住的处所；

（二）未经批准，擅自会见他人或者通信，造成严重后果，或者两次未经批准，擅自会见他人或者通信；

（三）经传讯不到案，造成严重后果，或者经两次传讯不到案。

有前两款情形，需要对犯罪嫌疑人予以逮捕的，可以先行拘留。

第一百一十二条 人民检察院决定对犯罪嫌疑人监视居住，最长不得超过六个月。

第一百一十三条 公安机关决定对犯罪嫌疑人监视居住，案件移送人民检察院审查起诉后，对于需要继续监视居住的，人民检察院应当依法重新作出监视居住决定，并对犯罪嫌疑人办理监视居住手续。监视居住的期限应当重新计算并告知犯罪嫌疑人。

第一百一十四条 在监视居住期间，不得中断

对案件的侦查、审查起诉。

第一百一十五条 监视居住期限届满或者发现不应当追究犯罪嫌疑人刑事责任的，应当解除或者撤销监视居住。

解除或者撤销监视居住的决定应当通知执行机关，并将解除或者撤销监视居住的决定书送达犯罪嫌疑人。

第一百一十六条 监视居住应当在犯罪嫌疑人的住处执行。犯罪嫌疑人无固定住处的，可以在指定的居所执行。

固定住处是指犯罪嫌疑人在办案机关所在地的市、县内工作、生活的合法住所。

指定的居所应当符合下列条件：

（一）具备正常的生活、休息条件；

（二）便于监视、管理；

（三）能够保证安全。

采取指定居所监视居住，不得在看守所、拘留所、监狱等羁押、监管场所以及留置室、讯问室等专门的办案场所、办公区域执行。

第一百一十七条 在指定的居所执行监视居住，除无法通知的以外，人民检察院应当在执行监视居住后二十四小时以内，将指定居所监视居住的原因通知被监视居住人的家属。无法通知的，应当将原因写明附卷。无法通知的情形消除后，应当立即通知。

无法通知包括下列情形：

（一）被监视居住人无家属；

（二）与其家属无法取得联系；

（三）受自然灾害等不可抗力阻碍。

第一百一十八条 对于公安机关、人民法院决定指定居所监视居住的案件，由批准或者决定的公安机关、人民法院的同级人民检察院负责捕诉的部门对决定是否合法实行监督。

人民检察院决定指定居所监视居住的案件，由负责控告申诉检察的部门对决定是否合法实行监督。

第一百一十九条 被指定居所监视居住人及其法定代理人、近亲属或者辩护人认为指定居所监视居住决定存在违法情形，提出控告或者举报的，人民检察院应当受理。

人民检察院可以要求有关机关提供指定居所监视居住决定书和相关案卷材料。经审查，发现存在下列违法情形之一的，应当及时通知其纠正：

（一）不符合指定居所监视居住的适用条件的；

（二）未按法定程序履行批准手续的；

（三）在决定过程中有其他违反刑事诉讼法规定的行为的。

第一百二十条　对于公安机关、人民法院决定指定居所监视居住的案件，由人民检察院负责刑事执行检察的部门对指定居所监视居住的执行活动是否合法实行监督。发现存在下列违法情形之一的，应当及时提出纠正意见：

（一）执行机关收到指定居所监视居住决定书、执行通知书等法律文书后不派员执行或者不及时派员执行的；

（二）在执行指定居所监视居住后二十四小时以内没有通知被监视居住人的家属的；

（三）在羁押场所、专门的办案场所执行监视居住的；

（四）为被监视居住人通风报信、私自传递信件、物品的；

（五）违反规定安排辩护人同被监视居住人会见、通信，或者违法限制被监视居住人与辩护人会见、通信的；

（六）对被监视居住人刑讯逼供、体罚、虐待或者变相体罚、虐待的；

（七）有其他侵犯被监视居住人合法权利行为或者其他违法行为的。

被监视居住人及其法定代理人、近亲属或者辩护人认为执行机关或者执行人员存在上述违法情形，提出控告或者举报的，人民检察院应当受理。

人民检察院决定指定居所监视居住的案件，由负责控告申诉检察的部门对指定居所监视居住的执行活动是否合法实行监督。

第四节　拘　　留

第一百二十一条　人民检察院对于具有下列情形之一的犯罪嫌疑人，可以决定拘留：

（一）犯罪后企图自杀、逃跑或者在逃的；

（二）有毁灭、伪造证据或者串供可能的。

第一百二十二条　人民检察院作出拘留决定后，应当将有关法律文书和案由、犯罪嫌疑人基本情况的材料送交同级公安机关执行。必要时，人民检察院可以协助公安机关执行。

拘留后，应当立即将被拘留人送看守所羁押，至迟不得超过二十四小时。

第一百二十三条　对犯罪嫌疑人拘留后，除无法通知的以外，人民检察院应当在二十四小时以内，通知被拘留人的家属。

无法通知的，应当将原因写明附卷。无法通知的情形消除后，应当立即通知其家属。

第一百二十四条　对被拘留的犯罪嫌疑人，应当在拘留后二十四小时以内进行讯问。

第一百二十五条　对被拘留的犯罪嫌疑人，发现不应当拘留的，应当立即释放；依法可以取保候审或者监视居住的，按照本规则的有关规定办理取保候审或者监视居住手续。

对被拘留的犯罪嫌疑人，需要逮捕的，按照本规则的有关规定办理逮捕手续；决定不予逮捕的，应当及时变更强制措施。

第一百二十六条　人民检察院直接受理侦查的案件，拘留犯罪嫌疑人的羁押期限为十四日，特殊情况下可以延长一日至三日。

第一百二十七条　公民将正在实行犯罪或者在犯罪后即被发觉的、通缉在案的、越狱逃跑的、正在被追捕的犯罪嫌疑人或者犯罪人扭送到人民检察院的，人民检察院应当予以接受，并且根据具体情况决定是否采取相应的紧急措施。不属于自己管辖的，应当移送主管机关处理。

第五节　逮　　捕

第一百二十八条　人民检察院对有证据证明有犯罪事实，可能判处徒刑以上刑罚的犯罪嫌疑人，采取保候审尚不足以防止发生下列社会危险性的，应当批准或者决定逮捕：

（一）可能实施新的犯罪的；

（二）有危害国家安全、公共安全或者社会秩序的现实危险的；

（三）可能毁灭、伪造证据，干扰证人作证或者串供的；

（四）可能对被害人、举报人、控告人实施打击报复的；

（五）企图自杀或者逃跑的。

有证据证明有犯罪事实是指同时具备下列情形：

（一）有证据证明发生了犯罪事实；

（二）有证据证明该犯罪事实是犯罪嫌疑人实施的；

（三）证明犯罪嫌疑人实施犯罪行为的证据已

经查证属实。

犯罪事实既可以是单一犯罪行为的事实,也可以是数个犯罪行为中任何一个犯罪行为的事实。

第一百二十九条 犯罪嫌疑人具有下列情形之一的,可以认定为"可能实施新的犯罪":

(一)案发前或者案发后正在策划、组织或者预备实施新的犯罪的;

(二)扬言实施新的犯罪的;

(三)多次作案、连续作案、流窜作案的;

(四)一年内曾因故意实施同类违法行为受到行政处罚的;

(五)以犯罪所得为主要生活来源的;

(六)有吸毒、赌博等恶习的;

(七)其他可能实施新的犯罪的情形。

第一百三十条 犯罪嫌疑人具有下列情形之一的,可以认定为"有危害国家安全、公共安全或者社会秩序的现实危险":

(一)案发前或者案发后正在积极策划、组织或者预备实施危害国家安全、公共安全或者社会秩序的重大违法犯罪行为的;

(二)曾因危害国家安全、公共安全或者社会秩序受到刑事处罚或者行政处罚的;

(三)在危害国家安全、黑恶势力、恐怖活动、毒品犯罪中起组织、策划、指挥作用或者积极参加的;

(四)其他有危害国家安全、公共安全或者社会秩序的现实危险的情形。

第一百三十一条 犯罪嫌疑人具有下列情形之一的,可以认定为"可能毁灭、伪造证据,干扰证人作证或者串供":

(一)曾经或者企图毁灭、伪造、隐匿、转移证据的;

(二)曾经或者企图威逼、恐吓、利诱、收买证人,干扰证人作证的;

(三)有同案犯罪嫌疑人或者与其在事实上存在密切关联犯罪的犯罪嫌疑人在逃,重要证据尚未收集到位的;

(四)其他可能毁灭、伪造证据,干扰证人作证或者串供的情形。

第一百三十二条 犯罪嫌疑人具有下列情形之一的,可以认定为"可能对被害人、举报人、控告人实施打击报复":

(一)扬言或者准备、策划对被害人、举报人、控告人实施打击报复的;

(二)曾经对被害人、举报人、控告人实施打击、要挟、迫害等行为的;

(三)采取其他方式滋扰被害人、举报人、控告人的正常生活、工作的;

(四)其他可能对被害人、举报人、控告人实施打击报复的情形。

第一百三十三条 犯罪嫌疑人具有下列情形之一的,可以认定为"企图自杀或者逃跑":

(一)着手准备自杀、自残或者逃跑的;

(二)曾经自杀、自残或者逃跑的;

(三)有自杀、自残或者逃跑的意思表示的;

(四)曾经以暴力、威胁手段抗拒抓捕的;

(五)其他企图自杀或者逃跑的情形。

第一百三十四条 人民检察院办理审查逮捕案件,应当全面把握逮捕条件,对有证据证明有犯罪事实、可能判处徒刑以上刑罚的犯罪嫌疑人,除具有刑事诉讼法第八十一条第三款、第四款规定的情形外,应当严格审查是否具备社会危险性条件。

第一百三十五条 人民检察院审查认定犯罪嫌疑人是否具有社会危险性,应当以公安机关移送的社会危险性相关证据为依据,并结合案件具体情况综合认定。必要时,可以通过讯问犯罪嫌疑人、询问证人等诉讼参与人、听取辩护律师意见等方式,核实相关证据。

依据在案证据不能认定犯罪嫌疑人符合逮捕社会危险性条件的,人民检察院可以要求公安机关补充相关证据,公安机关没有补充移送的,应当作出不批准逮捕的决定。

第一百三十六条 对有证据证明有犯罪事实,可能判处十年有期徒刑以上刑罚的犯罪嫌疑人,应当批准或者决定逮捕。

对有证据证明有犯罪事实,可能判处徒刑以上刑罚,犯罪嫌疑人曾经故意犯罪或者不讲真实姓名、住址,身份不明的,应当批准或者决定逮捕。

第一百三十七条 人民检察院经审查认为被取保候审、监视居住的犯罪嫌疑人违反取保候审、监视居住规定,依照本规则第一百零一条、第一百一十一条的规定办理。

对于被取保候审、监视居住的可能判处徒刑以下刑罚的犯罪嫌疑人,违反取保候审、监视居住规定,严重影响诉讼活动正常进行的,可以予以逮捕。

第一百三十八条 对实施多个犯罪行为或者共同犯罪案件的犯罪嫌疑人,符合本规则第一百二

十八条的规定,具有下列情形之一的,应当批准或者决定逮捕:

（一）有证据证明犯有数罪中的一罪的;

（二）有证据证明实施多次犯罪中的一次犯罪的;

（三）共同犯罪中,已有证据证明有犯罪事实的犯罪嫌疑人。

第一百三十九条　对具有下列情形之一的犯罪嫌疑人,人民检察院应当作出不批准逮捕或者不予逮捕的决定:

（一）不符合本规则规定的逮捕条件的;

（二）具有刑事诉讼法第十六条规定的情形之一的。

第一百四十条　犯罪嫌疑人涉嫌的罪行较轻,且没有其他重大犯罪嫌疑,具有下列情形之一的,可以作出不批准逮捕或者不予逮捕的决定:

（一）属于预备犯、中止犯,或者防卫过当、避险过当的;

（二）主观恶性较小的初犯,共同犯罪中的从犯、胁从犯,犯罪后自首、有立功表现或者积极退赃、赔偿损失、确有悔罪表现的;

（三）过失犯罪的犯罪嫌疑人,犯罪后有悔罪表现,有效控制损失或者积极赔偿损失的;

（四）犯罪嫌疑人与被害人双方根据刑事诉讼法的有关规定达成和解协议,经审查,认为和解系自愿、合法且已经履行或者提供担保的;

（五）犯罪嫌疑人认罪认罚的;

（六）犯罪嫌疑人系已满十四周岁未满十八周岁的未成年人或者在校学生,本人有悔罪表现,其家庭、学校或者所在社区、居民委员会、村民委员会具备监护、帮教条件的;

（七）犯罪嫌疑人系已满七十五周岁的人。

第一百四十一条　对符合刑事诉讼法第七十四条第一款规定的犯罪嫌疑人,人民检察院经审查认为不需要逮捕的,可以在作出不批准逮捕决定的同时,向公安机关提出采取监视居住措施的建议。

第六节　监察机关移送案件的强制措施

第一百四十二条　对于监察机关移送起诉的已采取留置措施的案件,人民检察院应当在受理案件后,及时对犯罪嫌疑人作出拘留决定,交公安机关执行。执行拘留后,留置措施自动解除。

第一百四十三条　人民检察院应当在执行拘留后十日以内,作出是否逮捕、取保候审或者监视居住的决定。特殊情况下,决定的时间可以延长一日至四日。

人民检察院决定采取强制措施的期间不计入审查起诉期限。

第一百四十四条　除无法通知的以外,人民检察院应当在公安机关执行拘留、逮捕后二十四小时以内,通知犯罪嫌疑人的家属。

第一百四十五条　人民检察院应当自收到移送起诉的案卷材料之日起三日以内告知犯罪嫌疑人有权委托辩护人。对已经采取留置措施的,应当在执行拘留时告知。

第一百四十六条　对于监察机关移送起诉的未采取留置措施的案件,人民检察院受理后,在审查起诉过程中根据案件情况,可以依照本规则相关规定决定是否采取逮捕、取保候审或者监视居住措施。

第一百四十七条　对于监察机关移送起诉案件的犯罪嫌疑人采取强制措施,本节未规定的,适用本规则相关规定。

第七节　其他规定

第一百四十八条　人民检察院对担任县级以上各级人民代表大会代表的犯罪嫌疑人决定采取拘传、取保候审、监视居住、拘留、逮捕强制措施的,应当报请该代表所属的人民代表大会主席团或者常务委员会许可。

人民检察院对担任本级人民代表大会代表的犯罪嫌疑人决定采取强制措施的,应当报请本级人民代表大会主席团或者常务委员会许可。

对担任上级人民代表大会代表的犯罪嫌疑人决定采取强制措施的,应当层报该代表所属的人民代表大会同级的人民检察院报请许可。

对担任下级人民代表大会代表的犯罪嫌疑人决定采取强制措施的,可以直接报请该代表所属的人民代表大会主席团或者常务委员会许可,也可以委托该代表所属的人民代表大会同级的人民检察院报请许可。

对担任两级以上的人民代表大会代表的犯罪嫌疑人决定采取强制措施的,分别依照本条第二、三、四款的规定报请许可。

对担任办案单位所在省、市、县（区）以外的其他地区人民代表大会代表的犯罪嫌疑人决定采取强制措施的,应当委托该代表所属的人民代表大会同级的人民检察院报请许可;担任两级以上人民代表大会代表的,应当分别委托该代表所属的人民代表大会同级的人民检察院报请许可。

对于公安机关提请人民检察院批准逮捕的案件,犯罪嫌疑人担任人民代表大会代表的,报请许可手续由公安机关负责办理。

担任县级以上人民代表大会代表的犯罪嫌疑人,经报请该代表所属人民代表大会主席团或者常务委员会许可后被刑事拘留的,适用逮捕措施时不需要再次报请许可。

第一百四十九条 担任县级以上人民代表大会代表的犯罪嫌疑人因现行犯被人民检察院拘留的,人民检察院应当立即向该代表所属的人民代表大会主席团或者常务委员会报告。报告的程序参照本规则第一百四十八条报请许可的程序规定。

对担任乡、民族乡、镇的人民代表大会代表的犯罪嫌疑人决定采取强制措施的,由县级人民检察院向乡、民族乡、镇的人民代表大会报告。

第一百五十条 犯罪嫌疑人及其法定代理人、近亲属或者辩护人认为人民检察院采取强制措施法定期限届满,要求解除、变更强制措施或者释放犯罪嫌疑人的,人民检察院应当在收到申请后三日以内作出决定。

经审查,认为法定期限届满的,应当决定解除、变更强制措施或者释放犯罪嫌疑人,并通知公安机关执行;认为法定期限未满的,书面答复申请人。

第一百五十一条 犯罪嫌疑人及其法定代理人、近亲属或者辩护人向人民检察院提出变更强制措施申请的,人民检察院应当在收到申请后三日以内作出决定。

经审查,同意变更强制措施的,应当在作出决定的同时通知公安机关执行;不同意变更强制措施的,应当书面告知申请人,并说明不同意的理由。

犯罪嫌疑人及其法定代理人、近亲属或者辩护人提出变更强制措施申请的,应当说明理由,有证据和其他材料的,应当附上相关材料。

第一百五十二条 人民检察院在侦查、审查起诉期间,对犯罪嫌疑人拘留、逮捕后发生依法延长侦查羁押期限、审查起诉期限,重新计算侦查羁押期限、审查起诉期限等期限改变的情形的,应当及时将变更后的期限书面通知看守所。

第一百五十三条 人民检察院决定对涉嫌犯罪的机关事业单位工作人员取保候审、监视居住、拘留、逮捕的,应当在采取或者解除强制措施后五日以内告知其所在单位;决定撤销案件或者不起诉的,应当在作出决定后十日以内告知其所在单位。

第一百五十四条 取保候审变更为监视居住,或者取保候审、监视居住变更为拘留、逮捕的,在变更的同时原强制措施自动解除,不再办理解除法律手续。

第一百五十五条 人民检察院已经对犯罪嫌疑人取保候审、监视居住,案件起诉至人民法院后,人民法院决定取保候审、监视居住或者变更强制措施的,原强制措施自动解除,不再办理解除法律手续。

第七章　案件受理

第一百五十六条 下列案件,由人民检察院负责案件管理的部门统一受理:

(一)公安机关提请批准逮捕、移送起诉、提请批准延长侦查羁押期限、要求复议、提请复核、申请复查、移送申请强制医疗、移送申请没收违法所得的案件;

(二)监察机关移送起诉、提请没收违法所得、对不起诉决定提请复议的案件;

(三)下级人民检察院提出或者提请抗诉、报请指定管辖、报请核准追诉、报请核准缺席审判或者提请死刑复核监督的案件;

(四)人民法院通知出席第二审法庭或者再审法庭的案件;

(五)其他依照规定由负责案件管理的部门受理的案件。

第一百五十七条 人民检察院负责案件管理的部门受理案件时,应当接收案卷材料,并立即审查下列内容:

(一)依据移送的法律文书载明的内容确定案件是否属于本院管辖;

(二)案卷材料是否齐备、规范,符合有关规定的要求;

(三)移送的款项或者物品与移送清单是否相符;

(四)犯罪嫌疑人是否在案以及采取强制措施的情况;

(五)是否在规定的期限内移送案件。

第一百五十八条 人民检察院负责案件管理

的部门对接收的案卷材料审查后,认为具备受理条件的,应当及时进行登记,并立即将案卷材料和案件受理登记表移送办案部门办理。

经审查,认为案卷材料不齐备的,应当及时要求移送案件的单位补送相关材料。对于案卷装订不符合要求的,应当要求移送案件的单位重新装订后移送。

对于移送起诉的案件,犯罪嫌疑人在逃的,应当要求公安机关采取措施保证犯罪嫌疑人到案后再移送起诉。共同犯罪案件中部分犯罪嫌疑人在逃的,对在案犯罪嫌疑人的移送起诉应当受理。

第一百五十九条　对公安机关送达的执行情况回执和人民法院送达的判决书、裁定书等法律文书,人民检察院负责案件管理的部门应当接收,即时登记。

第一百六十条　人民检察院直接受理侦查的案件,移送审查逮捕、移送起诉的,按照本规则第一百五十六条至第一百五十八条的规定办理。

第一百六十一条　人民检察院负责控告申诉检察的部门统一接受报案、控告、举报、申诉和犯罪嫌疑人投案自首,并依法审查,在七日以内作出以下处理:

(一)属于本院管辖且符合受理条件的,应当予以受理;

(二)不属于本院管辖的报案、控告、举报、自首,应当移送主管机关处理。必须采取紧急措施的,应当先采取紧急措施,然后移送主管机关。不属于本院管辖的申诉,应当告知其向有管辖权的机关提出;

(三)案件情况不明的,应当进行必要的调查核实,查明情况后依法作出处理。

负责控告申诉检察的部门可以向下级人民检察院交办控告、申诉、举报案件,并依照有关规定进行督办。

第一百六十二条　控告、申诉符合下列条件的,人民检察院应当受理:

(一)属于人民检察院受理案件范围;

(二)本院具有管辖权;

(三)申诉人是原案的当事人或者其法定代理人、近亲属;

(四)控告、申诉材料符合受理要求。

控告人、申诉人委托律师代理控告、申诉,符合上述条件的,应当受理。

控告、申诉材料不齐备的,应当告知控告人、申诉人补齐。受理时间从控告人、申诉人补齐相关材料之日起计算。

第一百六十三条　对于收到的群众来信,负责控告申诉检察的部门应当在七日以内进行程序性答复,办案部门应当在三个月以内将办理进展或者办理结果答复来信人。

第一百六十四条　负责控告申诉检察的部门对受理的刑事申诉案件应当根据事实、法律进行审查,必要时可以进行调查核实。认为原案处理可能错误的,应当移送相关办案部门办理;认为原案处理没有错误的,应当书面答复申诉人。

第一百六十五条　办案部门应当在规定期限内办结控告、申诉案件,制作相关法律文书,送达报案人、控告人、申诉人、举报人、自首人,并做好释法说理工作。

第八章　立　案

第一节　立案审查

第一百六十六条　人民检察院直接受理侦查案件的线索,由负责侦查的部门统一受理、登记和管理。负责控告申诉检察的部门接受的控告、举报,或者本院其他办案部门发现的案件线索,属于人民检察院直接受理侦查案件线索的,应当在七日以内移送负责侦查的部门。

负责侦查的部门对案件线索进行审查后,认为属于本院管辖,需要进一步调查核实的,应当报检察长决定。

第一百六十七条　对于人民检察院直接受理侦查案件的线索,上级人民检察院在必要时,可以直接调查核实或者组织、指挥、参与下级人民检察院的调查核实,可以将下级人民检察院管辖的案件线索指定辖区内其他人民检察院调查核实,也可以将本院管辖的案件线索交由下级人民检察院调查核实;下级人民检察院认为案件线索重大、复杂,需要由上级人民检察院调查核实的,可以提请移送上级人民检察院调查核实。

第一百六十八条　调查核实一般不得接触被调查对象。必须接触被调查对象的,应当经检察长批准。

第一百六十九条　进行调查核实,可以采取询问、查询、勘验、检查、鉴定、调取证据材料等不限制被调查对象人身、财产权利的措施。不得对被调查对象采取强制措施，不得查封、扣押、冻结被调查对象的财产，不得采取技术侦查措施。

第一百七十条 负责侦查的部门调查核实后，应当制作审查报告。

调查核实终结后，相关材料应当立卷归档。立案进入侦查程序的，对于作为诉讼证据以外的其他材料应当归入侦查内卷。

第二节 立案决定

第一百七十一条 人民检察院对于直接受理的案件，经审查认为有犯罪事实需要追究刑事责任的，应当制作立案报告书，经检察长批准后予以立案。

符合立案条件，但犯罪嫌疑人尚未确定的，可以依据已查明的犯罪事实作出立案决定。

对具有下列情形之一的，报请检察长决定不予立案：

（一）具有刑事诉讼法第十六条规定情形之一的；

（二）认为没有犯罪事实的；

（三）事实或者证据尚不符合立案条件的。

第一百七十二条 对于其他机关或者本院其他办案部门移送的案件线索，决定不予立案的，负责侦查的部门应当制作不立案通知书，写明案由和案件来源、决定不立案的原因和法律依据，自作出不立案决定之日起十日以内送达移送案件线索的机关或者部门。

第一百七十三条 对于控告和实名举报，决定不予立案的，应当制作不立案通知书，写明案由和案件来源、决定不立案的原因和法律依据，由负责侦查的部门在十五日以内送达控告人、举报人，同时告知本院负责控告申诉检察的部门。

控告人如果不服，可以在收到不立案通知书后十日以内向上一级人民检察院申请复议。不立案的复议，由上一级人民检察院负责侦查的部门审查办理。

人民检察院认为被控告人、被举报人的行为未构成犯罪，决定不予立案，但需要追究其党纪、政纪、违法责任的，应当移送有管辖权的主管机关处理。

第一百七十四条 错告对被控告人、被举报人造成不良影响的，人民检察院应当自作出不立案决定之日起一个月以内向其所在单位或者有关部门通报调查核实的结论，澄清事实。

属于诬告陷害的，应当移送有关机关处理。

第一百七十五条 人民检察院决定对人民代表大会代表立案，应当按照本规则第一百四十八条、第一百四十九条规定的程序向该代表所属的人民代表大会主席团或者常务委员会进行通报。

第九章 侦 查

第一节 一般规定

第一百七十六条 人民检察院办理直接受理侦查的案件，应当全面、客观地收集、调取犯罪嫌疑人有罪或者无罪、罪轻或者罪重的证据材料，并依法进行审查、核实。办案过程中必须重证据，重调查研究，不轻信口供。严禁刑讯逼供和以威胁、引诱、欺骗以及其他非法方法收集证据，不得强迫任何人证实自己有罪。

第一百七十七条 人民检察院办理直接受理侦查的案件，应当保障犯罪嫌疑人和其他诉讼参与人依法享有的辩护权和其他各项诉讼权利。

第一百七十八条 人民检察院办理直接受理侦查的案件，应当严格依照刑事诉讼法规定的程序，严格遵守刑事案件办案期限的规定，依法提请批准逮捕、移送起诉、不起诉或者撤销案件。

对犯罪嫌疑人采取强制措施，应当经检察长批准。

第一百七十九条 人民检察院办理直接受理侦查的案件，应当对侦查过程中知悉的国家秘密、商业秘密及个人隐私予以保密。

第一百八十条 办理案件的人民检察院需要派员到本辖区以外进行搜查，调取物证、书证等证据材料，或者查封、扣押财物和文件的，应当持相关法律文书和证明文件等与当地人民检察院联系，当地人民检察院应当予以协助。

需要到本辖区以外调取证据材料的，必要时，可以向证据所在地的人民检察院发函调取证据。调取证据的函件应当注明具体的取证对象、地址和内容。证据所在地的人民检察院应当在收到函件后一个月以内将取证结果送达办理案件的人民检察院。

被请求协助的人民检察院有异议的，可以与办理案件的人民检察院进行协商。必要时，报请共同的上级人民检察院决定。

第一百八十一条　人民检察院对于直接受理案件的侦查,可以适用刑事诉讼法第二编第二章规定的各项侦查措施。

刑事诉讼法规定进行侦查活动需要制作笔录的,应当制作笔录。必要时,可以对相关活动进行录音、录像。

第二节　讯问犯罪嫌疑人

第一百八十二条　讯问犯罪嫌疑人,由检察人员负责进行。讯问时,检察人员或者检察人员和书记员不得少于二人。

讯问同案的犯罪嫌疑人,应当个别进行。

第一百八十三条　对于不需要逮捕、拘留的犯罪嫌疑人,可以传唤到犯罪嫌疑人所在市、县内的指定地点或者到他的住处进行讯问。

传唤犯罪嫌疑人,应当出示传唤证和工作证件,并责令犯罪嫌疑人在传唤证上签名或者盖章,并捺指印。

犯罪嫌疑人到案后,应当由其在传唤证上填写到案时间。传唤结束时,应当由其在传唤证上填写传唤结束时间。拒绝填写的,应当在传唤证上注明。

对在现场发现的犯罪嫌疑人,经出示工作证件,可以口头传唤,并将传唤的原因和依据告知被传唤人。在讯问笔录中应当注明犯罪嫌疑人到案时间、到案经过和传唤结束时间。

本规则第八十四条第二款的规定适用于传唤犯罪嫌疑人。

第一百八十四条　传唤犯罪嫌疑人时,其家属在场的,应当当场将传唤的原因和处所口头告知其家属,并在讯问笔录中注明。其家属不在场的,应当及时将传唤的原因和处所通知被传唤人家属。无法通知的,应当在讯问笔录中注明。

第一百八十五条　传唤持续的时间不得超过十二小时。案情特别重大、复杂,需要采取拘留、逮捕措施的,传唤持续的时间不得超过二十四小时。两次传唤间隔的时间一般不得少于十二小时,不得以连续传唤的方式变相拘禁犯罪嫌疑人。

传唤犯罪嫌疑人,应当保证犯罪嫌疑人的饮食和必要的休息时间。

第一百八十六条　犯罪嫌疑人被送交看守所羁押后,检察人员对其进行讯问,应当填写提讯、提解证,在看守所讯问室进行。

因辨认、鉴定、侦查实验或者追缴犯罪有关财物的需要,经检察长批准,可以提押犯罪嫌疑人出所,并应当由两名以上司法警察押解。不得以讯问为目的将犯罪嫌疑人提押出所进行讯问。

第一百八十七条　讯问犯罪嫌疑人一般按照下列顺序进行:

(一)核实犯罪嫌疑人的基本情况,包括姓名、出生年月日、户籍地、公民身份号码、民族、职业、文化程度、工作单位及职务、住所、家庭情况、社会经历、是否属于人大代表、政协委员等;

(二)告知犯罪嫌疑人在侦查阶段的诉讼权利,有权自行辩护或者委托律师辩护,告知其如实供述自己罪行可以依法从宽处理和认罪认罚的法律规定;

(三)讯问犯罪嫌疑人是否有犯罪行为,让他陈述有罪的事实或者无罪的辩解,应当允许其连贯陈述。

犯罪嫌疑人对检察人员的提问,应当如实回答。但是对与本案无关的问题,有拒绝回答的权利。

讯问犯罪嫌疑人时,应当告知犯罪嫌疑人将对讯问进行全程同步录音、录像。告知情况应当在录音、录像中予以反映,并记明笔录。

讯问时,对犯罪嫌疑人提出的辩解要认真查核。严禁刑讯逼供和以威胁、引诱、欺骗以及其他非法的方法获取供述。

第一百八十八条　讯问犯罪嫌疑人,应当制作讯问笔录。讯问笔录应当忠实于原话,字迹清楚,详细具体,并交犯罪嫌疑人核对。犯罪嫌疑人没有阅读能力的,应当向他宣读。如果记载有遗漏或者差错,应当补充或者改正。犯罪嫌疑人认为讯问笔录没有错误的,由其在笔录上逐页签名或者盖章,并捺指印,在末页写明"以上笔录我看过(向我宣读过),和我说的相符",同时签名或者盖章,并捺指印,注明日期。如果犯罪嫌疑人拒绝签名、盖章、捺指印的,应当在笔录上注明。讯问的检察人员、书记员也应当在笔录上签名。

第一百八十九条　犯罪嫌疑人请求自行书写供述的,检察人员应当准许。必要时,检察人员也可以要求犯罪嫌疑人亲笔书写供述。犯罪嫌疑人应当在亲笔供述的末页签名或者盖章,并捺指印,注明书写日期。检察人员收到后,应当在首页右上方写明"于某年某月某日收到"，并签名。

第一百九十条　人民检察院办理直接受理侦查的案件，应当在每次讯问犯罪嫌疑人时，对讯问过程实行全程录音、录像，并在讯问笔录中注明。

第三节　询问证人、被害人

第一百九十一条　人民检察院在侦查过程中，应当及时询问证人，并且告知证人履行作证的权利和义务。

人民检察院应当保证一切与案件有关或者了解案情的公民有客观充分地提供证据的条件，并为他们保守秘密。除特殊情况外，人民检察院可以吸收他们协助调查。

第一百九十二条　询问证人，应当由检察人员负责进行。询问时，检察人员或者检察人员和书记员不得少于二人。

第一百九十三条　询问证人，可以在现场进行，也可以到证人所在单位、住处或者证人提出的地点进行。必要时，也可以通知证人到人民检察院提供证言。到证人提出的地点进行询问的，应当在笔录中记明。

询问证人应当个别进行。

在现场询问证人，应当出示工作证件。到证人所在单位、住处或者证人提出的地点询问证人，应当出示人民检察院的证明文件。

第一百九十四条　询问证人，应当问明证人的基本情况以及与当事人的关系，并且告知证人应当如实提供证据、证言和故意作伪证或者隐匿罪证应当承担的法律责任，但是不得向证人泄露案情，不得采用拘禁、暴力、威胁、引诱、欺骗以及其他非法方法获取证言。

询问重大或者有社会影响的案件的重要证人，应当对询问过程实行全程录音、录像，并在询问笔录中注明。

第一百九十五条　询问被害人，适用询问证人的规定。

第四节　勘验、检查

第一百九十六条　检察人员对于与犯罪有关的场所、物品、人身、尸体应当进行勘验或者检查。必要时，可以指派检察技术人员或者聘请其他具有专门知识的人，在检察人员的主持下进行勘验、检查。

第一百九十七条　勘验时，人民检察院应当邀请两名与案件无关的见证人在场。

勘查现场，应当拍摄现场照片。勘查的情况应当写明笔录并制作现场图，由参加勘查的人和见证人签名。勘查重大案件的现场，应当录像。

第一百九十八条　人民检察院解剖死因不明的尸体，应当通知死者家属到场，并让其在解剖通知书上签名或者盖章。

死者家属无正当理由拒不到场或者拒绝签名、盖章的，不影响解剖的进行，但是应当在解剖通知书上记明。对于身份不明的尸体，无法通知死者家属的，应当记明笔录。

第一百九十九条　为了确定被害人、犯罪嫌疑人的某些特征、伤害情况或者生理状态，人民检察院可以对其人身进行检查，可以提取指纹信息，采集血液、尿液等生物样本。

必要时，可以指派、聘请法医或者医师进行人身检查。采集血液等生物样本应当由医师进行。

犯罪嫌疑人如果拒绝检查，检察人员认为必要时可以强制检查。

检查妇女的身体，应当由女工作人员或者医师进行。

人身检查不得采用损害被检查人生命、健康或者贬低其名誉、人格的方法。在人身检查过程中知悉的被检查人的个人隐私，检察人员应当予以保密。

第二百条　为了查明案情，必要时经检察长批准，可以进行侦查实验。

侦查实验，禁止一切足以造成危险、侮辱人格或者有伤风化的行为。

第二百零一条　侦查实验，必要时可以聘请有关专业人员参加，也可以要求犯罪嫌疑人、被害人、证人参加。

第五节　搜　　查

第二百零二条　人民检察院有权要求有关单位和个人，交出能够证明犯罪嫌疑人有罪或者无罪以及犯罪情节轻重的证据。

第二百零三条　为了收集犯罪证据，查获犯罪人，经检察长批准，检察人员可以对犯罪嫌疑人以及可能隐藏罪犯或者犯罪证据的人的身体、物品、住处、工作地点和其他有关的地方进行搜查。

第二百零四条　搜查应当在检察人员的主持

下进行,可以有司法警察参加。必要时,可以指派检察技术人员参加或者邀请当地公安机关、有关单位协助进行。

执行搜查的人员不得少于二人。

第二百零五条 搜查时,应当向被搜查人或者他的家属出示搜查证。

在执行逮捕、拘留的时候,遇有下列紧急情况之一,不另用搜查证也可以进行搜查:

(一)可能随身携带凶器的;

(二)可能隐藏爆炸、剧毒等危险物品的;

(三)可能隐匿、毁弃、转移犯罪证据的;

(四)可能隐匿其他犯罪嫌疑人的;

(五)其他紧急情况。

搜查结束后,搜查人员应当在二十四小时以内补办有关手续。

第二百零六条 搜查时,应当有被搜查人或者其家属、邻居或者其他见证人在场,并且对被搜查人或者其家属说明阻碍搜查、妨碍公务应负的法律责任。

搜查妇女的身体,应当由女工作人员进行。

第二百零七条 搜查时,如果遇到阻碍,可以强制进行搜查。对以暴力、威胁方法阻碍搜查的,应当予以制止,或者由司法警察将其带离现场。阻碍搜查构成犯罪的,应当依法追究刑事责任。

第六节 调取、查封、扣押、查询、冻结

第二百零八条 检察人员可以凭人民检察院的证明文件,向有关单位和个人调取能够证明犯罪嫌疑人有罪或者无罪以及犯罪情节轻重的证据材料,并且可以根据需要拍照、录像、复印和复制。

第二百零九条 调取物证应当调取原物。原物不便搬运、保存,或者依法应当返还被害人,或者因保密工作需要不能调取原物的,可以将原物封存,并拍照、录像。对原物拍照或者录像应当足以反映原物的外形、内容。

调取书证、视听资料应当调取原件。取得原件确有困难或者因保密需要不能调取原件的,可以调取副本或者复制件。

调取书证、视听资料的副本、复制件和物证的照片、录像的,应当书面记明不能调取原件、原物的原因,制作过程和原件、原物存放地点,并由制作人员和原书证、视听资料、物证持有人签名或者盖章。

第二百一十条 在侦查活动中发现的可以证明犯罪嫌疑人有罪、无罪或者犯罪情节轻重的各种财物和文件,应当查封或者扣押;与案件无关的,不得查封或者扣押。查封或者扣押应当经检察长批准。

不能立即查明是否与案件有关的可疑的财物和文件,也可以查封或者扣押,但应当及时审查。经查明确实与案件无关的,应当在三日以内解除查封或者予以退还。

持有人拒绝交出应当查封、扣押的财物和文件的,可以强制查封、扣押。

对于犯罪嫌疑人、被告人到案时随身携带的物品需要扣押的,可以依照前款规定办理。对于与案件无关的个人用品,应当逐件登记,并随案移交或者退还其家属。

第二百一十一条 对犯罪嫌疑人使用违法所得与合法收入共同购置的不可分割的财产,可以先行查封、扣押、冻结。对无法分割退还的财产,应当在结案后予以拍卖、变卖,对不属于违法所得的部分予以退还。

第二百一十二条 人民检察院根据侦查犯罪的需要,可以依照规定查询、冻结犯罪嫌疑人的存款、汇款、债券、股票、基金份额等财产,并可以要求有关单位和个人配合。

查询、冻结前款规定的财产,应当制作查询、冻结财产通知书,通知银行或者其他金融机构、邮政部门执行。冻结财产的,应当经检察长批准。

第二百一十三条 犯罪嫌疑人的存款、汇款、债券、股票、基金份额等财产已冻结的,人民检察院不得重复冻结,可以轮候冻结。人民检察院应当要求有关银行或者其他金融机构、邮政部门在解除冻结或者作出处理前通知人民检察院。

第二百一十四条 扣押、冻结债券、股票、基金份额等财产,应当书面告知当事人或者其法定代理人、委托代理人有权申请出售。

对于被扣押、冻结的债券、股票、基金份额等财产,在扣押、冻结期间权利人申请出售,经审查认为不损害国家利益、被害人利益,不影响诉讼正常进行的,以及扣押、冻结的汇票、本票、支票的有效期即将届满的,经检察长批准,可以在案件办结前依法出售或者变现,所得价款由人民检察院指定的银行账户保管,并及时告知当事人或者其近亲属。

第二百一十五条 对于冻结的存款、汇款、债券、股票、基金份额等财产,经查明确实与案件无关

的,应当在三日以内解除冻结,并通知财产所有人。

第二百一十六条　查询、冻结与案件有关的单位的存款、汇款、债券、股票、基金份额等财产的办法适用本规则第二百一十二条至第二百一十五条的规定。

第二百一十七条　对于扣押的款项和物品,应当在三日以内将款项存入唯一合规账户,将物品送负责案件管理的部门保管。法律或者有关规定另有规定的除外。

对于查封、扣押在人民检察院的物品、文件、邮件、电报,人民检察院应当妥善保管。经查明确实与案件无关的,应当在三日以内作出解除或者退还决定,并通知有关单位、当事人办理相关手续。

第七节　鉴　　定

第二百一十八条　人民检察院为了查明案情,解决案件中某些专门性的问题,可以进行鉴定。

鉴定由人民检察院有鉴定资格的人员进行。必要时,也可以聘请其他有鉴定资格的人员进行,但是应当征得鉴定人所在单位同意。

第二百一十九条　人民检察院应当为鉴定人提供必要条件,及时向鉴定人送交有关检材和对比样本等原始材料,介绍与鉴定有关的情况,并明确提出要求鉴定解决的问题,但是不得暗示或者强迫鉴定人作出某种鉴定意见。

第二百二十条　对于鉴定意见,检察人员应当进行审查,必要时可以进行补充鉴定或者重新鉴定。重新鉴定的,应当另行指派或者聘请鉴定人。

第二百二十一条　用作证据的鉴定意见,人民检察院办案部门应当告知犯罪嫌疑人、被害人;被害人死亡或者没有诉讼行为能力的,应当告知其法定代理人、近亲属或诉讼代理人。

犯罪嫌疑人、被害人或被害人的法定代理人、近亲属、诉讼代理人提出申请,可以补充鉴定或者重新鉴定,鉴定费用由请求方承担。但原鉴定违反法定程序的,由人民检察院承担。

犯罪嫌疑人的辩护人或者近亲属以犯罪嫌疑人有患精神病可能而申请对犯罪嫌疑人进行鉴定的,鉴定费用由申请方承担。

第二百二十二条　对犯罪嫌疑人作精神病鉴定的期间不计入羁押期限和办案期限。

第八节　辨　　认

第二百二十三条　为了查明案情,必要时,检察人员可以让被害人、证人和犯罪嫌疑人对与犯罪有关的物品、文件、尸体或场所进行辨认;也可以让被害人、证人对犯罪嫌疑人进行辨认,或者让犯罪嫌疑人对其他犯罪嫌疑人进行辨认。

第二百二十四条　辨认应当在检察人员的主持下进行,执行辨认的人员不得少于二人。在辨认前,应当向辨认人详细询问被辨认对象的具体特征,避免辨认人见到被辨认对象,并应当告知辨认人有意作虚假辨认应负的法律责任。

第二百二十五条　几名辨认人对同一被辨认对象进行辨认时,应当由每名辨认人单独进行。必要时,可以有见证人在场。

第二百二十六条　辨认时,应当将辨认对象混杂在其他对象中。不得在辨认前向辨认人展示辨认对象及其影像资料,不得给辨认人任何暗示。

辨认犯罪嫌疑人时,被辨认的人数不得少于七人,照片不得少于十张。

辨认物品时,同类物品不得少于五件,照片不得少于五张。

对犯罪嫌疑人的辨认,辨认人不愿公开进行时,可以在不暴露辨认人的情况下进行,并应当为其保守秘密。

第九节　技术侦查措施

第二百二十七条　人民检察院在立案后,对于利用职权实施的严重侵犯公民人身权利的重大犯罪案件,经过严格的批准手续,可以采取技术侦查措施,交有关机关执行。

第二百二十八条　人民检察院办理直接受理侦查的案件,需要追捕被通缉或者决定逮捕的在逃犯罪嫌疑人、被告人的,经过批准,可以采取追捕所必需的技术侦查措施,不受本规则第二百二十七条规定的案件范围的限制。

第二百二十九条　人民检察院采取技术侦查措施应当根据侦查犯罪的需要,确定采取技术侦查措施的种类和适用对象,按照有关规定报请批准。批准决定自签发之日起三个月以内有效。对于不需要继续采取技术侦查措施的,应当及时解除;对于复杂、疑难案件,期限届满仍有必要继续采取技术侦查措施的,应当在期限届满前十日以内制作呈请延长技术侦查措施期限报告书,写明延长的期限及理由,经过原批准机关批准,有效期可以延长,每次不得超过三个月。

采取技术侦查措施收集的材料作为证据使用的,批准采取技术侦查措施的法律文书应当附卷,辩护律师可以依法查阅、摘抄、复制。

第二百三十条　采取技术侦查措施收集的物证、书证及其他证据材料,检察人员应当制作相应的说明材料,写明获取证据的时间、地点、数量、特征以及采取技术侦查措施的批准机关、种类等,并签名和盖章。

对于使用技术侦查措施获取的证据材料,如果可能危及特定人员的人身安全、涉及国家秘密或者公开后可能暴露侦查秘密或者严重损害商业秘密、个人隐私的,应当采取不暴露有关人员身份、技术方法等保护措施。必要时,可以建议不在法庭上质证,由审判人员在庭外对证据进行核实。

第二百三十一条　检察人员对采取技术侦查措施过程中知悉的国家秘密、商业秘密和个人隐私,应当保密;对采取技术侦查措施获取的与案件无关的材料,应当及时销毁,并对销毁情况制作记录。

采取技术侦查措施获取的证据、线索及其他有关材料,只能用于对犯罪的侦查、起诉和审判,不得用于其他用途。

第十节　通　缉

第二百三十二条　人民检察院办理直接受理侦查的案件,应当逮捕的犯罪嫌疑人在逃,或者已被逮捕的犯罪嫌疑人脱逃的,经检察长批准,可以通缉。

第二百三十三条　各级人民检察院需要在本辖区内通缉犯罪嫌疑人的,可以直接决定通缉;需要在本辖区外通缉犯罪嫌疑人的,由有决定权的上级人民检察院决定。

第二百三十四条　人民检察院应当将通缉通知书和通缉对象的照片、身份、特征、案情简况送达公安机关,由公安机关发布通缉令,追捕归案。

第二百三十五条　为防止犯罪嫌疑人等涉案人员逃往境外,需要在边防口岸采取边控措施的,人民检察院应当按照有关规定制作边控对象通知书,商请公安机关办理边控手续。

第二百三十六条　应当逮捕的犯罪嫌疑人潜逃出境的,可以按照有关规定层报最高人民检察院商请国际刑警组织中国国家中心局,请求有关方面协助,或者通过其他法律规定的途径进行追捕。

第十一节　侦查终结

第二百三十七条　人民检察院经过侦查,认为犯罪事实清楚,证据确实、充分,依法应当追究刑事责任的,应当写出侦查终结报告,并且制作起诉意见书。

犯罪嫌疑人自愿认罪的,应当记录在案,随案移送,并在起诉意见书中写明有关情况。

对于犯罪情节轻微,依照刑法规定不需要判处刑罚或者免除刑罚的案件,应当写出侦查终结报告,并且制作不起诉意见书。

侦查终结报告和起诉意见书或者不起诉意见书应当报请检察长批准。

第二百三十八条　负责侦查的部门应当将起诉意见书或者不起诉意见书,查封、扣押、冻结的犯罪嫌疑人的财物及其孳息、文件清单以及对查封、扣押、冻结的涉案财物的处理意见和其他案卷材料,一并移送本院负责捕诉的部门审查。国家或者集体财产遭受损失的,在提出提起公诉意见的同时,可以提出提起附带民事诉讼的意见。

第二百三十九条　在案件侦查过程中,犯罪嫌疑人委托辩护律师的,检察人员可以听取辩护律师的意见。

辩护律师要求当面提出意见的,检察人员应当听取意见,并制作笔录附卷。辩护律师提出书面意见的,应当附卷。

侦查终结前,犯罪嫌疑人提出无罪或者罪轻的辩解,辩护律师提出犯罪嫌疑人无罪或者依法不应当追究刑事责任意见的,人民检察院应当依法予以核实。

案件侦查终结移送起诉时,人民检察院应当同时将案件移送情况告知犯罪嫌疑人及其辩护律师。

第二百四十条　人民检察院侦查终结的案件,需要在异地起诉、审判的,应当在移送起诉前与人民法院协商指定管辖的相关事宜。

第二百四十一条　上级人民检察院侦查终结的案件,依照刑事诉讼法的规定应当由下级人民检察院提起公诉或者不起诉的,应当将有关决定、侦查终结报告连同案卷材料交由下级人民检察院审查。

下级人民检察院认为上级人民检察院的决定有错误的，可以向上级人民检察院报告。上级人民检察院维持原决定的，下级人民检察院应当执行。

第二百四十二条 人民检察院在侦查过程中或者侦查终结后，发现具有下列情形之一的，负责侦查的部门应当制作拟撤销案件意见书，报请检察长决定：

（一）具有刑事诉讼法第十六条规定情形之一的；

（二）没有犯罪事实的，或者依照刑法规定不负刑事责任或者不是犯罪的；

（三）虽有犯罪事实，但不是犯罪嫌疑人所为的。

对于共同犯罪的案件，如有符合本条规定情形的犯罪嫌疑人，应当撤销对该犯罪嫌疑人的立案。

第二百四十三条 地方各级人民检察院决定撤销案件的，负责侦查的部门应当将撤销案件意见书连同本案全部案卷材料，在法定期限届满七日前报上一级人民检察院审查；重大、复杂案件在法定期限届满十日前报上一级人民检察院审查。

对于共同犯罪案件，应当将处理同案犯罪嫌疑人的有关法律文书以及案件事实、证据材料复印件等，一并报送上一级人民检察院。

上一级人民检察院负责侦查的部门应当对案件事实、证据和适用法律进行全面审查。必要时，可以讯问犯罪嫌疑人。

上一级人民检察院负责侦查的部门审查后，应当提出是否同意撤销案件的意见，报请检察长决定。

人民检察院决定撤销案件的，应当告知控告人、举报人，听取其意见并记明笔录。

第二百四十四条 上一级人民检察院审查下级人民检察院报送的拟撤销案件，应当在收到案件后七日以内批复；重大、复杂案件，应当在收到案件后十日以内批复。情况紧急或者因其他特殊原因不能按时送达的，可以先行通知下级人民检察院执行。

第二百四十五条 上一级人民检察院同意撤销案件的，下级人民检察院应当作出撤销案件决定，并制作撤销案件决定书。上一级人民检察院不同意撤销案件的，下级人民检察院应当执行上一级人民检察院的决定。

报请上一级人民检察院审查期间，犯罪嫌疑人羁押期限届满的，应当依法释放犯罪嫌疑人或者变更强制措施。

第二百四十六条 撤销案件的决定，应当分别送达犯罪嫌疑人所在单位和犯罪嫌疑人。犯罪嫌疑人死亡的，应当送达犯罪嫌疑人原所在单位。如果犯罪嫌疑人在押，应当制作决定释放通知书，通知公安机关依法释放。

第二百四十七条 人民检察院作出撤销案件决定的，应当在三十日以内报经检察长批准，对犯罪嫌疑人的违法所得作出处理。情况特殊的，可以延长三十日。

第二百四十八条 人民检察院撤销案件时，对犯罪嫌疑人的违法所得及其他涉案财产应当区分不同情形，作出相应处理：

（一）因犯罪嫌疑人死亡而撤销案件，依照刑法规定应当追缴其违法所得及其他涉案财产的，按照本规则第十二章第四节的规定办理。

（二）因其他原因撤销案件，对于查封、扣押、冻结的犯罪嫌疑人违法所得及其他涉案财产需要没收的，应当提出检察意见，移送有关主管机关处理。

（三）对于冻结的犯罪嫌疑人存款、汇款、债券、股票、基金份额等财产需要返还被害人的，可以通知金融机构、邮政部门返还被害人；对于查封、扣押的犯罪嫌疑人的违法所得及其他涉案财产需要返还被害人的，直接决定返还被害人。

人民检察院申请人民法院裁定处理犯罪嫌疑人涉案财产的，应当向人民法院移送有关案卷材料。

第二百四十九条 人民检察院撤销案件时，对查封、扣押、冻结的犯罪嫌疑人的涉案财物需要返还犯罪嫌疑人的，应当解除查封、扣押或者书面通知有关金融机构、邮政部门解除冻结，返还犯罪嫌疑人或者其合法继承人。

第二百五十条 查封、扣押、冻结的财物，除依法应当返还被害人或者经查明确实与案件无关的以外，不得在诉讼程序终结之前处理。法律或者有关规定另有规定的除外。

第二百五十一条 处理查封、扣押、冻结的涉案财物，应当由检察长决定。

第二百五十二条 人民检察院直接受理侦查的共同犯罪案件，如果同案犯罪嫌疑人在逃，但在案犯罪嫌疑人犯罪事实清楚，证据确实、充分的，对在案犯罪嫌疑人应当根据本规则第二百三十七条的规定分别移送起诉或者移送不起诉。

由于同案犯罪嫌疑人在逃，在案犯罪嫌疑人的犯罪事实无法查清的，对在案犯罪嫌疑人应当根据案件的不同情况分别报请延长侦查羁押期限、变更强制措施或者解除强制措施。

第二百五十三条　人民检察院直接受理侦查的案件，对犯罪嫌疑人没有采取取保候审、监视居住、拘留或者逮捕措施的，负责侦查的部门应当在立案后二年以内提出移送起诉、移送不起诉或者撤销案件的意见；对犯罪嫌疑人采取取保候审、监视居住、拘留或者逮捕措施的，负责侦查的部门应当在解除或者撤销强制措施后一年以内提出移送起诉、移送不起诉或者撤销案件的意见。

第二百五十四条　人民检察院直接受理侦查的案件，撤销案件以后，又发现新的事实或者证据，认为有犯罪事实需要追究刑事责任的，可以重新立案侦查。

第十章　审查逮捕和审查起诉

第一节　一般规定

第二百五十五条　人民检察院办理审查逮捕、审查起诉案件，应当全面审查证明犯罪嫌疑人有罪或者无罪、罪轻或者罪重的证据。

第二百五十六条　经公安机关商请或者人民检察院认为确有必要时，可以派员适时介入重大、疑难、复杂案件的侦查活动，参加公安机关对于重大案件的讨论，对案件性质、收集证据、适用法律等提出意见，监督侦查活动是否合法。

经监察机关商请，人民检察院可以派员介入监察机关办理的职务犯罪案件。

第二百五十七条　对于批准逮捕后要求公安机关继续侦查、不批准逮捕后要求公安机关补充侦查或者审查起诉阶段退回公安机关补充侦查的案件，人民检察院应当分别制作继续侦查提纲或者补充侦查提纲，写明需要继续侦查或者补充侦查的事项、理由、侦查方向、需补充收集的证据及其证明作用等，送交公安机关。

第二百五十八条　人民检察院讯问犯罪嫌疑人时，应当首先查明犯罪嫌疑人的基本情况，依法告知犯罪嫌疑人诉讼权利和义务，以及认罪认罚的法律规定，听取其供述和辩解。犯罪嫌疑人翻供

的，应当讯问其原因。犯罪嫌疑人申请排除非法证据的，应当告知其提供相关线索或者材料。犯罪嫌疑人检举揭发他人犯罪的，应当予以记录，并依照有关规定移送有关机关、部门处理。

讯问犯罪嫌疑人应当制作讯问笔录，并交犯罪嫌疑人核对或者向其宣读。经核对无误后逐页签名或者盖章，并捺指印后附卷。犯罪嫌疑人请求自行书写供述的，应当准许，但不得以自行书写的供述代替讯问笔录。

犯罪嫌疑人被羁押的，讯问应当在看守所讯问室进行。

第二百五十九条　办理审查逮捕、审查起诉案件，可以询问证人、被害人、鉴定人等诉讼参与人，并制作笔录附卷。询问时，应当告知其诉讼权利和义务。

询问证人、被害人的地点按照刑事诉讼法第一百二十四条的规定执行。

第二百六十条　讯问犯罪嫌疑人，询问被害人、证人、鉴定人，听取辩护人、被害人及其诉讼代理人的意见，应当由检察人员负责进行。检察人员或者检察人员和书记员不得少于二人。

讯问犯罪嫌疑人，询问证人、鉴定人、被害人，应当个别进行。

第二百六十一条　办理审查逮捕案件，犯罪嫌疑人已经委托辩护律师的，可以听取辩护律师的意见。辩护律师提出要求的，应当听取辩护律师的意见。对辩护律师的意见应当制作笔录，辩护律师提出的书面意见应当附卷。

办理审查起诉案件，应当听取辩护人或者值班律师、被害人及其诉讼代理人的意见，并制作笔录。辩护人或者值班律师、被害人及其诉讼代理人提出书面意见的，应当附卷。

对于辩护律师在审查逮捕、审查起诉阶段多次提出意见的，均应如实记录。

辩护律师提出犯罪嫌疑人不构成犯罪、无社会危险性、不适宜羁押或者侦查活动有违法犯罪情形等书面意见的，检察人员应当审查，并在相关工作文书中说明是否采纳的情况和理由。

第二百六十二条　直接听取辩护人、被害人及其诉讼代理人的意见有困难的，可以通过电话、视频等方式听取意见并记录在案，或者通知辩护人、被害人及其诉讼代理人提出书面意见。无法通知或者在指定期限内未提出意见的，应当记录在案。

第二百六十三条 对于公安机关提请批准逮捕、移送起诉的案件，检察人员审查时发现存在本规则第七十五条第一款规定情形的，可以调取公安机关讯问犯罪嫌疑人的录音、录像并审查相关的录音、录像。对于重大、疑难、复杂的案件，必要时可以审查全部录音、录像。

对于监察机关移送起诉的案件，认为需要调取有关录音、录像的，可以商监察机关调取。

对于人民检察院直接受理侦查的案件，审查时发现负责侦查的部门未按照本规则第七十五条第三款的规定移送录音、录像或者移送不全的，应当要求其补充移送。对取证合法性或者讯问笔录真实性等产生疑问的，应当有针对性地审查相关的录音、录像。对于重大、疑难、复杂的案件，可以审查全部录音、录像。

第二百六十四条 经审查讯问犯罪嫌疑人录音、录像，发现公安机关、本院负责侦查的部门讯问不规范，讯问过程存在违法行为，录音、录像内容与讯问笔录不一致等情形的，应当逐一列明并向公安机关、本院负责侦查的部门书面提出，要求其予以纠正、补正或者书面作出合理解释。发现讯问笔录与讯问犯罪嫌疑人录音、录像内容有重大实质性差异的，或者公安机关、本院负责侦查的部门不能补正或者作出合理解释的，该讯问笔录不能作为批准或者决定逮捕、提起公诉的依据。

第二百六十五条 犯罪嫌疑人及其辩护人申请排除非法证据，并提供相关线索或者材料的，人民检察院应当调查核实。发现侦查人员以刑讯逼供等非法方法收集证据的，应当依法排除相关证据并提出纠正意见。

审查逮捕期限届满前，经审查无法确定存在非法取证的行为，但也不能排除非法取证可能的，该证据不作为批准逮捕的依据。检察官应当根据在案的其他证据认定案件事实和决定是否逮捕，并在作出批准或者不批准逮捕的决定后，继续对可能存在的非法取证行为进行调查核实。经调查核实确认存在以刑讯逼供等非法方法收集证据情形的，应当向公安机关提出纠正意见。以非法方法收集的证据，不得作为提起公诉的依据。

第二百六十六条 审查逮捕期间，犯罪嫌疑人申请排除非法证据，但未提交相关线索或者材料，人民检察院经全面审查案件事实、证据，未发现侦查人员存在以非法方法收集证据的情形，认为符合逮捕条件的，可以批准逮捕。

审查起诉期间，犯罪嫌疑人及其辩护人又提出新的线索或者证据，或者人民检察院发现新的证据，经调查核实认为侦查人员存在以刑讯逼供等非法方法收集证据情形的，应当依法排除非法证据，不得作为提起公诉的依据。

排除非法证据后，犯罪嫌疑人不再符合逮捕条件但案件需要继续审查起诉的，应当及时变更强制措施。案件不符合起诉条件的，应当作出不起诉决定。

第二节 认罪认罚从宽案件办理

第二百六十七条 人民检察院办理犯罪嫌疑人认罪认罚案件，应当保障犯罪嫌疑人获得有效法律帮助，确保其了解认罪认罚的性质和法律后果，自愿认罪认罚。

人民检察院受理案件后，应当向犯罪嫌疑人了解其委托辩护人的情况。犯罪嫌疑人自愿认罪认罚、没有辩护人的，在审查逮捕阶段，人民检察院应当要求公安机关通知值班律师为其提供法律帮助；在审查起诉阶段，人民检察院应当通知值班律师为其提供法律帮助。符合通知辩护条件的，应当依法通知法律援助机构指派律师为其提供辩护。

第二百六十八条 人民检察院应当商法律援助机构设立法律援助工作站派驻值班律师或者及时安排值班律师，为犯罪嫌疑人提供法律咨询、程序选择建议、申请变更强制措施、对案件处理提出意见等法律帮助。

人民检察院应当告知犯罪嫌疑人有权约见值班律师，并为其约见值班律师提供便利。

第二百六十九条 犯罪嫌疑人认罪认罚的，人民检察院应当告知其享有的诉讼权利和认罪认罚的法律规定，听取犯罪嫌疑人、辩护人或者值班律师、被害人及其诉讼代理人对下列事项的意见，并记录在案：

（一）涉嫌的犯罪事实、罪名及适用的法律规定；

（二）从轻、减轻或者免除处罚等从宽处罚的建议；

（三）认罪认罚后案件审理适用的程序；

（四）其他需要听取意见的事项。

依照前款规定听取值班律师意见的，应当提前为值班律师了解案件有关情况提供必要的便利。

自人民检察院对案件审查起诉之日起,值班律师可以查阅案卷材料,了解案情。人民检察院应当为值班律师查阅案卷材料提供便利。

人民检察院不采纳辩护人或者值班律师所提意见的,应当向其说明理由。

第二百七十条　批准或者决定逮捕,应当将犯罪嫌疑人涉嫌犯罪的性质、情节、认罪认罚等情况,作为是否可能发生社会危险性的考虑因素。

已经逮捕的犯罪嫌疑人认罪认罚的,人民检察院应当及时对羁押必要性进行审查。经审查,认为没有继续羁押必要的,应当予以释放或者变更强制措施。

第二百七十一条　审查起诉阶段,对于在侦查阶段认罪认罚的案件,人民检察院应当重点审查以下内容:

(一)犯罪嫌疑人是否自愿认罪认罚,有无因受到暴力、威胁、引诱而违背意愿认罪认罚;

(二)犯罪嫌疑人认罪认罚时的认知能力和精神状态是否正常;

(三)犯罪嫌疑人是否理解认罪认罚的性质和可能导致的法律后果;

(四)公安机关是否告知犯罪嫌疑人享有的诉讼权利,如实供述自己罪行可以从宽处理和认罪认罚的法律规定,并听取意见;

(五)起诉意见书中是否写明犯罪嫌疑人认罪认罚情况;

(六)犯罪嫌疑人是否真诚悔罪,是否向被害人赔礼道歉。

经审查,犯罪嫌疑人违背意愿认罪认罚的,人民检察院可以重新开展认罪认罚工作。存在刑讯逼供等非法取证行为的,依照法律规定处理。

第二百七十二条　犯罪嫌疑人自愿认罪认罚,同意量刑建议和程序适用的,应当在辩护人或者值班律师在场的情况下签署认罪认罚具结书。具结书应当包括犯罪嫌疑人如实供述罪行、同意量刑建议和程序适用等内容,由犯罪嫌疑人及其辩护人、值班律师签名。

犯罪嫌疑人具有下列情形之一的,不需要签署认罪认罚具结书:

(一)犯罪嫌疑人是盲、聋、哑人,或者是尚未完全丧失辨认或者控制自己行为能力的精神病人的;

(二)未成年犯罪嫌疑人的法定代理人、辩护人对未成年人认罪认罚有异议的;

(三)其他不需要签署认罪认罚具结书的情形。

有前款情形,犯罪嫌疑人未签署认罪认罚具结书的,不影响认罪认罚从宽制度的适用。

第二百七十三条　犯罪嫌疑人认罪认罚,人民检察院经审查,认为符合速裁程序适用条件的,应当在十日以内作出是否提起公诉的决定,对可能判处的有期徒刑超过一年的,可以延长至十五日;认为不符合速裁程序适用条件的,应当在本规则第三百五十一条规定的期限以内作出是否提起公诉的决定。

对于公安机关建议适用速裁程序办理的案件,人民检察院负责案件管理的部门应当在受理案件的当日将案件移送负责捕诉的部门。

第二百七十四条　认罪认罚案件,人民检察院向人民法院提起公诉的,应当提出量刑建议,在起诉书中写明被告人认罪认罚情况,并移送认罪认罚具结书等材料。量刑建议可以另行制作文书,也可以在起诉书中写明。

第二百七十五条　犯罪嫌疑人认罪认罚的,人民检察院应当就主刑、附加刑、是否适用缓刑等提出量刑建议。量刑建议一般应当为确定刑。对新类型、不常见犯罪案件,量刑情节复杂的重罪案件等,也可以提出幅度刑量刑建议。

第二百七十六条　办理认罪认罚案件,人民检察院应当将犯罪嫌疑人是否与被害方达成和解或者调解协议,或者赔偿被害方损失,取得被害方谅解,或者自愿承担公益损害修复、赔偿责任,作为提出量刑建议的重要考虑因素。

犯罪嫌疑人自愿认罪并且愿意积极赔偿损失,但由于被害方赔偿请求明显不合理,未能达成和解或者调解协议的,一般不影响对犯罪嫌疑人从宽处理。

对于符合当事人和解程序适用条件的公诉案件,犯罪嫌疑人认罪认罚的,人民检察院应当积极促使当事人自愿达成和解。和解协议书和被害方出具的谅解意见应当随案移送。被害方符合司法救助条件的,人民检察院应当积极协调办理。

第二百七十七条　犯罪嫌疑人认罪认罚,人民检察院拟提出适用缓刑或者判处管制的量刑建议,可以委托犯罪嫌疑人居住地的社区矫正机构进行调查评估,也可以自行调查评估。

第二百七十八条　犯罪嫌疑人认罪认罚,人民检察院依照刑事诉讼法第一百七十七条第二款作出不起诉决定后，犯罪嫌疑人反悔的，人民检察院应当进行审查，并区分下列情形依法作出处理：

（一）发现犯罪嫌疑人没有犯罪事实，或者符合刑事诉讼法第十六条规定的情形之一的，应当撤销原不起诉决定，依照刑事诉讼法第一百七十七条第一款的规定重新作出不起诉决定；

（二）犯罪嫌疑人犯罪情节轻微，依照刑法不需要判处刑罚或者免除刑罚的，可以维持原不起诉决定；

（三）排除认罪认罚因素后，符合起诉条件的，应当根据案件具体情况撤销原不起诉决定，依法提起公诉。

第二百七十九条　犯罪嫌疑人自愿如实供述涉嫌犯罪的事实，有重大立功或者案件涉及国家重大利益的，经最高人民检察院核准，公安机关可以撤销案件，人民检察院可以作出不起诉决定，也可以对涉嫌数罪中的一项或者多项不起诉。

前款规定的不起诉，应当由检察长决定。决定不起诉的，人民检察院应当及时对查封、扣押、冻结的财物及其孳息作出处理。

第三节　审查批准逮捕

第二百八十条　人民检察院办理审查逮捕案件，可以讯问犯罪嫌疑人；具有下列情形之一的，应当讯问犯罪嫌疑人：

（一）对是否符合逮捕条件有疑问的；

（二）犯罪嫌疑人要求向检察人员当面陈述的；

（三）侦查活动可能有重大违法行为的；

（四）案情重大、疑难、复杂的；

（五）犯罪嫌疑人认罪认罚的；

（六）犯罪嫌疑人系未成年人的；

（七）犯罪嫌疑人是盲、聋、哑人或者是尚未完全丧失辨认或者控制自己行为能力的精神病人的。

讯问未被拘留的犯罪嫌疑人，讯问前应当听取公安机关的意见。

办理审查逮捕案件，对被拘留的犯罪嫌疑人不予讯问的，应当送达听取犯罪嫌疑人意见书，由犯罪嫌疑人填写后及时收回审查并附卷。经审查认为应当讯问犯罪嫌疑人的，应当及时讯问。

第二百八十一条　对有重大影响的案件，可以采取当面听取侦查人员、犯罪嫌疑人及其辩护人等意见的方式进行公开审查。

第二百八十二条　对公安机关提请批准逮捕的犯罪嫌疑人，已经被拘留的，人民检察院应当在收到提请批准逮捕书后七日以内作出是否批准逮捕的决定；未被拘留的，应当在收到提请批准逮捕书后十五日以内作出是否批准逮捕的决定，重大、复杂案件，不得超过二十日。

第二百八十三条　上级公安机关指定犯罪地或者犯罪嫌疑人居住地以外的下级公安机关立案侦查的案件，需要逮捕犯罪嫌疑人的，由侦查该案件的公安机关提请同级人民检察院审查批准逮捕。人民检察院应当依法作出批准或者不批准逮捕的决定。

第二百八十四条　对公安机关提请批准逮捕的犯罪嫌疑人，人民检察院经审查认为符合本规则第一百二十八条、第一百三十六条、第一百三十八条规定情形，应当作出批准逮捕的决定，连同案卷材料送达公安机关执行，并可以制作继续侦查提纲，送交公安机关。

第二百八十五条　对公安机关提请批准逮捕的犯罪嫌疑人，具有本规则第一百三十九条至第一百四十一条规定情形，人民检察院作出不批准逮捕决定的，应当说明理由，连同案卷材料送达公安机关执行。需要补充侦查的，应当制作补充侦查提纲，送交公安机关。

人民检察院办理审查逮捕案件，不另行侦查，不得直接提出采取取保候审措施的意见。

对于因犯罪嫌疑人没有犯罪事实、具有刑事诉讼法第十六条规定的情形之一或者证据不足，人民检察院拟作出不批准逮捕决定的，应当经检察长批准。

第二百八十六条　人民检察院应当将批准逮捕的决定交公安机关立即执行，并要求公安机关将执行回执及时送达作出批准决定的人民检察院。如果未能执行，也应当要求其将回执及时送达人民检察院，并写明未能执行的原因。对于人民检察院不批准逮捕的，应当要求公安机关在收到不批准逮捕决定书后，立即释放在押的犯罪嫌疑人或者变更强制措施，并将执行回执在收到不批准逮捕决定书后三日以内送达作出不批准逮捕决定的人民检察院。

公安机关在收到不批准逮捕决定书后对在押的犯罪嫌疑人不立即释放或者变更强制措施的，人民检察院应当提出纠正意见。

第二百八十七条　对于没有犯罪事实或者犯

罪嫌疑人具有刑事诉讼法第十六条规定情形之一，人民检察院作出不批准逮捕决定的，应当同时告知公安机关撤销案件。

对于有犯罪事实需要追究刑事责任，但不是被立案侦查的犯罪嫌疑人实施，或者共同犯罪案件中部分犯罪嫌疑人不负刑事责任，人民检察院作出不批准逮捕决定的，应当同时告知公安机关对有关犯罪嫌疑人终止侦查。

公安机关在收到不批准逮捕决定书后超过十五日未要求复议、提请复核，也不撤销案件或者终止侦查的，人民检察院应当发出纠正违法通知书。公安机关仍不纠正的，报上一级人民检察院协商同级公安机关处理。

第二百八十八条 人民检察院办理公安机关提请批准逮捕的案件，发现遗漏应当逮捕的犯罪嫌疑人的，应当经检察长批准，要求公安机关提请批准逮捕。公安机关不提请批准逮捕或者说明的不提请批准逮捕的理由不成立的，人民检察院可以直接作出逮捕决定，送达公安机关执行。

第二百八十九条 对已经作出的批准逮捕决定发现确有错误的，人民检察院应当撤销原批准逮捕决定，送达公安机关执行。

对已经作出的不批准逮捕决定发现确有错误，需要批准逮捕的，人民检察院应当撤销原不批准逮捕决定，并重新作出批准逮捕决定，送达公安机关执行。

对因撤销原批准逮捕决定而被释放的犯罪嫌疑人或者逮捕后公安机关变更为取保候审、监视居住的犯罪嫌疑人，又发现需要逮捕的，人民检察院应当重新办理逮捕手续。

第二百九十条 对不批准逮捕的案件，公安机关要求复议的，人民检察院负责捕诉的部门应当另行指派检察官或者检察官办案组进行审查，并在收到要求复议意见书和案卷材料后七日以内，经检察长批准，作出是否变更的决定，通知公安机关。

第二百九十一条 对不批准逮捕的案件，公安机关提请上一级人民检察院复核的，上一级人民检察院应当在收到提请复核意见书和案卷材料后十五日以内，经检察长批准，作出是否变更的决定，通知下级人民检察院和公安机关执行。需要改变原决定的，应当通知作出不批准逮捕决定的人民检察院撤销原不批准逮捕决定，另行制作批准逮捕决定书。必要时，上级人民检察院也可以直接作出批准逮捕决定，通知下级人民检察院送达公安机关执行。

对于经复议复核维持原不批准逮捕决定的，人民检察院向公安机关送达复议复核决定时应当说明理由。

第二百九十二条 人民检察院作出不批准逮捕决定，并且通知公安机关补充侦查的案件，公安机关在补充侦查后又要求复议的，人民检察院应当告知公安机关重新提请批准逮捕。公安机关坚持要求复议的，人民检察院不予受理。

对于公安机关补充侦查后应当提请批准逮捕而不提请批准逮捕的，按照本规则第二百八十八条的规定办理。

第二百九十三条 对公安机关提请批准逮捕的案件，负责捕诉的部门应当将批准、变更、撤销逮捕措施的情况书面通知本院负责刑事执行检察的部门。

第二百九十四条 外国人、无国籍人涉嫌危害国家安全犯罪的案件或者涉及国与国之间政治、外交关系的案件以及在适用法律上确有疑难的案件，需要逮捕犯罪嫌疑人的，按照刑事诉讼法关于管辖的规定，分别由基层人民检察院或者设区的市级人民检察院审查并提出意见，层报最高人民检察院审查。最高人民检察院认为需要逮捕的，经征求外交部的意见后，作出批准逮捕的批复；认为不需要逮捕的，作出不批准逮捕的批复。基层人民检察院或者设区的市级人民检察院根据最高人民检察院的批复，依法作出批准或者不批准逮捕的决定。层报过程中，上级人民检察院认为不需要逮捕的，应当作出不批准逮捕的批复。报送的人民检察院根据批复依法作出不批准逮捕的决定。

基层人民检察院或者设区的市级人民检察院认为不需要逮捕的，可以直接依法作出不批准逮捕的决定。

外国人、无国籍人涉嫌本条第一款规定以外的其他犯罪案件，决定批准逮捕的人民检察院应当在作出批准逮捕决定后四十八小时以内报上一级人民检察院备案，同时向同级人民政府外事部门通报。上一级人民检察院经审查发现批准逮捕决定错误的，应当依法及时纠正。

第二百九十五条 人民检察院办理审查逮捕的危害国家安全犯罪案件，应当报上一级人民检察院备案。

上一级人民检察院经审查发现错误的,应当依法及时纠正。

第四节　审查决定逮捕

第二百九十六条　人民检察院办理直接受理侦查的案件,需要逮捕犯罪嫌疑人的,由负责侦查的部门制作逮捕犯罪嫌疑人意见书,连同案卷材料、讯问犯罪嫌疑人录音、录像一并移送本院负责捕诉的部门审查。犯罪嫌疑人已被拘留的,负责侦查的部门应当在拘留后七日以内将案件移送本院负责捕诉的部门审查。

第二百九十七条　对本院负责侦查的部门移送审查逮捕的案件,犯罪嫌疑人已被拘留的,负责捕诉的部门应当在收到逮捕犯罪嫌疑人意见书后七日以内,报请检察长决定是否逮捕,特殊情况下,决定逮捕的时间可以延长一日至三日;犯罪嫌疑人未被拘留的,负责捕诉的部门应当在收到逮捕犯罪嫌疑人意见书后十五日以内,报请检察长决定是否逮捕,重大、复杂案件,不得超过二十日。

第二百九十八条　对犯罪嫌疑人决定逮捕的,负责捕诉的部门应当将逮捕决定书连同案卷材料、讯问犯罪嫌疑人录音、录像移交负责侦查的部门,并可以对收集证据、适用法律提出意见。由负责侦查的部门通知公安机关执行,必要时可以协助执行。

第二百九十九条　对犯罪嫌疑人决定不予逮捕的,负责捕诉的部门应当将不予逮捕的决定连同案卷材料、讯问犯罪嫌疑人录音、录像移交负责侦查的部门,并说明理由。需要补充侦查的,应当制作补充侦查提纲。犯罪嫌疑人已被拘留的,负责侦查的部门应当通知公安机关立即释放。

第三百条　对应当逮捕而本院负责侦查的部门未移送审查逮捕的犯罪嫌疑人,负责捕诉的部门应当向负责侦查的部门提出移送审查逮捕犯罪嫌疑人的建议。建议不被采纳的,应当报请检察长决定。

第三百零一条　逮捕犯罪嫌疑人后,应当立即送看守所羁押。除无法通知的以外,负责侦查的部门应当把逮捕的原因和羁押的处所,在二十四小时以内通知其家属。对于无法通知的,在无法通知的情形消除后,应当立即通知其家属。

第三百零二条　对被逮捕的犯罪嫌疑人,应当在逮捕后二十四小时以内进行讯问。

发现不应当逮捕的,应当经检察长批准,撤销逮捕决定或者变更为其他强制措施,并通知公安机关执行,同时通知负责捕诉的部门。

对按照前款规定被释放或者变更强制措施的犯罪嫌疑人,又发现需要逮捕的,应当重新移送审查逮捕。

第三百零三条　已经作出不予逮捕的决定,又发现需要逮捕犯罪嫌疑人的,应当重新办理逮捕手续。

第三百零四条　犯罪嫌疑人在异地羁押的,负责侦查的部门应当将决定、变更、撤销逮捕措施的情况书面通知羁押地人民检察院负责刑事执行检察的部门。

第五节　延长侦查羁押期限
和重新计算侦查羁押期限

第三百零五条　人民检察院办理直接受理侦查的案件,对犯罪嫌疑人逮捕后的侦查羁押期限不得超过二个月。案情复杂、期限届满不能终结的案件,可以经上一级人民检察院批准延长一个月。

第三百零六条　设区的市级人民检察院和基层人民检察院办理直接受理侦查的案件,符合刑事诉讼法第一百五十八条规定,在本规则第三百零五条规定的期限届满前不能侦查终结的,经省级人民检察院批准,可以延长二个月。

省级人民检察院直接受理侦查的案件,有前款情形的,可以直接决定延长二个月。

第三百零七条　设区的市级人民检察院和基层人民检察院办理直接受理侦查的案件,对犯罪嫌疑人可能判处十年有期徒刑以上刑罚,依照本规则第三百零六条的规定依法延长羁押期限届满,仍不能侦查终结的,经省级人民检察院批准,可以再延长二个月。

省级人民检察院办理直接受理侦查的案件,有前款情形的,可以直接决定再延长二个月。

第三百零八条　最高人民检察院办理直接受理侦查的案件,依照刑事诉讼法的规定需要延长侦查羁押期限的,直接决定延长侦查羁押期限。

第三百零九条　公安机关需要延长侦查羁押期限的,人民检察院应当要求其在侦查羁押期限届满七日前提请批准延长侦查羁押期限。

人民检察院办理直接受理侦查的案件,负责侦查的部门认为需要延长侦查羁押期限的,应当按照前款规定向本院负责捕诉的部门移送延长侦查羁押期限意见书及有关材料。

对于超过法定羁押期限提请延长侦查羁押期限的,不予受理。

第三百一十条　人民检察院审查批准或者决定延长侦查羁押期限,由负责捕诉的部门办理。

受理案件的人民检察院对延长侦查羁押期限的意见审查后,应当提出是否同意延长侦查羁押期限的意见,将公安机关延长侦查羁押期限的意见和本院的审查意见层报有决定权的人民检察院审查决定。

第三百一十一条　对于同时具备下列条件的案件,人民检察院应当作出批准延长侦查羁押期限一个月的决定:

(一)符合刑事诉讼法第一百五十六条的规定;

(二)符合逮捕条件;

(三)犯罪嫌疑人有继续羁押的必要。

第三百一十二条　犯罪嫌疑人虽然符合逮捕条件,但经审查,公安机关在对犯罪嫌疑人执行逮捕后二个月以内未有效开展侦查工作或者侦查取证工作没有实质进展的,人民检察院可以作出不批准延长侦查羁押期限的决定。

犯罪嫌疑人不符合逮捕条件,需要撤销下级人民检察院逮捕决定的,上级人民检察院在作出不批准延长侦查羁押期限决定的同时,应当作出撤销逮捕的决定,或者通知下级人民检察院撤销逮捕决定。

第三百一十三条　有决定权的人民检察院作出批准延长侦查羁押期限或者不批准延长侦查羁押期限的决定后,应当将决定书交由最初受理案件的人民检察院送达公安机关。

最初受理案件的人民检察院负责捕诉的部门收到批准延长侦查羁押期限决定书或者不批准延长侦查羁押期限决定书,应当书面告知本院负责刑事执行检察的部门。

第三百一十四条　因为特殊原因,在较长时间内不宜交付审判的特别重大复杂的案件,由最高人民检察院报请全国人民代表大会常务委员会批准延期审理。

第三百一十五条　人民检察院在侦查期间发现犯罪嫌疑人另有重要罪行的,自发现之日起依照本规则第三百零五条的规定重新计算侦查羁押期限。

另有重要罪行是指与逮捕时的罪行不同种的重大犯罪或者同种的影响罪名认定、量刑档次的重大犯罪。

第三百一十六条　人民检察院重新计算侦查羁押期限,应当由负责侦查的部门提出重新计算侦查羁押期限的意见,移送本院负责捕诉的部门审查。负责捕诉的部门审查后应当提出是否同意重新计算侦查羁押期限的意见,报检察长决定。

第三百一十七条　对公安机关重新计算侦查羁押期限的备案,由负责捕诉的部门审查。负责捕诉的部门认为公安机关重新计算侦查羁押期限不当的,应当提出纠正意见。

第三百一十八条　人民检察院直接受理侦查的案件,不能在法定侦查羁押期限内侦查终结的,应当依法释放犯罪嫌疑人或者变更强制措施。

第三百一十九条　负责捕诉的部门审查延长侦查羁押期限、审查重新计算侦查羁押期限,可以讯问犯罪嫌疑人,听取辩护律师和侦查人员的意见,调取案卷及相关材料等。

第六节　核准追诉

第三百二十条　法定最高刑为无期徒刑、死刑的犯罪,已过二十年追诉期限的,不再追诉。如果认为必须追诉的,须报请最高人民检察院核准。

第三百二十一条　须报请最高人民检察院核准追诉的案件,公安机关在核准之前可以依法对犯罪嫌疑人采取强制措施。

公安机关报请核准追诉并提请逮捕犯罪嫌疑人,人民检察院经审查认为必须追诉而且符合法定逮捕条件的,可以依法批准逮捕,同时要求公安机关在报请核准追诉期间不得停止对案件的侦查。

未经最高人民检察院核准,不得对案件提起公诉。

第三百二十二条　报请核准追诉的案件应当同时符合下列条件:

(一)有证据证明存在犯罪事实,且犯罪事实是犯罪嫌疑人实施的;

(二)涉嫌犯罪的行为应当适用的法定量刑幅度的最高刑为无期徒刑或者死刑;

(三)涉嫌犯罪的性质、情节和后果特别严重,虽然已过二十年追诉期限,但社会危害性和影响依然存在,不追诉会严重影响社会稳定或者产生其他严重后果,而必须追诉的;

（四）犯罪嫌疑人能够及时到案接受追诉。

第三百二十三条 公安机关报请核准追诉的案件，由同级人民检察院受理并层报最高人民检察院审查决定。

第三百二十四条 地方各级人民检察院对公安机关报请核准追诉的案件，应当及时进行审查并开展必要的调查。经检察委员会审议提出是否同意核准追诉的意见，制作报请核准追诉案件报告书，连同案卷材料一并层报最高人民检察院。

第三百二十五条 最高人民检察院收到省级人民检察院报送的报请核准追诉案件报告书及案卷材料后，应当及时审查，必要时指派检察人员到案发地了解案件有关情况。经检察长批准，作出是否核准追诉的决定，并制作核准追诉决定书或者不予核准追诉决定书，逐级下达至最初受理案件的人民检察院，由其送达报请核准追诉的公安机关。

第三百二十六条 对已经采取强制措施的案件，强制措施期限届满不能作出是否核准追诉决定的，应当对犯罪嫌疑人变更强制措施或者延长侦查羁押期限。

第三百二十七条 最高人民检察院决定核准追诉的案件，最初受理案件的人民检察院应当监督公安机关的侦查工作。

最高人民检察院决定不予核准追诉，公安机关未及时撤销案件的，同级人民检察院应当提出纠正意见。犯罪嫌疑人在押的，应当立即释放。

第七节　审查起诉

第三百二十八条 各级人民检察院提起公诉，应当与人民法院审判管辖相适应。负责捕诉的部门收到移送起诉的案件后，经审查认为不属于本院管辖的，应当在发现之日起五日以内经由负责案件管理的部门移送有管辖权的人民检察院。

属于上级人民法院管辖的第一审案件，应当报送上级人民检察院，同时通知移送起诉的公安机关；属于同级其他人民法院管辖的第一审案件，应当移送有管辖权的人民检察院或者报送共同的上级人民检察院指定管辖，同时通知移送起诉的公安机关。

上级人民检察院受理同级公安机关移送起诉的案件，认为属于下级人民法院管辖的，可以交下级人民检察院审查，由下级人民检察院向同级人民法院提起公诉，同时通知移送起诉的公安机关。

一人犯数罪、共同犯罪和其他需要并案审理的案件，只要其中一人或者一罪属于上级人民检察院管辖的，全案由上级人民检察院审查起诉。

公安机关移送起诉的案件，需要依照刑事诉讼法的规定指定审判管辖的，人民检察院应当在公安机关移送起诉前协商同级人民法院办理指定管辖有关事宜。

第三百二十九条 监察机关移送起诉的案件，需要依照刑事诉讼法的规定指定审判管辖的，人民检察院应当在监察机关移送起诉二十日前协商同级人民法院办理指定管辖有关事宜。

第三百三十条 人民检察院审查移送起诉的案件，应当查明：

（一）犯罪嫌疑人身份状况是否清楚，包括姓名、性别、国籍、出生年月日、职业和单位等；单位犯罪的，单位的相关情况是否清楚；

（二）犯罪事实、情节是否清楚；实施犯罪的时间、地点、手段、危害后果是否明确；

（三）认定犯罪性质和罪名的意见是否正确；有无法定的从重、从轻、减轻或者免除处罚情节及酌定从重、从轻情节；共同犯罪案件的犯罪嫌疑人在犯罪活动中的责任认定是否恰当；

（四）犯罪嫌疑人是否认罪认罚；

（五）证明犯罪事实的证据材料是否随案移送；证明相关财产系违法所得的证据材料是否随案移送；不宜移送的证据的清单、复制件、照片或者其他证明文件是否随案移送；

（六）证据是否确实、充分，是否依法收集，有无应当排除非法证据的情形；

（七）采取侦查措施包括技术侦查措施的法律手续和诉讼文书是否完备；

（八）有无遗漏罪行和其他应当追究刑事责任的人；

（九）是否属于不应当追究刑事责任的；

（十）有无附带民事诉讼；对于国家财产、集体财产遭受损失的，是否需要由人民检察院提起附带民事诉讼；对于破坏生态环境和资源保护、食品药品安全领域侵害众多消费者合法权益，侵害英雄烈士的姓名、肖像、名誉、荣誉等损害社会公共利益的行为，是否需要由人民检察院提起附带民事公益诉讼；

（十一）采取的强制措施是否适当，对于已经逮捕的犯罪嫌疑人，有无继续羁押的必要；

（十二）侦查活动是否合法；

（十三）涉案财物是否查封、扣押、冻结并妥善保管，清单是否齐备；对被害人合法财产的返还和对违禁品或者不宜长期保存的物品的处理是否妥当，移送的证明文件是否完备。

第三百三十一条　人民检察院办理审查起诉案件应当讯问犯罪嫌疑人。

第三百三十二条　人民检察院认为需要对案件中某些专门性问题进行鉴定而监察机关或者公安机关没有鉴定的，应当要求监察机关或者公安机关进行鉴定。必要时，也可以由人民检察院进行鉴定，或者由人民检察院聘请有鉴定资格的人进行鉴定。

人民检察院自行进行鉴定的，可以商请监察机关或者公安机关派员参加，必要时可以聘请有鉴定资格或者有专门知识的人参加。

第三百三十三条　在审查起诉中，发现犯罪嫌疑人可能患有精神病的，人民检察院应当依照本规则的有关规定对犯罪嫌疑人进行鉴定。

犯罪嫌疑人的辩护人或者近亲属以犯罪嫌疑人可能患有精神病而申请对犯罪嫌疑人进行鉴定的，人民检察院也可以依照本规则的有关规定对犯罪嫌疑人进行鉴定。鉴定费用由申请方承担。

第三百三十四条　人民检察院对鉴定意见有疑问的，可以询问鉴定人或者有专门知识的人并制作笔录附卷，也可以指派有鉴定资格的检察技术人员或者聘请其他有鉴定资格的人进行补充鉴定或者重新鉴定。

人民检察院对鉴定意见等技术性证据材料需要进行专门审查的，按照有关规定交检察技术人员或者其他有专门知识的人进行审查并出具审查意见。

第三百三十五条　人民检察院审查案件时，对监察机关或者公安机关的勘验、检查，认为需要复验、复查的，应当要求其复验、复查，人民检察院可以派员参加；也可以自行复验、复查，商请监察机关或者公安机关派员参加，必要时也可以指派检察技术人员或者聘请其他有专门知识的人参加。

第三百三十六条　人民检察院对物证、书证、视听资料、电子数据及勘验、检查、辨认、侦查实验等笔录存在疑问的，可以要求调查人员或者侦查人员提供获取、制作的有关情况，必要时也可以询问提供相关证据材料的人员和见证人并制作笔录附

卷，对物证、书证、视听资料、电子数据进行鉴定。

第三百三十七条　人民检察院在审查起诉阶段认为需要逮捕犯罪嫌疑人的，应当经检察长决定。

第三百三十八条　对于人民检察院正在审查起诉的案件，被逮捕的犯罪嫌疑人及其法定代理人、近亲属或者辩护人认为羁押期限届满，向人民检察院提出释放犯罪嫌疑人或者变更强制措施要求的，人民检察院应当在三日以内审查决定。经审查，认为法定期限届满的，应当决定释放或者依法变更强制措施，并通知公安机关执行；认为法定期限未满的，书面答复申请人。

第三百三十九条　人民检察院对案件进行审查后，应当依法作出起诉或者不起诉以及是否提起附带民事诉讼、附带民事公益诉讼的决定。

第三百四十条　人民检察院对监察机关或者公安机关移送的案件进行审查后，在人民法院作出生效判决之前，认为需要补充提供证据材料的，可以书面要求监察机关或者公安机关提供。

第三百四十一条　人民检察院在审查起诉中发现有应当排除的非法证据，应当依法排除，同时可以要求监察机关或者公安机关另行指派调查人员或者侦查人员重新取证。必要时，人民检察院也可以自行调查取证。

第三百四十二条　人民检察院认为犯罪事实不清、证据不足或者存在遗漏罪行、遗漏同案犯罪嫌疑人等情形需要补充侦查的，应当制作补充侦查提纲，连同案卷材料一并退回公安机关补充侦查。人民检察院也可以自行侦查，必要时可以要求公安机关提供协助。

第三百四十三条　人民检察院对于监察机关移送起诉的案件，认为需要补充调查的，应当退回监察机关补充调查。必要时，可以自行补充侦查。

需要退回补充调查的案件，人民检察院应当出具补充调查决定书、补充调查提纲，写明补充调查的事项、理由、调查方向、需补充收集的证据及其证明作用等，连同案卷材料一并送交监察机关。

人民检察院决定退回补充调查的案件，犯罪嫌疑人已被采取强制措施的，应当将退回补充调查情况书面通知强制措施执行机关。监察机关需要讯问的，人民检察院应当予以配合。

第三百四十四条　对于监察机关移送起诉的案件，具有下列情形之一的，人民检察院可以自行

补充侦查：

（一）证人证言、犯罪嫌疑人供述和辩解、被害人陈述的内容主要情节一致，个别情节不一致的；

（二）物证、书证等证据材料需要补充鉴定的；

（三）其他由人民检察院查证更为便利、更有效率、更有利于查清案件事实的情形。

自行补充侦查完毕后，应当将相关证据材料入卷，同时抄送监察机关。人民检察院自行补充侦查的，可以商请监察机关提供协助。

第三百四十五条 人民检察院负责捕诉的部门对本院负责侦查的部门移送起诉的案件进行审查后，认为犯罪事实不清、证据不足或者存在遗漏罪行、遗漏同案犯罪嫌疑人等情形需要补充侦查的，应当制作补充侦查提纲，连同案卷材料一并退回负责侦查的部门补充侦查。必要时，也可以自行侦查，可以要求负责侦查的部门予以协助。

第三百四十六条 退回监察机关补充调查、退回公安机关补充侦查的案件，均应当在一个月以内补充调查、补充侦查完毕。

补充调查、补充侦查以二次为限。

补充调查、补充侦查完毕移送起诉后，人民检察院重新计算审查起诉期限。

人民检察院负责捕诉的部门退回本院负责侦查的部门补充侦查的期限、次数按照本条第一款至第三款的规定执行。

第三百四十七条 补充侦查期限届满，公安机关未将案件重新移送起诉的，人民检察院应当要求公安机关说明理由。

人民检察院发现公安机关违反法律规定撤销案件的，应当提出纠正意见。

第三百四十八条 人民检察院在审查起诉中决定自行侦查的，应当在审查起诉期限内侦查完毕。

第三百四十九条 人民检察院对已经退回监察机关二次补充调查或者退回公安机关二次补充侦查的案件，在审查起诉中又发现新的犯罪事实，应当将线索移送监察机关或者公安机关。对已经查清的犯罪事实，应当依法提起公诉。

第三百五十条 对于在审查起诉期间改变管辖的案件，改变后的人民检察院对于符合刑事诉讼法第一百七十五条第二款规定的案件，可以经原受理案件的人民检察院协助，直接退回原侦查案件的公安机关补充侦查，也可以自行侦查。改变管辖前

后退回补充侦查的次数总共不得超过二次。

第三百五十一条 人民检察院对于移送起诉的案件，应当在一个月以内作出决定；重大、复杂的案件，一个月以内不能作出决定的，可以延长十五日。

人民检察院审查起诉的案件，改变管辖的，从改变后的人民检察院收到案件之日起计算审查起诉期限。

第三百五十二条 追缴的财物中，属于被害人的合法财产，不需要在法庭出示的，应当及时返还被害人，并由被害人在发还款物清单上签名或者盖章，注明返还的理由，并将清单、照片附卷。

第三百五十三条 追缴的财物中，属于违禁品或者不宜长期保存的物品，应当依照国家有关规定处理，并将清单、照片、处理结果附卷。

第三百五十四条 人民检察院在审查起诉阶段，可以适用本规则规定的侦查措施和程序。

第八节 起 诉

第三百五十五条 人民检察院认为犯罪嫌疑人的犯罪事实已经查清，证据确实、充分，依法应当追究刑事责任的，应当作出起诉决定。

具有下列情形之一的，可以认为犯罪事实已经查清：

（一）属于单一罪行的案件，查清的事实足以定罪量刑或者与定罪量刑有关的事实已经查清，不影响定罪量刑的事实无法查清的；

（二）属于数个罪行的案件，部分罪行已经查清并符合起诉条件，其他罪行无法查清的；

（三）无法查清作案工具、赃物去向，但有其他证据足以对被告人定罪量刑的；

（四）证人证言、犯罪嫌疑人供述和辩解、被害人陈述的内容主要情节一致，个别情节不一致，但不影响定罪的。

对于符合前款第二项情形的，应当以已经查清的罪行起诉。

第三百五十六条 人民检察院在办理公安机关移送起诉的案件中，发现遗漏罪行或者有依法应当移送起诉的同案犯罪嫌疑人未移送起诉的，应当要求公安机关补充侦查或者补充移送起诉。对于犯罪事实清楚，证据确实、充分的，也可以直接提起公诉。

第三百五十七条 人民检察院立案侦查时认

为属于直接受理侦查的案件,在审查起诉阶段发现属于监察机关管辖的,应当及时商监察机关办理。属于公安机关管辖,案件事实清楚、证据确实、充分,符合起诉条件的,可以直接起诉;事实不清、证据不足的,应当及时移送有管辖权的机关办理。

在审查起诉阶段,发现公安机关移送起诉的案件属于监察机关管辖,或者监察机关移送起诉的案件属于公安机关管辖,但案件事实清楚、证据确实、充分,符合起诉条件的,经征求监察机关、公安机关意见后,没有不同意见的,可以直接起诉;提出不同意见,或者事实不清、证据不足的,应当将案件退回移送案件的机关并说明理由,建议其移送有管辖权的机关办理。

第三百五十八条　人民检察院决定起诉的,应当制作起诉书。

起诉书的主要内容包括:

(一)被告人的基本情况,包括姓名、性别、出生年月日、出生地和户籍地、公民身份号码、民族、文化程度、职业、工作单位及职务、住址,是否受过刑事处分及处分的种类和时间,采取强制措施的情况等;如果是单位犯罪,应当写明犯罪单位的名称和组织机构代码、所在地址、联系方式,法定代表人和诉讼代表人的姓名、职务、联系方式;如果还有应当负刑事责任的直接负责的主管人员或其他直接责任人员,应当按上述被告人基本情况的内容叙写;

(二)案由和案件来源;

(三)案件事实,包括犯罪的时间、地点、经过、手段、动机、目的、危害后果等与定罪量刑有关的事实要素。起诉书叙述的指控犯罪事实的必备要素应当明晰、准确。被告人被控有多项犯罪事实的,应逐一列举,对于犯罪手段相同的同一犯罪可以概括叙写;

(四)起诉的根据和理由,包括被告人触犯的刑法条款、犯罪的性质及认定的罪名、处罚条款、法定从轻、减轻或者从重处罚的情节,共同犯罪各被告人应负的罪责等;

(五)被告人认罪认罚情况,包括认罪认罚的内容、具结书签署情况等。

被告人真实姓名、住址无法查清的,可以按其绰号或者自报的姓名、住址制作起诉书,并在起诉书中注明。被告人自报的姓名可能造成损害他人名誉、败坏道德风俗等不良影响的,可以对被告人编号并按编号制作起诉书,附具被告人的照片,记

明足以确定被告人面貌、体格、指纹以及其他反映被告人特征的事项。

起诉书应当附有被告人现在处所,证人、鉴定人、需要出庭的有专门知识的人的名单,需要保护的被害人、证人、鉴定人的化名名单,查封、扣押、冻结的财物及孳息的清单,附带民事诉讼、附带民事公益诉讼情况以及其他需要附注的情况。

证人、鉴定人、有专门知识的人的名单应当列明姓名、性别、年龄、职业、住址、联系方式,并注明证人、鉴定人是否出庭。

第三百五十九条　人民检察院提起公诉的案件,应当向人民法院移送起诉书、案卷材料、证据和认罪认罚具结书等材料。

起诉书应当一式八份,每增加一名被告人增加起诉书五份。

关于被害人姓名、住址、联系方式、被告人被采取强制措施的种类、是否在案及羁押处所等问题,人民检察院应当在起诉书中列明,不再单独移送材料;对于涉及被害人隐私或者为保护证人、鉴定人、被害人人身安全,而不宜公开证人、鉴定人、被害人姓名、住址、工作单位和联系方式等个人信息的,可以在起诉书中使用化名。但是应当另行书面说明使用化名的情况并标明密级,单独成卷。

第三百六十条　人民检察院对于犯罪嫌疑人、被告人或者证人等翻供、翻证的材料以及对犯罪嫌疑人、被告人有利的其他证据材料,应当移送人民法院。

第三百六十一条　人民法院向人民检察院提出书面意见要求补充移送材料,人民检察院认为有必要移送的,应当自收到通知之日起三日以内补送。

第三百六十二条　对提起公诉后,在人民法院宣告判决前补充收集的证据材料,人民检察院应当及时移送人民法院。

第三百六十三条　在审查起诉期间,人民检察院可以根据辩护人的申请,向监察机关、公安机关调取在调查、侦查期间收集的证明犯罪嫌疑人、被告人无罪或者罪轻的证据材料。

第三百六十四条　人民检察院提起公诉的案件,可以向人民法院提出量刑建议。除有减轻处罚或者免除处罚情节外,量刑建议应当在法定量刑幅度内提出。建议判处有期徒刑、管制、拘役的,可以具有一定的幅度,也可以提出具体确定的建议。

提出量刑建议的,可以制作量刑建议书,与起诉书一并移送人民法院。量刑建议书的主要内容应当包括被告人所犯罪行的法定刑、量刑情节、建议人民法院对被告人判处刑罚的种类、刑罚幅度、可以适用的刑罚执行方式以及提出量刑建议的依据和理由等。

认罪认罚案件的量刑建议,按照本章第二节的规定办理。

第九节　不起诉

第三百六十五条　人民检察院对于监察机关或者公安机关移送起诉的案件,发现犯罪嫌疑人没有犯罪事实,或者符合刑事诉讼法第十六条规定的情形之一的,经检察长批准,应当作出不起诉决定。

对于犯罪事实并非犯罪嫌疑人所为,需要重新调查或者侦查的,应当在作出不起诉决定后书面说明理由,将案卷材料退回监察机关或者公安机关并建议重新调查或者侦查。

第三百六十六条　负责捕诉的部门对于本院负责侦查的部门移送起诉的案件,发现具有本规则第三百六十五条第一款规定情形的,应当退回本院负责侦查的部门,建议撤销案件。

第三百六十七条　人民检察院对于二次退回补充调查或者补充侦查的案件,仍然认为证据不足,不符合起诉条件的,经检察长批准,依法作出不起诉决定。

人民检察院对于经过一次退回补充调查或者补充侦查的案件,认为证据不足,不符合起诉条件,且没有再次退回补充调查或者补充侦查必要的,经检察长批准,可以作出不起诉决定。

第三百六十八条　具有下列情形之一,不能确定犯罪嫌疑人构成犯罪和需要追究刑事责任的,属于证据不足,不符合起诉条件:

(一)犯罪构成要件事实缺乏必要的证据予以证明的;

(二)据以定罪的证据存在疑问,无法查证属实的;

(三)据以定罪的证据之间、证据与案件事实之间的矛盾不能合理排除的;

(四)根据证据得出的结论具有其他可能性,不能排除合理怀疑的;

(五)根据证据认定案件事实不符合逻辑和经验法则,得出的结论明显不符合常理的。

第三百六十九条　人民检察院根据刑事诉讼法第一百七十五条第四款规定决定不起诉的,在发现新的证据,符合起诉条件时,可以提起公诉。

第三百七十条　人民检察院对于犯罪情节轻微,依照刑法规定不需要判处刑罚或者免除刑罚的,经检察长批准,可以作出不起诉决定。

第三百七十一条　人民检察院直接受理侦查的案件,以及监察机关移送起诉的案件,拟作不起诉决定的,应当报请上一级人民检察院批准。

第三百七十二条　人民检察院决定不起诉的,应当制作不起诉决定书。

不起诉决定书的主要内容包括:

(一)被不起诉人的基本情况,包括姓名、性别、出生年月日、出生地和户籍地、公民身份号码、民族、文化程度、职业、工作单位及职务、住址,是否受过刑事处分,采取强制措施的情况以及羁押处所等;如果是单位犯罪,应当写明犯罪单位的名称和组织机构代码、所在地址、联系方式,法定代表人和诉讼代表人的姓名、职务、联系方式;

(二)案由和案件来源;

(三)案件事实,包括否定或者指控被不起诉人构成犯罪的事实以及作为不起诉决定根据的事实;

(四)不起诉的法律根据和理由,写明作出不起诉决定适用的法律条款;

(五)查封、扣押、冻结的涉案财物的处理情况;

(六)有关告知事项。

第三百七十三条　人民检察院决定不起诉的案件,可以根据案件的不同情况,对被不起诉人予以训诫或者责令具结悔过、赔礼道歉、赔偿损失。

对被不起诉人需要给予行政处罚、政务处分或者其他处分的,经检察长批准,人民检察院应当提出检察意见,连同不起诉决定书一并移送有关主管机关处理,并要求有关主管机关及时通报处理情况。

第三百七十四条　人民检察院决定不起诉的案件,应当同时书面通知作出查封、扣押、冻结决定的机关或者执行查封、扣押、冻结决定的机关解除查封、扣押、冻结。

第三百七十五条　人民检察院决定不起诉的案件,需要没收违法所得的,经检察长批准,应当提出检察意见,移送有关主管机关处理,并要求有关主管机关及时通报处理情况。具体程序可以参照本规则第二百四十八条的规定办理。

第三百七十六条　不起诉的决定，由人民检察院公开宣布。公开宣布不起诉决定的活动应当记录在案。

不起诉决定书自公开宣布之日起生效。

被不起诉人在押的，应当立即释放；被采取其他强制措施的，应当通知执行机关解除。

第三百七十七条　不起诉决定书应当送达被害人或者其近亲属及其诉讼代理人、被不起诉人及其辩护人以及被不起诉人所在单位。送达时，应当告知被害人或者其近亲属及其诉讼代理人，如果对不起诉决定不服，可以自收到不起诉决定书后七日以内向上一级人民检察院申诉；也可以不经申诉，直接向人民法院起诉。依照刑事诉讼法第一百七十七条第二款作出不起诉决定的，应当告知被不起诉人，如果对不起诉决定不服，可以自收到不起诉决定书后七日以内向人民检察院申诉。

第三百七十八条　对于监察机关或者公安机关移送起诉的案件，人民检察院决定不起诉的，应当将不起诉决定书送达监察机关或者公安机关。

第三百七十九条　监察机关认为不起诉的决定有错误，向上一级人民检察院提请复议的，上一级人民检察院应当在收到提请复议意见书后三十日以内，经检察长批准，作出复议决定，通知监察机关。

公安机关认为不起诉决定有错误要求复议的，人民检察院负责捕诉的部门应当另行指派检察官或者检察官办案组进行审查，并在收到要求复议意见书后三十日以内，经检察长批准，作出复议决定，通知公安机关。

第三百八十条　公安机关对不起诉决定提请复核的，上一级人民检察院应当在收到提请复核意见书后三十日以内，经检察长批准，作出复核决定，通知提请复核的公安机关和下级人民检察院。经复核认为下级人民检察院不起诉决定错误的，应当指令下级人民检察院纠正，或者撤销、变更下级人民检察院作出的不起诉决定。

第三百八十一条　被害人不服不起诉决定，在收到不起诉决定书后七日以内提出申诉的，由作出不起诉决定的人民检察院的上一级人民检察院负责捕诉的部门进行复查。

被害人向作出不起诉决定的人民检察院提出申诉的，作出决定的人民检察院应当将申诉材料连同案卷一并报送上一级人民检察院。

第三百八十二条　被害人不服不起诉决定，在收到不起诉决定书七日以后提出申诉的，由作出不起诉决定的人民检察院负责控告申诉检察的部门进行审查。经审查，认为不起诉决定正确的，出具审查结论直接答复申诉人，并做好释法说理工作；认为不起诉决定可能存在错误的，移送负责捕诉的部门进行复查。

第三百八十三条　人民检察院应当将复查决定书送达被害人、被不起诉人和作出不起诉决定的人民检察院。

上级人民检察院经复查作出起诉决定的，应当撤销下级人民检察院的不起诉决定，交由下级人民检察院提起公诉，并将复查决定抄送移送起诉的监察机关或者公安机关。

第三百八十四条　人民检察院收到人民法院受理被害人对被不起诉人起诉的通知后，应当终止复查，将作出不起诉决定所依据的有关案卷材料移送人民法院。

第三百八十五条　对于人民检察院依照刑事诉讼法第一百七十七条第二款规定作出的不起诉决定，被不起诉人不服，在收到不起诉决定书后七日以内提出申诉的，应当由作出决定的人民检察院负责捕诉的部门进行复查；被不起诉人在收到不起诉决定书七日以后提出申诉的，由负责控告申诉检察的部门进行审查。经审查，认为不起诉决定正确的，出具审查结论直接答复申诉人，并做好释法说理工作；认为不起诉决定可能存在错误的，移送负责捕诉的部门复查。

人民检察院应当将复查决定书送达被不起诉人、被害人。复查后，撤销不起诉决定，变更不起诉的事实或者法律依据的，应当同时将复查决定书抄送移送起诉的监察机关或者公安机关。

第三百八十六条　人民检察院复查不服不起诉决定的申诉，应当在立案后三个月以内报经检察长批准作出复查决定。案情复杂的，不得超过六个月。

第三百八十七条　被害人、被不起诉人对不起诉决定不服提出申诉的，应当递交申诉书，写明申诉理由。没有书写能力的，也可以口头提出申诉。人民检察院应当根据其口头提出的申诉制作笔录。

第三百八十八条　人民检察院发现不起诉决定确有错误，符合起诉条件的，应当撤销不起诉决定，提起公诉。

第三百八十九条　最高人民检察院对地方各级人民检察院的起诉、不起诉决定，上级人民检察院对下级人民检察院的起诉、不起诉决定，发现确有错误的，应当予以撤销或者指令下级人民检察院纠正。

第十一章　出席法庭
第一节　出席第一审法庭

第三百九十条　提起公诉的案件，人民检察院应当派员以国家公诉人的身份出席第一审法庭，支持公诉。

公诉人应当由检察官担任。检察官助理可以协助检察官出庭。根据需要可以配备书记员担任记录。

第三百九十一条　对于提起公诉后人民法院改变管辖的案件，提起公诉的人民检察院参照本规则第三百二十八条的规定将案件移送与审判管辖相对应的人民检察院。

接受移送的人民检察院重新对案件进行审查的，根据刑事诉讼法第一百七十二条第二款的规定自收到案件之日起计算审查起诉期限。

第三百九十二条　人民法院决定开庭审判的，公诉人应当做好以下准备工作：

（一）进一步熟悉案情，掌握证据情况；

（二）深入研究与本案有关的法律政策问题；

（三）充实审判中可能涉及的专业知识；

（四）拟定讯问被告人、询问证人、鉴定人、有专门知识的人和宣读、出示、播放证据的计划并制定质证方案；

（五）对可能出现证据合法性争议的，拟定证明证据合法性的提纲并准备相关材料；

（六）拟定公诉意见，准备辩论提纲；

（七）需要对出庭证人等的保护向人民法院提出建议或者配合工作的，做好相关准备。

第三百九十三条　人民检察院在开庭审理前收到人民法院或者被告人及其辩护人、被害人、证人等送交的反映证据系非法取得的书面材料的，应当进行审查。对于审查逮捕、审查起诉期间已经提出并经查证不存在非法取证行为的，应当通知人民法院、有关当事人和辩护人，并按照查证的情况做好庭审准备。对于新的材料或者线索，可以要求监察机关、公安机关对证据收集的合法性进行说明或

者提供相关证明材料。

第三百九十四条　人民法院通知人民检察院派员参加庭前会议的，由出席法庭的公诉人参加。检察官助理可以协助。根据需要可以配备书记员担任记录。

人民检察院认为有必要召开庭前会议的，可以建议人民法院召开庭前会议。

第三百九十五条　在庭前会议中，公诉人可以对案件管辖、回避、出庭证人、鉴定人、有专门知识的人的名单、辩护人提供的无罪证据、非法证据排除、不公开审理、延期审理、适用简易程序或者速裁程序、庭审方案等与审判相关的问题提出和交换意见，了解辩护人收集的证据等情况。

对辩护人收集的证据有异议的，应当提出，并简要说明理由。

公诉人通过参加庭前会议，了解案件事实、证据和法律适用的争议和不同意见，解决有关程序问题，为参加法庭审理做好准备。

第三百九十六条　当事人、辩护人、诉讼代理人在庭前会议中提出证据系非法取得，人民法院认为可能存在以非法方法收集证据情形的，人民检察院应当对证据收集的合法性进行说明。需要调查核实的，在开庭审理前进行。

第三百九十七条　人民检察院向人民法院移送全部案卷材料后，在法庭审理过程中，公诉人需要出示、宣读、播放有关证据的，可以申请法庭出示、宣读、播放。

人民检察院基于出庭准备和庭审举证工作的需要，可以取回有关案卷材料和证据。

取回案卷材料和证据后，辩护律师要求查阅案卷材料的，应当允许辩护律师在人民检察院查阅、摘抄、复制案卷材料。

第三百九十八条　公诉人在法庭上应当依法进行下列活动：

（一）宣读起诉书，代表国家指控犯罪，提请人民法院对被告人依法审判；

（二）讯问被告人；

（三）询问证人、被害人、鉴定人；

（四）申请法庭出示物证，宣读书证、未到庭证人的证言笔录、鉴定人的鉴定意见、勘验、检查、辨认、侦查实验等笔录及其他作为证据的文书，播放作为证据的视听资料、电子数据等；

（五）对证据采信、法律适用和案件情况发表意

见,提出量刑建议及理由,针对被告人、辩护人的辩护意见进行答辩,全面阐述公诉意见;

(六)维护诉讼参与人的合法权利;

(七)对法庭审理案件有无违反法律规定诉讼程序的情况记明笔录;

(八)依法从事其他诉讼活动。

第三百九十九条 在法庭审理中,公诉人应当客观、全面、公正地向法庭出示与定罪、量刑有关的证明被告人有罪、罪重或者罪轻的证据。

按照审判长要求,或者经审判长同意,公诉人可以按照以下方式举证、质证:

(一)对于可能影响定罪量刑的关键证据和控辩双方存在争议的证据,一般应当单独举证、质证;

(二)对于不影响定罪量刑且控辩双方无异议的证据,可以仅就证据的名称及其证明的事项、内容作出说明;

(三)对于证明方向一致、证明内容相近或者证据种类相同,存在内在逻辑关系的证据,可以归纳、分组示证、质证。

公诉人出示证据时,可以借助多媒体设备等方式出示、播放或者演示证据内容。

定罪证据与量刑证据需要分开的,应当分别出示。

第四百条 公诉人讯问被告人,询问证人、被害人、鉴定人,出示物证,宣读书证,未出庭证人的证言笔录等应当围绕下列事实进行:

(一)被告人的身份;

(二)指控的犯罪事实是否存在,是否为被告人所实施;

(三)实施犯罪行为的时间、地点、方法、手段、结果,被告人犯罪后的表现等;

(四)犯罪集团或者其他共同犯罪案件中参与犯罪人员的各自地位和应负的责任;

(五)被告人有无刑事责任能力,有无故意或者过失,行为的动机、目的;

(六)有无依法不应当追究刑事责任的情况,有无法定的从重或者从轻、减轻以及免除处罚的情节;

(七)犯罪对象、作案工具的主要特征,与犯罪有关的财物的来源、数量以及去向;

(八)被告人全部或者部分否认起诉书指控的犯罪事实的,否认的根据和理由能否成立;

(九)与定罪、量刑有关的其他事实。

第四百零一条 在法庭审理中,下列事实不必提出证据进行证明:

(一)为一般人共同知晓的常识性事实;

(二)人民法院生效裁判所确认并且未依审判监督程序重新审理的事实;

(三)法律、法规的内容以及适用等属于审判人员履行职务所应当知晓的事实;

(四)在法庭审理中不存在异议的程序事实;

(五)法律规定的推定事实;

(六)自然规律或者定律。

第四百零二条 讯问被告人、询问证人不得采取可能影响陈述或者证言客观真实的诱导性发问以及其他不当发问方式。

辩护人向被告人或者证人进行诱导性发问以及其他不当发问可能影响陈述或者证言的客观真实的,公诉人可以要求审判长制止或者要求对该项陈述或者证言不予采纳。

讯问共同犯罪案件的被告人、询问证人应当个别进行。

被告人、证人、被害人对同一事实的陈述存在矛盾的,公诉人可以建议法庭传唤有关被告人、通知有关证人同时到庭对质,必要时可以建议法庭询问被害人。

第四百零三条 被告人在庭审中的陈述与在侦查、审查起诉中的供述一致或者不一致的内容不影响定罪量刑的,可以不宣读被告人供述笔录。

被告人在庭审中的陈述与在侦查、审查起诉中的供述不一致,足以影响定罪量刑的,可以宣读被告人供述笔录,并针对笔录中被告人的供述内容对被告人进行讯问,或者提出其他证据进行证明。

第四百零四条 公诉人对证人证言有异议,且该证人证言对案件定罪量刑有重大影响的,可以申请人民法院通知证人出庭作证。

人民警察就其执行职务时目击的犯罪情况作为证人出庭作证,适用前款规定。

公诉人对鉴定意见有异议的,可以申请人民法院通知鉴定人出庭作证。经人民法院通知,鉴定人拒不出庭作证的,公诉人可以建议法庭不予采纳该鉴定意见作为定案的根据,也可以申请法庭重新通知鉴定人出庭作证或者申请重新鉴定。

必要时,公诉人可以申请法庭通知有专门知识的人出庭,就鉴定人作出的鉴定意见提出意见。

当事人或者辩护人、诉讼代理人对证人证言、鉴定意见有异议的,公诉人认为必要时,可以申请人民法院通知证人、鉴定人出庭作证。

第四百零五条 证人应当由人民法院通知并负责安排出庭作证。

对于经人民法院通知而未到庭的证人或者出庭后拒绝作证的证人的证言笔录,公诉人应当当庭宣读。

对于经人民法院通知而未到庭的证人的证言笔录存在疑问,确实需要证人出庭作证,且可以强制其到庭的,公诉人应当建议人民法院强制证人到庭作证和接受质证。

第四百零六条 证人在法庭上提供证言,公诉人应当按照审判长确定的顺序向证人发问。可以要求证人就其所了解的与案件有关的事实进行陈述,也可以直接发问。

证人不能连贯陈述的,公诉人可以直接发问。

向证人发问,应当针对证言中有遗漏、矛盾、模糊不清和有争议的内容,并着重围绕与定罪量刑紧密相关的事实进行。

发问采取一问一答形式,提问应当简洁、清楚。

证人进行虚假陈述的,应当通过发问澄清事实,必要时可以宣读在侦查、审查起诉阶段制作的该证人的证言笔录或者出示、宣读其他证据。

当事人和辩护人、诉讼代理人向证人发问后,公诉人可以根据证人回答的情况,经审判长许可,再次向证人发问。

询问鉴定人、有专门知识的人参照上述规定进行。

第四百零七条 必要时,公诉人可以建议法庭采取不暴露证人、鉴定人、被害人外貌、真实声音等出庭作证保护措施,或者建议法庭根据刑事诉讼法第一百五十四条的规定在庭外对证据进行核实。

第四百零八条 对于鉴定意见、勘验、检查、辨认、侦查实验等笔录和其他作为证据的文书以及经人民法院通知而未到庭的被害人的陈述笔录,公诉人应当当庭宣读。

第四百零九条 公诉人向法庭出示物证,一般应当出示原物,原物不易搬运、不易保存或者已返还被害人的,可以出示反映原物外形和特征的照片、录像、复制品,并向法庭说明情况及与原物的同一性。

公诉人向法庭出示书证,一般应当出示原件。获取书证原件确有困难的,可以出示书证副本或者复制件,并向法庭说明情况及与原件的同一性。

公诉人向法庭出示物证、书证,应当对该物证、书证所要证明的内容、获取情况作出说明,并向当事人、证人等问明物证的主要特征,让其辨认。对该物证、书证进行鉴定的,应当宣读鉴定意见。

第四百一十条 在法庭审理过程中,被告人及其辩护人提出被告人庭前供述系非法取得,审判人员认为需要进行法庭调查的,公诉人可以通过出示讯问笔录、提讯登记、体检记录、采取强制措施或者侦查措施的法律文书、侦查终结前对讯问合法性进行核查的材料等证据材料,有针对性地播放讯问录音、录像,提请法庭通知调查人员、侦查人员或者其他人员出庭说明情况等方式,对证据收集的合法性加以证明。

审判人员认为可能存在刑事诉讼法第五十六条规定的以非法方法收集其他证据的情形,需要进行法庭调查的,公诉人可以参照前款规定对证据收集的合法性进行证明。

公诉人不能当庭证明证据收集的合法性,需要调查核实的,可以建议法庭休庭或者延期审理。

在法庭审理期间,人民检察院可以要求监察机关或者公安机关对证据收集的合法性进行说明或者提供相关证明材料。必要时,可以自行调查核实。

第四百一十一条 公诉人对证据收集的合法性进行证明后,法庭仍有疑问的,可以建议法庭休庭,由人民法院对相关证据进行调查核实。人民法院调查核实证据,通知人民检察院派员到场的,人民检察院可以派员到场。

第四百一十二条 在法庭审理过程中,对证据合法性以外的其他程序事实存在争议的,公诉人应当出示、宣读有关诉讼文书、侦查或者审查起诉活动笔录。

第四百一十三条 对于搜查、查封、扣押、冻结、勘验、检查、辨认、侦查实验等活动中形成的笔录存在争议,需要调查人员、侦查人员以及上述活动的见证人出庭陈述有关情况的,公诉人可以建议合议庭通知其出庭。

第四百一十四条 在法庭审理过程中,合议庭对证据有疑问或者人民法院根据辩护人、被告人的申请,向人民检察院调取在侦查、审查起诉中收集的有关被告人无罪或者罪轻的证据材料的,人民检察院应当自收到人民法院要求调取证据材料决定书后三日以内移交。没有上述材料的,应当向人民法院说明情况。

第四百一十五条　在法庭审理过程中,合议庭对证据有疑问并在休庭后进行勘验、检查、查封、扣押、鉴定和查询、冻结的,人民检察院应当依法进行监督,发现上述活动有违法情况的,应当提出纠正意见。

第四百一十六条　人民法院根据申请收集、调取的证据或者在合议庭休庭后自行调查取得的证据,应当经过庭审出示、质证才能决定是否作为判决的依据。未经庭审出示、质证直接采纳为判决依据的,人民检察院应当提出纠正意见。

第四百一十七条　在法庭审理过程中,经审判长许可,公诉人可以逐一对正在调查的证据和案件情况发表意见,并同被告人、辩护人进行辩论。证据调查结束时,公诉人应当发表总结性意见。

在法庭辩论中,公诉人与被害人、诉讼代理人意见不一致的,公诉人应当认真听取被害人、诉讼代理人的意见,阐明自己的意见和理由。

第四百一十八条　人民检察院向人民法院提出量刑建议的,公诉人应当在发表公诉意见时提出。

对认罪认罚案件,人民法院经审理认为人民检察院的量刑建议明显不当向人民检察院提出的,或者被告人、辩护人对量刑建议提出异议的,人民检察院可以调整量刑建议。

第四百一十九条　适用普通程序审理的认罪认罚案件,公诉人可以建议适当简化法庭调查、辩论程序。

第四百二十条　在法庭审判过程中,遇有下列情形之一的,公诉人可以建议法庭延期审理:

(一)发现事实不清、证据不足,或者遗漏罪行、遗漏同案犯罪嫌疑人,需要补充侦查或者补充提供证据的;

(二)被告人揭发他人犯罪行为或者提供重要线索,需要补充侦查进行查证的;

(三)发现遗漏罪行或者遗漏同案犯罪嫌疑人,虽不需要补充侦查和补充提供证据,但需要补充、追加起诉的;

(四)申请人民法院通知证人、鉴定人出庭作证或者有专门知识的人出庭提出意见的;

(五)需要调取新的证据,重新鉴定或者勘验的;

(六)公诉人出示、宣读开庭前移送人民法院的证据以外的证据,或者补充、追加、变更起诉,需要给予被告人、辩护人必要时间进行辩护准备的;

(七)被告人、辩护人向法庭出示公诉人不掌握的与定罪量刑有关的证据,需要调查核实的;

(八)公诉人对证据收集的合法性进行证明,需要调查核实的。

在人民法院开庭审理前发现具有前款情形之一的,人民检察院可以建议人民法院延期审理。

第四百二十一条　法庭宣布延期审理后,人民检察院应当在补充侦查期限内提请人民法院恢复法庭审理或者撤回起诉。

公诉人在法庭审理过程中建议延期审理的次数不得超过两次,每次不得超过一个月。

第四百二十二条　在审判过程中,对于需要补充提供法庭审判所必需的证据或者补充侦查的,人民检察院应当自行收集证据和进行侦查,必要时可以要求监察机关或者公安机关提供协助;也可以书面要求监察机关或者公安机关补充提供证据。

人民检察院补充侦查,适用本规则第六章、第九章、第十章的规定。

补充侦查不得超过一个月。

第四百二十三条　人民法院宣告判决前,人民检察院发现被告人的真实身份或者犯罪事实与起诉书中叙述的身份或者指控犯罪事实不符的,或者事实、证据没有变化,但罪名、适用法律与起诉书不一致的,可以变更起诉。发现遗漏同案犯罪嫌疑人或者罪行的,应当要求公安机关补充移送起诉或者补充侦查;对于犯罪事实清楚,证据确实、充分的,可以直接追加、补充起诉。

第四百二十四条　人民法院宣告判决前,人民检察院发现具有下列情形之一的,经检察长批准,可以撤回起诉:

(一)不存在犯罪事实的;

(二)犯罪事实并非被告人所为的;

(三)情节显著轻微、危害不大,不认为是犯罪的;

(四)证据不足或证据发生变化,不符合起诉条件的;

(五)被告人未达到刑事责任年龄,不负刑事责任的;

(六)法律、司法解释发生变化导致不应当追究被告人刑事责任的;

（七）其他不应当追究被告人刑事责任的。

对于撤回起诉的案件，人民检察院应当在撤回起诉后三十日以内作出不起诉决定。需要重新调查或者侦查的，应当在作出不起诉决定后将案卷材料退回监察机关或者公安机关，建议监察机关或者公安机关重新调查或者侦查，并书面说明理由。

对于撤回起诉的案件，没有新的事实或者新的证据，人民检察院不得再行起诉。

新的事实是指原起诉书中未指控的犯罪事实。该犯罪事实触犯的罪名既可以是原指控罪名的同一罪名，也可以是其他罪名。

新的证据是指撤回起诉后收集、调取的足以证明原指控犯罪事实的证据。

第四百二十五条 在法庭审理过程中，人民法院建议人民检察院补充侦查、补充起诉、追加起诉或者变更起诉的，人民检察院应当审查有关理由，并作出是否补充侦查、补充起诉、追加起诉或者变更起诉的决定。人民检察院不同意的，可以要求人民法院就起诉指控的犯罪事实依法作出裁判。

第四百二十六条 变更、追加、补充或者撤回起诉应当以书面方式在判决宣告前向人民法院提出。

第四百二十七条 出庭的书记员应当制作出庭笔录，详细记载庭审的时间、地点、参加人员、公诉人出庭执行任务情况和法庭调查、法庭辩论的主要内容以及法庭判决结果，由公诉人和书记员签名。

第四百二十八条 人民检察院应当当庭向人民法院移交取回的案卷材料和证据。在审判长宣布休庭后，公诉人应当与审判人员办理交接手续。无法当庭移交的，应当在休庭后三日以内移交。

第四百二十九条 人民检察院对查封、扣押、冻结的被告人财物及其孳息，应当根据不同情况作以下处理：

（一）对作为证据使用的实物，应当依法随案移送；对不宜移送的，应当将其清单、照片或者其他证明文件随案移送。

（二）冻结在金融机构、邮政部门的违法所得及其他涉案财产，应当向人民法院随案移送该金融机构、邮政部门出具的证明文件。待人民法院作出生效判决、裁定后，由人民法院通知该金融机构上缴国库。

（三）查封、扣押的涉案财物，对依法不移送的，应当随案移送清单、照片或者其他证明文件。待人民法院作出生效判决、裁定后，由人民检察院根据人民法院的通知上缴国库，并向人民法院送交执行回单。

（四）对于被扣押、冻结的债券、股票、基金份额等财产，在扣押、冻结期间权利人申请出售的，参照本规则第二百一十四条的规定办理。

第二节 简易程序

第四百三十条 人民检察院对于基层人民法院管辖的案件，符合下列条件的，可以建议人民法院适用简易程序审理：

（一）案件事实清楚、证据充分的；

（二）被告人承认自己所犯罪行，对指控的犯罪事实没有异议的；

（三）被告人对适用简易程序没有异议的。

第四百三十一条 具有下列情形之一的，人民检察院不得建议人民法院适用简易程序：

（一）被告人是盲、聋、哑人，或者是尚未完全丧失辨认或者控制自己行为能力的精神病人的；

（二）有重大社会影响的；

（三）共同犯罪案件中部分被告人不认罪或者对适用简易程序有异议的；

（四）比较复杂的共同犯罪案件的；

（五）辩护人作无罪辩护或者对主要犯罪事实有异议的；

（六）其他不宜适用简易程序的。

人民法院决定适用简易程序审理的案件，人民检察院认为具有刑事诉讼法第二百一十五条规定情形之一的，应当向人民法院提出纠正意见；具有其他不宜适用简易程序情形的，人民检察院可以建议人民法院不适用简易程序。

第四百三十二条 基层人民检察院审查案件，认为案件事实清楚、证据充分的，应当在讯问犯罪嫌疑人时，了解其是否承认自己所犯罪行，对指控的犯罪事实有无异议，告知其适用简易程序的法律规定，确认其是否同意适用简易程序。

第四百三十三条 适用简易程序审理的公诉案件，人民检察院应当派员出席法庭。

第四百三十四条 公诉人出席简易程序法庭时，应当主要围绕量刑以及其他有争议的问题进行法庭调查和法庭辩论。在确认被告人庭前收到起诉书并对起诉书指控的犯罪事实没有异议后，可以简化宣读起诉书,根据案件情况决定是否讯问被告人,询问证人、鉴定人和出示证据。

根据案件情况,公诉人可以建议法庭简化法庭调查和法庭辩论程序。

第四百三十五条　适用简易程序审理的公诉案件,公诉人发现不宜适用简易程序审理的,应当建议法庭按照第一审普通程序重新审理。

第四百三十六条　转为普通程序审理的案件,公诉人需要为出席法庭进行准备的,可以建议人民法院延期审理。

第三节　速裁程序

第四百三十七条　人民检察院对基层人民法院管辖的案件,符合下列条件的,在提起公诉时,可以建议人民法院适用速裁程序审理:

(一)可能判处三年有期徒刑以下刑罚;

(二)案件事实清楚、证据确实、充分;

(三)被告人认罪认罚、同意适用速裁程序。

第四百三十八条　具有下列情形之一的,人民检察院不得建议人民法院适用速裁程序:

(一)被告人是盲、聋、哑人,或者是尚未完全丧失辨认或者控制自己行为能力的精神病人的;

(二)被告人是未成年人的;

(三)案件有重大社会影响的;

(四)共同犯罪案件中部分被告人对指控的犯罪事实、罪名、量刑建议或者适用速裁程序有异议的;

(五)被告人与被害人或者其法定代理人没有就附带民事诉讼赔偿等事项达成调解或者和解协议的;

(六)其他不宜适用速裁程序审理的。

第四百三十九条　公安机关、犯罪嫌疑人及其辩护人建议适用速裁程序,人民检察院经审查认为符合条件的,可以建议人民法院适用速裁程序审理。

公安机关、辩护人未建议适用速裁程序,人民检察院经审查认为符合速裁程序适用条件,且犯罪嫌疑人同意适用的,可以建议人民法院适用速裁程序审理。

第四百四十条　人民检察院建议人民法院适用速裁程序的案件,起诉书内容可以适当简化,重点写明指控的事实和适用的法律。

第四百四十一条　人民法院适用速裁程序审

理的案件,人民检察院应当派员出席法庭。

第四百四十二条　公诉人出席速裁程序法庭时,可以简要宣读起诉书指控的犯罪事实、证据、适用法律及量刑建议,一般不再讯问被告人。

第四百四十三条　适用速裁程序审理的案件,人民检察院发现有不宜适用速裁程序审理情形的,应当建议人民法院转为普通程序或者简易程序重新审理。

第四百四十四条　转为普通程序审理的案件,公诉人需要为出席法庭进行准备的,可以建议人民法院延期审理。

第四节　出席第二审法庭

第四百四十五条　对提出抗诉的案件或者公诉案件中人民法院决定开庭审理的上诉案件,同级人民检察院应当指派检察官出席第二审法庭。检察官助理可以协助检察官出庭。根据需要可以配备书记员担任记录。

第四百四十六条　检察官出席第二审法庭的任务是:

(一)支持抗诉或者听取上诉意见,对原审人民法院作出的错误判决或者裁定提出纠正意见;

(二)维护原审人民法院正确的判决或者裁定,建议法庭维持原判;

(三)维护诉讼参与人的合法权利;

(四)对法庭审理案件有无违反法律规定诉讼程序的情况记明笔录;

(五)依法从事其他诉讼活动。

第四百四十七条　对抗诉和上诉案件,第二审人民法院的同级人民检察院可以调取下级人民检察院与案件有关的材料。

人民检察院在接到第二审人民法院决定开庭、查阅案卷通知后,可以查阅或者调阅案卷材料。查阅或者调阅案卷材料应当在接到人民法院的通知之日起一个月以内完成。在一个月以内无法完成的,可以商请人民法院延期审理。

第四百四十八条　检察人员应当客观全面地审查原审案卷材料,不受上诉或者抗诉范围的限制。应当审查原审判决认定案件事实、适用法律是否正确,证据是否确实、充分,量刑是否适当,审判活动是否合法,并应当审查下级人民检察院的抗诉书或者上诉人的上诉状,了解抗诉或者上诉的理由是否正确、充分,重点审查有争议的案件事实、证据和法律适用问题,有针对性地做好庭审准备工作。

第四百四十九条 检察人员在审查第一审案卷材料时,应当复核主要证据,可以讯问原审被告人。必要时,可以补充收集证据、重新鉴定或者补充鉴定。需要原侦查案件的公安机关补充收集证据的,可以要求其补充收集。

被告人、辩护人提出被告人自首、立功等可能影响定罪量刑的材料和线索的,可以移交公安机关调查核实,也可以自行调查核实。发现遗漏罪行或者同案犯罪嫌疑人的,应当建议公安机关侦查。

对于下列原审被告人,应当进行讯问:

（一）提出上诉的;

（二）人民检察院提出抗诉的;

（三）被判处无期徒刑以上刑罚的。

第四百五十条 人民检察院办理死刑上诉、抗诉案件,应当进行下列工作:

（一）讯问原审被告人,听取原审被告人的上诉理由或者辩解;

（二）听取辩护人的意见;

（三）复核主要证据,必要时询问证人;

（四）必要时补充收集证据;

（五）对鉴定意见有疑问的,可以重新鉴定或者补充鉴定;

（六）根据案件情况,可以听取被害人的意见。

第四百五十一条 出席第二审法庭前,检察人员应当制作讯问原审被告人、询问被害人、证人、鉴定人和出示、宣读、播放证据计划,拟写答辩提纲,并制作出庭意见。

第四百五十二条 在法庭审理中,检察官应当针对原审判决或者裁定认定事实或适用法律、量刑等方面的问题,围绕抗诉或者上诉理由以及辩护人的辩护意见,讯问原审被告人,询问被害人、证人、鉴定人,出示和宣读证据,并提出意见和进行辩论。

第四百五十三条 需要出示、宣读、播放第一审期间已移交人民法院的证据的,出庭的检察官可以申请法庭出示、宣读、播放。

在第二审法庭宣布休庭后需要移交证据材料的,参照本规则第四百二十八条的规定办理。

第五节　出席再审法庭

第四百五十四条 人民法院开庭审理再审案件,同级人民检察院应当派员出席法庭。

第四百五十五条 人民检察院对于人民法院按照审判监督程序重新审判的案件,应当对原判决、裁定认定的事实、证据、适用法律进行全面审查,重点审查有争议的案件事实、证据和法律适用问题。

第四百五十六条 人民检察院派员出席再审法庭,如果再审案件按照第一审程序审理,参照本章第一节有关规定执行;如果再审案件按照第二审程序审理,参照本章第四节有关规定执行。

第十二章　特别程序

第一节　未成年人刑事案件诉讼程序

第四百五十七条 人民检察院办理未成年人刑事案件,应当贯彻"教育、感化、挽救"方针和"教育为主、惩罚为辅"的原则,坚持优先保护、特殊保护、双向保护,以帮助教育和预防重新犯罪为目的。

人民检察院可以借助社会力量开展帮助教育未成年人的工作。

第四百五十八条 人民检察院应当指定熟悉未成年人身心特点的检察人员办理未成年人刑事案件。

第四百五十九条 人民检察院办理未成年人与成年人共同犯罪案件,一般应当对未成年人与成年人分案办理、分别起诉。不宜分案处理的,应当对未成年人采取隐私保护、快速办理等特殊保护措施。

第四百六十条 人民检察院受理案件后,应当向未成年犯罪嫌疑人及其法定代理人了解其委托辩护人的情况,并告知其有权委托辩护人。

未成年犯罪嫌疑人没有委托辩护人的,人民检察院应当书面通知法律援助机构指派律师为其提供辩护。

对于公安机关未通知法律援助机构指派律师为未成年犯罪嫌疑人提供辩护的,人民检察院应当提出纠正意见。

第四百六十一条 人民检察院根据情况可以对未成年犯罪嫌疑人的成长经历、犯罪原因、监护教育等情况进行调查,并制作社会调查报告,作为办案和教育的参考。

人民检察院开展社会调查,可以委托有关组织和机构进行。开展社会调查应当尊重和保护未成年人隐私,不得向不知情人员泄露未成年犯罪嫌疑人的涉案信息。

人民检察院应当对公安机关移送的社会调查报告进行审查。必要时，可以进行补充调查。

人民检察院制作的社会调查报告应当随案移送人民法院。

第四百六十二条　人民检察院对未成年犯罪嫌疑人审查逮捕，应当根据未成年犯罪嫌疑人涉嫌犯罪的性质、情节、主观恶性、有无监护与社会帮教条件、认罪认罚等情况，综合衡量其社会危险性，严格限制适用逮捕措施。

第四百六十三条　对于罪行较轻，具备有效监护条件或者社会帮教措施，没有社会危险性或者社会危险性较小的未成年犯罪嫌疑人，应当不批准逮捕。

对于罪行比较严重，但主观恶性不大，有悔罪表现，具备有效监护条件或者社会帮教措施，具有下列情形之一，不逮捕不致发生社会危险性的未成年犯罪嫌疑人，可以不批准逮捕：

（一）初次犯罪、过失犯罪的；

（二）犯罪预备、中止、未遂的；

（三）防卫过当、避险过当的；

（四）有自首或者立功表现的；

（五）犯罪后认罪认罚，或者积极退赃，尽力减少和赔偿损失，被害人谅解的；

（六）不属于共同犯罪的主犯或者集团犯罪中的首要分子的；

（七）属于已满十四周岁不满十六周岁的未成年人或者系在校学生的；

（八）其他可以不批准逮捕的情形。

对于没有固定住所、无法提供保证人的未成年犯罪嫌疑人适用取保候审的，可以指定合适的成年人作为保证人。

第四百六十四条　审查逮捕未成年犯罪嫌疑人，应当重点查清其是否已满十四、十六、十八周岁。

对犯罪嫌疑人实际年龄难以判断，影响对该犯罪嫌疑人是否应当负刑事责任认定的，应当不批准逮捕。需要补充侦查的，同时通知公安机关。

第四百六十五条　在审查逮捕、审查起诉中，人民检察院应当讯问未成年犯罪嫌疑人，听取辩护人的意见，并制作笔录附卷。辩护人提出书面意见的，应当附卷。对于辩护人提出犯罪嫌疑人无罪、罪轻或者减轻、免除刑事责任、不适宜羁押或者侦查活动有违法情形等意见的，检察人员应当进行审查，并在相关工作文书中叙明辩护人提出的意见，说明是否采纳的情况和理由。

讯问未成年犯罪嫌疑人，应当通知其法定代理人到场，告知法定代理人依法享有的诉讼权利和应当履行的义务。到场的法定代理人可以代为行使未成年犯罪嫌疑人的诉讼权利，代为行使权利时不得损害未成年犯罪嫌疑人的合法权益。

无法通知、法定代理人不能到场或者法定代理人是共犯的，也可以通知未成年犯罪嫌疑人的其他成年亲属，所在学校、单位或者居住地的村民委员会、居民委员会、未成年人保护组织的代表到场，并将有关情况记录在案。未成年犯罪嫌疑人明确拒绝法定代理人以外的合适成年人到场，且有正当理由的，人民检察院可以准许，但应当在征求其意见后通知其他合适成年人到场。

到场的法定代理人或者其他人员认为检察人员在讯问中侵犯未成年犯罪嫌疑人合法权益提出意见的，人民检察院应当记录在案。对合理意见，应当接受并纠正。讯问笔录应当交由到场的法定代理人或者其他人员阅读或者向其宣读，并由其在笔录上签名或者盖章，并捺指印。

讯问女性未成年犯罪嫌疑人，应当有女性检察人员参加。

询问未成年被害人、证人，适用本条第二款至第五款的规定。询问应当以一次为原则，避免反复询问。

第四百六十六条　讯问未成年犯罪嫌疑人应当保护其人格尊严。

讯问未成年犯罪嫌疑人一般不得使用戒具。对于确有人身危险性必须使用戒具的，在现实危险消除后应当立即停止使用。

第四百六十七条　未成年犯罪嫌疑人认罪认罚的，人民检察院应当告知本人及其法定代理人享有的诉讼权利和认罪认罚的法律规定，并依照刑事诉讼法第一百七十三条的规定，听取、记录未成年犯罪嫌疑人及其法定代理人、辩护人、被害人及其诉讼代理人的意见。

第四百六十八条　未成年犯罪嫌疑人认罪认罚的，应当在法定代理人、辩护人在场的情况下签署认罪认罚具结书。法定代理人、辩护人对认罪认罚有异议的，不需要签署具结书。

因未成年犯罪嫌疑人的法定代理人、辩护人对其认罪认罚有异议而不签署具结书的，人民检察院应当对未成年人认罪认罚情况,法定代理人、辩护人的异议情况如实记录。提起公诉的,应当将该材料与其他案卷材料一并移送人民法院。

未成年犯罪嫌疑人的法定代理人、辩护人对认罪认罚有异议而不签署具结书的,不影响从宽处理。

法定代理人无法到场的,合适成年人可以代为行使到场权、知情权、异议权等。法定代理人未到场的原因以及听取合适成年人意见等情况应当记录在案。

第四百六十九条 对于符合刑事诉讼法第二百八十二条第一款规定条件的未成年人刑事案件,人民检察院可以作出附条件不起诉的决定。

人民检察院在作出附条件不起诉的决定以前,应当听取公安机关、被害人、未成年犯罪嫌疑人及其法定代理人、辩护人的意见,并制作笔录附卷。

第四百七十条 未成年犯罪嫌疑人及其法定代理人对拟作出附条件不起诉决定提出异议的,人民检察院应当提起公诉。但是,未成年犯罪嫌疑人及其法定代理人提出无罪辩解,人民检察院经审查认为无罪辩解理由成立的,应当按照本规则第三百六十五条的规定作出不起诉决定。

未成年犯罪嫌疑人及其法定代理人对案件作附条件不起诉处理没有异议,仅对所附条件及考验期有异议的,人民检察院可以依法采纳其合理的意见,对考察的内容、方式、时间等进行调整;其意见不利于对未成年犯罪嫌疑人帮教,人民检察院不采纳的,应当进行释法说理。

人民检察院作出起诉决定前,未成年犯罪嫌疑人及其法定代理人撤回异议的,人民检察院可以依法作出附条件不起诉决定。

第四百七十一条 人民检察院作出附条件不起诉的决定后,应当制作附条件不起诉决定书,并在三日以内送达公安机关、被害人或者其近亲属及其诉讼代理人、未成年犯罪嫌疑人及其法定代理人、辩护人。

人民检察院应当当面向未成年犯罪嫌疑人及其法定代理人宣布附条件不起诉决定,告知考验期限、在考验期内应当遵守的规定以及违反规定应负的法律责任,并制作笔录附卷。

第四百七十二条 对附条件不起诉的决定,公安机关要求复议、提请复核或者被害人提出申诉的,具体程序参照本规则第三百七十九条至第三百

八十三条的规定。被害人不服附条件不起诉决定的,应当告知其不适用刑事诉讼法第一百八十条关于被害人可以向人民法院起诉的规定,并做好释法说理工作。

前款规定的复议、复核、申诉由相应人民检察院负责未成年人检察的部门进行审查。

第四百七十三条 人民检察院作出附条件不起诉决定的,应当确定考验期。考验期为六个月以上一年以下,从人民检察院作出附条件不起诉的决定之日起计算。

第四百七十四条 在附条件不起诉的考验期内,由人民检察院对被附条件不起诉的未成年犯罪嫌疑人进行监督考察。人民检察院应当要求未成年犯罪嫌疑人的监护人对未成年犯罪嫌疑人加强管教,配合人民检察院做好监督考察工作。

人民检察院可以会同未成年犯罪嫌疑人的监护人、所在学校、单位、居住地的村民委员会、居民委员会、未成年人保护组织等的有关人员,定期对未成年犯罪嫌疑人进行考察、教育,实施跟踪帮教。

第四百七十五条 人民检察院对于被附条件不起诉的未成年犯罪嫌疑人,应当监督考察其是否遵守下列规定:

(一)遵守法律法规,服从监督;

(二)按照规定报告自己的活动情况;

(三)离开所居住的市、县或者迁居,应当报经批准;

(四)按照要求接受矫治和教育。

第四百七十六条 人民检察院可以要求被附条件不起诉的未成年犯罪嫌疑人接受下列矫治和教育:

(一)完成戒瘾治疗、心理辅导或者其他适当的处遇措施;

(二)向社区或者公益团体提供公益劳动;

(三)不得进入特定场所,与特定的人员会见或者通信,从事特定的活动;

(四)向被害人赔偿损失、赔礼道歉等;

(五)接受相关教育;

(六)遵守其他保护被害人安全以及预防再犯的禁止性规定。

第四百七十七条 考验期届满,检察人员应当制作附条件不起诉考察意见书,提出起诉或者不起诉的意见,报请检察长决定。

考验期满作出不起诉的决定以前,应当听取被

害人意见。

第四百七十八条 考验期满作出不起诉决定，被害人提出申诉的，依照本规则第四百七十二条规定办理。

第四百七十九条 被附条件不起诉的未成年犯罪嫌疑人，在考验期内具有下列情形之一的，人民检察院应当撤销附条件不起诉的决定，提起公诉：

（一）实施新的犯罪的；

（二）发现决定附条件不起诉以前还有其他犯罪需要追诉的；

（三）违反治安管理规定，造成严重后果，或者多次违反治安管理规定的；

（四）违反有关附条件不起诉的监督管理规定，造成严重后果，或者多次违反有关附条件不起诉的监督管理规定的。

第四百八十条 被附条件不起诉的未成年犯罪嫌疑人，在考验期内没有本规则第四百七十九条规定的情形，考验期满的，人民检察院应当作出不起诉的决定。

第四百八十一条 人民检察院办理未成年人刑事案件过程中，应当对涉案未成年人的资料予以保密，不得公开或者传播涉案未成年人的姓名、住所、照片、图像及可能推断出该未成年人的其他资料。

第四百八十二条 犯罪的时候不满十八周岁，被判处五年有期徒刑以下刑罚的，人民检察院应当在收到人民法院生效判决、裁定后，对犯罪记录予以封存。

生效判决、裁定由第二审人民法院作出的，同级人民检察院依照前款规定封存犯罪记录时，应当通知下级人民检察院对相关犯罪记录予以封存。

第四百八十三条 人民检察院应当将拟封存的未成年人犯罪记录、案卷等相关材料装订成册，加密保存，不予公开，并建立专门的未成年人犯罪档案库，执行严格的保管制度。

第四百八十四条 除司法机关为办案需要或者有关单位根据国家规定进行查询的以外，人民检察院不得向任何单位和个人提供封存的犯罪记录，并不得提供未成年人有犯罪记录的证明。

司法机关或者有关单位需要查询犯罪记录的，应当向封存犯罪记录的人民检察院提出书面申请。人民检察院应当在七日以内作出是否许可的决定。

第四百八十五条 未成年人犯罪记录封存后，没有法定事由、未经法定程序不得解封。

对被封存犯罪记录的未成年人，符合下列条件之一的，应当对其犯罪记录解除封存：

（一）实施新的犯罪，且新罪与封存记录之罪数罪并罚后被决定执行五年有期徒刑以上刑罚的；

（二）发现漏罪，且漏罪与封存记录之罪数罪并罚后被决定执行五年有期徒刑以上刑罚的。

第四百八十六条 人民检察院对未成年犯罪嫌疑人作出不起诉决定后，应当对相关记录予以封存。除司法机关为办案需要进行查询外，不得向任何单位和个人提供。封存的具体程序参照本规则第四百八十三条至第四百八十五条的规定。

第四百八十七条 被封存犯罪记录的未成年人或者其法定代理人申请出具无犯罪记录证明的，人民检察院应当出具。需要协调公安机关、人民法院为其出具无犯罪记录证明的，人民检察院应当予以协助。

第四百八十八条 负责未成年人检察的部门应当依法对看守所、未成年犯管教所监管未成年人的活动实行监督，配合做好对未成年人的教育。发现没有对未成年犯罪嫌疑人、被告人与成年犯罪嫌疑人、被告人分别关押、管理或者违反规定对未成年犯留所执行刑罚的，应当依法提出纠正意见。

负责未成年人检察的部门发现社区矫正机构违反未成年人社区矫正相关规定的，应当依法提出纠正意见。

第四百八十九条 本节所称未成年人刑事案件，是指犯罪嫌疑人实施涉嫌犯罪行为时已满十四周岁、未满十八周岁的刑事案件。

本节第四百六十条、第四百六十五条、第四百六十六条、第四百六十七条、第四百六十八条所称的未成年犯罪嫌疑人，是指在诉讼过程中未满十八周岁的人。犯罪嫌疑人实施涉嫌犯罪行为时未满十八周岁，在诉讼过程中已满十八周岁的，人民检察院可以根据案件的具体情况适用上述规定。

第四百九十条 人民检察院办理侵害未成年人犯罪案件，应当采取适合未成年被害人身心特点的方法，充分保护未成年被害人的合法权益。

第四百九十一条 办理未成年人刑事案件，除本节已有规定的以外，按照刑事诉讼法和其他有关规定进行。

第二节 当事人和解的公诉案件诉讼程序

第四百九十二条 下列公诉案件，双方当事人可以和解：

（一）因民间纠纷引起，涉嫌刑法分则第四章、第五章规定的犯罪案件，可能判处三年有期徒刑以下刑罚的；

（二）除渎职犯罪以外的可能判处七年有期徒刑以下刑罚的过失犯罪案件。

当事人和解的公诉案件应当同时符合下列条件：

（一）犯罪嫌疑人真诚悔罪，向被害人赔偿损失、赔礼道歉等；

（二）被害人明确表示对犯罪嫌疑人予以谅解；

（三）双方当事人自愿和解，符合有关法律规定；

（四）属于侵害特定被害人的故意犯罪或者有直接被害人的过失犯罪；

（五）案件事实清楚，证据确实、充分。

犯罪嫌疑人在五年以内曾经故意犯罪的，不适用本节规定的程序。

犯罪嫌疑人在犯刑事诉讼法第二百八十八条第一款规定的犯罪前五年内曾经故意犯罪，无论该故意犯罪是否已经追究，均应当认定为前款规定的五年以内曾经故意犯罪。

第四百九十三条 被害人死亡的，其法定代理人、近亲属可以与犯罪嫌疑人和解。

被害人系无行为能力或者限制行为能力人的，其法定代理人可以代为和解。

第四百九十四条 犯罪嫌疑人系限制行为能力人的，其法定代理人可以代为和解。

犯罪嫌疑人在押的，经犯罪嫌疑人同意，其法定代理人、近亲属可以代为和解。

第四百九十五条 双方当事人可以就赔偿损失、赔礼道歉等民事责任事项进行和解，并且可以就被害人及其法定代理人或者近亲属是否要求或者同意公安机关、人民检察院、人民法院对犯罪嫌疑人依法从宽处理进行协商，但不得对案件的事实认定、证据采信、法律适用和定罪量刑等依法属于公安机关、人民检察院、人民法院职权范围的事宜进行协商。

第四百九十六条 双方当事人可以自行达成和解，也可以经人民调解委员会、村民委员会、居民委员会、当事人所在单位或者同事、亲友等组织或者个人调解后达成和解。

人民检察院对于本规则第四百九十二条规定的公诉案件，可以建议当事人进行和解，并告知相应的权利义务，必要时可以提供法律咨询。

第四百九十七条 人民检察院应当对和解的自愿性、合法性进行审查，重点审查以下内容：

（一）双方当事人是否自愿和解；

（二）犯罪嫌疑人是否真诚悔罪，是否向被害人赔礼道歉，赔偿数额与其所造成的损害和赔偿能力是否相适应；

（三）被害人及其法定代理人或者近亲属是否明确表示对犯罪嫌疑人予以谅解；

（四）是否符合法律规定；

（五）是否损害国家、集体和社会公共利益或者他人的合法权益；

（六）是否符合社会公德。

审查时，应当听取双方当事人和其他有关人员对和解的意见，告知刑事案件可能从宽处理的法律后果和双方的权利义务，并制作笔录附卷。

第四百九十八条 经审查认为双方自愿和解，内容合法，且符合本规则第四百九十二条规定的范围和条件的，人民检察院应当主持制作和解协议书。

和解协议书的主要内容包括：

（一）双方当事人的基本情况；

（二）案件的主要事实；

（三）犯罪嫌疑人真诚悔罪，承认自己所犯罪行，对指控的犯罪没有异议，向被害人赔偿损失、赔礼道歉等。赔偿损失的，应当写明赔偿的数额、履行的方式、期限等；

（四）被害人及其法定代理人或者近亲属对犯罪嫌疑人予以谅解，并要求或者同意公安机关、人民检察院、人民法院对犯罪嫌疑人依法从宽处理。

和解协议书应当由双方当事人签字，可以写明和解协议书系在人民检察院主持下制作。检察人员不在当事人和解协议书上签字，也不加盖人民检察院印章。

和解协议书一式三份，双方当事人各持一份，另一份交人民检察院附卷备查。

第四百九十九条 和解协议书约定的赔偿损失内容，应当在双方签署协议后立即履行，至迟在人民检察院作出从宽处理决定前履行。确实难以一次性履行的,在提供有效担保并且被害人同意的情况下,也可以分期履行。

第五百条　双方当事人在侦查阶段达成和解协议,公安机关向人民检察院提出从宽处理建议的,人民检察院在审查逮捕和审查起诉时应当充分考虑公安机关的建议。

第五百零一条　人民检察院对于公安机关提请批准逮捕的案件,双方当事人达成和解协议的,可以作为有无社会危险性或者社会危险性大小的因素予以考虑。经审查认为不需要逮捕的,可以作出不批准逮捕的决定;在审查起诉阶段可以依法变更强制措施。

第五百零二条　人民检察院对于公安机关移送起诉的案件,双方当事人达成和解协议的,可以作为是否需要判处刑罚或者免除刑罚的因素予以考虑。符合法律规定的不起诉条件的,可以决定不起诉。

对于依法应当提起公诉的,人民检察院可以向人民法院提出从宽处罚的量刑建议。

第五百零三条　人民检察院拟对当事人达成和解的公诉案件作出不起诉决定的,应当听取双方当事人对和解的意见,并且查明犯罪嫌疑人是否已经切实履行和解协议、不能即时履行的是否已经提供有效担保,将其作为是否决定不起诉的因素予以考虑。

当事人在不起诉决定作出之前反悔的,可以另行达成和解。不能另行达成和解的,人民检察院应当依法作出起诉或者不起诉决定。

当事人在不起诉决定作出之后反悔的,人民检察院不撤销原决定,但有证据证明和解违反自愿、合法原则的除外。

第五百零四条　犯罪嫌疑人或者其亲友等以暴力、威胁、欺骗或者其他非法方法强迫、引诱被害人和解,或者在协议履行完毕之后威胁、报复被害人的,应当认定和解协议无效。已经作出不批准逮捕或者不起诉决定的,人民检察院根据案件情况可以撤销原决定,对犯罪嫌疑人批准逮捕或者提起公诉。

第三节　缺席审判程序

第五百零五条　对于监察机关移送起诉的贪污贿赂犯罪案件,犯罪嫌疑人、被告人在境外,人民检察院认为犯罪事实已经查清,证据确实、充分,依

法应当追究刑事责任的,可以向人民法院提起公诉。

对于公安机关移送起诉的需要及时进行审判的严重危害国家安全犯罪、恐怖活动犯罪案件,犯罪嫌疑人、被告人在境外,人民检察院认为犯罪事实已经查清,证据确实、充分,依法应当追究刑事责任的,经最高人民检察院核准,可以向人民法院提起公诉。

前两款规定的案件,由有管辖权的中级人民法院的同级人民检察院提起公诉。

人民检察院提起公诉的,应当向人民法院提交被告人已出境的证据。

第五百零六条　人民检察院对公安机关移送起诉的需要报请最高人民检察院核准的案件,经检察委员会讨论提出提起公诉意见的,应当层报最高人民检察院核准。报送材料包括起诉意见书、案件审查报告、报请核准的报告及案件证据材料。

第五百零七条　最高人民检察院收到下级人民检察院报请核准提起公诉的案卷材料后,应当及时指派检察官对案卷材料进行审查,提出核准或者不予核准的意见,报检察长决定。

第五百零八条　报请核准的人民检察院收到最高人民检察院核准决定书后,应当提起公诉,起诉书中应当载明经最高人民检察院核准的内容。

第五百零九条　审查起诉期间,犯罪嫌疑人自动投案或者被抓获的,人民检察院应当重新审查。

对严重危害国家安全犯罪、恐怖活动犯罪案件报请核准期间,犯罪嫌疑人自动投案或者被抓获的,报请核准的人民检察院应当及时撤回报请,重新审查案件。

第五百一十条　提起公诉后被告人到案,人民法院拟重新审理的,人民检察院应当商人民法院将案件撤回并重新审查。

第五百一十一条　因被告人患有严重疾病无法出庭,中止审理超过六个月,被告人仍无法出庭,被告人及其法定代理人、近亲属申请或者同意恢复审理的,人民检察院可以建议人民法院适用缺席审判程序审理。

第四节　犯罪嫌疑人、被告人逃匿、死亡案件违法所得的没收程序

第五百一十二条　对于贪污贿赂犯罪、恐怖活动犯罪等重大犯罪案件,犯罪嫌疑人、被告人逃匿,

在通缉一年后不能到案,依照刑法规定应当追缴其违法所得及其他涉案财产的,人民检察院可以向人民法院提出没收违法所得的申请。

对于犯罪嫌疑人、被告人死亡,依照刑法规定应当追缴其违法所得及其他涉案财产的,人民检察院也可以向人民法院提出没收违法所得的申请。

第五百一十三条 犯罪嫌疑人、被告人为逃避侦查和刑事追究潜逃、隐匿,或者在刑事诉讼过程中脱逃的,应当认定为"逃匿"。

犯罪嫌疑人、被告人因意外事故下落不明满二年,或者因意外事故下落不明,经有关机关证明其不可能生存的,按照前款规定处理。

第五百一十四条 公安机关发布通缉令或者公安部通过国际刑警组织发布红色国际通报,应当认定为"通缉"。

第五百一十五条 犯罪嫌疑人、被告人通过实施犯罪直接或者间接产生、获得的任何财产,应当认定为"违法所得"。

违法所得已经部分或者全部转变、转化为其他财产的,转变、转化后的财产应当视为前款规定的"违法所得"。

来自违法所得转变、转化后的财产收益,或者来自已经与违法所得相混合财产中违法所得相应部分的收益,也应当视为第一款规定的违法所得。

第五百一十六条 犯罪嫌疑人、被告人非法持有的违禁品、供犯罪所用的本人财物,应当认定为"其他涉案财产"。

第五百一十七条 刑事诉讼法第二百九十九条第三款规定的"利害关系人"包括犯罪嫌疑人、被告人的近亲属和其他对申请没收的财产主张权利的自然人和单位。

刑事诉讼法第二百九十九条第二款、第三百条第二款规定的"其他利害关系人"是指前款规定的"其他对申请没收的财产主张权利的自然人和单位"。

第五百一十八条 人民检察院审查监察机关或者公安机关移送的没收违法所得意见书,向人民法院提出没收违法所得的申请以及对违法所得没收程序中调查活动、审判活动的监督,由负责捕诉的部门办理。

第五百一十九条 没收违法所得的申请,应当由有管辖权的中级人民法院的同级人民检察院提出。

第五百二十条 人民检察院向人民法院提出没收违法所得的申请,应当制作没收违法所得申请书。没收违法所得申请书应当载明以下内容:

（一）犯罪嫌疑人、被告人的基本情况,包括姓名、性别、出生年月日、出生地、户籍地、公民身份号码、民族、文化程度、职业、工作单位及职务、住址等;

（二）案由及案件来源;

（三）犯罪嫌疑人、被告人的犯罪事实及相关证据材料;

（四）犯罪嫌疑人、被告人逃匿、被通缉或者死亡的情况;

（五）申请没收的财产种类、数量、价值、所在地以及查封、扣押、冻结财产清单和相关法律手续;

（六）申请没收的财产属于违法所得及其他涉案财产的相关事实及证据材料;

（七）提出没收违法所得申请的理由和法律依据;

（八）有无近亲属和其他利害关系人以及利害关系人的姓名、身份、住址、联系方式;

（九）其他应当写明的内容。

上述材料需要翻译件的,人民检察院应当随没收违法所得申请书一并移送人民法院。

第五百二十一条 监察机关或者公安机关向人民检察院移送没收违法所得意见书,应当由有管辖权的人民检察院的同级监察机关或者公安机关移送。

第五百二十二条 人民检察院审查监察机关或者公安机关移送的没收违法所得意见书,应当审查下列内容:

（一）是否属于本院管辖;

（二）是否符合刑事诉讼法第二百九十八条第一款规定的条件;

（三）犯罪嫌疑人基本情况,包括姓名、性别、国籍、出生年月日、职业和单位等;

（四）犯罪嫌疑人涉嫌犯罪的事实和相关证据材料;

（五）犯罪嫌疑人逃匿、下落不明、被通缉或者死亡的情况,通缉令或者死亡证明是否随案移送;

（六）违法所得及其他涉案财产的种类、数量、所在地以及查封、扣押、冻结的情况,查封、扣押、冻结的财产清单和相关法律手续是否随案移送;

（七）违法所得及其他涉案财产的相关事实和

证据材料；

（八）有无近亲属和其他利害关系人以及利害关系人的姓名、身份、住址、联系方式。

对于与犯罪事实、违法所得及其他涉案财产相关的证据材料，不宜移送的，应当审查证据的清单、复制件、照片或者其他证明文件是否随案移送。

第五百二十三条 人民检察院应当在接到监察机关或者公安机关移送的没收违法所得意见书后三十日以内作出是否提出没收违法所得申请的决定。三十日以内不能作出决定的，可以延长十五日。

对于监察机关或者公安机关移送的没收违法所得案件，经审查认为不符合刑事诉讼法第二百九十八条第一款规定条件的，应当作出不提出没收违法所得申请的决定，并向监察机关或者公安机关书面说明理由；认为需要补充证据的，应当书面要求监察机关或者公安机关补充证据，必要时也可以自行调查。

监察机关或者公安机关补充证据的时间不计入人民检察院办案期限。

第五百二十四条 人民检察院发现公安机关应当启动违法所得没收程序而不启动的，可以要求公安机关在七日以内书面说明不启动的理由。

经审查，认为公安机关不启动理由不能成立的，应当通知公安机关启动程序。

第五百二十五条 人民检察院发现公安机关在违法所得没收程序的调查活动中有违法情形的，应当向公安机关提出纠正意见。

第五百二十六条 在审查监察机关或者公安机关移送的没收违法所得意见书的过程中，在逃的犯罪嫌疑人、被告人自动投案或者被抓获的，人民检察院应当终止审查，并将案卷退回监察机关或者公安机关处理。

第五百二十七条 人民检察院直接受理侦查的案件，犯罪嫌疑人死亡而撤销案件，符合刑事诉讼法第二百九十八条第一款规定条件的，负责侦查的部门应当启动违法所得没收程序进行调查。

负责侦查的部门进行调查应当查明犯罪嫌疑人涉嫌的犯罪事实，犯罪嫌疑人死亡的情况，以及犯罪嫌疑人的违法所得及其他涉案财产的情况，并可以对违法所得及其他涉案财产依法进行查封、扣押、查询、冻结。

负责侦查的部门认为符合刑事诉讼法第二百九十八条第一款规定条件的，应当写出没收违法所得意见书，连同案卷材料一并移送有管辖权的人民检察院负责侦查的部门，并由有管辖权的人民检察院负责侦查的部门移送本院负责捕诉的部门。

负责捕诉的部门对没收违法所得意见书进行审查，作出是否提出没收违法所得申请的决定，具体程序按照本规则第五百二十二条、第五百二十三条的规定办理。

第五百二十八条 在人民检察院审查起诉过程中，犯罪嫌疑人死亡，或者贪污贿赂犯罪、恐怖活动犯罪等重大犯罪案件的犯罪嫌疑人逃匿，在通缉一年后不能到案，依照刑法规定应当追缴其违法所得及其他涉案财产的，人民检察院可以直接提出没收违法所得的申请。

在人民法院审理案件过程中，被告人死亡而裁定终止审理，或者被告人脱逃而裁定中止审理，人民检察院可以依法另行向人民法院提出没收违法所得的申请。

第五百二十九条 人民法院对没收违法所得的申请进行审理，人民检察院应当承担举证责任。

人民法院对没收违法所得的申请开庭审理的，人民检察院应当派员出席法庭。

第五百三十条 出席法庭的检察官应当宣读没收违法所得申请书，并在法庭调查阶段就申请没收的财产属于违法所得及其他涉案财产等相关事实出示、宣读证据。

第五百三十一条 人民检察院发现人民法院或者审判人员审理没收违法所得案件违反法律规定的诉讼程序，应当向人民法院提出纠正意见。

人民检察院认为同级人民法院按照违法所得没收程序所作的第一审裁定确有错误的，应当在五日以内向上一级人民法院提出抗诉。

最高人民检察院、省级人民检察院认为下级人民法院按照违法所得没收程序所作的已经发生法律效力的裁定确有错误的，应当按照审判监督程序向同级人民法院提出抗诉。

第五百三十二条 在审理案件过程中，在逃的犯罪嫌疑人、被告人自动投案或者被抓获，人民法院按照刑事诉讼法第三百零一条第一款的规定终止审理的，人民检察院应当将案卷退回监察机关或者公安机关处理。

第五百三十三条 对于刑事诉讼法第二百九十八条第一款规定以外需要没收违法所得的，按照有关规定执行。

第五节 依法不负刑事责任的精神病人的强制医疗程序

第五百三十四条 对于实施暴力行为，危害公共安全或者严重危害公民人身安全，已经达到犯罪程度，经法定程序鉴定依法不负刑事责任的精神病人，有继续危害社会可能的，人民检察院应当向人民法院提出强制医疗的申请。

提出强制医疗的申请以及对强制医疗决定的监督，由负责捕诉的部门办理。

第五百三十五条 强制医疗的申请由被申请人实施暴力行为所在地的基层人民检察院提出；由被申请人居住地的人民检察院提出更为适宜的，可以由被申请人居住地的基层人民检察院提出。

第五百三十六条 人民检察院向人民法院提出强制医疗的申请，应当制作强制医疗申请书。强制医疗申请书的主要内容包括：

（一）涉案精神病人的基本情况，包括姓名、性别、出生年月日、出生地、户籍地、公民身份号码、民族、文化程度、职业、工作单位及职务、住址，采取临时保护性约束措施的情况及处所等；

（二）涉案精神病人的法定代理人的基本情况，包括姓名、住址、联系方式等；

（三）案由及案件来源；

（四）涉案精神病人实施危害公共安全或者严重危害公民人身安全的暴力行为的事实，包括实施暴力行为的时间、地点、手段、后果等及相关证据情况；

（五）涉案精神病人不负刑事责任的依据，包括有关鉴定意见和其他证据材料；

（六）涉案精神病人继续危害社会的可能；

（七）提出强制医疗申请的理由和法律依据。

第五百三十七条 人民检察院审查公安机关移送的强制医疗意见书，应当查明：

（一）是否属于本院管辖；

（二）涉案精神病人身份状况是否清楚，包括姓名、性别、国籍、出生年月日、职业和单位等；

（三）涉案精神病人实施危害公共安全或者严重危害公民人身安全的暴力行为的事实；

（四）公安机关对涉案精神病人进行鉴定的程序是否合法，涉案精神病人是否依法不负刑事责任；

（五）涉案精神病人是否有继续危害社会的可能；

（六）证据材料是否随案移送，不宜移送的证据的清单、复制件、照片或者其他证明文件是否随案移送；

（七）证据是否确实、充分；

（八）采取的临时保护性约束措施是否适当。

第五百三十八条 人民检察院办理公安机关移送的强制医疗案件，可以采取以下方式开展调查，调查情况应当记录并附卷：

（一）会见涉案精神病人，听取涉案精神病人的法定代理人、诉讼代理人意见；

（二）询问办案人员、鉴定人；

（三）向被害人及其法定代理人、近亲属了解情况；

（四）向涉案精神病人的主治医生、近亲属、邻居、其他知情人员或者基层组织等了解情况；

（五）就有关专门性技术问题委托具有法定资质的鉴定机构、鉴定人进行鉴定。

第五百三十九条 人民检察院应当在接到公安机关移送的强制医疗意见书后三十日以内作出是否提出强制医疗申请的决定。

对于公安机关移送的强制医疗案件，经审查认为不符合刑事诉讼法第三百零二条规定条件的，应当作出不提出强制医疗申请的决定，并向公安机关书面说明理由。认为需要补充证据的，应当书面要求公安机关补充证据，必要时也可以自行调查。

公安机关补充证据的时间不计入人民检察院办案期限。

第五百四十条 人民检察院发现公安机关应当启动强制医疗程序而不启动的，可以要求公安机关在七日以内书面说明不启动的理由。

经审查，认为公安机关不启动理由不能成立的，应当通知公安机关启动强制医疗程序。

公安机关收到启动强制医疗程序通知书后，未按要求启动强制医疗程序的，人民检察院应当提出纠正意见。

第五百四十一条 人民检察院对公安机关移送的强制医疗案件，发现公安机关对涉案精神病人进行鉴定违反法律规定，具有下列情形之一的，应当依法提出纠正意见：

（一）鉴定机构不具备法定资质的；

（二）鉴定人不具备法定资质或者违反回避规定的；

（三）鉴定程序违反法律或者有关规定，鉴定的过程和方法违反相关专业规范要求的；

（四）鉴定文书不符合法定形式要件的；

（五）鉴定意见没有依法及时告知相关人员的；

（六）鉴定人故意作虚假鉴定的；

（七）其他违反法律规定的情形。

人民检察院对精神病鉴定程序进行监督，可以要求公安机关补充鉴定或者重新鉴定。必要时，可以询问鉴定人并制作笔录，或者委托具有法定资质的鉴定机构进行补充鉴定或者重新鉴定。

第五百四十二条　人民检察院发现公安机关对涉案精神病人不应当采取临时保护性约束措施而采取的，应当提出纠正意见。

认为公安机关应当采取临时保护性约束措施而未采取的，应当建议公安机关采取临时保护性约束措施。

第五百四十三条　在审查起诉中，犯罪嫌疑人经鉴定系依法不负刑事责任的精神病人的，人民检察院应当作出不起诉决定。认为符合刑事诉讼法第三百零二条规定条件的，应当向人民法院提出强制医疗的申请。

第五百四十四条　人民法院对强制医疗案件开庭审理的，人民检察院应当派员出席法庭。

第五百四十五条　人民检察院发现人民法院强制医疗案件审理活动具有下列情形之一的，应当提出纠正意见：

（一）未通知被申请人或者被告人的法定代理人到场的；

（二）被申请人或者被告人没有委托诉讼代理人，未通知法律援助机构指派律师为其提供法律帮助的；

（三）未组成合议庭或者合议庭组成人员不合法的；

（四）未经被申请人、被告人的法定代理人请求直接作出不开庭审理决定的；

（五）未会见被申请人的；

（六）被申请人、被告人要求出庭且具备出庭条件，未准许其出庭的；

（七）违反法定审理期限的；

（八）收到人民检察院对强制医疗决定不当的书面纠正意见后，未另行组成合议庭审理或者未在

一个月以内作出复议决定的；

（九）人民法院作出的强制医疗决定或者驳回强制医疗申请决定不当的；

（十）其他违反法律规定的情形。

第五百四十六条　出席法庭的检察官发现人民法院或者审判人员审理强制医疗案件违反法律规定的诉讼程序，应当记录在案，并在休庭后及时向检察长报告，由人民检察院在庭审后向人民法院提出纠正意见。

第五百四十七条　人民检察院认为人民法院作出的强制医疗决定或者驳回强制医疗申请的决定，具有下列情形之一的，应当在收到决定书副本后二十日以内向人民法院提出纠正意见：

（一）据以作出决定的事实不清或者确有错误的；

（二）据以作出决定的证据不确实、不充分的；

（三）据以作出决定的证据依法应当予以排除的；

（四）据以作出决定的主要证据之间存在矛盾的；

（五）有确实、充分的证据证明应当决定强制医疗而予以驳回的，或者不应当决定强制医疗而决定强制医疗的；

（六）审理过程中严重违反法定诉讼程序，可能影响公正审理和决定的。

第五百四十八条　人民法院在审理案件过程中发现被告人符合强制医疗条件，适用强制医疗程序对案件进行审理的，人民检察院应当在庭审中发表意见。

人民法院作出宣告被告人无罪或者不负刑事责任的判决和强制医疗决定的，人民检察院应当进行审查。对判决确有错误的，应当依法提出抗诉；对强制医疗决定不当或者未作出强制医疗的决定不当的，应当提出纠正意见。

第五百四十九条　人民法院收到被决定强制医疗的人、被害人及其法定代理人、近亲属复议申请后，未组成合议庭审理，或者未在一个月以内作出复议决定，或者有其他违法行为的，人民检察院应当提出纠正意见。

第五百五十条　人民检察院对于人民法院批准解除强制医疗的决定实行监督，发现人民法院解除强制医疗的决定不当的，应当提出纠正意见。

第十三章 刑事诉讼法律监督

第一节 一般规定

第五百五十一条 人民检察院对刑事诉讼活动实行法律监督，发现违法情形的，依法提出抗诉、纠正意见或者检察建议。

人民检察院对于涉嫌违法的事实，可以采取以下方式进行调查核实：

（一）讯问、询问犯罪嫌疑人；

（二）询问证人、被害人或者其他诉讼参与人；

（三）询问办案人员；

（四）询问在场人员或者其他可能知情的人员；

（五）听取申诉人或者控告人的意见；

（六）听取辩护人、值班律师意见；

（七）调取、查询、复制相关登记册、法律文书、体检记录及案卷材料等；

（八）调取讯问笔录、询问笔录及相关录音、录像或其他视听资料；

（九）进行伤情、病情检查或者鉴定；

（十）其他调查核实方式。

人民检察院在调查核实过程中不得限制被调查对象的人身、财产权利。

第五百五十二条 人民检察院发现刑事诉讼活动中的违法行为，对于情节较轻的，由检察人员以口头方式提出纠正意见；对于情节较重的，经检察长决定，发出纠正违法通知书。对于带有普遍性的违法情形，经检察长决定，向相关机关提出检察建议。构成犯罪的，移送有关机关、部门依法追究刑事责任。

有申诉人、控告人的，调查核实和纠正违法情况应予告知。

第五百五十三条 人民检察院发出纠正违法通知书的，应当监督落实。被监督单位在纠正违法通知书规定的期限内没有回复纠正情况的，人民检察院应当督促回复。经督促被监督单位仍不回复或者没有正当理由不纠正的，人民检察院应当向上一级人民检察院报告。

第五百五十四条 被监督单位对纠正意见申请复查的，人民检察院应当在收到被监督单位的书面意见后七日以内进行复查，并将复查结果及时通知申请复查的单位。经过复查，认为纠正意见正确的，应当及时向上一级人民检察院报告；认为纠正

意见错误的，应当及时予以撤销。

上一级人民检察院经审查，认为下级人民检察院纠正意见正确的，应当及时通报被监督单位的上级机关或者主管机关，并建议其督促被监督单位予以纠正；认为下级人民检察院纠正意见错误的，应当书面通知下级人民检察院予以撤销，下级人民检察院应当执行，并及时向被监督单位说明情况。

第五百五十五条 当事人和辩护人、诉讼代理人、利害关系人对于办案机关及其工作人员有刑事诉讼法第一百一十七条规定的行为，向该机关申诉或者控告，对该机关作出的处理不服或者该机关未在规定时间内作出答复，而向人民检察院申诉的，办案机关的同级人民检察院应当受理。

人民检察院直接受理侦查的案件，当事人和辩护人、诉讼代理人、利害关系人对办理案件的人民检察院的处理不服的，可以向上一级人民检察院申诉，上一级人民检察院应当受理。

未向办案机关申诉或者控告，或者办案机关在规定时间内尚未作出处理决定，直接向人民检察院申诉的，人民检察院应当告知其向办案机关申诉或者控告。人民检察院在审查逮捕、审查起诉中发现有刑事诉讼法第一百一十七条规定的违法情形的，可以直接监督纠正。

当事人和辩护人、诉讼代理人、利害关系人对刑事诉讼法第一百一十七条规定情形之外的违法行为提出申诉或者控告的，人民检察院应当受理，并及时审查，依法处理。

第五百五十六条 对人民检察院及其工作人员办理案件中违法行为的申诉、控告，由负责控告申诉检察的部门受理和审查办理。对其他司法机关处理决定不服向人民检察院提出的申诉，由负责控告申诉检察的部门受理后，移送相关办案部门审查办理。

审查办理的部门应当在受理之日起十五日以内提出审查意见。人民检察院对刑事诉讼法第一百一十七条的申诉，经审查认为需要其他司法机关说明理由的，应当要求有关机关说明理由，并在收到理由说明后十五日以内提出审查意见。

人民检察院及其工作人员办理案件中存在的违法情形属实的，应当予以纠正；不存在违法行为的，书面答复申诉人、控告人。

其他司法机关对申诉、控告的处理不正确的，人民检察院应当通知有关机关予以纠正；处理正确

的,书面答复申诉人、控告人。

第二节　刑事立案监督

第五百五十七条　被害人及其法定代理人、近亲属或者行政执法机关,认为公安机关对其控告或者移送的案件应当立案侦查而不立案侦查,或者当事人认为公安机关不应当立案而立案,向人民检察院提出的,人民检察院应当受理并进行审查。

人民检察院发现公安机关可能存在应当立案侦查而不立案侦查情形的,应当依法进行审查。

人民检察院接到控告、举报或者发现行政执法机关不移送涉嫌犯罪案件的,经检察长批准,应当向行政执法机关提出检察意见,要求其按照管辖规定向公安机关移送涉嫌犯罪案件。

第五百五十八条　人民检察院负责控告申诉检察的部门受理对公安机关应当立案而不立案或者不应当立案而立案的控告、申诉,应当根据事实、法律进行审查。认为需要公安机关说明不立案或者立案理由的,应当及时将案件移送负责捕诉的部门办理;认为公安机关立案或者不立案决定正确的,应当制作相关法律文书,答复控告人、申诉人。

第五百五十九条　人民检察院经审查,认为需要公安机关说明不立案理由的,应当要求公安机关书面说明不立案的理由。

对于有证据证明公安机关可能存在违法动用刑事手段插手民事、经济纠纷,或者利用立案实施报复陷害、敲诈勒索以及谋取其他非法利益等违法立案情形,尚未提请批准逮捕或者移送起诉的,人民检察院应当要求公安机关书面说明立案理由。

第五百六十条　人民检察院要求公安机关说明不立案或者立案理由,应当书面通知公安机关,并且告知公安机关在收到通知后七日以内,书面说明不立案或者立案的情况、依据和理由,连同有关证据材料回复人民检察院。

第五百六十一条　公安机关说明不立案或者立案的理由后,人民检察院应当进行审查。认为公安机关不立案或者立案理由不能成立的,经检察长决定,应当通知公安机关立案或者撤销案件。

人民检察院认为公安机关不立案或者立案理由成立的,应当在十日以内将不立案或者立案的依据和理由告知被害人及其法定代理人、近亲属或者行政执法机关。

第五百六十二条　公安机关对当事人的报案、控告、举报或者行政执法机关移送的涉嫌犯罪案件受理后未在规定期限内作出是否立案决定,当事人或者行政执法机关向人民检察院提出的,人民检察院应当受理并进行审查。经审查,认为尚未超过规定期限的,应当移送公安机关处理,并答复报案人、控告人、举报人或者行政执法机关;认为超过规定期限的,应当要求公安机关在七日以内书面说明逾期不作出是否立案决定的理由,连同有关证据材料回复人民检察院。公安机关在七日以内不说明理由也不作出立案或者不立案决定的,人民检察院应当提出纠正意见。人民检察院经审查有关证据材料认为符合立案条件的,应当通知公安机关立案。

第五百六十三条　人民检察院通知公安机关立案或者撤销案件,应当制作通知立案书或者通知撤销案件书,说明依据和理由,连同证据材料送达公安机关,并且告知公安机关应当在收到通知立案书后十五日以内立案,对通知撤销案件书没有异议的应当立即撤销案件,并将立案决定书或者撤销案件决定书及时送达人民检察院。

第五百六十四条　人民检察院通知公安机关立案或者撤销案件的,应当依法对执行情况进行监督。

公安机关在收到通知立案书或者通知撤销案件书后超过十五日不予立案或者未要求复议、提请复核也不撤销案件的,人民检察院应当发出纠正违法通知书。公安机关仍不纠正的,报上一级人民检察院协商同级公安机关处理。

公安机关立案后三个月以内未侦查终结的,人民检察院可以向公安机关发出立案监督案件催办函,要求公安机关及时向人民检察院反馈侦查工作进展情况。

第五百六十五条　公安机关认为人民检察院撤销案件通知有错误,要求同级人民检察院复议的,人民检察院应当重新审查。在收到要求复议意见书和案卷材料后七日以内作出是否变更的决定,并通知公安机关。

公安机关不接受人民检察院复议决定,提请上一级人民检察院复核的,上级人民检察院应当在收到提请复核意见书和案卷材料后十五日以内作出是否变更的决定,通知下级人民检察院和公安机关执行。

上级人民检察院复核认为撤销案件通知有错误的,下级人民检察院应当立即纠正;上级人民检察院复核认为撤销案件通知正确的,应当作出复核决定并送达下级公安机关。

第五百六十六条 人民检察院负责捕诉的部门发现本院负责侦查的部门对应当立案侦查的案件不立案侦查或者对不应当立案侦查的案件立案侦查的,应当建议负责侦查的部门立案侦查或者撤销案件。建议不被采纳的,应当报请检察长决定。

第三节 侦查活动监督

第五百六十七条 人民检察院应当对侦查活动中是否存在以下违法行为进行监督:

(一)采用刑讯逼供以及其他非法方法收集犯罪嫌疑人供述的;

(二)讯问犯罪嫌疑人依法应当录音或者录像而没有录音或者录像,或者未在法定羁押场所讯问犯罪嫌疑人的;

(三)采用暴力、威胁以及非法限制人身自由等非法方法收集证人证言、被害人陈述,或者以暴力、威胁等方法阻止证人作证或者指使他人作伪证的;

(四)伪造、隐匿、销毁、调换、私自涂改证据,或者帮助当事人毁灭、伪造证据的;

(五)违反刑事诉讼法关于决定、执行、变更、撤销强制措施的规定,或者强制措施法定期限届满,不予释放、解除或者变更的;

(六)应当退还取保候审保证金不退还的;

(七)违反刑事诉讼法关于讯问、询问、勘验、检查、搜查、鉴定、采取技术侦查措施等规定的;

(八)对与案件无关的财物采取查封、扣押、冻结措施,或者应当解除查封、扣押、冻结而不解除的;

(九)贪污、挪用、私分、调换、违反规定使用查封、扣押、冻结的财物及其孳息的;

(十)不应当撤案而撤案的;

(十一)侦查人员应当回避而不回避的;

(十二)依法应当告知犯罪嫌疑人诉讼权利而不告知,影响犯罪嫌疑人行使诉讼权利的;

(十三)对犯罪嫌疑人拘留、逮捕、指定居所监视居住后依法应当通知家属而未通知的;

(十四)阻碍当事人、辩护人、诉讼代理人、值班律师依法行使诉讼权利的;

(十五)应当对证据收集的合法性出具说明或者提供证明材料而不出具、不提供的;

(十六)侦查活动中的其他违反法律规定的

行为。

第五百六十八条 人民检察院发现侦查活动中的违法情形已涉嫌犯罪,属于人民检察院管辖的,依法立案侦查;不属于人民检察院管辖的,依照有关规定移送有管辖权的机关。

第五百六十九条 人民检察院负责捕诉的部门发现本院负责侦查的部门在侦查活动中有违法情形,应当提出纠正意见。需要追究相关人员违法违纪责任的,应当报告检察长。

上级人民检察院发现下级人民检察院在侦查活动中有违法情形,应当通知其纠正。下级人民检察院应当及时纠正,并将纠正情况报告上级人民检察院。

第四节 审判活动监督

第五百七十条 人民检察院应当对审判活动中是否存在以下违法行为进行监督:

(一)人民法院对刑事案件的受理违反管辖规定的;

(二)人民法院审理案件违反法定审理和送达期限的;

(三)法庭组成人员不符合法律规定,或者依照规定应当回避而不回避的;

(四)法庭审理案件违反法定程序的;

(五)侵犯当事人、其他诉讼参与人的诉讼权利和其他合法权利的;

(六)法庭审理时对有关程序问题所作的决定违反法律规定的;

(七)违反法律规定裁定发回重审的;

(八)故意毁弃、篡改、隐匿、伪造、偷换证据或者其他诉讼材料,或者依据未经法定程序调查、质证的证据定案的;

(九)依法应当调查收集相关证据而不收集的;

(十)徇私枉法,故意违背事实和法律作枉法裁判的;

(十一)收受、索取当事人及其近亲属或者其委托的律师等人财物或者其他利益的;

(十二)违反法律规定采取强制措施或者采取强制措施法定期限届满,不予释放、解除或者变更的;

(十三)应当退还取保候审保证金不退还的;

(十四)对与案件无关的财物采取查封、扣押、冻结措施,或者应当解除查封、扣押、冻结而不解除的；

（十五）贪污、挪用、私分、调换、违反规定使用查封、扣押、冻结的财物及其孳息的；

（十六）其他违反法律规定的行为。

第五百七十一条　人民检察院检察长或者检察长委托的副检察长，可以列席同级人民法院审判委员会会议，依法履行法律监督职责。

第五百七十二条　人民检察院在审判活动监督中，发现人民法院或者审判人员审理案件违反法律规定的诉讼程序，应当向人民法院提出纠正意见。

人民检察院对违反程序的庭审活动提出纠正意见，应当由人民检察院在庭审后提出。出席法庭的检察人员发现法庭审判违反法律规定的诉讼程序，应当在休庭后及时向检察长报告。

第五节　羁押必要性审查

第五百七十三条　犯罪嫌疑人、被告人被逮捕后，人民检察院仍应当对羁押的必要性进行审查。

第五百七十四条　人民检察院在办案过程中可以依职权主动进行羁押必要性审查。

犯罪嫌疑人、被告人及其法定代理人、近亲属或者辩护人可以申请人民检察院进行羁押必要性审查。申请时应当说明不需要继续羁押的理由，有相关证据或者其他材料的应当提供。

看守所根据在押人员身体状况，可以建议人民检察院进行羁押必要性审查。

第五百七十五条　负责捕诉的部门依法对侦查和审判阶段的羁押必要性进行审查。经审查认为不需要继续羁押的，应当建议公安机关或者人民法院释放犯罪嫌疑人、被告人或者变更强制措施。

审查起诉阶段，负责捕诉的部门经审查认为不需要继续羁押的，应当直接释放犯罪嫌疑人或者变更强制措施。

负责刑事执行检察的部门收到有关材料或者发现不需要继续羁押的，应当及时将有关材料和意见移送负责捕诉的部门。

第五百七十六条　办案机关对应的同级人民检察院负责控告申诉检察的部门或者负责案件管理的部门收到羁押必要性审查申请后，应当在当日移送本院负责捕诉的部门。

其他人民检察院收到羁押必要性审查申请的，应当告知申请人向办案机关对应的同级人民检察院提出申请，或者在二日以内将申请材料移送办案机关对应的同级人民检察院，并告知申请人。

第五百七十七条　人民检察院可以采取以下方式进行羁押必要性审查：

（一）审查犯罪嫌疑人、被告人不需要继续羁押的理由和证明材料；

（二）听取犯罪嫌疑人、被告人及其法定代理人、辩护人的意见；

（三）听取被害人及其法定代理人、诉讼代理人的意见，了解是否达成和解协议；

（四）听取办案机关的意见；

（五）调查核实犯罪嫌疑人、被告人的身体健康状况；

（六）需要采取的其他方式。

必要时，可以依照有关规定进行公开审查。

第五百七十八条　人民检察院应当根据犯罪嫌疑人、被告人涉嫌的犯罪事实、主观恶性、悔罪表现、身体状况、案件进展情况、可能判处的刑罚和有无再危害社会的危险等因素，综合评估有无必要继续羁押犯罪嫌疑人、被告人。

第五百七十九条　人民检察院发现犯罪嫌疑人、被告人具有下列情形之一的，应当向办案机关提出释放或者变更强制措施的建议：

（一）案件证据发生重大变化，没有证据证明有犯罪事实或者犯罪行为系犯罪嫌疑人、被告人所为的；

（二）案件事实或者情节发生变化，犯罪嫌疑人、被告人可能被判处拘役、管制、独立适用附加刑、免予刑事处罚或者判决无罪的；

（三）继续羁押犯罪嫌疑人、被告人，羁押期限将超过依法可能判处的刑期的；

（四）案件事实基本查清，证据已经收集固定，符合取保候审或者监视居住条件的。

第五百八十条　人民检察院发现犯罪嫌疑人、被告人具有下列情形之一，且具有悔罪表现，不予羁押不致发生社会危险性的，可以向办案机关提出释放或者变更强制措施的建议：

（一）预备犯或者中止犯；

（二）共同犯罪中的从犯或者胁从犯；

（三）过失犯罪的；

（四）防卫过当或者避险过当的；

（五）主观恶性较小的初犯；

（六）系未成年人或者已满七十五周岁的人；

（七）与被害方依法自愿达成和解协议,且已经履行或者提供担保的;

（八）认罪认罚的;

（九）患有严重疾病、生活不能自理的;

（十）怀孕或者正在哺乳自己婴儿的妇女;

（十一）系生活不能自理的人的唯一扶养人;

（十二）可能被判处一年以下有期徒刑或者宣告缓刑的;

（十三）其他不需要继续羁押的情形。

第五百八十一条 人民检察院向办案机关发出释放或者变更强制措施建议书的,应当说明不需要继续羁押犯罪嫌疑人、被告人的理由和法律依据,并要求办案机关在十日以内回复处理情况。

人民检察院应当跟踪办案机关对释放或者变更强制措施建议的处理情况。办案机关未在十日以内回复处理情况的,应当提出纠正意见。

第五百八十二条 对于依申请审查的案件,人民检察院办结后,应当将提出建议的情况和公安机关、人民法院的处理情况,或者有继续羁押必要的审查意见和理由及时书面告知申请人。

第六节　刑事判决、裁定监督

第五百八十三条 人民检察院依法对人民法院的判决、裁定是否正确实行法律监督,对人民法院确有错误的判决、裁定,应当依法提出抗诉。

第五百八十四条 人民检察院认为同级人民法院第一审判决、裁定具有下列情形之一的,应当提出抗诉:

（一）认定的事实确有错误或者据以定罪量刑的证据不确实、不充分的;

（二）有确实、充分证据证明有罪判无罪,或者无罪判有罪的;

（三）重罪轻判,轻罪重判,适用刑罚明显不当的;

（四）认定罪名不正确,一罪判数罪、数罪判一罪,影响量刑或者造成严重社会影响的;

（五）免除刑事处罚或者适用缓刑、禁止令、限制减刑等错误的;

（六）人民法院在审理过程中严重违反法律规定的诉讼程序的。

第五百八十五条 人民检察院在收到人民法院第一审判决书或者裁定书后,应当及时审查。对于需要提出抗诉的案件,应当报请检察长决定。

第五百八十六条 人民检察院对同级人民法院第一审判决的抗诉,应当在接到判决书后第二日起十日以内提出;对第一审裁定的抗诉,应当在接到裁定书后第二日起五日以内提出。

第五百八十七条 人民检察院对同级人民法院第一审判决、裁定的抗诉,应当制作抗诉书,通过原审人民法院向上一级人民法院提出,并将抗诉书副本连同案卷材料报送上一级人民检察院。

第五百八十八条 被害人及其法定代理人不服地方各级人民法院第一审的判决,在收到判决书后五日以内请求人民检察院提出抗诉的,人民检察院应当立即进行审查,在收到被害人及其法定代理人的请求后五日以内作出是否抗诉的决定,并且答复请求人。经审查认为应当抗诉的,适用本规则第五百八十四条至第五百八十七条的规定办理。

被害人及其法定代理人在收到判决书五日以后请求人民检察院提出抗诉的,由人民检察院决定是否受理。

第五百八十九条 上一级人民检察院对下级人民检察院按照第二审程序提出抗诉的案件,认为抗诉正确的,应当支持抗诉。

上一级人民检察院认为抗诉不当的,应当听取下级人民检察院的意见。听取意见后,仍然认为抗诉不当的,应当向同级人民法院撤回抗诉,并且通知下级人民检察院。

上一级人民检察院在上诉、抗诉期限内,发现下级人民检察院应当提出抗诉而没有提出抗诉的案件,可以指令下级人民检察院依法提出抗诉。

上一级人民检察院支持或者部分支持抗诉意见的,可以变更、补充抗诉理由,及时制作支持抗诉意见书,并通知提出抗诉的人民检察院。

第五百九十条 第二审人民法院发回原审人民法院按照第一审程序重新审判的案件,如果人民检察院认为重新审判的判决、裁定确有错误的,可以按照第二审程序提出抗诉。

第五百九十一条 人民检察院认为人民法院已经发生法律效力的判决、裁定确有错误,具有下列情形之一的,应当按照审判监督程序向人民法院提出抗诉:

（一）有新的证据证明原判决、裁定认定的事实确有错误,可能影响定罪量刑的;

（二）据以定罪量刑的证据不确实、不充分的;

（三）据以定罪量刑的证据依法应当予以排

除的；

（四）据以定罪量刑的主要证据之间存在矛盾的；

（五）原判决、裁定的主要事实依据被依法变更或者撤销的；

（六）认定罪名错误且明显影响量刑的；

（七）违反法律关于追诉时效期限的规定的；

（八）量刑明显不当的；

（九）违反法律规定的诉讼程序，可能影响公正审判的；

（十）审判人员在审理案件的时候有贪污受贿，徇私舞弊，枉法裁判行为的。

对于同级人民法院已经发生法律效力的判决、裁定，人民检察院认为可能有错误的，应当另行指派检察官或者检察官办案组进行审查。经审查，认为有前款规定情形之一的，应当提请上一级人民检察院提出抗诉。

对已经发生法律效力的判决、裁定的审查，参照本规则第五百八十五条的规定办理。

第五百九十二条　对于高级人民法院判处死刑缓期二年执行的案件，省级人民检察院认为确有错误提请抗诉的，一般应当在收到生效判决、裁定后三个月以内提出，至迟不得超过六个月。

第五百九十三条　当事人及其法定代理人、近亲属认为人民法院已经发生法律效力的判决、裁定确有错误，向人民检察院申诉的，由作出生效判决、裁定的人民法院的同级人民检察院依法办理。

当事人及其法定代理人、近亲属直接向上级人民检察院申诉的，上级人民检察院可以交由作出生效判决、裁定的人民法院的同级人民检察院受理；案情重大、疑难、复杂的，上级人民检察院可以直接受理。

当事人及其法定代理人、近亲属对人民法院已经发生法律效力的判决、裁定提出申诉，经人民检察院复查决定不予抗诉后继续提出申诉的，上一级人民检察院应当受理。

第五百九十四条　对不服人民法院已经发生法律效力的判决、裁定的申诉，经两级人民检察院办理且省级人民检察院已经复查的，如果没有新的证据，人民检察院不再复查，但原审被告人可能被宣告无罪或者判决、裁定有其他重大错误可能的除外。

第五百九十五条　人民检察院对已经发生法律效力的判决、裁定的申诉复查后，认为需要提请或者提出抗诉的，报请检察长决定。

地方各级人民检察院对不服同级人民法院已经发生法律效力的判决、裁定的申诉复查后，认为需要提出抗诉的，应当提请上一级人民检察院抗诉。

上级人民检察院对下一级人民检察院提请抗诉的申诉案件进行审查后，认为需要提出抗诉的，应当向同级人民法院提出抗诉。

人民法院开庭审理时，同级人民检察院应当派员出席法庭。

第五百九十六条　人民检察院对不服人民法院已经发生法律效力的判决、裁定的申诉案件复查终结后，应当制作刑事申诉复查通知书，在十日以内通知申诉人。

经复查向上一级人民检察院提请抗诉的，应当在上一级人民检察院作出是否抗诉的决定后制作刑事申诉复查通知书。

第五百九十七条　最高人民检察院发现各级人民法院已经发生法律效力的判决或者裁定，上级人民检察院发现下级人民法院已经发生法律效力的判决或者裁定确有错误时，可以直接向同级人民法院提出抗诉，或者指令作出生效判决、裁定人民法院的上一级人民检察院向同级人民法院提出抗诉。

第五百九十八条　人民检察院按照审判监督程序向人民法院提出抗诉的，应当将抗诉书副本报送上一级人民检察院。

第五百九十九条　对按照审判监督程序提出抗诉的案件，人民检察院认为人民法院再审作出的判决、裁定仍然确有错误的，如果案件是依照第一审程序审判的，同级人民检察院应当按照第二审程序向上一级人民法院提出抗诉；如果案件是依照第二审程序审判的，上一级人民检察院应当按照审判监督程序向同级人民法院提出抗诉。

第六百条　人民检察院办理按照第二审程序、审判监督程序抗诉的案件，认为需要对被告人采取强制措施的，参照本规则相关规定。决定采取强制措施应当经检察长批准。

第六百零一条　人民检察院对自诉案件的判决、裁定的监督，适用本节的规定。

第七节　死刑复核监督

第六百零二条　最高人民检察院依法对最高人民法院的死刑复核活动实行法律监督。

省级人民检察院依法对高级人民法院复核未上诉且未抗诉死刑立即执行案件和死刑缓期二年执行案件的活动实行法律监督。

第六百零三条　最高人民检察院、省级人民检察院通过办理下列案件对死刑复核活动实行法律监督：

（一）人民法院向人民检察院通报的死刑复核案件；

（二）下级人民检察院提请监督或者报告重大情况的死刑复核案件；

（三）当事人及其近亲属或者受委托的律师向人民检察院申请监督的死刑复核案件；

（四）认为应当监督的其他死刑复核案件。

第六百零四条　省级人民检察院对于进入最高人民法院死刑复核程序的案件，发现具有下列情形之一的，应当及时向最高人民检察院提请监督：

（一）案件事实不清、证据不足，依法应当发回重新审判或者改判的；

（二）被告人具有从宽处罚情节，依法不应当判处死刑的；

（三）适用法律错误的；

（四）违反法律规定的诉讼程序，可能影响公正审判的；

（五）其他应当提请监督的情形。

第六百零五条　省级人民检察院发现死刑复核案件被告人有自首、立功、怀孕或者被告人家属与被害人家属达成赔偿谅解协议等新的重大情况，影响死刑适用的，应当及时向最高人民检察院报告。

第六百零六条　当事人及其近亲属或者受委托的律师向最高人民检察院提出不服死刑裁判的申诉，由负责死刑复核监督的部门审查。

第六百零七条　对于适用死刑存在较大分歧或者在全国有重大影响的死刑第二审案件，省级人民检察院应当及时报最高人民检察院备案。

第六百零八条　高级人民法院死刑复核期间，设区的市级人民检察院向省级人民检察院报告重大情况、备案等程序，参照本规则第六百零五条、第六百零七条规定办理。

第六百零九条　对死刑复核监督案件的审查可以采取下列方式：

（一）审查人民法院移送的材料、下级人民检察院报送的相关案卷材料、当事人及其近亲属或者受委托的律师提交的材料；

（二）向下级人民检察院调取案件审查报告、公诉意见书、出庭意见书等，了解案件相关情况；

（三）向人民法院调阅或者查阅案卷材料；

（四）核实或者委托核实主要证据；

（五）讯问被告人、听取受委托的律师的意见；

（六）就有关技术性问题向专门机构或者有专门知识的人咨询，或者委托进行证据审查；

（七）需要采取的其他方式。

第六百一十条　审查死刑复核监督案件，具有下列情形之一的，应当听取下级人民检察院的意见：

（一）对案件主要事实、证据有疑问的；

（二）对适用死刑存在较大争议的；

（三）可能引起司法办案重大风险的；

（四）其他应当听取意见的情形。

第六百一十一条　最高人民检察院经审查发现死刑复核案件具有下列情形之一的，应当经检察长决定，依法向最高人民法院提出检察意见：

（一）认为适用死刑不当，或者案件事实不清、证据不足，依法不应当核准死刑的；

（二）认为不予核准死刑的理由不成立，依法应当核准死刑的；

（三）发现新的事实和证据，可能影响被告人定罪量刑的；

（四）严重违反法律规定的诉讼程序，可能影响公正审判的；

（五）司法工作人员在办理案件时，有贪污受贿，徇私舞弊，枉法裁判等行为的；

（六）其他需要提出检察意见的情形。

同意最高人民法院核准或者不核准意见的，应当经检察长批准，书面回复最高人民法院。

对于省级人民检察院提请监督、报告重大情况的案件，最高人民检察院认为具有影响死刑适用情形的，应当及时将有关材料转送最高人民法院。

第八节　羁押期限和办案期限监督

第六百一十二条　人民检察院依法对羁押期限和办案期限是否合法实行法律监督。

第六百一十三条　对公安机关、人民法院办理案件相关期限的监督，犯罪嫌疑人、被告人被羁押的，由人民检察院负责刑事执行检察的部门承担；犯罪嫌疑人、被告人未被羁押的，由人民检察院负责捕诉的部门承担。对人民检察院办理案件相关期限的监督，由负责案件管理的部门承担。

第六百一十四条　人民检察院在办理案件过程中，犯罪嫌疑人、被告人被羁押，具有下列情形之一的，办案部门应当在作出决定或者收到决定书、裁定书后十日以内通知本院负有监督职责的部门：

（一）批准或者决定延长侦查羁押期限的；

（二）对于人民检察院直接受理侦查的案件，决定重新计算侦查羁押期限、变更或者解除强制措施的；

（三）对犯罪嫌疑人、被告人进行精神病鉴定的；

（四）审查起诉期间改变管辖、延长审查起诉期限的；

（五）案件退回补充侦查，或者补充侦查完毕移送起诉后重新计算审查起诉期限的；

（六）人民法院决定适用简易程序、速裁程序审理第一审案件，或者将案件由简易程序转为普通程序、由速裁程序转为简易程序、普通程序重新审理的；

（七）人民法院改变管辖，决定延期审理、中止审理，或者同意人民检察院撤回起诉的。

第六百一十五条　人民检察院发现看守所的羁押期限管理活动具有下列情形之一的，应当依法提出纠正意见：

（一）未及时督促办案机关办理换押手续的；

（二）未在犯罪嫌疑人、被告人羁押期限届满前七日以内向办案机关发出羁押期限即将届满通知书的；

（三）犯罪嫌疑人、被告人被超期羁押后，没有立即书面报告人民检察院并通知办案机关的；

（四）收到犯罪嫌疑人、被告人及其法定代理人、近亲属或者辩护人提出的变更强制措施、羁押必要性审查、羁押期限届满要求释放或者变更强制措施的申请、申诉、控告后，没有及时转送有关办案机关或者人民检察院的；

（五）其他违法情形。

第六百一十六条　人民检察院发现公安机关的侦查羁押期限执行情况具有下列情形之一的，应当依法提出纠正意见：

（一）未按规定办理换押手续的；

（二）决定重新计算侦查羁押期限、经批准延长侦查羁押期限，未书面通知人民检察院和看守所的；

（三）对犯罪嫌疑人进行精神病鉴定，没有书面通知人民检察院和看守所的；

（四）其他违法情形。

第六百一十七条　人民检察院发现人民法院的审理期限执行情况具有下列情形之一的，应当依法提出纠正意见：

（一）在一审、二审和死刑复核阶段未按规定办理换押手续的；

（二）违反刑事诉讼法的规定重新计算审理期限、批准延长审理期限、改变管辖、延期审理、中止审理或者发回重审的；

（三）决定重新计算审理期限、批准延长审理期限、改变管辖、延期审理、中止审理、对被告人进行精神病鉴定，没有书面通知人民检察院和看守所的；

（四）其他违法情形。

第六百一十八条　人民检察院发现同级或者下级公安机关、人民法院超期羁押的，应当向该办案机关发出纠正违法通知书。

发现上级公安机关、人民法院超期羁押的，应当及时层报该办案机关的同级人民检察院，由同级人民检察院向该办案机关发出纠正违法通知书。

对异地羁押的案件，发现办案机关超期羁押的，应当通报该办案机关的同级人民检察院，由其依法向办案机关发出纠正违法通知书。

第六百一十九条　人民检察院发出纠正违法通知书后，有关办案机关未回复意见或者继续超期羁押的，应当及时报告上一级人民检察院。

对于造成超期羁押的直接责任人员，可以书面建议其所在单位或者有关主管机关依照法律或者有关规定予以处分；对于造成超期羁押情节严重，涉嫌犯罪的，应当依法追究其刑事责任。

第六百二十条　人民检察院办理直接受理侦查的案件或者审查逮捕、审查起诉案件，在犯罪嫌疑人侦查羁押期限、办案期限即将届满前，负责案件管理的部门应当依照有关规定向本院办案部门进行期限届满提示。发现办案部门办理案件超过规定期限的，应当依照有关规定提出纠正意见。

第十四章　刑罚执行和监管执法监督

第一节　一般规定

第六百二十一条　人民检察院依法对刑事判决、裁定和决定的执行工作以及监狱、看守所等的监管执法活动实行法律监督。

第六百二十二条　人民检察院根据工作需要，可以对监狱、看守所等场所采取巡回检察、派驻检察等方式进行监督。

第六百二十三条　人民检察院对监狱、看守所等场所进行监督，除可以采取本规则第五百五十一条规定的调查核实措施外，还可以采取实地查看禁闭室、会见室、监区、监舍等有关场所，列席监狱、看守所有关会议，与有关监管民警进行谈话，召开座谈会，开展问卷调查等方式。

第六百二十四条　人民检察院对刑罚执行和监管执法活动实行监督，可以根据下列情形分别处理：

（一）发现执法瑕疵、安全隐患，或者违法情节轻微的，口头提出纠正意见，并记录在案；

（二）发现严重违法，发生重大事故，或者口头提出纠正意见后七日以内未予纠正的，书面提出纠正意见；

（三）发现存在可能导致执法不公问题，或者存在重大监管漏洞、重大安全隐患、重大事故风险等问题的，提出检察建议。

对于在巡回检察中发现的前款规定的问题、线索的整改落实情况，通过巡回检察进行督导。

第二节　交付执行监督

第六百二十五条　人民检察院发现人民法院、公安机关、看守所等机关的交付执行活动具有下列情形之一的，应当依法提出纠正意见：

（一）交付执行的第一审人民法院没有在法定期间内将判决书、裁定书、人民检察院的起诉书副本、自诉状复印件、执行通知书、结案登记表等法律文书送达公安机关、监狱、社区矫正机构等执行机关的；

（二）对被判处死刑缓期二年执行、无期徒刑或者有期徒刑余刑在三个月以上的罪犯，公安机关、看守所自接到人民法院执行通知书等法律文书后三十日以内，没有将成年罪犯送交监狱执行刑罚，

或者没有将未成年罪犯送交未成年犯管教所执行刑罚的；

（三）对需要收监执行刑罚而判决、裁定生效前未被羁押的罪犯，第一审人民法院没有及时将罪犯收监送交公安机关，并将判决书、裁定书、执行通知书等法律文书送达公安机关的；

（四）公安机关对需要收监执行刑罚但下落不明的罪犯，在收到人民法院的判决书、裁定书、执行通知书等法律文书后，没有及时抓捕、通缉的；

（五）对被判处管制、宣告缓刑或者人民法院决定暂予监外执行的罪犯，在判决、裁定生效后或者收到人民法院暂予监外执行决定后，未依法交付罪犯居住地社区矫正机构执行，或者对被单处剥夺政治权利的罪犯，在判决、裁定生效后，未依法交付罪犯居住地公安机关执行的，或者人民法院依法交付执行，社区矫正机构或者公安机关应当接收而拒绝接收的；

（六）其他违法情形。

第六百二十六条　人民法院判决被告人无罪、免予刑事处罚、判处管制、宣告缓刑、单处罚金或者剥夺政治权利，被告人被羁押的，人民检察院应当监督被告人是否被立即释放。发现被告人没有被立即释放的，应当立即向人民法院或者看守所提出纠正意见。

第六百二十七条　人民检察院发现公安机关未依法执行拘役、剥夺政治权利，拘役执行期满未依法发给释放证明，或者剥夺政治权利执行期满未书面通知本人及其所在单位、居住地基层组织等违法情形的，应当依法提出纠正意见。

第六百二十八条　人民检察院发现监狱、看守所对服刑期满或者依法应当予以释放的人员没有按期释放，对被裁定假释的罪犯依法应当交付罪犯居住地社区矫正机构实行社区矫正而不交付，对主刑执行完毕仍然需要执行附加剥夺政治权利的罪犯依法应当交付罪犯居住地公安机关执行而不交付，或者对服刑期未满又无合法释放根据的罪犯予以释放等违法行为的，应当依法提出纠正意见。

第三节　减刑、假释、暂予监外执行监督

第六百二十九条　人民检察院发现人民法院、监狱、看守所、公安机关暂予监外执行的活动具有下列情形之一的，应当依法提出纠正意见：

（一）将不符合法定条件的罪犯提请、决定暂予

监外执行的;

（二）提请、决定暂予监外执行的程序违反法律规定或者没有完备的合法手续，或者对于需要保外就医的罪犯没有省级人民政府指定医院的诊断证明和开具的证明文件的;

（三）监狱、看守所提出暂予监外执行书面意见，没有同时将书面意见副本抄送人民检察院的;

（四）罪犯被决定或者批准暂予监外执行后，未依法交付罪犯居住地社区矫正机构实行社区矫正的;

（五）对符合暂予监外执行条件的罪犯没有依法提请暂予监外执行的;

（六）人民法院在作出暂予监外执行决定前，没有依法征求人民检察院意见的;

（七）发现罪犯不符合暂予监外执行条件，在暂予监外执行期间严重违反暂予监外执行监督管理规定，或者暂予监外执行的条件消失且刑期未满，应当收监执行而未及时收监执行的;

（八）人民法院决定将暂予监外执行的罪犯收监执行，并将有关法律文书送达公安机关、监狱、看守所后，监狱、看守所未及时收监执行的;

（九）对不符合暂予监外执行条件的罪犯通过贿赂、欺骗等非法手段被暂予监外执行以及在暂予监外执行期间脱逃的罪犯，监狱、看守所未建议人民法院将其监外执行期间、脱逃期间不计入执行刑期或者对罪犯执行刑期计算的建议违法、不当的;

（十）暂予监外执行的罪犯刑期届满，未及时办理释放手续的;

（十一）其他违法情形。

第六百三十条 人民检察院收到监狱、看守所抄送的暂予监外执行书面意见副本后，应当逐案进行审查，发现罪犯不符合暂予监外执行法定条件或者提请暂予监外执行违反法定程序的，应当在十日以内报经检察长批准，向决定或者批准机关提出书面检察意见，同时抄送执行机关。

第六百三十一条 人民检察院接到决定或者批准机关抄送的暂予监外执行决定书后，应当及时审查下列内容:

（一）是否属于被判处有期徒刑或者拘役的罪犯;

（二）是否属于有严重疾病需要保外就医的罪犯;

（三）是否属于怀孕或者正在哺乳自己婴儿的

妇女;

（四）是否属于生活不能自理，适用暂予监外执行不致危害社会的罪犯;

（五）是否属于适用保外就医可能有社会危险性的罪犯，或者自伤自残的罪犯;

（六）决定或者批准机关是否符合刑事诉讼法第二百六十五条第五款的规定;

（七）办理暂予监外执行是否符合法定程序。

第六百三十二条 人民检察院经审查认为暂予监外执行不当的，应当自接到通知之日起一个月以内，向决定或者批准暂予监外执行的机关提出纠正意见。下级人民检察院认为暂予监外执行不当的，应当立即层报决定或者批准暂予监外执行的机关的同级人民检察院，由其决定是否向决定或者批准暂予监外执行的机关提出纠正意见。

第六百三十三条 人民检察院向决定或者批准暂予监外执行的机关提出不同意暂予监外执行的书面意见后，应当监督其对决定或者批准暂予监外执行的结果进行重新核查，并监督重新核查的结果是否符合法律规定。对核查不符合法律规定的，应当依法提出纠正意见，并向上一级人民检察院报告。

第六百三十四条 对于暂予监外执行的罪犯，人民检察院发现罪犯不符合暂予监外执行条件、严重违反有关暂予监外执行的监督管理规定或者暂予监外执行的情形消失而罪犯刑期未满的，应当通知执行机关收监执行，或者建议决定或者批准暂予监外执行的机关作出收监执行决定。

第六百三十五条 人民检察院收到执行机关抄送的减刑、假释建议书副本后，应当逐案进行审查。发现减刑、假释建议不当或者提请减刑、假释违反法定程序的，应当在十日以内报经检察长批准，向审理减刑、假释案件的人民法院提出书面检察意见，同时也可以向执行机关提出书面纠正意见。案情复杂或者情况特殊的，可以延长十日。

第六百三十六条 人民检察院发现监狱等执行机关提请人民法院裁定减刑、假释的活动具有下列情形之一的，应当依法提出纠正意见:

（一）将不符合减刑、假释法定条件的罪犯，提请人民法院裁定减刑、假释的;

（二）对依法应当减刑、假释的罪犯，不提请人民法院裁定减刑、假释的;

（三）提请对罪犯减刑、假释违反法定程序，或者没有完备的合法手续的；

（四）提请对罪犯减刑的减刑幅度、起始时间、间隔时间或者减刑后又假释的间隔时间不符合有关规定的；

（五）被提请减刑、假释的罪犯被减刑后实际执行的刑期或者假释考验期不符合有关法律规定的；

（六）其他违法情形。

第六百三十七条 人民法院开庭审理减刑、假释案件，人民检察院应当指派检察人员出席法庭，发表意见。

第六百三十八条 人民检察院收到人民法院减刑、假释的裁定书副本后，应当及时审查下列内容：

（一）被减刑、假释的罪犯是否符合法定条件，对罪犯减刑的减刑幅度、起始时间、间隔时间或者减刑后又假释的间隔时间、罪犯被减刑后实际执行的刑期或者假释考验期是否符合有关规定；

（二）执行机关提请减刑、假释的程序是否合法；

（三）人民法院审理、裁定减刑、假释的程序是否合法；

（四）人民法院对罪犯裁定不予减刑、假释是否符合有关规定；

（五）人民法院减刑、假释裁定书是否依法送达执行并向社会公布。

第六百三十九条 人民检察院经审查认为人民法院减刑、假释的裁定不当，应当在收到裁定书副本后二十日以内，向作出减刑、假释裁定的人民法院提出纠正意见。

第六百四十条 对人民法院减刑、假释裁定的纠正意见，由作出减刑、假释裁定的人民法院的同级人民检察院书面提出。

下级人民检察院发现人民法院减刑、假释裁定不当的，应当向作出减刑、假释裁定的人民法院的同级人民检察院报告。

第六百四十一条 人民检察院对人民法院减刑、假释的裁定提出纠正意见后，应当监督人民法院是否在收到纠正意见后一个月以内重新组成合议庭进行审理，并监督重新作出的裁定是否符合法律规定。对最终裁定不符合法律规定的，应当向同级人民法院提出纠正意见。

第四节 社区矫正监督

第六百四十二条 人民检察院发现社区矫正决定机关、看守所、监狱、社区矫正机构在交付、接收社区矫正对象活动中违反有关规定的，应当依法提出纠正意见。

第六百四十三条 人民检察院发现社区矫正执法活动具有下列情形之一的，应当依法提出纠正意见：

（一）社区矫正对象报到后，社区矫正机构未履行法定告知义务，致使其未按照有关规定接受监督管理的；

（二）违反法律规定批准社区矫正对象离开所居住的市、县，或者违反人民法院禁止令的内容批准社区矫正对象进入特定区域或者场所的；

（三）没有依法监督管理而导致社区矫正对象脱管的；

（四）社区矫正对象违反监督管理规定或者人民法院的禁止令，未依法予以警告、未提请公安机关给予治安管理处罚的；

（五）对社区矫正对象有殴打、体罚、虐待、侮辱人格、强迫其参加超时间或者超体力社区服务等侵犯其合法权利行为的；

（六）未依法办理解除、终止社区矫正的；

（七）其他违法情形。

第六百四十四条 人民检察院发现对社区矫正对象的刑罚变更执行活动具有下列情形之一的，应当依法提出纠正意见：

（一）社区矫正机构未依法向人民法院、公安机关、监狱管理机关提出撤销缓刑、撤销假释建议或者对暂予监外执行的收监执行建议，或者未依法向人民法院提出减刑建议的；

（二）人民法院、公安机关、监狱管理机关未依法作出裁定、决定，或者未依法送达的；

（三）公安机关未依法将罪犯送交看守所、监狱，或者看守所、监狱未依法收监执行的；

（四）公安机关未依法对在逃的罪犯实施追捕的；

（五）其他违法情形。

第五节 刑事裁判涉财产部分执行监督

第六百四十五条 人民检察院发现人民法院执行刑事裁判涉财产部分具有下列情形之一的，应当依法提出纠正意见：

（一）执行立案活动违法的；

（二）延期缴纳、酌情减少或者免除罚金违

法的；

（三）中止执行或者终结执行违法的；

（四）被执行人有履行能力，应当执行而不执行的；

（五）损害被执行人、被害人、利害关系人或者案外人合法权益的；

（六）刑事裁判全部或者部分被撤销后未依法返还或者赔偿的；

（七）执行的财产未依法上缴国库的；

（八）其他违法情形。

人民检察院对人民法院执行刑事裁判涉财产部分进行监督，可以对公安机关查封、扣押、冻结涉案财物的情况，人民法院审判部门、立案部门、执行部门移送、立案、执行情况，被执行人的履行能力等情况向有关单位和个人进行调查核实。

第六百四十六条　人民检察院发现被执行人或者其他人员有隐匿、转移、变卖财产等妨碍执行情形的，可以建议人民法院及时查封、扣押、冻结。

公安机关不依法向人民法院移送涉案财物、相关清单、照片和其他证明文件，或者对涉案财物的查封、扣押、冻结、返还、处置等活动存在违法情形的，人民检察院应当依法提出纠正意见。

第六节　死刑执行监督

第六百四十七条　被判处死刑立即执行的罪犯在被执行死刑时，人民检察院应当指派检察官临场监督。

死刑执行临场监督由人民检察院负责刑事执行检察的部门承担。人民检察院派驻看守所、监狱的检察人员应当予以协助，负责捕诉的部门应当提供有关情况。

执行死刑过程中，人民检察院临场监督人员根据需要可以进行拍照、录像。执行死刑后，人民检察院临场监督人员应当检查罪犯是否确已死亡，并填写死刑执行临场监督笔录，签名后入卷归档。

第六百四十八条　省级人民检察院负责案件管理的部门收到高级人民法院报请最高人民法院复核的死刑判决书、裁定书副本后，应当在三日以内将判决书、裁定书副本移送本院负责刑事执行检察的部门。

判处死刑的案件一审是由中级人民法院审理的，省级人民检察院应当及时将死刑判决书、裁定书副本移送中级人民法院的同级人民检察院负责

刑事执行检察的部门。

人民检察院收到同级人民法院执行死刑临场监督通知后，应当查明同级人民法院是否收到最高人民法院核准死刑的裁定或者作出的死刑判决、裁定和执行死刑的命令。

第六百四十九条　执行死刑前，人民检察院发现具有下列情形之一的，应当建议人民法院立即停止执行，并层报最高人民检察院负责死刑复核监督的部门：

（一）被执行人并非应当执行死刑的罪犯的；

（二）罪犯犯罪时不满十八周岁，或者审判的时候已满七十五周岁，依法不应当适用死刑的；

（三）罪犯正在怀孕的；

（四）共同犯罪的其他犯罪嫌疑人到案，共同犯罪的其他罪犯被暂停或者停止执行死刑，可能影响罪犯量刑的；

（五）罪犯可能有其他犯罪的；

（六）罪犯揭发他人重大犯罪事实或者有其他重大立功表现，可能需要改判的；

（七）判决、裁定可能有影响定罪量刑的其他错误的。

在执行死刑活动中，发现人民法院有侵犯被执行死刑罪犯的人身权、财产权或者其近亲属、继承人合法权利等违法情形的，人民检察院应当依法提出纠正意见。

第六百五十条　判处被告人死刑缓期二年执行的判决、裁定在执行过程中，人民检察院监督的内容主要包括：

（一）死刑缓期执行期满，符合法律规定应当减为无期徒刑、有期徒刑条件的，监狱是否及时提出减刑建议提请人民法院裁定，人民法院是否依法裁定；

（二）罪犯在缓期执行期间故意犯罪，监狱是否依法侦查和移送起诉；罪犯确系故意犯罪，情节恶劣，查证属实，应当执行死刑的，人民法院是否依法核准或者裁定执行死刑。

被判处死刑缓期二年执行的罪犯在死刑缓期执行期间故意犯罪，执行机关向人民检察院移送起诉的，由罪犯服刑所在地设区的市级人民检察院审查决定是否提起公诉。

人民检察院发现人民法院对被判处死刑缓期二年执行的罪犯减刑不当的，应当依照本规则第六百三十九条、第六百四十条的规定，向人民法院提

出纠正意见。罪犯在死刑缓期执行期间又故意犯罪,经人民检察院起诉后,人民法院仍然予以减刑的,人民检察院应当依照本规则相关规定,向人民法院提出抗诉。

第七节　强制医疗执行监督

第六百五十一条　人民检察院发现人民法院、公安机关、强制医疗机构在对依法不负刑事责任的精神病人的强制医疗的交付执行、医疗、解除等活动中违反有关规定的,应当依法提出纠正意见。

第六百五十二条　人民检察院在强制医疗执行监督中发现被强制医疗的人不符合强制医疗条件或者需要依法追究刑事责任,人民法院作出的强制医疗决定可能错误的,应当在五日以内将有关材料转交作出强制医疗决定的人民法院的同级人民检察院。收到材料的人民检察院负责捕诉的部门应当在二十日以内进行审查,并将审查情况和处理意见反馈负责强制医疗执行监督的人民检察院。

第六百五十三条　人民检察院发现公安机关在对涉案精神病人采取临时保护性约束措施时有违法情形的,应当依法提出纠正意见。

第八节　监管执法监督

第六百五十四条　人民检察院发现看守所收押活动和监狱收监活动中具有下列情形之一的,应当依法提出纠正意见:

(一)没有收押、收监文书、凭证,文书、凭证不齐全,或者被收押、收监人员与文书、凭证不符的;

(二)依法应当收押、收监而不收押、收监,或者对依法不应当关押的人员收押、收监的;

(三)未告知被收押、收监人员权利、义务的;

(四)其他违法情形。

第六百五十五条　人民检察院发现监狱、看守所等执行机关在管理、教育改造罪犯等活动中有违法行为的,应当依法提出纠正意见。

第六百五十六条　看守所对收押的犯罪嫌疑人进行身体检查时,人民检察院驻看守所检察人员可以在场。发现收押的犯罪嫌疑人有伤或者身体异常的,应当要求看守所进行拍照或者录像,由送押人员、犯罪嫌疑人说明原因,在体检记录中写明,并由送押人员、收押人员和犯罪嫌疑人签字确认。必要时,驻看守所检察人员可以自行拍照或者录像,并将相关情况记录在案。

第六百五十七条　人民检察院发现看守所、监狱等监管场所有殴打、体罚、虐待、违法使用戒具、违法适用禁闭等侵害在押人员人身权利情形的,应当依法提出纠正意见。

第六百五十八条　人民检察院发现看守所违反有关规定,有下列情形之一的,应当依法提出纠正意见:

(一)为在押人员通风报信、私自传递信件、物品,帮助伪造、毁灭、隐匿证据或者干扰证人作证、串供的;

(二)违反规定同意侦查人员将犯罪嫌疑人提出看守所讯问的;

(三)收到在押犯罪嫌疑人、被告人及其法定代理人、近亲属或者辩护人的变更强制措施申请或者其他申请、申诉、控告、举报,不及时转交、转告人民检察院或者有关办案机关的;

(四)应当安排辩护律师依法会见在押的犯罪嫌疑人、被告人而没有安排的;

(五)违法安排辩护律师或者其他人员会见在押的犯罪嫌疑人、被告人的;

(六)辩护律师会见犯罪嫌疑人、被告人时予以监听的;

(七)其他违法情形。

第六百五十九条　人民检察院发现看守所代为执行刑罚的活动具有下列情形之一的,应当依法提出纠正意见:

(一)将被判处有期徒刑剩余刑期在三个月以上的罪犯留所服刑的;

(二)将留所服刑罪犯与犯罪嫌疑人、被告人混押、混管、混教的;

(三)其他违法情形。

第六百六十条　人民检察院发现监狱没有按照规定对罪犯进行分押分管、监狱人民警察没有对罪犯实行直接管理等违反监管规定情形的,应当依法提出纠正意见。

人民检察院发现监狱具有未按照规定安排罪犯与亲属或者监护人会见、对伤病罪犯未及时治疗以及未执行国家规定的罪犯生活标准等侵犯罪犯合法权益情形的,应当依法提出纠正意见。

第六百六十一条　人民检察院发现看守所出所活动和监狱出监活动具有下列情形之一的,应当依法提出纠正意见:

(一)没有出所、出监文书、凭证,文书、凭证不

齐全,或者出所、出监人员与文书、凭证不符的;

(二)应当释放而没有释放,不应当释放而释放,或者未依照规定送达释放通知书的;

(三)对提押、押解、转押出所的在押人员,特许离监、临时离监、调监或者暂予监外执行的罪犯,未依照规定派员押送并办理交接手续的;

(四)其他违法情形。

第九节 事故检察

第六百六十二条 人民检察院发现看守所、监狱、强制医疗机构等场所具有下列情形之一的,应当开展事故检察:

(一)被监管人、被强制医疗人非正常死亡、伤残、脱逃的;

(二)被监管人破坏监管秩序,情节严重的;

(三)突发公共卫生事件的;

(四)其他重大事故。

发生被监管人、被强制医疗人非正常死亡的,应当组织巡回检察。

第六百六十三条 人民检察院应当对看守所、监狱、强制医疗机构等场所或者主管机关的事故调查结论进行审查。具有下列情形之一的,人民检察院应当调查核实:

(一)被监管人、被强制医疗人及其法定代理人、近亲属对调查结论有异议的,人民检察院认为有必要调查的;

(二)人民检察院对调查结论有异议的;

(三)其他需要调查的。

人民检察院应当将调查核实的结论书面通知监管场所或者主管机关和被监管人、被强制医疗人的近亲属。认为监管场所或者主管机关处理意见不当,或者监管执法存在问题的,应当提出纠正意见或者检察建议;认为可能存在违法犯罪情形的,应当移送有关部门处理。

第十五章 案件管理

第六百六十四条 人民检察院负责案件管理的部门对检察机关办理案件的受理、期限、程序、质量等进行管理、监督、预警。

第六百六十五条 人民检察院负责案件管理的部门发现本院办案活动具有下列情形之一的,应当及时提出纠正意见:

(一)查封、扣押、冻结、保管、处理涉案财物不

符合有关法律和规定的;

(二)法律文书制作、使用不符合法律和有关规定的;

(三)违反羁押期限、办案期限规定的;

(四)侵害当事人、辩护人、诉讼代理人的诉讼权利的;

(五)未依法对立案、侦查、审查逮捕、公诉、审判等诉讼活动以及执行活动中的违法行为履行法律监督职责的;

(六)其他应当提出纠正意见的情形。

情节轻微的,可以口头提示;情节较重的,应当发送案件流程监控通知书,提示办案部门及时查明情况并予以纠正;情节严重的,应当同时向检察长报告。

办案部门收到案件流程监控通知书后,应当在十日以内将核查情况书面回复负责案件管理的部门。

第六百六十六条 人民检察院负责案件管理的部门对以本院名义制发法律文书实施监督管理。

第六百六十七条 人民检察院办理的案件,办结后需要向其他单位移送案卷材料的,统一由负责案件管理的部门审核移送材料是否规范、齐备。负责案件管理的部门认为材料规范、齐备,符合移送条件的,应当立即由办案部门按照规定移送;认为材料不符合要求的,应当及时通知办案部门补送、更正。

第六百六十八条 监察机关或者公安机关随案移送涉案财物及其孳息的,人民检察院负责案件管理的部门应当在受理案件时进行审查,并及时办理入库保管手续。

第六百六十九条 人民检察院负责案件管理的部门对扣押的涉案物品进行保管,并对查封、扣押、冻结、处理涉案财物工作进行监督管理。对违反规定的行为提出纠正意见;涉嫌违法违纪的,报告检察长。

第六百七十条 人民检察院办案部门需要调用、移送、处理查封、扣押、冻结的涉案财物的,应当按照规定办理审批手续。审批手续齐全的,负责案件管理的部门应当办理出库手续。

第十六章 刑事司法协助

第六百七十一条 人民检察院依据国际刑事司法协助法等有关法律和有关刑事司法协助条约

进行刑事司法协助。

第六百七十二条 人民检察院刑事司法协助的范围包括刑事诉讼文书送达，调查取证，安排证人作证或者协助调查，查封、扣押、冻结涉案财物，返还违法所得及其他涉案财物，移管被判刑人以及其他协助。

第六百七十三条 最高人民检察院是检察机关开展国际刑事司法协助的主管机关，负责审核地方各级人民检察院向外国提出的刑事司法协助请求，审查处理对外联系机关转递的外国提出的刑事司法协助请求，审查决定是否批准执行外国的刑事司法协助请求，承担其他与国际刑事司法协助相关的工作。

办理刑事司法协助相关案件的地方各级人民检察院应当向最高人民检察院层报需要向外国提出的刑事司法协助请求，执行最高人民检察院交办的外国提出的刑事司法协助请求。

第六百七十四条 地方各级人民检察院需要向外国请求刑事司法协助的，应当制作刑事司法协助请求书并附相关材料。经省级人民检察院审核同意后，报送最高人民检察院。

刑事司法协助请求书应当依照相关刑事司法协助条约的规定制作；没有条约或者条约没有规定的，可以参照国际刑事司法协助法第十三条的规定制作。被请求方有特殊要求的，在不违反我国法律的基本原则的情况下，可以按照被请求方的特殊要求制作。

第六百七十五条 最高人民检察院收到地方各级人民检察院刑事司法协助请求书及所附相关材料后，应当依照国际刑事司法协助法和有关条约进行审查。对符合规定、所附材料齐全的，最高人民检察院是对外联系机关的，应当及时向外国提出请求；不是对外联系机关的，应当通过对外联系机关向外国提出请求。对不符合规定或者材料不齐全的，应当退回提出请求的人民检察院或者要求其补充、修正。

第六百七十六条 最高人民检察院收到外国提出的刑事司法协助请求后，应当对请求书及所附材料进行审查。对于请求书形式和内容符合要求的，应当按照职责分工，将请求书及所附材料转交有关主管机关或者省级人民检察院处理；对于请求书形式和内容不符合要求的，可以要求请求方补充材料或者重新提出请求。

外国提出的刑事司法协助请求明显损害我国主权、安全和社会公共利益的，可以直接拒绝提供协助。

第六百七十七条 最高人民检察院在收到对外联系机关转交的刑事司法协助请求书及所附材料后，经审查，分别作出以下处理：

（一）根据国际刑事司法协助法和刑事司法协助条约的规定，认为可以协助执行的，作出决定并安排有关省级人民检察院执行；

（二）根据国际刑事司法协助法或者刑事司法协助条约的规定，认为应当全部或者部分拒绝协助的，将请求书及所附材料退回对外联系机关并说明理由；

（三）对执行请求有保密要求或者有其他附加条件的，通过对外联系机关向外国提出，在外国接受条件并且作出书面保证后，决定附条件执行；

（四）需要补充材料的，书面通过对外联系机关要求请求方在合理期限内提供。

第六百七十八条 有关省级人民检察院收到最高人民检察院交办的外国刑事司法协助请求后，应当依法执行，或者交由下级人民检察院执行。

负责执行的人民检察院收到刑事司法协助请求书和所附材料后，应当立即安排执行，并将执行结果及有关材料报经省级人民检察院审查后，报送最高人民检察院。

对于不能执行的，应当将刑事司法协助请求书和所附材料，连同不能执行的理由，通过省级人民检察院报送最高人民检察院。

因请求书提供的地址不详或者材料不齐全，人民检察院难以执行该项请求的，应当立即通过最高人民检察院书面通知对外联系机关，要求请求方补充提供材料。

第六百七十九条 最高人民检察院应当对执行结果进行审查。对于符合请求要求和有关规定的，通过对外联系机关转交或者转告请求方。

第十七章 附　　则

第六百八十条 人民检察院办理国家安全机关、海警机关、监狱移送的刑事案件以及对国家安全机关、海警机关、监狱立案、侦查活动的监督，适用本规则关于公安机关的规定。

第六百八十一条 军事检察院等专门人民检察院办理刑事案件，适用本规则和其他有关规定。

第六百八十二条 本规则所称检察官，包括检察长、副检察长、检察委员会委员、检察员。

本规则所称检察人员，包括检察官和检察官助理。

第六百八十三条 本规则由最高人民检察院负责解释。

第六百八十四条 本规则自2019年12月30日起施行。本规则施行后，《人民检察院刑事诉讼规则（试行）》（高检发释字〔2012〕2号）同时废止；最高人民检察院以前发布的司法解释和规范性文件与本规则不一致的，以本规则为准。

最高人民法院 最高人民检察院
关于办理非法从事资金支付结算业务、
非法买卖外汇刑事案件适用法律若干问题的解释

（2018年9月17日最高人民法院审判委员会第1749次会议、2018年12月12日最高人民检察院第十三届检察委员会第十一次会议通过 2019年1月31日最高人民法院、最高人民检察院公告公布 自2019年2月1日起施行）

法释〔2019〕1号

为依法惩治非法从事资金支付结算业务、非法买卖外汇犯罪活动，维护金融市场秩序，根据《中华人民共和国刑法》《中华人民共和国刑事诉讼法》的规定，现就办理非法从事资金支付结算业务、非法买卖外汇刑事案件适用法律的若干问题解释如下：

第一条 违反国家规定，具有下列情形之一的，属于刑法第二百二十五条第三项规定的"非法从事资金支付结算业务"：

（一）使用受理终端或者网络支付接口等方法，以虚构交易、虚开价格、交易退款等非法方式向指定付款方支付货币资金的；

（二）非法为他人提供单位银行结算账户套现或者单位银行结算账户转个人账户服务的；

（三）非法为他人提供支票套现服务的；

（四）其他非法从事资金支付结算业务的情形。

第二条 违反国家规定，实施倒买倒卖外汇或者变相买卖外汇等非法买卖外汇行为，扰乱金融市场秩序，情节严重的，依照刑法第二百二十五条第四项的规定，以非法经营罪定罪处罚。

第三条 非法从事资金支付结算业务或者非法买卖外汇，具有下列情形之一的，应当认定为非法经营行为"情节严重"：

（一）非法经营数额在五百万元以上的；

（二）违法所得数额在十万元以上的。

非法经营数额在二百五十万元以上，或者违法所得数额在五万元以上，且具有下列情形之一的，可以认定为非法经营行为"情节严重"：

（一）曾因非法从事资金支付结算业务或者非法买卖外汇犯罪行为受过刑事追究的；

（二）二年内因非法从事资金支付结算业务或者非法买卖外汇违法行为受过行政处罚的；

（三）拒不交代涉案资金去向或者拒不配合追缴工作，致使赃款无法追缴的；

（四）造成其他严重后果的。

第四条 非法从事资金支付结算业务或者非法买卖外汇，具有下列情形之一的，应当认定为非法经营行为"情节特别严重"：

（一）非法经营数额在二千五百万元以上的；

（二）违法所得数额在五十万元以上的。

非法经营数额在一千二百五十万元以上，或者违法所得数额在二十五万元以上，且具有本解释第三条第二款规定的四种情形之一的，可以认定为非法经营行为"情节特别严重"。

第五条　非法从事资金支付结算业务或者非法买卖外汇，构成非法经营罪，同时又构成刑法第一百二十条之一规定的帮助恐怖活动罪或者第一百九十一条规定的洗钱罪的，依照处罚较重的规定定罪处罚。

第六条　二次以上非法从事资金支付结算业务或者非法买卖外汇，依法应予行政处理或者刑事处理而未经处理的，非法经营数额或者违法所得数额累计计算。

同一案件中，非法经营数额、违法所得数额分别构成情节严重、情节特别严重的，按照处罚较重的数额定罪处罚。

第七条　非法从事资金支付结算业务或者非法买卖外汇违法所得数额难以确定的，按非法经营数额的千分之一认定违法所得数额，依法并处或者单处违法所得一倍以上五倍以下罚金。

第八条　符合本解释第三条规定的标准，行为人如实供述犯罪事实，认罪悔罪，并积极配合调查，退缴违法所得的，可以从轻处罚；其中犯罪情节轻微的，可以依法不起诉或者免予刑事处罚。

符合刑事诉讼法规定的认罪认罚从宽适用范围和条件的，依照刑事诉讼法的规定处理。

第九条　单位实施本解释第一条、第二条规定的非法从事资金支付结算业务、非法买卖外汇行为，依照本解释规定的定罪量刑标准，对单位判处罚金，并对其直接负责的主管人员和其他直接责任人员定罪处罚。

第十条　非法从事资金支付结算业务、非法买卖外汇刑事案件中的犯罪地，包括犯罪嫌疑人、被告人用于犯罪活动的账户开立地、资金接收地、资金过渡账户开立地、资金账户操作地，以及资金交易对手资金交付和汇出地等。

第十一条　涉及外汇的犯罪数额，按照案发当日中国外汇交易中心或者中国人民银行授权机构公布的人民币对该货币的中间价折合成人民币计算。中国外汇交易中心或者中国人民银行授权机构未公布汇率中间价的境外货币，按照案发当日境内银行人民币对该货币的中间价折算成人民币，或者该货币在境内银行、国际外汇市场对美元汇率，与人民币对美元汇率中间价进行套算。

第十二条　本解释自2019年2月1日起施行。《最高人民法院关于审理骗购外汇、非法买卖外汇刑事案件具体应用法律若干问题的解释》（法释〔1998〕20号）与本解释不一致的，以本解释为准。

最高人民法院　最高人民检察院
关于办理操纵证券、期货市场刑事案件
适用法律若干问题的解释

（2018年9月3日最高人民法院审判委员会第1747次会议、2018年12月12日最高人民检察院第十三届检察委员会第十一次会议通过　2019年6月27日最高人民法院、最高人民检察院公告公布　自2019年7月1日起施行）

法释〔2019〕9号

为依法惩治证券、期货犯罪，维护证券、期货市场管理秩序，促进证券、期货市场稳定健康发展，保护投资者合法权益，根据《中华人民共和国刑法》《中华人民共和国刑事诉讼法》的规定，现就办理操纵证券、期货市场刑事案件适用法律的若干问题解

释如下：

第一条　行为人具有下列情形之一的，可以认定为刑法第一百八十二条第一款第四项规定的"以其他方法操纵证券、期货市场"：

（一）利用虚假或者不确定的重大信息，诱导投

资者作出投资决策,影响证券、期货交易价格或者证券、期货交易量,并进行相关交易或者谋取相关利益的;

(二)通过对证券及其发行人、上市公司、期货交易标的公开作出评价、预测或者投资建议,误导投资者作出投资决策,影响证券、期货交易价格或者证券、期货交易量,并进行与其评价、预测、投资建议方向相反的证券交易或者相关期货交易的;

(三)通过策划、实施资产收购或者重组、投资新业务、股权转让、上市公司收购等虚假重大事项,误导投资者作出投资决策,影响证券交易价格或者证券交易量,并进行相关交易或者谋取相关利益的;

(四)通过控制发行人、上市公司信息的生成或者控制信息披露的内容、时点、节奏,误导投资者作出投资决策,影响证券交易价格或者证券交易量,并进行相关交易或者谋取相关利益的;

(五)不以成交为目的,频繁申报、撤单或者大额申报、撤单,误导投资者作出投资决策,影响证券、期货交易价格或者证券、期货交易量,并进行与申报相反的交易或者谋取相关利益的;

(六)通过囤积现货,影响特定期货品种市场行情,并进行相关期货交易的;

(七)以其他方法操纵证券、期货市场的。

第二条 操纵证券、期货市场,具有下列情形之一的,应当认定为刑法第一百八十二条第一款规定的"情节严重":

(一)持有或者实际控制证券的流通股份数量达到该证券的实际流通股份总量百分之十以上,实施刑法第一百八十二条第一款第一项操纵证券市场行为,连续十个交易日的累计成交量达到同期该证券总成交量百分之二十以上的;

(二)实施刑法第一百八十二条第一款第二项、第三项操纵证券市场行为,连续十个交易日的累计成交量达到同期该证券总成交量百分之二十以上的;

(三)实施本解释第一条第一项至第四项操纵证券市场行为,证券交易成交额在一千万元以上的;

(四)实施刑法第一百八十二条第一款第一项及本解释第一条第六项操纵期货市场行为,实际控制的账户合并持仓连续十个交易日的最高值超过期货交易所限仓标准的二倍,累计成交量达到同期

该期货合约总成交量百分之二十以上,且期货交易占用保证金数额在五百万元以上的;

(五)实施刑法第一百八十二条第一款第二项、第三项及本解释第一条第一项、第二项操纵期货市场行为,实际控制的账户连续十个交易日的累计成交量达到同期该期货合约总成交量百分之二十以上,且期货交易占用保证金数额在五百万元以上的;

(六)实施本解释第一条第五项操纵证券、期货市场行为,当日累计撤回申报量达到同期该证券、期货合约总申报量百分之五十以上,且证券撤回申报额在一千万元以上、撤回申报的期货合约占用保证金数额在五百万元以上的;

(七)实施操纵证券、期货市场行为,违法所得数额在一百万元以上的。

第三条 操纵证券、期货市场,违法所得数额在五十万元以上,具有下列情形之一的,应当认定为刑法第一百八十二条第一款规定的"情节严重":

(一)发行人、上市公司及其董事、监事、高级管理人员、控股股东或者实际控制人实施操纵证券、期货市场行为的;

(二)收购人、重大资产重组的交易对方及其董事、监事、高级管理人员、控股股东或者实际控制人实施操纵证券、期货市场行为的;

(三)行为人明知操纵证券、期货市场行为被有关部门调查,仍继续实施的;

(四)因操纵证券、期货市场行为受过刑事追究的;

(五)二年内因操纵证券、期货市场行为受过行政处罚的;

(六)在市场出现重大异常波动等特定时段操纵证券、期货市场的;

(七)造成恶劣社会影响或者其他严重后果的。

第四条 具有下列情形之一的,应当认定为刑法第一百八十二条第一款规定的"情节特别严重":

(一)持有或者实际控制证券的流通股份数量达到该证券的实际流通股份总量百分之十以上,实施刑法第一百八十二条第一款第一项操纵证券市场行为,连续十个交易日的累计成交量达到同期该证券总成交量百分之五十以上的;

(二)实施刑法第一百八十二条第一款第二项、第三项操纵证券市场行为,连续十个交易日的累计

成交量达到同期该证券总成交量百分之五十以上的；

（三）实施本解释第一条第一项至第四项操纵证券市场行为，证券交易成交额在五千万元以上的；

（四）实施刑法第一百八十二条第一款第一项及本解释第一条第六项操纵期货市场行为，实际控制的账户合并持仓连续十个交易日的最高值超过期货交易所限仓标准的五倍，累计成交量达到同期该期货合约总成交量百分之五十以上，且期货交易占用保证金数额在二千五百万元以上的；

（五）实施刑法第一百八十二条第一款第二项、第三项及本解释第一条第一项、第二项操纵期货市场行为，实际控制的账户连续十个交易日的累计成交量达到同期该期货合约总成交量百分之五十以上，且期货交易占用保证金数额在二千五百万元以上的；

（六）实施操纵证券、期货市场行为，违法所得数额在一千万元以上的。

实施操纵证券、期货市场行为，违法所得数额在五百万元以上，并具有本解释第三条规定的七种情形之一的，应当认定为"情节特别严重"。

第五条 下列账户应当认定为刑法第一百八十二条中规定的"自己实际控制的账户"：

（一）行为人以自己名义开户并使用的实名账户；

（二）行为人向账户转入或者从账户转出资金，并承担实际损益的他人账户；

（三）行为人通过第一项、第二项以外的方式管理、支配或者使用的他人账户；

（四）行为人通过投资关系、协议等方式对账户

内资产行使交易决策权的他人账户；

（五）其他有证据证明行为人具有交易决策权的账户。

有证据证明行为人对前款第一项至第三项账户内资产没有交易决策权的除外。

第六条 二次以上实施操纵证券、期货市场行为，依法应予行政处理或者刑事处理而未经处理的，相关交易数额或者违法所得数额累计计算。

第七条 符合本解释第二条、第三条规定的标准，行为人如实供述犯罪事实，认罪悔罪，并积极配合调查，退缴违法所得的，可以从轻处罚；其中犯罪情节轻微的，可以依法不起诉或者免予刑事处罚。

符合刑事诉讼法规定的认罪认罚从宽适用范围和条件的，依照刑事诉讼法的规定处理。

第八条 单位实施刑法第一百八十二条第一款行为的，依照本解释规定的定罪量刑标准，对其直接负责的主管人员和其他直接责任人员定罪处罚，并对单位判处罚金。

第九条 本解释所称"违法所得"，是指通过操纵证券、期货市场所获利益或者避免的损失。

本解释所称"连续十个交易日"，是指证券、期货市场开市交易的连续十个交易日，并非指行为人连续交易的十个交易日。

第十条 对于在全国中小企业股份转让系统中实施操纵证券市场行为，社会危害性大，严重破坏公平公正的市场秩序的，比照本解释的规定执行，但本解释第二条第一项、第二项和第四条第一项、第二项除外。

第十一条 本解释自2019年7月1日起施行。

最高人民法院　最高人民检察院
关于办理利用未公开信息交易刑事案件
适用法律若干问题的解释

(2018 年 9 月 10 日最高人民法院审判委员会第 1748 次会议、2018 年 11 月 30 日
最高人民检察院第十三届检察委员会第十次会议通过　2019 年 6 月 27 日最高人民法院、
最高人民检察院公告公布　自 2019 年 7 月 1 日起施行)

法释〔2019〕10 号

为依法惩治证券、期货犯罪,维护证券、期货市场管理秩序,促进证券、期货市场稳定健康发展,保护投资者合法权益,根据《中华人民共和国刑法》《中华人民共和国刑事诉讼法》的规定,现就办理利用未公开信息交易刑事案件适用法律的若干问题解释如下:

第一条　刑法第一百八十条第四款规定的"内幕信息以外的其他未公开的信息",包括下列信息:

(一)证券、期货的投资决策、交易执行信息;

(二)证券持仓数量及变化、资金数量及变化、交易动向信息;

(三)其他可能影响证券、期货交易活动的信息。

第二条　内幕信息以外的其他未公开的信息难以认定的,司法机关可以在有关行政主(监)管部门的认定意见的基础上,根据案件事实和法律规定作出认定。

第三条　刑法第一百八十条第四款规定的"违反规定",是指违反法律、行政法规、部门规章、全国性行业规范有关证券、期货未公开信息保护的规定,以及行为人所在的金融机构有关信息保密、禁止交易、禁止利益输送等规定。

第四条　刑法第一百八十条第四款规定的行为人"明示、暗示他人从事相关交易活动",应当综合以下方面进行认定:

(一)行为人具有获取未公开信息的职务便利;

(二)行为人获取未公开信息的初始时间与他人从事相关交易活动的初始时间具有关联性;

(三)行为人与他人之间具有亲友关系、利益关联、交易终端关联等关联关系;

(四)他人从事相关交易的证券、期货品种、交易时间与未公开信息所涉证券、期货品种、交易时间等方面基本一致;

(五)他人从事的相关交易活动明显不具有符合交易习惯、专业判断等正当理由;

(六)行为人对明示、暗示他人从事相关交易活动没有合理解释。

第五条　利用未公开信息交易,具有下列情形之一的,应当认定为刑法第一百八十条第四款规定的"情节严重":

(一)违法所得数额在一百万元以上的;

(二)二年内三次以上利用未公开信息交易的;

(三)明示、暗示三人以上从事相关交易活动的。

第六条　利用未公开信息交易,违法所得数额在五十万元以上,或者证券交易成交额在五百万元以上,或者期货交易占用保证金数额在一百万元以上,具有下列情形之一的,应当认定为刑法第一百八十条第四款规定的"情节严重":

(一)以出售或者变相出售未公开信息等方式,明示、暗示他人从事相关交易活动的;

(二)因证券、期货犯罪行为受过刑事追究的;

(三)二年内因证券、期货违法行为受过行政处罚的;

（四）造成恶劣社会影响或者其他严重后果的。

第七条 刑法第一百八十条第四款规定的"依照第一款的规定处罚"，包括该条第一款关于"情节特别严重"的规定。

利用未公开信息交易，违法所得数额在一千万元以上的，应当认定为"情节特别严重"。

违法所得数额在五百万元以上，或者证券交易成交额在五千万元以上，或者期货交易占用保证金数额在一千万元以上，具有本解释第六条规定的四种情形之一的，应当认定为"情节特别严重"。

第八条 二次以上利用未公开信息交易，依法应予行政处理或者刑事处理而未经处理的，相关交易数额或者违法所得数额累计计算。

第九条 本解释所称"违法所得"，是指行为人利用未公开信息从事与该信息相关的证券、期货交易活动所获利益或者避免的损失。

行为人明示、暗示他人利用未公开信息从事相关交易活动，被明示、暗示人员从事相关交易活动所获利益或者避免的损失，应当认定为"违法所得"。

第十条 行为人未实际从事与未公开信息相关的证券、期货交易活动的，其罚金数额按照被明示、暗示人员从事相关交易活动的违法所得计算。

第十一条 符合本解释第五条、第六条规定的标准，行为人如实供述犯罪事实，认罪悔罪，并积极配合调查，退缴违法所得的，可以从轻处罚；其中犯罪情节轻微的，可以依法不起诉或者免予刑事处罚。

符合刑事诉讼法规定的认罪认罚从宽适用范围和条件的，依照刑事诉讼法的规定处理。

第十二条 本解释自2019年7月1日起施行。

最高人民法院　最高人民检察院
关于办理组织考试作弊等刑事案件
适用法律若干问题的解释

（2019年4月8日最高人民法院审判委员会第1765次会议、2019年6月28日最高人民检察院第十三届检察委员会第二十次会议通过　2019年9月2日最高人民法院、最高人民检察院公告公布　自2019年9月4日起施行）

法释〔2019〕13号

为依法惩治组织考试作弊、非法出售、提供试题、答案、代替考试等犯罪，维护考试公平与秩序，根据《中华人民共和国刑法》《中华人民共和国刑事诉讼法》的规定，现就办理此类刑事案件适用法律的若干问题解释如下：

第一条 刑法第二百八十四条之一规定的"法律规定的国家考试"，仅限于全国人民代表大会及其常务委员会制定的法律所规定的考试。

根据有关法律规定，下列考试属于"法律规定的国家考试"：

（一）普通高等学校招生考试、研究生招生考试、高等教育自学考试、成人高等学校招生考试等国家教育考试；

（二）中央和地方公务员录用考试；

（三）国家统一法律职业资格考试、国家教师资格考试、注册会计师全国统一考试、会计专业技术资格考试、资产评估师资格考试、医师资格考试、执业药师职业资格考试、注册建筑师考试、建造师执业资格考试等专业技术资格考试；

（四）其他依照法律由中央或者地方主管部门以及行业组织的国家考试。

前款规定的考试涉及的特殊类型招生、特殊技能测试、面试等考试,属于"法律规定的国家考试"。

第二条　在法律规定的国家考试中,组织作弊,具有下列情形之一的,应当认定为刑法第二百八十四条之一第一款规定的"情节严重":

(一)在普通高等学校招生考试、研究生招生考试、公务员录用考试中组织考试作弊的;

(二)导致考试推迟、取消或者启用备用试题的;

(三)考试工作人员组织考试作弊的;

(四)组织考生跨省、自治区、直辖市作弊的;

(五)多次组织考试作弊的;

(六)组织三十人次以上作弊的;

(七)提供作弊器材五十件以上的;

(八)违法所得三十万元以上的;

(九)其他情节严重的情形。

第三条　具有避开或者突破考场防范作弊的安全管理措施,获取、记录、传递、接收、存储考试试题、答案等功能的程序、工具,以及专门设计用于作弊的程序、工具,应当认定为刑法第二百八十四条之一第二款规定的"作弊器材"。

对于是否属于刑法第二百八十四条之一第二款规定的"作弊器材"难以确定的,依据省级以上公安机关或者考试主管部门出具的报告,结合其他证据作出认定;涉及专用间谍器材、窃听、窃照专用器材、"伪基站"等器材的,依照相关规定作出认定。

第四条　组织考试作弊,在考试开始之前被查获,但已经非法获取考试试题、答案或者具有其他严重扰乱考试秩序情形的,应当认定为组织考试作弊罪既遂。

第五条　为实施考试作弊行为,非法出售或者提供法律规定的国家考试的试题、答案,具有下列情形之一的,应当认定为刑法第二百八十四条之一第三款规定的"情节严重":

(一)非法出售或者提供普通高等学校招生考试、研究生招生考试、公务员录用考试的试题、答案的;

(二)导致考试推迟、取消或者启用备用试题的;

(三)考试工作人员非法出售或者提供试题、答案的;

(四)多次非法出售或者提供试题、答案的;

(五)向三十人次以上非法出售或者提供试题、答案的;

(六)违法所得三十万元以上的;

(七)其他情节严重的情形。

第六条　为实施考试作弊行为,向他人非法出售或者提供法律规定的国家考试的试题、答案,试题不完整或者答案与标准答案不完全一致的,不影响非法出售、提供试题、答案罪的认定。

第七条　代替他人或者让他人代替自己参加法律规定的国家考试的,应当依照刑法第二百八十四条之一第四款的规定,以代替考试罪定罪处罚。

对于行为人犯罪情节较轻,确有悔罪表现,综合考虑行为人替考情况以及考试类型等因素,认为符合缓刑适用条件的,可以宣告缓刑;犯罪情节轻微的,可以不起诉或者免予刑事处罚;情节显著轻微危害不大的,不以犯罪论处。

第八条　单位实施组织考试作弊、非法出售、提供试题、答案等行为的,依照本解释规定的相应定罪量刑标准,追究组织者、策划者、实施者的刑事责任。

第九条　以窃取、刺探、收买方法非法获取法律规定的国家考试的试题、答案,又组织考试作弊或者非法出售、提供试题、答案,分别符合刑法第二百八十二条和刑法第二百八十四条之一规定的,以非法获取国家秘密罪和组织考试作弊罪或者非法出售、提供试题、答案罪数罪并罚。

第十条　在法律规定的国家考试以外的其他考试中,组织作弊,为他人组织作弊提供作弊器材或者其他帮助,或者非法出售、提供试题、答案,符合非法获取国家秘密罪、非法生产、销售窃听、窃照专用器材罪、非法使用窃听、窃照专用器材罪、非法利用信息网络罪、扰乱无线电通讯管理秩序罪等犯罪构成要件的,依法追究刑事责任。

第十一条　设立用于实施考试作弊的网站、通讯群组或者发布有关考试作弊的信息,情节严重的,应当依照刑法第二百八十七条之一的规定,以非法利用信息网络罪定罪处罚;同时构成组织考试作弊罪、非法出售、提供试题、答案罪、非法获取国家秘密罪等其他犯罪的,依照处罚较重的规定定罪处罚。

第十二条　对于实施本解释规定的犯罪被判处刑罚的,可以根据犯罪情况和预防再犯罪的需要,依法宣告职业禁止;被判处管制、宣告缓刑的,可以根据犯罪情况,依法宣告禁止令。

第十三条　对于实施本解释规定的行为构成犯罪的,应当综合考虑犯罪的危害程度、违法所得数额以及被告人的前科情况、认罪悔罪态度等,依法判处罚金。

第十四条　本解释自 2019 年 9 月 4 日起施行。

最高人民法院　最高人民检察院
关于办理非法利用信息网络、帮助信息
网络犯罪活动等刑事案件适用
法律若干问题的解释

（2019 年 6 月 3 日最高人民法院审判委员会第 1771 次会议、2019 年 9 月 4 日
最高人民检察院第十三届检察委员会第二十三次会议通过　2019 年 10 月 21 日
最高人民法院、最高人民检察院公告公布　自 2019 年 11 月 1 日起施行）

法释〔2019〕15 号

为依法惩治拒不履行信息网络安全管理义务、非法利用信息网络、帮助信息网络犯罪活动等犯罪，维护正常网络秩序，根据《中华人民共和国刑法》《中华人民共和国刑事诉讼法》的规定，现就办理此类刑事案件适用法律的若干问题解释如下：

第一条　提供下列服务的单位和个人，应当认定为刑法第二百八十六条之一第一款规定的"网络服务提供者"：

（一）网络接入、域名注册解析等信息网络接入、计算、存储、传输服务；

（二）信息发布、搜索引擎、即时通讯、网络支付、网络预约、网络购物、网络游戏、网络直播、网站建设、安全防护、广告推广、应用商店等信息网络应用服务；

（三）利用信息网络提供的电子政务、通信、能源、交通、水利、金融、教育、医疗等公共服务。

第二条　刑法第二百八十六条之一第一款规定的"监管部门责令采取改正措施"，是指网信、电信、公安等依照法律、行政法规的规定承担信息网络安全监管职责的部门，以责令整改通知书或者其他文书形式，责令网络服务提供者采取改正措施。

认定"经监管部门责令采取改正措施而拒不改正"，应当综合考虑监管部门责令改正是否具有法律、行政法规依据，改正措施及期限要求是否明确、

合理，网络服务提供者是否具有按照要求采取改正措施的能力等因素进行判断。

第三条　拒不履行信息网络安全管理义务，具有下列情形之一的，应当认定为刑法第二百八十六条之一第一款第一项规定的"致使违法信息大量传播"：

（一）致使传播违法视频文件二百个以上的；

（二）致使传播违法视频文件以外的其他违法信息二千个以上的；

（三）致使传播违法信息，数量虽未达到第一项、第二项规定标准，但是按相应比例折算合计达到有关数量标准的；

（四）致使向二千个以上用户账号传播违法信息的；

（五）致使利用群组成员账号数累计三千以上的通讯群组或者关注人员账号数累计三万以上的社交网络传播违法信息的；

（六）致使违法信息实际被点击数达到五万以上的；

（七）其他致使违法信息大量传播的情形。

第四条　拒不履行信息网络安全管理义务，致使用户信息泄露，具有下列情形之一的，应当认定为刑法第二百八十六条之一第一款第二项规定的"造成严重后果"：

（一）致使泄露行踪轨迹信息、通信内容、征信信息、财产信息五百条以上的；

（二）致使泄露住宿信息、通信记录、健康生理信息、交易信息等其他可能影响人身、财产安全的用户信息五千条以上的；

（三）致使泄露第一项、第二项规定以外的用户信息五万条以上的；

（四）数量虽未达到第一项至第三项规定标准，但是按相应比例折算合计达到有关数量标准的；

（五）造成他人死亡、重伤、精神失常或者被绑架等严重后果的；

（六）造成重大经济损失的；

（七）严重扰乱社会秩序的；

（八）造成其他严重后果的。

第五条　拒不履行信息网络安全管理义务，致使影响定罪量刑的刑事案件证据灭失，具有下列情形之一的，应当认定为刑法第二百八十六条之一第一款第三项规定的"情节严重"：

（一）造成危害国家安全犯罪、恐怖活动犯罪、黑社会性质组织犯罪、贪污贿赂犯罪案件的证据灭失的；

（二）造成可能判处五年有期徒刑以上刑罚犯罪案件的证据灭失的；

（三）多次造成刑事案件证据灭失的；

（四）致使刑事诉讼程序受到严重影响的；

（五）其他情节严重的情形。

第六条　拒不履行信息网络安全管理义务，具有下列情形之一的，应当认定为刑法第二百八十六条之一第一款第四项规定的"有其他严重情节"：

（一）对绝大多数用户日志未留存或者未落实真实身份信息认证义务的；

（二）二年内经多次责令改正拒不改正的；

（三）致使信息网络服务被主要用于违法犯罪的；

（四）致使信息网络服务、网络设施被用于实施网络攻击，严重影响生产、生活的；

（五）致使信息网络服务被用于实施危害国家安全犯罪、恐怖活动犯罪、黑社会性质组织犯罪、贪污贿赂犯罪或者其他重大犯罪的；

（六）致使国家机关或者通信、能源、交通、水利、金融、教育、医疗等领域提供公共服务的信息网络受到破坏，严重影响生产、生活的；

（七）其他严重违反信息网络安全管理义务的情形。

第七条　刑法第二百八十七条之一规定的"违法犯罪"，包括犯罪行为和属于刑法分则规定的行为类型但尚未构成犯罪的违法行为。

第八条　以实施违法犯罪活动为目的而设立或者设立后主要用于实施违法犯罪活动的网站、通讯群组，应当认定为刑法第二百八十七条之一第一款第一项规定的"用于实施诈骗、传授犯罪方法、制作或者销售违禁物品、管制物品等违法犯罪活动的网站、通讯群组"。

第九条　利用信息网络提供信息的链接、截屏、二维码、访问账号密码及其他指引访问服务的，应当认定为刑法第二百八十七条之一第一款第二项、第三项规定的"发布信息"。

第十条　非法利用信息网络，具有下列情形之一的，应当认定为刑法第二百八十七条之一第一款规定的"情节严重"：

（一）假冒国家机关、金融机构名义，设立用于实施违法犯罪活动的网站的；

（二）设立用于实施违法犯罪活动的网站，数量达到三个以上或者注册账号数累计达到二千以上的；

（三）设立用于实施违法犯罪活动的通讯群组，数量达到五个以上或者群组成员账号数累计达到一千以上的；

（四）发布有关违法犯罪的信息或者为实施违法犯罪活动发布信息，具有下列情形之一的：

1.在网站上发布有关信息一百条以上的；

2.向二千个以上用户账号发送有关信息的；

3.向群组成员数累计达到三千以上的通讯群组发送有关信息的；

4.利用关注人员账号数累计达到三万以上的社交网络传播有关信息的；

（五）违法所得一万元以上的；

（六）二年内曾因非法利用信息网络、帮助信息网络犯罪活动、危害计算机信息系统安全受过行政处罚，又非法利用信息网络的；

（七）其他情节严重的情形。

第十一条　为他人实施犯罪提供技术支持或者帮助，具有下列情形之一的，可以认定行为人明知他人利用信息网络实施犯罪，但是有相反证据的除外：

（一）经监管部门告知后仍然实施有关行为的；

（二）接到举报后不履行法定管理职责的；

（三）交易价格或者方式明显异常的；

（四）提供专门用于违法犯罪的程序、工具或者其他技术支持、帮助的；

（五）频繁采用隐蔽上网、加密通信、销毁数据等措施或者使用虚假身份，逃避监管或者规避调查的；

（六）为他人逃避监管或者规避调查提供技术支持、帮助的；

（七）其他足以认定行为人明知的情形。

第十二条　明知他人利用信息网络实施犯罪，为其犯罪提供帮助，具有下列情形之一的，应当认定为刑法第二百八十七条之二第一款规定的"情节严重"：

（一）为三个以上对象提供帮助的；

（二）支付结算金额二十万元以上的；

（三）以投放广告等方式提供资金五万元以上的；

（四）违法所得一万元以上的；

（五）二年内曾因非法利用信息网络、帮助信息网络犯罪活动、危害计算机信息系统安全受过行政处罚，又帮助信息网络犯罪活动的；

（六）被帮助对象实施的犯罪造成严重后果的；

（七）其他情节严重的情形。

实施前款规定的行为，确因客观条件限制无法查证被帮助对象是否达到犯罪的程度，但相关数额总计达到前款第二项至第四项规定标准五倍以上，或者造成特别严重后果的，应当以帮助信息网络犯罪活动罪追究行为人的刑事责任。

第十三条　被帮助对象实施的犯罪行为可以确认，但尚未到案、尚未依法裁判或者因未达到刑事责任年龄等原因依法未予追究刑事责任的，不影响帮助信息网络犯罪活动罪的认定。

第十四条　单位实施本解释规定的犯罪的，依照本解释规定的相应自然人犯罪的定罪量刑标准，对直接负责的主管人员和其他直接责任人员定罪处罚，并对单位判处罚金。

第十五条　综合考虑社会危害程度、认罪悔罪态度等情节，认为犯罪情节轻微的，可以不起诉或者免予刑事处罚；情节显著轻微危害不大的，不以犯罪论处。

第十六条　多次拒不履行信息网络安全管理义务、非法利用信息网络、帮助信息网络犯罪活动构成犯罪，依法应当追诉的，或者二年内多次实施前述行为未经处理的，数量或者数额累计计算。

第十七条　对于实施本解释规定的犯罪被判处刑罚的，可以根据犯罪情况和预防再犯罪的需要，依法宣告职业禁止；被判处管制、宣告缓刑的，可以根据犯罪情况，依法宣告禁止令。

第十八条　对于实施本解释规定的犯罪的，应当综合考虑犯罪的危害程度、违法所得数额以及被告人的前科情况、认罪悔罪态度等，依法判处罚金。

第十九条　本解释自 2019 年 11 月 1 日起施行。

最高人民法院　最高人民检察院
关于人民检察院提起刑事附带民事公益诉讼应否履行诉前公告程序问题的批复

（2019 年 9 月 9 日最高人民法院审判委员会第 1776 次会议、2019 年 9 月 12 日
最高人民检察院第十三届检察委员会第二十四次会议通过　2019 年 11 月 25 日最高人民法院、
最高人民检察院公告公布　自 2019 年 12 月 6 日起施行）

法释〔2019〕18 号

各省、自治区、直辖市高级人民法院、人民检察院，　　　解放军军事法院、军事检察院，新疆维吾尔自治区

高级人民法院生产建设兵团分院、新疆生产建设兵团人民检察院：

近来，部分高级人民法院、省级人民检察院就人民检察院提起刑事附带民事公益诉讼应否履行诉前公告程序的问题提出请示。经研究，批复如下：

人民检察院提起刑事附带民事公益诉讼，应履行诉前公告程序。对于未履行诉前公告程序的，人民法院应当进行释明，告知人民检察院公告后再行提起诉讼。

因人民检察院履行诉前公告程序，可能影响相关刑事案件审理期限的，人民检察院可以另行提起民事公益诉讼。

第 三 部 分

案 例 选 载

最高人民检察院
关于印发第十四批指导性案例的通知

2019 年 5 月 20 日　高检发办字〔2019〕58 号

各省、自治区、直辖市人民检察院，解放军军事检察院，新疆生产建设兵团人民检察院：

　　经 2019 年 4 月 22 日最高人民检察院第十三届检察委员会第十七次会议决定，现将广州乙置业公司等骗取支付令执行虚假诉讼监督案等五件指导性案例(检例第 52—56 号)作为第十四批指导性案例发布，供参照适用。

广州乙置业公司等骗取支付令执行
虚假诉讼监督案

(检例第 52 号)

【关键词】

骗取支付令　侵吞国有资产　检察建议

【要旨】

当事人恶意串通、虚构债务，骗取法院支付令，并在执行过程中通谋达成和解协议，通过以物抵债的方式侵占国有资产，损害司法秩序，构成虚假诉讼。检察机关对此类案件应当依法进行监督，充分发挥法律监督职能，维护司法秩序，保护国有资产。

【基本案情】

2003 年起，国有企业甲农工商公司因未按期偿还银行贷款被诉至法院，银行账户被查封。为转移甲农工商公司及其下属公司的资产，甲农工商公司班子成员以个人名义出资，于 2003 年 5 月 26 日成立广州乙置业公司，甲农工商公司经理张某任乙置业公司董事长，其他班子成员任乙置业公司股东兼管理人员。

2004 年 6 月 23 日和 2005 年 2 月 20 日，乙置业公司分别与借款人甲农工商公司下属丙实业公司和丁果园场签订金额为 251.846 万元和 1600 万元的借款协议，丙实业公司以自有房产为借款提供抵押担保。乙置业公司没有自有流动运营资金和自有业务，其出借的资金主要来源于甲农工商公司委托其代管的资金。

丙实业公司借款时，甲农工商公司在乙置业公司已经存放有 13893401.67 元理财资金可以调拨，但甲农工商公司未调拨理财资金，反而由下属的丙实业公司以房产抵押的方式借款。丁果园场借款时，在 1600 万元借款到账的 1—3 天内便以"往来款"名义划付到案外人账户，案外人又在 5 天内通过银行转账方式将等额资金划还给乙置业公司。

上述借款到期后，乙置业公司立即向广州市白云区人民法院申请支付令，要求偿还借款。2004 年 9 月 6 日，法院作出(2004)云法民二督字第 23 号支付令，责令丙实业公司履行付款义务；2005 年 11 月 9 日，法院作出(2005)云法民二督字第 16 号支付令，责令丁果园场履行付款义务。丙实业公司与丁果园场未提出异议，并在执行过程中迅速与乙置业公司达成以房抵债的和解协议。2004 年 10 月 11

日，丙实业公司与乙置业公司签署和解协议，以自有房产抵偿 251.846 万元债务。丙实业公司还主动以自有的 36 栋房产为丁果园场借款提供执行担保。2006 年 2 月、4 月，法院先后裁定将丁果园场的房产作价 611.7212 万元、丙实业公司担保房产作价 396.9387 万元以物抵债给乙置业公司。

案发后，甲农工商公司的主管单位于 2013 年 9 月 10 日委托评估，评估报告显示，以法院裁定抵债日为评估基准日，涉案房产评估价值合计 1.09 亿余元，比法院裁定以物抵债的价格高出 9640 万余元，国有资产受到严重损害。

【检察机关监督情况】

线索发现。2016 年 4 月，广东省人民检察院在办理甲农工商公司经理张某贪污、受贿刑事案件的过程中，发现乙置业公司可能存在骗取支付令、侵吞国有资产的行为，遂将案件线索交广州市人民检察院办理。广州市人民检察院依职权启动监督程序，与白云区人民检察院组成办案组共同办理该案。

调查核实。办案组调取法院支付令与执行案件卷宗，经审查发现，乙置业公司与丙实业公司、丁果园场在诉讼过程中对借款事实等问题的陈述高度一致；三方在执行过程中主动、迅速达成以物抵债的和解协议，而缺乏通常诉讼所具有的对抗性；经审查张某贪污、受贿案的刑事卷宗，发现甲农工商公司、乙置业公司的班子成员存在合谋串通、侵吞国有资产的主观故意；经审查工商登记资料，发现乙置业公司没有自有资金，其资金来源于代管的甲农工商公司资金；经调取银行流水清单，核实了借款资金流转情况。办案组沿涉案资金、房产的转移路径，逐步厘清案情脉络，并重新询问相关涉案人员，最终获取张某等人的证言，进一步夯实证据。

监督意见。2016 年 10 月 8 日，白云区人民检察院就白云区人民法院前述两份支付令分别发出穗云检民(行)违监(2016)4 号、5 号检察建议书，指出乙置业公司与丙实业公司、丁果园场恶意串通、虚构债务，骗取法院支付令，借执行和解程序侵吞国有资产，损害了正常司法秩序，建议法院撤销涉案支付令。

监督结果。2018 年 5 月 15 日，白云区人民法院作出(2018)粤 0111 民督监 1 号、2 号民事裁定书，分别确认前述涉案支付令错误，裁定予以撤销，驳回乙置业公司的支付令申请。同年 10 月，白云区人民法院依据生效裁定执行回转，至此，1.09 亿

余元的国有资产损失得以挽回。甲农工商公司原班子成员张某等人因涉嫌犯贪污罪、受贿罪，已被广州市人民检察院提起公诉。

【指导意义】

1. 虚构债务骗取支付令成为民事虚假诉讼的一种表现形式，应当加强法律监督。民事诉讼法规定的督促程序，旨在使债权人便捷高效地获得强制执行依据，解决纠纷。司法实践中，有的当事人正是利用法院发出支付令以形式审查为主、实质问题不易被发现的特点，恶意串通、虚构债务骗取支付令并获得执行，侵害其他民事主体的合法权益。本案乙置业公司与丙实业公司、丁果园场恶意串通、虚构债务申请支付令，构成虚假诉讼。由于法院在发出支付令时无须经过诉讼程序，仅对当事人提供的事实、证据进行形式审查，因此，骗取支付令的虚假诉讼案件通常具有一定的隐蔽性，检察机关应当加强对此类案件的监督，充分发挥法律监督职能。

2. 办理虚假诉讼案件重点围绕捏造事实行为进行审查。虚假诉讼通常以捏造的事实启动民事诉讼程序，检察机关应当以此为重点内容开展调查核实工作。本案办理过程中，办案组通过调阅张某刑事案件卷宗材料掌握案情，以刑事案件中固定的证据作为本案办理的突破口；通过重点审查涉案公司的企业法人营业执照、公司章程、公司登记申请书、股东会决议等工商资料，确认丙实业公司和丁果园场均由甲农工商公司设立，均系全民所有制企业，名下房产属于国有财产，上述公司的主要班子成员存在交叉任职等事实；通过调取报税资料、会计账册、资金代管协议等档案材料发现，乙置业公司没有自有流动运营资金和业务，其资金来源于代管的甲农工商公司资金；通过调取银行流水清单，发现丁果园场在借款到账后即以"往来款"名义划付至案外人账户，案外人随即将等额资金划还至乙置业公司，查明了借款资金流转的情况。一系列事实和证据均指向当事人存在恶意串通、虚构债务骗取支付令的行为。

3. 发现和办理虚假诉讼案件，检察机关应当形成整体合力。虚假诉讼不仅侵害其他民事主体的合法权益，影响经济社会生活秩序，更对司法公信力、司法秩序造成严重侵害，检察机关应当形成整体合力，加大法律监督力度。检察机关各业务部门在履行职责过程中发现民事虚假诉讼线索的，均应及时向民事检察部门移送；并积极探索建立各业务

部门之间的线索双向移送、反馈机制、线索共享、信息互联机制。本案即是检察机关在办理刑事案件过程中发现可能存在民事虚假诉讼线索,民事检察部门由此进行深入调查的典型案例。

【相关规定】

《中华人民共和国民事诉讼法》第十四条、第二百一十六条

《最高人民法院关于适用〈中华人民共和国民事诉讼法〉的解释》第四百一十四条

《人民检察院民事诉讼监督规则(试行)》第九十九条

武汉乙投资公司等骗取调解书
虚假诉讼监督案

(检例第 53 号)

【关键词】

虚假调解　逃避债务　民事抗诉

【要旨】

伪造证据、虚构事实提起诉讼,骗取人民法院调解书,妨害司法秩序、损害司法权威,不仅可能损害他人合法权益,而且损害国家和社会公共利益的,构成虚假诉讼。检察机关办理此类虚假诉讼监督案件,应当从交易和诉讼中的异常现象出发,追踪利益流向,查明当事人之间的通谋行为,确认是否构成虚假诉讼,依法予以监督。

【基本案情】

2010 年 4 月 26 日,甲商贸公司以商品房预售合同纠纷为由向武汉市蔡甸区人民法院起诉乙投资公司,称双方于 2008 年 4 月 30 日签订《商品房订购协议书》,约定甲商贸公司购买乙投资公司天润工业园项目约 4 万平方米的商品房,总价款人民币 7375 万元,甲公司支付 1475 万元定金,乙投资公司于收到定金后 30 日内完成上述项目地块的抵押登记注销,双方再签订正式《商品房买卖合同》。协议签订后,甲商贸公司依约支付定金,但乙投资公司未解除土地抵押登记,甲商贸公司遂提出四起商品房预售合同纠纷诉讼,诉请判令乙投资公司双倍返还定金,诉讼标的额分别为 700 万元、700 万元、750 万元、800 万元,共计 2950 万元。武汉市蔡甸区人民法院受理后,适用简易程序审理、以调解方式结案,作出 (2010) 蔡民二初字第 79 号、第 80 号、第 81 号、第 82 号民事调解书,分别确认乙投资公司双倍返还定金 700 万元、700 万元、750 万元、800 万元,合计 2950 万元。甲商贸公司随即向该法院申请执行,领取可供执行的款项 2065 万元。

【检察机关监督情况】

线索发现。2015 年,武汉市人民检察院接到案外人相关举报,经对上述案件进行审查,初步梳理出如下案件线索:一是法院受理异常。双方只签订有一份《商品房订购协议书》,甲商贸公司却拆分提出四起诉讼;甲商贸公司已支付定金为 1475 万元,依据当时湖北省法院案件级别管辖规定,基层法院受理标的额在 800 万元以下的案件,本案明显属于为回避级别管辖规定而拆分起诉,法院受理异常。二是均适用简易程序由同一名审判人员审结,从受理到审理、制发调解书在 5 天内全部完成。三是庭审无对抗性,乙投资公司对甲商贸公司主张的事实、证据及诉讼请求全部认可,双方当事人及代理人在整个诉讼过程中陈述高度一致。四是均快速进入执行程序、快速执结。

调查核实。针对初步梳理的案件线索,武汉市人民检察院随即开展调查核实。第一步,通过裁判文书网查询到乙投资公司作为被告或被执行人的案件在武汉市蔡甸区人民法院已有 40 余件,总标的额 1.3 亿余元,乙投资公司已经资不抵债;第二步,通过银行查询执行款流向,发现甲商贸公司收到 2065 万元执行款后,将其中 1600 万元转账至乙投资公司法定代表人方某的个人账户,320 万元转账至丙公司、丁公司;第三步,通过查询工商信息,

发现方某系乙投资公司法定代表人，而甲、乙、丙、丁四公司系关联公司，实际控制人均为成某某；第四步，调阅法院卷宗，发现方某本人参加了四起案件的全部诉讼过程；第五步，经进一步调查方某个人银行账户，发现方某在本案诉讼前后与武汉市蔡甸区人民法院民二庭原庭长杨某某之间存在金额达100余万元的资金往来。检察人员据此判断该四起案件可能是乙投资公司串通关联公司提起的虚假诉讼。经进一步审查发现，甲商贸公司、乙投资公司的实际控制人成某某通过受让债权取得乙投资公司80%的股权，后因经营不善产生巨额债务，遂指使甲商贸公司，伪造了以上《商品房订购协议书》，并将甲商贸公司其他业务的银行资金往来明细作为支付定金1475万元的证据，由甲商贸公司向武汉市蔡甸区人民法院提起诉讼，请求"被告乙投资公司双倍返还定金2950万元"，企图达到转移公司资产、逃避公司债务的非法目的。该院民二庭庭长杨某某在明知甲、乙投资公司的实际控制人为同一人，且该院对案件无管辖权的情况下，主动建议甲商贸公司将一案拆分为4个案件起诉；案件转审判庭后，杨某某向承办法官隐瞒上述情况，指示其按照简易程序快速调解结案；进入执行后，杨某某又将该案原、被告公司的实际控制人为同一人的情况告知本院执行二庭原庭长童某，希望快速执行。在杨某某、童某的参与下，案件迅速执行结案。

监督意见。2016年10月21日，武汉市人民检察院就（2010）蔡民二初字第79号、第80号、第81号、第82号民事调解书，向武汉市中级人民法院提出抗诉，认为本案调解书认定的事实与案件真实情况明显不符，四起诉讼均系双方当事人恶意串通为逃避公司债务提起的虚假诉讼，应当依法纠正。首先，从《商品房订购协议书》的表面形式来看，明显与正常的商品房买卖交易惯例不符，连所订购房屋的具体位置、房号都没有约定；其次，乙投资公司法定代表人方某在刑事侦查中供述双方不存在真实的商品房买卖合同关系，四份商品房订购协议书系伪造，目的是通过双倍返还购房定金的方式转移公司资产，逃避公司债务；再次，在双方无房屋买卖交易的情况下，不存在支付及返还"定金"之说。证明甲商贸公司支付1475万元定金的证据是7张银行凭证，其中一笔600万的汇款人为案外人戊公司；

甲商贸公司陆续汇入乙投资公司875万元后，乙投资公司又向甲商贸公司汇回175万元，甲商贸公司汇入乙投资公司账户的金额实际仅有700万元，且属于公司内部的调度款。

监督结果。2018年1月16日，武汉市中级人民法院对武汉市人民检察院抗诉的四起案件作出民事裁定，指令武汉市蔡甸区人民法院再审。2018年11月19日，武汉市蔡甸区人民法院分别作出再审判决：撤销武汉市蔡甸区人民法院（2010）蔡民二初字第79号、第80号、第81号、第82号四份民事调解书；驳回甲商贸公司全部诉讼请求。2017年，武汉市蔡甸区人民法院民二庭原庭长杨某某、执行二庭原庭长童某某被以受贿罪追究刑事责任。

【指导意义】

1. 对于虚假诉讼形成的民事调解书，检察机关应当依法监督。虚假诉讼的民事调解有其特殊性，此类案件以调解书形式出现，从外表看是当事人在处分自己的民事权利义务，与他人无关。但其实质是当事人利用调解书形式达到了某种非法目的，获得了某种非法利益，或者损害了他人的合法权益。当事人这种以调解形式达到非法目的或获取非法利益的行为，利用了人民法院的审判权，从实质上突破了调解各方私益的范畴，所处分和损害的利益已不仅仅是当事人的私益，还妨碍司法秩序，损害司法权威，侵害国家和社会公共利益，应当依法监督。对于此类虚假民事调解，检察机关可以依照民事诉讼法的相关规定提出抗诉。

2. 注重对案件中异常现象的调查核实，查明虚假诉讼的真相。检察机关对办案中发现的异于常理的现象要进行调查，这些异常既包括交易的异常，也包括诉讼的异常。例如，合同约定和合同履行明显不符合交易惯例和常识，可能存在通谋；案件的立、审、执较之同地区同类型案件异常迅速的；庭审过程明显缺乏对抗性，双方当事人在诉讼过程对主张的案件事实和证据高度一致等。检察机关要敏锐捕捉异常现象，有针对性运用调查核实措施，还案件事实以本来面目。

【相关规定】

《中华人民共和国民事诉讼法》第一百一十二条、第一百一十三条、第二百零八条、第二百一十条

《中华人民共和国刑法》第三百零七条之一

陕西甲实业公司等公证执行
虚假诉讼监督案

（检例第 54 号）

【关键词】

虚假公证　非诉执行监督　检察建议

【要旨】

当事人恶意串通、捏造事实，骗取公证文书并申请法院强制执行，侵害他人合法权益，损害司法秩序和司法权威，构成虚假诉讼。检察机关对此类虚假诉讼应当依法监督，规范非诉执行行为，维护司法秩序和社会诚信。

【基本案情】

2011 年，陕西甲实业公司董事长高某因非法吸收公众存款罪被追究刑事责任；2012 年底，甲实业公司名下资产陕西某酒店被西安市中级人民法院查封拍卖，拍卖所得用于退赔集资款和偿还债务。

2013 年 11 月，高某保外就医期间与郗某、高某萍、高某云、王某、杜某、唐某、耿某等人商议，由高某以甲实业公司名义出具借条，虚构甲实业公司曾于 2006、2007 年向郗某等七人借款的事实，并分别签订还款协议。2013 年 12 月，甲实业公司委托代理人与郗某等七人前往西安市莲湖区公证处，对涉案还款协议书分别办理《具有强制执行效力的债权文书公证书》，莲湖区公证处向郗某等七人出具《执行证书》。2013 年 12 月，郗某等七人依据《执行证书》，向西安市雁塔区人民法院申请执行。2014 年 3 月，西安市雁塔区人民法院作出执行裁定书，以甲实业公司名下财产被西安市中级人民法院拍卖，尚需等待分配方案确定后再恢复执行为由，裁定本案执行程序终结。西安市中级人民法院确定分配方案后，雁塔区人民法院恢复执行并向西安市中级人民法院上报郗某等七人债权请求分配。

【检察机关监督情况】

线索发现。2015 年 11 月，检察机关接到债权人不服西安市中级人民法院制定的债权分配方案，提出高某所涉部分债务涉嫌虚构的举报。雁塔区人民检察院接到举报后，根据债权人提供的线索对高某所涉债务进行清查，发现该七起虚假公证案件线索。

调查核实。雁塔区人民检察院对案件线索依法进行调查核实。首先，到高某服刑的监狱和保外就医的医院对其行踪进行调查，并随即询问了王某、郗某、耿某，郗某等人承认了基于利益因素配合高某虚构甲实业公司借款的事实；其次，雁塔区人民检察院到公证机关调取公证卷宗，向西安市中级人民法院了解甲实业公司执行案件相关情况。经调查核实发现，高某与郗某等七人为套取执行款，逃避债务，虚构甲实业公司向郗某等七人借款 1180 万元的事实、伪造还款协议书等证据，并对虚构的借款事实进行公证，向西安市雁塔区人民法院申请强制执行该公证债权文书。

监督意见。在查明相关案件事实的基础上，2015 年 11 月，雁塔区人民检察院将涉嫌虚假诉讼刑事案件的线索移交西安市公安局雁塔分局立案侦查。2016 年 9 月 23 日，雁塔区人民检察院针对雁塔区人民法院的执行活动发出检察建议，指出甲实业公司与郗某等七人恶意串通，伪造借款凭据和还款协议，《执行证书》中的内容与事实不符，由于公证债权文书确有错误，建议依法不予执行。

监督结果。2016 年 10 月 24 日，雁塔区人民法院回函称，经调取刑事卷宗中郗某等人涉嫌虚假诉讼犯罪的相关证据材料，确认相关公证内容确系捏造，经合议庭合议决定，对相关执行证书裁定不予执行。2017 年 7 月 16 日，雁塔区人民法院作出 (2017) 陕 0113 执异 153 至 159 号七份执行裁定书，认定郗某等申请执行人在公证活动进行期间存在虚假行为，公证债权文书的内容与事实不符，裁定对相关公证书及执行证书不予执行。后高某等四人因构成虚假诉讼罪被追究刑事责任。

【指导意义】

1. 利用虚假公证申请法院强制执行是民事虚假诉讼的一种表现形式，应当加强检察监督。对债权文书赋予强制执行效力是法律赋予公证机关的特殊职能，经赋强公证的债权文书，可以不经诉讼直接成为人民法院的执行依据。近年来，对虚假债权文书进行公证的行为时有发生，一些当事人与他人恶意串通，对虚假的赠与合同、买卖合同，或抵偿债务协议进行公证，并申请法院强制执行，以达到转移财产、逃避债务的目的。本案中，甲实业公司与郜某等七人捏造虚假借款事实申请公证，并向人民法院申请强制执行、参与执行财产分配就属于此类情形，不仅损害了案外人的合法债权，同时也损害了诉讼秩序和司法公正，影响社会诚信。本案中，检察机关和公安机关已经查实系虚假公证，由检察机关建议人民法院不予执行较之利害关系人申请公证机关撤销公证更有利于保护债权人合法权益。

2. 加强对执行公证债权文书等非诉执行行为的监督，促进公证活动依法有序开展。根据《公证法》规定，公证机关应当对当事人的身份、申请办理该项公证的资格以及相应的权利；提供的文书内容是否完备，含义是否清晰，签名、印鉴是否齐全；提供的证明材料是否真实、合法、充分；申请公证的事项是否真实、合法等内容进行审查。检察机关在对人民法院执行公证债权文书等非诉执行行为进行监督时，如果发现公证机关未依照法律规定程序和要求进行公证的，应当建议公证机关予以纠正。

【相关规定】

《中华人民共和国民事诉讼法》第二百三十五条

最高人民法院、最高人民检察院《关于民事执行活动法律监督若干问题的规定》第三条

《中华人民共和国公证法》第二十八条

福建王某兴等人劳动仲裁执行虚假诉讼监督案

（检例第 55 号）

【关键词】

虚假劳动仲裁　仲裁执行监督　检察建议

【要旨】

为从执行款项中优先受偿，当事人伪造证据将普通债权债务关系虚构为劳动争议申请劳动仲裁，获取仲裁裁决或调解书，据此向人民法院申请强制执行，构成虚假诉讼。检察机关对此类虚假诉讼行为应当依法进行监督。

【基本案情】

2014 年，王某兴借款 339500 元给甲茶叶公司原法定代表人王某贵，多次催讨未果。2017 年 5 月，甲茶叶公司因所欠到期债务未偿还，厂房和土地被武平县人民法院拍卖。2017 年 7 月下旬，王某兴为实现其出借给王某贵个人的借款能从甲茶叶公司资产拍卖款中优先受偿的目的，与甲茶叶公司新法定代表人王某福（王某贵之子）商议申请仲裁事宜。双方共同编造甲茶叶公司拖欠王某兴、王某兴妻子及女儿等 13 人 414700 元工资款的书面材料，并向武平县劳动人事争议仲裁委员会申请劳动仲裁。2017 年 7 月 31 日，仲裁员曾某明在明知该 13 人不是甲茶叶公司员工的情况下，作出武劳仲案(2017)19 号仲裁调解书，确认甲茶叶公司应支付给王某兴等 13 人工资款合计 414700 元，由武平县人民法院在甲茶叶公司土地拍卖款中直接支付到武平县人力资源和社会保障局农民工工资账户，限于 2017 年 7 月 31 日履行完毕。同年 8 月 1 日，王某兴以另外 12 人委托代理人的身份向武平县人民法院申请强制执行。同月 4 日，武平县人民法院立案执行，裁定：(1)冻结、划拨甲茶叶公司在银行的存款；(2)查封、扣押、拍卖、变卖甲茶叶公司的所有财产；(3)扣留、提取甲茶叶公司的收入。

【检察机关监督情况】

线索发现。2017年8月初,武平县人民检察院在开展执行监督专项活动中发现,武平县人民法院对被执行人甲茶叶公司的拍卖款进行分配时,突然新增多名自称甲茶叶公司员工的申请执行人,以仲裁调解书为依据申请参与执行款分配。鉴于甲茶叶公司2014年就已停产,本案存在虚假仲裁的可能性。

调查核实。首先,检察人员调取了法院的执行卷宗,从13个申请执行人的住址、年龄和性别等身份信息初步判断,他们可能存在夫妻关系或其他亲戚关系,随后至公安机关查询户籍信息证实了申请执行人之间的上述亲属关系;其次,经查询工商登记信息,2013年至2015年底,王某兴独资经营一家汽车修配公司,2015年以后在广东佛山经营不锈钢制品,王某兴之女一直在外地居住,王某兴一家在甲茶叶公司工作的可能性不存在;再者,检察人员经对申请人执行人李某林、曾某秀夫妇进行调查询问,发现其长期经营百货商店,亦未在甲茶叶公司工作过,仲裁员曾某明与其有亲属关系;最后,检察人员经对王某福进行说服教育,王某福交待了其与王某兴合谋提起虚假仲裁的事实,王某兴亦承认其与另外12人均与甲茶叶公司不存在劳动关系,"授权委托书"上的签名系伪造,仲裁员曾某明清楚申请人与甲茶叶公司之间不存在劳动关系但仍出具了仲裁调解书。

监督意见。2017年8月24日,武平县人民检察院向武平县劳动人事争议仲裁委员会发出检察建议书,指出王某兴、王某福虚构事实申请劳动仲裁,仲裁员在明知的情况下仍作出虚假仲裁调解书,使得王某贵的个人借款变成了甲茶业公司的劳动报酬债务,损害了甲茶业公司其他债权人的合法权益,建议撤销该案仲裁调解书。仲裁委撤销仲裁调解书后,2017年8月28日,武平县人民检察院向武平县人民法院发出检察建议书,指出王某兴与王某福共同虚构事实获取仲裁调解书后向法院申请执行,法院据此裁定执行,损害了甲茶业公司其他债权人的合法权益,妨碍民事诉讼秩序,损害司法权威,且据以执行的仲裁调解书已被撤销,建议法院终结执行。

监督结果。2017年8月24日,武平县劳动人事争议仲裁委员会作出武劳仲决(2017)1号决定书,撤销武劳仲案(2017)19号仲裁调解书。2017年8月29日,武平县人民法院裁定终结(2017)闽

0824执888号执行案件的执行,并于同年9月25日书面回复武平县人民检察院。王某兴、王某福因构成虚假诉讼罪被追究刑事责任,曾某明因构成枉法仲裁罪被追究刑事责任。

【指导意义】

1. 以虚假劳动仲裁申请执行是民事虚假诉讼的一种情形,应当加强检察监督。在清算、破产和执行程序中,立法和司法对职工工资债权给予了优先保护:在公司清算程序中职工工资优先支付;在破产程序中职工工资属于优先受偿债权;在执行程序中追索劳动报酬优先考虑。正是由于立法和司法的优先保护,有的债权人为实现自身普通债权优先受偿的目的,与债务人甚至仲裁员恶意串通,伪造证据,捏造拖欠劳动报酬的事实申请劳动仲裁,获取仲裁文书向人民法院申请执行。检察机关在对人民法院执行仲裁裁决书、调解书的活动进行法律监督时,应重点审查是否存在虚假仲裁行为,对查实为虚假仲裁的,应建议法院终结执行,防止执行款错误分配。注重加强与仲裁机构及其主管部门的沟通,共同防范虚假仲裁行为。

2. 办理虚假诉讼监督案件,应当保持对线索的高度敏感性。虚假诉讼案件的表面事实和证据与真实情况往往具有较大差距,当事人之间利益纠葛复杂,多存在通谋,检察机关要敏于发现案件线索,充分做好调查核实工作。本案中,检察人员在执行监督活动中发现虚假仲裁线索,及时开展调查核实工作,认真审查当事人之间的身份关系、户籍信息、经济往来等事项,分析当事人的从业、居住等情况,有步骤地开展调查工作,夯实证据基础,最终查清虚假劳动仲裁的事实。

3. 检察机关在办理虚假诉讼案件中,发现仲裁活动违法的,应当依法进行监督。根据《仲裁法》及《劳动争议调解仲裁法》的规定,仲裁裁决被撤销的法定情形包括:仲裁庭组成或者仲裁程序违反法定程序,裁决所根据的证据系伪造,对方当事人隐瞒了足以影响公正裁决的证据,仲裁员在仲裁该案时有索贿受贿,徇私舞弊,枉法裁决行为等。根据《人民检察院检察建议工作规定》,人民检察院可以直接向本院所办理案件的涉案单位、本级有关主管机关以及其他有关单位提出检察建议。检察机关在办理虚假诉讼案件中,发现仲裁裁决虚假的,应当依法发出检察建议要求纠正;发现仲裁员涉嫌枉法仲裁犯罪的,依法移送犯罪线索。

【相关规定】

《中华人民共和国民事诉讼法》第二百三十五条

最高人民法院、最高人民检察院《关于民事执行活动法律监督若干问题的规定》第一条

最高人民法院、最高人民检察院《关于办理虚假诉讼刑事案件适用法律若干问题的解释》第一条第三款、第二条第一款

最高人民法院《关于防范和制裁虚假诉讼的指导意见》第八条

《中华人民共和国仲裁法》第五十八条、第五十九条

《中华人民共和国劳动争议调解仲裁法》第四十九条

《人民检察院检察建议工作规定》第三条

江西熊某等交通事故保险理赔虚假诉讼监督案

（检例第56号）

【关键词】

保险理赔 伪造证据 民事抗诉

【要旨】

假冒原告名义提起诉讼，采取伪造证据、虚假陈述等手段，取得法院生效裁判文书，非法获取保险理赔款，构成虚假诉讼。检察机关在履行职责过程中发现虚假诉讼案件线索，应当强化线索发现和调查核实的能力，查明违法事实，纠正错误裁判。

【基本案情】

2012年10月21日，张某驾驶轿车与熊某驾驶摩托车发生碰撞，致使熊某受伤、车辆受损，交通事故责任认定书认定张某负事故全部责任，熊某无责任。熊某伤情经司法鉴定为九级伤残。张某驾驶的轿车在甲保险公司投保交强险和商业第三者责任险。

事故发生后，熊某经他人介绍同意由周某与保险公司交涉该案保险理赔事宜，但并未委托其提起诉讼，周某为此向熊某支付了5万元。张某亦经同一人介绍同意将该保险赔偿事宜交周某处理，并出具了委托代理诉讼的《特别授权委托书》。2013年3月18日，周某冒用熊某的名义向上饶市信州区人民法院提起诉讼，周某冒用熊某名义签署起诉状和授权委托书，冒用委托代理人的名义签署庭审笔录、宣判笔录和送达回证，熊某及被冒用的"委托代理人"对此均不知情。该案中，周某还作为张某的诉讼代理人参加诉讼。

此外，本案事故发生时，熊某为农村户籍，从事钢筋工工作，居住上饶县某某村家中，而周某为实现牟取高额保险赔偿金的目的，伪造公司证明和工资表，并利用虚假材料到公安机关开具证明，证明熊某在2011年9月至2012年10月在县城工作并居住。2013年6月17日，上饶市信州区人民法院作出(2013)信民一初字第470号民事判决，判令甲保险公司在保险限额内向原告熊某赔偿医疗费、伤残赔偿金、被抚养人生活费等共计118723.33元。甲保险公司不服一审判决，上诉至上饶市中级人民法院。2013年10月18日，上饶市中级人民法院作出(2013)饶中民一终字第573号民事调解书，确认甲保险公司赔偿熊某医疗费、残疾赔偿金、被抚养人生活费等共计106723元。

【检察机关监督情况】

线索发现。2016年3月，上饶市检察机关在履行职责中发现，熊某在人民法院作出生效裁判后又提起诉讼，经调阅相关卷宗，发现周某近两年来代理十余件道路交通事故责任涉保险索赔案件，相关案件中存在当事人本人未出庭、委托代理手续不全、熊某的工作证明与个人基本情况明显不符等疑点，初步判断有虚假诉讼嫌疑。

调查核实。根据案件线索，检察机关重点开展了以下调查核实工作：一是向熊某本人了解情况，查明2013年3月18日的民事起诉状非熊某本人的意思表示，起诉状中签名也非熊某本人所签，熊某

本人对该起诉讼毫不知情,并不认识起诉状中所载原告委托代理人,亦未委托其参加诉讼;二是向有关单位核实熊某出险前的经常居住地和工作地,查明周某为套用城镇居民人均可支配收入的赔偿标准获取非法利益,指使某汽车服务公司伪造了熊某工作证明和居住证明;三是对周某代理的13件道路交通事故保险理赔案件进行梳理,发现均涉嫌虚假诉讼,本案最为典型;四是及时将线索移送公安机关,进一步查实了周某通过冒用他人名义虚构诉讼主体、伪造授权委托书、伪造工作证明以及利用虚假证据材料骗取公安机关证明文件等事实。

监督意见。2016年6月26日,上饶市人民检察院提请抗诉。2016年11月5日,江西省人民检察院提出抗诉,认为上饶市中级人民法院(2013)饶中民一终字第573号民事调解书系虚假调解,周某伪造原告起诉状、假冒原告及其诉讼代理人提起虚假诉讼,非法套取高额保险赔偿金,扰乱诉讼秩序,损害社会公共利益和他人合法权益。

监督结果。2017年8月1日,江西省高级人民法院作出(2017)赣民再第45号民事裁定书,认为本案是一起由周某假冒熊某诉讼代理人向法院提起的虚假诉讼案件,熊某本人及被冒用的诉讼代理人并未提起和参加诉讼,原一审判决和原二审调解书均有错误,裁定撤销,终结本案审理程序。同时,江西省高级人民法院还作出(2017)赣民再第45号民事制裁决定书,对周某进行民事制裁。2019年1月,上饶市中级人民法院决定对一审法官、信州区

人民法院立案庭副庭长戴某给予撤职处分。

【指导意义】

检察机关办理民事虚假诉讼监督案件,应当强化线索发现和调查核实的能力。虚假诉讼具有较强的隐蔽性和欺骗性,仅从诉讼活动表面难以甄别,要求检察人员在履职过程中有敏锐的线索发现意识。本案中,就线索发现而言,检察人员注重把握了以下几个方面:一是庭审过程的异常,"原告代理人"或无法发表意见,或陈述、抗辩前后矛盾;二是案件材料和证据异常,熊某工作证明与其基本情况、履历明显不符;三是调解结案异常,甲保险公司二审中并未提交新的证据,"原告代理人"为了迅速达成调解协议,主动提出减少保险赔偿数额,不符合常理。以发现的异常情况为线索,开展深入的调查核实工作,是突破案件瓶颈的关键。根据案件具体情况,可以综合运用询问有关当事人或者知情人,查阅、调取、复制相关法律文书或者证据材料、案卷材料,查询财务账目、银行存款记录,勘验、鉴定、审计以及向有关部门进行专业咨询等调查措施。同时,应主动加强与公安机关、人民法院、司法行政部门的沟通协作。本案中,检察机关及时移送刑事犯罪案件线索,通过公安机关侦查取证手段,查实了周某虚假诉讼的事实。

【相关规定】

《中华人民共和国民事诉讼法》第二百零八条

《人民检察院民事诉讼监督规则(试行)》第二十三条

最高人民检察院
关于印发第十五批指导性案例的通知

2019年9月9日 高检发办字〔2019〕81号

各级人民检察院:

经2019年7月29日最高人民检察院第十三届检察委员会第二十二次会议决定,现将某实业公司诉某市住房和城乡建设局征收补偿认定纠纷抗诉案等三件指导性案例(检例第57—59号)作为第十五批指导性案例发布,供参照适用。

某实业公司诉某市住房和城乡建设局征收补偿认定纠纷抗诉案

（检例第 57 号）

【关键词】

行政抗诉　征收补偿　依职权监督　调查核实

【要旨】

人民检察院办理行政诉讼监督案件,应当秉持客观公正立场,既保护行政相对人的合法权益,又支持合法的行政行为。依职权启动监督程序,不以当事人向人民法院申请再审为前提。认为行政判决、裁定可能存在错误,通过书面审查难以认定的,应当进行调查核实。

【基本案情】

2015 年 9 月,某市政府决定对某片区实施棚户区改造项目房屋征收,市住房和城乡建设局(简称市住建局)依据土地房屋登记卡、测绘报告及房屋分户面积明细表,向某实业公司作出房屋征收补偿面积的复函,认定案涉大厦第四层存在自行加建面积为 203.78 平方米,第五层存在自行加建面积为 929.93 平方米,对自行加建部分按照建安成本给予某实业公司补偿。实业公司不服,认为第四层的 203.78 平方米和第五层的 187.26 平方米是规划许可允许建造且在案涉大厦建成时一并建造完成,并系经过法院裁定、判决而合法受让,遂向该市某区人民法院起诉,请求:确认复函违法并撤销;确认争议部分建筑合法并按非住宅房屋价值给予补偿。

2016 年 8 月 1 日,区人民法院作出行政判决,认为:案涉大厦目前尚未取得房屋所有权证,应当以规划许可的建筑面积来认定是否属于自行加建面积。土地房屋登记卡记载的面积,连同第四层和第五层的争议面积,共计 5560.55 平方米,未超过规划许可证件载明的面积 5674.62 平方米,应当认定争议建筑具有合法效力。某测绘公司 2011 年 11 月 13 日受法院委托,对案涉大厦进行测绘后出具了测绘报告,2015 年 12 月 25 日该测绘公司受市政府委托对该大厦测绘后出具测绘报告及房屋分户面积明细表,二者相互矛盾,2011 年测绘报告被市中级人民法院另案判决采信在先,其证明效力应当优于 2015 年出具的房屋分户面积明细表,因此对市住建局复函依据的房屋分户面积明细表不予采信。该判决还认为:该市中级人民法院另案民事判决将争议建筑作为合法财产分割归某实业公司所有,是发生法律效力的物权设立决定,应当认定争议的面积不是自行加建的面积。遂判决确认市住建局复函违法,责令其对争议部分建筑按非住宅房屋的补偿标准给予安置补偿或者货币补偿。

一审判决后,双方当事人均未提起上诉,也未申请再审。

【检察机关监督情况】

线索发现。2018 年 4 月,该市人民检察院在处理当事人来函信件中发现该案判决可能存在错误,非住宅补偿标准(每平方米约 3 万元)与建安成本(每平方米约 2000 元)差距巨大,如果按照判决进行补偿,不仅放纵违法建设行为,而且政府将多支付补偿款 1000 余万元,严重损害国家利益,根据《人民检察院行政诉讼监督规则(试行)》第九条第一项之规定,决定依职权启动监督程序。

调查核实。市人民检察院在审查案件过程中,发现一审期间实业公司提供的案涉大厦规划许可证件复印件是判决的关键证据之一,与其他证据存在矛盾,遂开展了以下调查核实工作:一是向法院调取案件卷宗材料;二是向市规划委员会、市不动产登记中心等单位调取规划许可证件及相关文件;三是向市不动产登记中心等单位及工作人员询问了解规划许可证件等文件复印件的来源和审核情况。经对以上材料进行审查和比对,发现法院卷宗中的规划许可证件等文件复印件记载的面积与市规划委员会保存的规划许可证件等文件原件记载的面积不一致。最终查明:实业公司向法院提供的规划许可证件等三份文件复印件,是从市不动产登记中心查询复印的,而该中心保存的这三份材料又是实业公司在申请办理房证时提供的复印件。市规划委员会于2018年7月19日向人民检察院出具的《关于协助说明规划许可相关内容的复函》证明:案涉大厦建筑规划许可总建筑面积为5074.62平方米。据此认定,实业公司提供的规划许可证件等3份文件复印件中5674.62平方米的面积系经涂改,规划许可的建筑面积应为5074.62平方米,二者相差600平方米。

监督意见。市人民检察院审查后,认为区人民法院行政判决认定事实的主要证据系变造,且事实认定和法律适用存在错误。第一,2015年测绘报告的房屋分户面积明细表是受市人民政府委托,为了征收某片区棚户区改造项目房屋,对整个大厦建筑面积包括合法、非法加建面积而进行的测绘,应当作为认定争议面积是否属于合法建筑面积的依据。而2011年测绘报告则是另案为了处理有关当事人关于某酒店共有产权民事纠纷而进行的测绘,未就争议建筑部分是否合法予以认定或区分,不应作为认定建筑是否合法的依据。第二,根据检察机关调查核实情况,判决认定规划许可面积错误,以此为标准认定实际建筑面积未超过规划许可面积也存在错误。第三,根据市国土局土地房屋登记卡及附件、2015年测绘报告的房屋分户面积明细表等证据,应当认定第四层、第五层存在擅自加建。第四,另案民事判决是对房屋权属进行的分割和划分,不应当作为认定建筑是否合法的依据。判决认定争议建筑不是自行加建,存在错误。市人民检察院遂于2018年11月22日依法向市中级人民法院提出抗诉。

监督结果。市中级人民法院经过审查,于2018年12月3日作出行政裁定书,指令某区人民法院再审。2019年1月8日,实业公司向某区人民法院提交撤诉申请。某区人民法院依照《中华人民共和国行政诉讼法》第六十二条之规定,裁定:(1)撤销本院原行政判决书;(2)准许实业公司撤回对市住建局的起诉。

2019年3月6日,市中级人民法院对实业公司另案起诉的市住建局强制拆除行为违法及赔偿纠纷案作出终审行政判决,认定实业公司提交的案涉大厦规划许可证件等文件中5674.62平方米是经

涂改后的面积,规划许可建筑面积应为5074.62平方米。实业公司对法院认定的上述事实无异议。该案最终判决驳回实业公司的诉讼请求。对变造证据行为的责任追究,另案处理。

【指导意义】

1. 人民检察院办理行政诉讼监督案件,应当秉持客观公正立场,既注重保护公民、法人和其他组织的合法权益,也注重支持合法的行政行为,保护国家利益和社会公共利益。人民检察院行政诉讼监督的重要任务是维护社会公平正义,监督人民法院依法审判和执行,促进行政机关依法行政。人民检察院是国家的法律监督机关,应当居中监督,不偏不倚,依法审查人民法院判决、裁定所基于的事实根据和法律依据,发现行政判决、裁定确有错误,符合法定监督条件的,依法提出抗诉或再审检察建议。本案中,人民检察院通过抗诉,监督人民法院纠正了错误判决,保护了国家利益,维护了社会公平正义。

2. 人民检察院依职权对行政裁判结果进行监督,不以当事人申请法院再审为前提。按照案件来源划分,对行政裁判结果进行监督分为当事人申请监督和依职权监督两类。法律规定当事人在申请检察建议或抗诉之前应当向法院提出再审申请,目的是为了防止当事人就同一案件重复申请、司法机关多头审查。人民检察院是国家的法律监督机关,是公共利益的代表,担负着维护司法公正、保证法律统一正确实施、维护国家利益和社会公共利益的重要任务,对于符合《人民检察院行政诉讼监督规则(试行)》第九条规定的行政诉讼案件,应当从监督人民法院依法审判、促进行政机关依法行政的目的出发,充分发挥检察监督职能作用,依职权主动进行监督,不受当事人是否申请再审的限制。本案中,虽然当事人未上诉也未向法院申请再审,但人民检察院发现存在损害国家利益的情形,遂按照《人民检察院行政诉讼监督规则(试行)》第九条第一项的规定,依职权启动了监督程序。

3. 人民检察院进行行政诉讼监督,通过书面审查卷宗、当事人提供的材料等对有关案件事实难以认定的,应当进行调查核实。《人民检察院组织法》规定,人民检察院行使法律监督权,可以进行调查核实。办理行政诉讼监督案件,通过对卷宗、当事人提供的材料等进行书面审查后,对有关事实仍然难以认定的,为查清案件事实,确保精准监督,应当

进行调查核实。根据《人民检察院行政诉讼监督规则（试行）》等相关规定，调查核实可以采取以下措施：（1）查询、调取、复制相关证据材料；（2）询问当事人或者案外人；（3）咨询专业人员、相关部门或者行业协会等对专门问题的意见；（4）委托鉴定、评估、审计；（5）勘验物证、现场；（6）查明案件事实所需要采取的其他措施。调查核实的目的在于查明人民法院的行政判决、裁定是否存在错误，审判和执行活动是否符合法律规定，为决定是否监督提供依据和参考。本案中，市住建局作出复函时已有事实根据和法律依据，并在诉讼中及时向法庭提交，但法院因采信原告提供的虚假证据作出了错误判决。检察机关通过调查核实，向原审人民法院调取案件卷宗，向规划部门调取规划许可证件等文件原件，向出具书证的不动产登记中心及工作人员了解询问规划许可证件等文件复印件的形成过程，进而查明原审判决采信的关键证据存在涂改，为检察机关依法提出抗诉提供了根据。

【相关规定】

《中华人民共和国人民检察院组织法》第六条、第二十一条

《中华人民共和国行政诉讼法》第九十一条、第九十三条、第一百零一条

《中华人民共和国民事诉讼法》第二百一十条

《人民检察院行政诉讼监督规则（试行）》第九条、第十三条、第三十六条

《人民检察院民事诉讼监督规则（试行）》第六十六条

浙江省某市国土资源局申请强制执行杜某非法占地处罚决定监督案

（检例第58号）

【关键词】

行政非诉执行监督　违法占地　遗漏请求事项　专项监督

【要旨】

人民检察院行政非诉执行监督要发挥监督法院公正司法、促进行政机关依法行政的双重监督功能。发现人民法院对行政非诉执行申请裁定遗漏请求事项的，应当依法监督。对于行政非诉执行中的普遍性问题，可以以个案为切入点开展专项监督活动。

【基本案情】

2014年5月，浙江省某市某区某镇村民杜某未经批准，擅自在该村占用土地681.46平方米，其中建造活动板房112.07平方米，硬化水泥地面569.39平方米。市国土资源局认为杜某的行为违反了《中华人民共和国土地管理法》和《基本农田保护条例》规定，根据《中华人民共和国土地管理法》第七十六条、《中华人民共和国土地管理法实施条例》第四十二条及《浙江省国土资源行政处罚裁量权执行标准》规定，作出行政处罚决定：（1）责令退还非法占用土地681.46平方米；（2）对其中符合土地利用总体规划的45.46平方米土地上的建筑物和设施，予以没收；（3）对不符合土地利用总体规划的636平方米土地（基本农田）上的建筑物和设施，予以拆除；（4）对非法占用规划内土地45.46平方米的行为处以每平方米11元的罚款，非法占用规划外土地636平方米的行为处以每平方米21元的罚款，共计人民币13856.06元。杜某在规定的期限内未履行该处罚决定第3项和第4项内容，亦未申请行政复议或提起行政诉讼，经催告仍未履行。市国土资源局遂于2017年7月21日向某市某区人民法院申请强制执行杜某违法占地行政处罚决定第3项和第4项内容。区人民法院立案受理后，于2017年7月25日作出行政裁定书，裁定准予执行市国土资源局行政处罚决定第3项内容，并由某镇政府组织实施。某镇政府未在法定期限内执行法院裁定。

【检察机关监督情况】

线索发现。区人民检察院在办理其他案件过程中发现该案线索。经初步调查了解，某镇政府未

根据法院裁定书内容组织实施拆除,土地未恢复至复耕条件,杜某也未履行缴纳罚款的义务,遂依职权启动监督程序。

调查核实。根据案件线索,检察机关重点开展了以下调查核实工作:一是向法院调阅了案件卷宗材料;二是向当地国土管理部门工作人员了解案涉行政处罚决定执行情况和申请法院强制执行的情况;三是检察人员到违法占地现场进行实地查看。最终查明:市国土资源局的行政处罚决定有充分的事实根据,申请法院强制执行符合法律规定,目前行政处罚决定中罚款仍未缴纳,法院裁定拆除的地上建筑物和设施亦未被拆除。

监督意见。2018年5月,区人民检察院分别向区人民法院和某镇政府提出检察建议,建议区人民法院查明该案未就行政处罚决定第4项罚款作出裁定的原因,并依法处理,建议某镇政府查明违法建筑物和设施未拆除的原因,并依法处置。

监督结果。区人民法院收到检察建议后于2018年5月30日作出补充裁定,准予强制执行市国土资源局作出的13856.06元罚款决定,7月该款执行到位。某镇政府收到检察建议后,迅速行动,案涉违法建筑物和设施于2018年7月被拆除。

专项监督。区人民检察院在办理该案过程中,发现农村违法占地行政处罚未执行到位问题突出,遂决定就国土资源领域行政非诉执行开展专项监督活动,共监督法院裁定遗漏强制执行请求事项等案件17件,乡镇街道未执行法院裁判文书确定的义务案件18件。市人民检察院通过认真研究后发现辖区内类似问题较多,遂于2018年5月在全市检察机关开展专项监督活动。截至2019年2月专项活动结束时,通过检察机关监督,全市共整治拆除各类违法建筑物及设施45.5万平方米,恢复土地原状23万平方米,退还非法占用土地21.7万平方米。市中级人民法院针对检察机关专项监督活动中发现的问题,在全市法院系统开展专项评查,有效规范了行政非诉执行的受理、审查和实施等活动。

【指导意义】

1. 人民检察院履行行政非诉执行监督职能,应当发挥既监督人民法院公正司法又促进行政机关依法行政的双重功能,实现双赢多赢共赢。行政非诉执行监督对于促进人民法院依法、公正、高效履行行政非诉执行职能,促进行政机关依法履行职责,维护公共利益和社会秩序,保护公民、法人和其他组织的合法权益,具有重要作用。人民检察院对人民法院行政非诉执行的受理、审查和实施等各个环节开展监督,针对存在的违法情形提出检察建议,有利于促进人民法院依法审查行政决定、正确作出裁定并实施,防止对违法的行政决定予以强制执行,保护行政相对人的合法权益。开展行政非诉执行监督,应当注意审查行政行为的合法性,包括是否具备行政主体资格、是否明显缺乏事实根据、是否明显缺乏法律法规依据、是否损害被执行人合法权益等。对于行政行为明显违法,人民法院仍裁定准予执行的,应当向人民法院和行政机关提出检察建议予以纠正,防止被执行人合法权益受损。对于行政行为符合法律规定的,应当引导行政相对人依法履行法定义务,支持行政机关依法行政。

2. 人民法院对行政非诉执行申请裁定遗漏请求事项的,人民检察院应当依法提出检察建议予以监督。根据《中华人民共和国行政强制法》第五十七条和第五十八条的规定,人民法院受理行政机关强制执行申请后进行书面审查,应当对行政机关提出的强制执行申请请求事项作出是否准予执行的裁定。本案中,市国土资源局向区人民法院申请强制执行的项目中包括强制执行13856.06元罚款,但区人民法院却未对该请求事项予以裁定,致使罚款无法通过强制执行方式收缴,影响了行政决定的公信力。人民检察院应当对人民法院遗漏申请事项的裁定依法提出检察建议予以纠正。

3. 人民检察院应当坚持在办案中监督、在监督中办案的理念,在办理行政非诉执行监督案件过程中,注重以个案为突破口,积极开展专项活动,促进一个区域内一类问题的解决。人民检察院履行行政非诉执行监督职责,要注重举一反三,深挖细查,以小见大,以点带面,针对人民法院行政非诉执行受理、审查和实施等各个环节存在的普遍性问题开展专项活动,实现办理一案、影响一片的监督效果。某市两级检察机关在成功办理本案的基础上,开展专项监督活动,有力推进了全市国土资源领域"执行难"等问题的解决,促进了行政管理目标的实现。市中级人民法院针对检察机关专项监督活动中发现的问题,在全市法院系统开展专项评查,规范了行政非诉执行活动。

【相关规定】

《中华人民共和国行政诉讼法》第十一条、第九

十七条、第一百零一条

《中华人民共和国民事诉讼法》第二百三十五条

《中华人民共和国行政强制法》第五十三条、第五十七条、第五十八条

《人民检察院行政诉讼监督规则（试行）》第二十九条

《最高人民法院 最高人民检察院关于民事执行活动法律监督若干问题的规定》第一条、第二十一条

《人民检察院检察建议工作规定》第十一条

湖北省某县水利局申请强制执行
肖某河道违法建设处罚决定监督案

（检例第 59 号）

【关键词】

行政非诉执行监督　河道违法建设　强制拆除

【要旨】

办理行政非诉执行监督案件,应当查明行政机关对相关事项是否具有直接强制执行权,对具有直接强制执行权的行政机关向人民法院申请强制执行,人民法院不应当受理而受理的,应当依法进行监督。人民检察院在履行行政非诉执行监督职责中,发现行政机关的行政行为存在违法或不当履职情形的,可以向行政机关提出检察建议。

【基本案情】

2011 年 9 月,湖北省某县村民肖某未经许可,擅自在某水库库区（河道）管理范围内 316 国道某大桥下建房（房基）5 间,占地面积 289.8 平方米。2011 年 11 月 3 日,某县水利局根据《中华人民共和国水法》第六十五条作出《行政处罚决定书》,要求肖某立即停止在桥下建房的违法行为,限 7 日内拆除所建房屋,恢复原貌;罚款 5 万元;并告知肖某不服处罚决定申请复议和提起诉讼的期限,注明期满不申请复议、不起诉又不履行处罚决定,将依法申请人民法院强制执行。肖某在规定的期限内未履行该处罚决定,亦未申请复议或提起行政诉讼。2012 年 3 月 29 日,县水利局向法院申请强制执行。2012 年 4 月 23 日,县人民法院作出行政裁定书,裁定准予执行行政处罚决定,责令肖某履行处罚决定书确定的义务。但肖某未停止违法建设,截至 2017 年 4 月,肖某已在河道区域违法建成四层房屋,建筑面积约 520 平方米。

【检察机关监督情况】

线索发现。县人民检察院于 2017 年 4 月通过某日报《"踢皮球"执法现象何时休?》的报道发现案件线索,依职权启动监督程序。检察机关经调查发现,肖某在河道内违法建设的行为持续多年,违反了国家河道管理规定,违法建筑物严重影响行洪、防洪安全。水利局和法院对违法建筑物未被强制拆除的原因则各执一词。法院认为,对违反水法的建筑物,水利局是法律明确授予强制执行权的行政机关,法院不能作为该案强制执行主体。但水利局认为,其没有强制执行手段,应当由法院强制执行。

监督意见。检察机关审查认为:法律没有赋予水利局采取查封、扣押、冻结、划拨财产等强制执行措施的权力,对于不缴纳罚款的,水利局可以向法院申请强制执行;但根据行政强制法和水法等相关规定,水利局对于河道违法建筑物具有强行拆除的权力,不应当向法院申请强制执行。因此,水利局向法院申请执行行政处罚决定中的拆除违法建筑物部分,法院不应当受理而受理并裁定准予执行,违反法律规定。县人民检察院于 2017 年 5 月向县水利局提出检察建议,建议其依法强制拆除违法建筑物;同年 8 月向县人民法院提出检察建议,建议其依法履职、规范行政非诉执行案件受理等工作。

监督结果。县水利局收到检察建议后,立即向当地党委政府报告。在县委、县政府的大力支持下,河道违法建筑物被依法拆除。县人民法院收到检察建议后,回复表示今后要加强案件审查,对行政机关具有强制执行权而向法院申请强制执行的

案件裁定不予受理。

【指导意义】

1. 人民检察院办理行政非诉执行监督案件,应当依法查明行政机关对相关事项是否具有直接强制执行权。我国行政强制法规定的行政强制执行,包括行政机关直接强制执行和行政机关申请人民法院强制执行两种类型。法律赋予某些行政机关以直接强制执行权的主要目的是提高行政效率,及时执行行政决定。如果行政机关有直接强制执行权,又向人民法院申请执行,不但浪费司法资源,而且容易引起相互推诿,降低行政效率。人民检察院办理行政非诉执行监督案件,应当查明行政机关是否具有直接强制执行权,对具有直接强制执行权的行政机关向人民法院申请强制执行,人民法院不应当受理而受理的,应当依法进行监督。《中华人民共和国水法》第六十五条第一款规定,"在河道管理范围内建设妨碍行洪的建筑物、构筑物,或者从事影响河势稳定、危害河岸堤防安全和其他妨碍河道行洪的活动的,由县级以上人民政府水行政主管部门或者流域管理机构依据职权,责令停止违法行为,限期拆除违法建筑物、构筑物,恢复原状;逾期不拆除、不恢复原状的,强行拆除……"根据上述规定,对河道管理范围内妨碍行洪的建筑物、构筑物,水行政主管部门具有直接强行拆除的权力。但在本案中,水利局本应直接强制执行,却向人民法院申请执行,人民法院不应当受理而受理、不应当裁定准予执行而裁定准予执行,致使两个单位相互推诿,河道安全隐患长期得不到消除,人民检察院依法提出检察建议,促进了问题的解决。

2. 人民检察院在履行行政非诉执行监督职责中,发现行政机关的行政行为存在违法或不当履职情形的,可以向行政机关提出检察建议。《人民检察院检察建议工作规定》第十一条规定,"人民检察院在办理案件中发现社会治理工作存在下列情形之一的,可以向有关单位和部门提出改进工作、完善治理的检察建议:……(四)相关单位或者部门不依法及时履行职责,致使个人或者组织合法权益受到损害或者存在损害危险,需要及时整改消除的……"根据上述规定,检察机关发现行政机关向人民法院提出强制执行申请存在不当,怠于履行法定职责的,应当向行政机关提出检察建议。对由于行政机关违法行为致使损害持续存在甚至继续扩大的,应当更加重视,优先快速办理,促进行政执法效率提高,及时消除损害、减少损失,维护人民群众的合法权益。本案中,检察机关针对水利局怠于履职行为,依法提出检察建议,促使河道违法建筑物被拆除,保障了行洪、泄洪安全,保护了当地人民群众的生命财产安全。

【相关规定】

《中华人民共和国行政诉讼法》第二十五条、第九十七条、第一百零一条

《中华人民共和国民事诉讼法》第二百三十五条

《中华人民共和国行政强制法》第四条、第十三条、第三十四条、第四十四条、第五十三条

《中华人民共和国水法》第三十七条、第六十五条

《人民检察院行政诉讼监督规则(试行)》第二十九条

《人民检察院检察建议工作规定》第十一条

最高人民检察院
关于印发第十六批指导性案例的通知

2019 年 12 月 20 日　　高检发办字〔2019〕114 号

各级人民检察院:

经 2019 年 12 月 2 日最高人民检察院第十三届检察委员会第二十八次会议决定,现将刘强非法占用农用地案等四件案例(检例第 60—63 号)作为第十六批指导性案例发布,供参照适用。

刘强非法占用农用地案

（检例第 60 号）

【关键词】

非法占用农用地罪　永久基本农田　"大棚房"　非农建设改造

【要旨】

行为人违反土地管理法规,在耕地上建设"大棚房""生态园""休闲农庄"等,非法占用耕地数量较大,造成耕地等农用地大量毁坏的,应当以非法占用农用地罪追究实际建设者、经营者的刑事责任。

【基本案情】

被告人刘强,男,1979 年 10 月出生,北京大道千字文文化发展有限公司法定代表人。2008 年 1 月,因犯敲诈勒索罪被北京市海淀区人民法院判处有期徒刑二年,缓刑二年。

2016 年 3 月,被告人刘强经人介绍以人民币1000 万元的价格与北京春杰种植专业合作社(以下简称合作社)的法定代表人池杰商定,受让合作社位于延庆区延庆镇广积屯村东北蔬菜大棚 377亩集体土地使用权。同年 4 月 15 日,刘强指使其司机刘广岐与池杰签订转让意向书,约定将合作社土地使用权及地上物转让给刘广岐。同年 10 月 21日,合作社的法定代表人变更为刘广岐。其间,刘强未经国土资源部门批准,以合作社的名义组织人员对蔬菜大棚园区进行非农建设改造,并将园区命名为"紫薇庄园"。截至 2016 年 9 月 28 日,刘强先后组织人员在园区内建设鱼池、假山、规划外道路等设施,同时将原有蔬菜大棚加高、改装钢架,并将其一分为二,在其中各建房间,每个大棚门口铺设透水砖路面,外垒花墙。截至案发,刘强组织人员共建设"大棚房"260 余套(每套面积 350 平方米至550 平方米不等,内部置橱柜、沙发、藤椅、马桶等各类生活起居设施),并对外出租。经北京市国土资源局延庆分局组织测绘鉴定,该项目占用耕地28.75 亩,其中含永久基本农田 22.84 亩,造成耕地种植条件被破坏。

截至 2017 年 4 月,北京市规划和国土资源管理委员会、延庆区延庆镇人民政府先后对该项目下达《行政处罚决定书》《责令停止建设通知书》《限期拆除决定书》,均未得到执行。2017 年 5 月,延庆区延庆镇人民政府组织有关部门将上述违法建设强制拆除。

【指控与证明犯罪】

2017 年 5 月 10 日,北京市国土资源局延庆分局向北京市公安局延庆分局移送刘广岐涉嫌非法占用农用地一案,5 月 13 日,北京市公安局延庆分局对刘广岐涉嫌非法占用农用地案立案侦查,经调查发现刘强有重大嫌疑。2017 年 12 月 5 日,北京市公安局延庆分局以刘强涉嫌非法占用农用地罪,将案件移送北京市延庆区人民检察院审查起诉。

审查起诉阶段,刘强拒不承认犯罪事实,辩称:1. 自己从未参与紫薇庄园项目建设,没有实施非法占地的行为。2. 紫薇庄园项目的实际建设者、经营者是刘广岐。3. 自己与紫薇庄园无资金往来。4. 蔬菜大棚改造项目系设施农业,属于政府扶持项目,不属于违法行为。刘广岐虽承认自己是合作社的法定代表人、项目建设的出资人,但对于转让意向书内容、资金来源、大棚内施工建设情况语焉不详。

为进一步查证紫薇庄园的实际建设者、经营者,北京市延庆区人民检察院将案件退回公安机关补充侦查,要求补充查证:1. 调取刘强、刘广岐、池杰、张红军(工程承包方)之间的资金往来凭证,核实每笔资金往来的具体操作人,对全案账目进行司法会计鉴定,了解资金的来龙去脉,查实资金实际出让人和受让人。2. 寻找关键证人会计李祥彬,核实合作社账目与刘强个人账户的资金往来,确定刘强、刘广岐在紫薇庄园项目中的地位作用。3. 就测量技术报告听取专业测量人员的意见,查清所占耕地面积。

经补充侦查,北京市公安局延庆分局收集到证人李祥彬的证言,证实了合作社是刘强出资从池杰手中购买,李祥彬受刘强邀请负责核算合作社的收入和支出。会计师事务所出具的司法鉴定意见书,证实了资金往来去向。在补充侦查过程中,侦查机关调取了紫薇庄园临时工作人员胡楠等人的证言,证实刘广岐是刘强的司机;刘广岐受刘强指使在转让意向书中签字,并担任合作社法定代表人,但其并未与刘强共谋参与非农建设改造事宜。针对辩护律师对测量技术报告数据的质疑,承办检察官专门听取了参与测量人员的意见,准确掌握所占耕地面积。

2018年5月23日,北京市延庆区人民检察院以刘强犯非法占用农用地罪向北京市延庆区人民法院提起公诉。7月2日,北京市延庆区人民法院公开开庭审理了本案。

法庭调查阶段,公诉人宣读起诉书,指控被告人刘强违反土地管理法规,非法占用耕地进行非农建设改造,改变被占土地用途,造成耕地大量毁坏,其行为构成非法占用农用地罪。针对以上指控的犯罪事实,公诉人向法庭出示了四组证据予以证明:

一是现场勘测笔录、《测量技术报告书》《非法占用耕地破坏程度鉴定意见》、现场照片78张等,证明紫薇庄园园区内存在非法占地行为,改变被占土地用途且数量较大,造成耕地大量毁坏。

二是合作社土地租用合同,设立、变更登记材料,转让意向书,合作社大棚改造工程相关资料,延庆镇政府、北京市国土资源局延庆分局提供的相关书证等证据,证明合作社土地使用权受让相关事宜,以及未经国土资源部门批准,刘强擅自对园区土地进行非农建设改造,并拒不执行行政处罚。

三是司法鉴定意见书、案件相关银行账户的交易流水及凭证、合作社转让改造项目的参与人证言及被告人的供述与辩解等证据材料,证明刘强是紫薇庄园非农建设改造的实际建设者、经营者及合作社改造项目资金来源、获利情况等。

四是紫薇庄园宣传材料、租赁合同、大棚房租户、池杰、李祥彬证人证言等,证明刘强修建大棚共196个,其中东院136个,西院60个,每个大棚都配有耳房,面积约10至20平方米;刘强将大棚改造后,命名为"紫薇庄园"对外宣传,"大棚房"内有休闲、娱乐、居住等生活设施,对外出租,造成不良社会影响。

被告人刘强对公诉人指控的上述犯罪事实没有异议,当庭认罪。

法庭辩论阶段,公诉人发表了公诉意见,指出刘强作为合作社的实际建设者、经营者,在没有行政批准的情况下,擅自对园区内农用地进行非农建设改造并对外出租,造成严重危害,应当追究刑事责任。

辩护人提出:1.刘强不存在主观故意,社会危害性小。2.建造蔬菜"大棚房"符合设施农业政策。3.刘强认罪态度较好,主动到公安机关投案,具有自首情节。4.起诉书中指控的假山、鱼池等设施,仅在测量报告中有描述且描述模糊。5.相关设施已被有关部门拆除。请求法庭对被告人刘强从轻处罚。

公诉人针对辩护意见进行答辩:

第一,刘强受让合作社时指使司机刘广岐代其签字,证明其具有规避法律责任的行为,主观上存在违法犯罪的故意,刘强非法占用农用地,造成大量农用地被严重毁坏,其行为具有严重社会危害性。

第二,关于符合国家政策的说法不实,农业大棚与违法建造的非农"大棚房"存在本质区别,刘强建设的"大棚房"集休闲、娱乐、居住为一体,对农用地进行非农改造,严重违反《土地管理法》永久基本农田保护政策。该项目因违法建设受到行政处罚,但刘强未按照处罚决定积极履行耕地修复义务,直至案发,也未缴纳行政罚款,其行为明显违法。

第三,刘强直到开庭审理时才表示认罪,不符合自首条件。

第四,测量技术报告对案发时合作社建设情况作了详细的记录和专业说明,现场勘验笔录和现场照片均证实了蔬菜大棚改造的实际情况,另有相关证人证言也能证实假山、鱼池存在。

第五,违法设施应由刘强承担拆除并恢复原状的责任,有关行政部门进行拆除违法设施,恢复耕地的行为,不能成为刘强从轻处罚的理由。

法庭经审理,认为公诉人提交的证据能够相互印证,予以确认。对辩护人提出的被告人当庭认罪态度较好的辩护意见予以采纳,其他辩护意见缺乏事实依据,不予采纳。2018年10月16日,北京市延庆区人民法院作出一审判决，以非法占用农用地罪判处被告人刘强有期徒刑一年六个月，并处罚金人民币五万元。一审宣判后，被告人刘强未上诉，判决已生效。

刘广岐在明知刘强是合作社非农建设改造的实际建设者、经营者，且涉嫌犯罪的情况下，故意隐瞒上述事实和真相，向公安机关做虚假证明。经北京市延庆区人民检察院追诉，2019年3月13日，北京市延庆区人民法院以包庇罪判处被告人刘广岐有期徒刑六个月。一审宣判后，被告人刘广岐未上诉，判决已生效。

本案中，延庆镇规划管理与环境保护办公室虽然采取了约谈、下发《责令停止建设通知书》和《限期拆除决定书》等方式对违法建设予以制止，但未遏制住违法建设，履职不到位，北京市延庆区监察委员会给予延庆镇副镇长等3人行政警告处分，1人行政记过处分，广积屯村村党支部给予该村党支部书记党内警告处分。

【指导意义】

十分珍惜、合理利用土地和切实保护耕地是我国的基本国策。近年来，随着传统农业向产业化、规模化的现代农业转变，以温室大棚为代表的设施农业快速发展。一些地区出现了假借发展设施农业之名，擅自或者变相改变农业用途，在耕地甚至永久基本农田上建设"大棚房""生态园""休闲农庄"等现象，造成土地资源被大量非法占用和毁坏，严重侵害农民权益和农业农村的可持续发展，在社会上造成恶劣影响。2018年，自然资源部和农业农村部在全国开展了"大棚房"问题专项整治行动，推进落实永久基本农田保护制度和最严格的耕地保护政策。在基本农田上建设"大棚房"予以出租出售，违反《中华人民共和国土地管理法》，属于破坏耕地或者非法占地的违法行为。非法占用耕地数量较大或者造成耕地大量毁坏的，应当以非法占用农用地罪追究实际建设者、经营者的刑事责任。

该类案件中，实际建设者、经营者为逃避法律责任，经常隐藏于幕后。对此，检察机关可以通过引导公安机关查询非农建设项目涉及的相关账户交易信息、资金走向等，辅以相关证人证言，形成严密证据体系，查清证实实际建设者、经营者的法律责任。对于受其操控签订合同或者作假证明包庇，涉嫌共同犯罪或者伪证罪、包庇罪的相关行为人，也要一并查实惩处。对于非法占用农用地面积这一关键问题，可由专业机构出具测量技术报告，必要时可申请测量人员出庭作证。

【相关规定】

《中华人民共和国刑法》第三百一十条、第三百四十二条

《全国人民代表大会常务委员会关于〈中华人民共和国刑法〉第二百二十八条、第三百四十二条、第四百一十条的解释》

《中华人民共和国土地管理法》第七十五条

《最高人民法院关于审理破坏土地资源刑事案件具体应用法律若干问题的解释》第三条

《最高人民检察院、公安部关于公安机关管辖的刑事案件立案追诉标准的规定（一）》第六十七条

王敏生产、销售伪劣种子案

（检例第61号）

【关键词】

生产、销售伪劣种子罪　假种子　农业生产损失认定

【要旨】

以同一科属的此品种种子冒充彼品种种子，属于刑法上的"假种子"。行为人对假种子进行小包装分装销售，使农业生产遭受较大损失的，应当以生产、销售伪劣种子罪追究刑事责任。

【基本案情】

被告人王敏，男，1991年3月出生，江西农业大

学农学院毕业,原四川隆平高科种业有限公司(以下简称隆平高科)江西省宜春地区区域经理。

2017年3月,江西省南昌县种子经销商郭宝珍询问隆平高科的经销商之一江西省丰城市"民生种业"经营部的闵生如、闵蜀蓉父子(以下简称闵氏父子)是否有"T优705"水稻种子出售,在得到闵蜀蓉的肯定答复并报价后,先后汇款共30万元给闵生如用于购买种子。

闵氏父子找到王敏订购种子,王敏向隆平高科申报了"陵两优711"稻种计划,后闵生如汇款20万元给隆平高科作为订购种子款(单价13元/公斤)。王敏找到金海环保包装有限公司的曹传宝,向其提供制版样式,印制了标有"四川隆平高科种业有限公司""T优705"字样的小包装袋29850个。收到隆平高科寄来的"陵两优711"散装种子后,王敏请闵氏父子帮忙雇工人将运来的散装种子分装到此前印好的标有"T优705"的小包装袋(每袋1公斤)内,并将分装好的24036斤种子运送给郭宝珍。郭宝珍销售给南昌县等地的农户。农户播种后,禾苗未能按期抽穗、结实,导致200余户农户4000余亩农田绝收,造成直接经济损失460余万元。

经查,隆平高科不生产"T优705"种子,其生产的"陵两优711"种子也未通过江西地区的审定,不能在江西地区进行终端销售。

【指控与证明犯罪】

2018年5月8日,江西省南昌县公安局以王敏涉嫌销售伪劣种子罪,将案件移送南昌县人民检察院审查起诉。

审查起诉阶段,王敏辩称自己的行为不构成犯罪,不知道销售的种子为伪劣种子。王敏还辩解:1.印制小包装袋经过隆平高科的许可;2.自己没有请工人进行分装,也没有进行技术指导;3.没有造成大的损失。

检察机关审查认为,现有证据足以认定犯罪嫌疑人王敏将"陵两优711"冒充"T优705"销售给农户,但其是否明知为伪劣种子、"陵两优711"是如何变换成"T优705"的、隆平高科是否授权王敏印刷小包装袋、造成的损失如何认定、哪些人员涉嫌犯罪等问题,有待进一步查证。针对上述问题,南昌县人民检察院两次退回公安机关补充侦查,要求公安机关补充收集订购种子的货运单、合同、签收

单、交易记录等书证;核实印制小包装袋有无得到隆平高科的授权,是否有合格证等细节;种子从四川发出,中途有无调换等,"陵两优711"是怎么变换成"T优705"的物流情况;对于损失认定,充分听取辩护人及受害农户的意见,收集受害农户订购种子数量的原始凭证等。

经补充侦查,南昌县公安局进一步收集了物流司机等人的证言、农户购买谷种小票、农作物不同生长期照片、货运单、王敏任职证明等证据。物流司机证言证明货物没有被调换,但货运单上只写了种子,并没有写明具体的种子品名;隆平高科方面一致声称王敏订购的是"陵两优711",出库单上也注明是"陵两优711"(散子),散子销售不受区域限制,并且该公司从不生产"T优705";而闵氏父子辩称自己是应农户要求订购"T优705",到货也是应王敏要求提供场地,王敏代表公司进行分装。因双方没有签订种子订购合同且各执一词,无法查实闵氏父子订购的是哪种种子。但可以明确的是2010年5月17日广西农作物品种审定委员会对"陵两优711"审定通过,可在桂南稻作区或者桂中稻作区南部适宜种植感光型品种的地区作为晚稻种植,在江西省未审定通过。王敏作为隆平高科的区域经理,对公司不生产"T优705"种子应该明知,对"陵两优711"在江西省未被审定通过也应明知。另查实,隆平高科从未授权王敏进行设计、印制"T优705"小包装袋。

针对损失认定,公安机关补充收集了购种票据、证人证言等,认定南昌县及其他地区受害农户合计205户,绝收面积合计4000余亩。为评估损失,公安机关开展现场勘查,邀请农科院土肥、农业、气象方面专家进行评估。评估认定:1.南昌县部分稻田种植的"陵两优711"尚处始穗期,已无法正常结实,导致绝收。2.2017年10月下旬评估时,部分稻田种植的"陵两优711"处于齐穗期,但南昌地区晚稻的安全齐穗期是9月20日左右,根据南昌往年气象资料,10月下旬齐穗的水稻将会受到11月份低温影响,无法正常结实,严重时会绝收。3.根据种子包装袋上注明的平均亩产444.22公斤的数据,结合南昌县往年晚稻平均亩产量,考虑到晚稻因品种和种植方式不同存在差异,产量评估可以以种子包装袋上注明的平均亩产444.22公斤为依据,

结合当年晚稻平均单价 2.60 元/公斤计算损失。205 户农户因种植假种子造成的经济损失为 444.22 公斤/亩 ×2.60 元/公斤 ×4000 亩 =4619888 元。

综合上述证据情况，检察机关采信评估意见，认定损失为 461 万余元，王敏及辩护人对此均不再提出异议。

2018 年 7 月 16 日，南昌县人民检察院以被告人王敏犯生产、销售伪劣种子罪向南昌县人民法院提起公诉。9 月 10 日，南昌县人民法院公开开庭审理了本案。

法庭调查阶段，公诉人宣读起诉书指控被告人王敏身为隆平高科宜春地区区域经理，负有对隆平高科销售种子的质量进行审查监管的职责，其将未通过江西地区审定的"陵两优 711"种子冒充"T 优 705"种子，违背职责分装并销售，使农业生产遭受特别重大损失，其行为构成生产、销售伪劣种子罪。针对以上指控的犯罪事实，公诉人向法庭出示了四组证据予以证明：

一是被告人王敏的立案情况及任职身份信息，证明王敏从农业大学毕业后就从事种子销售业务，有着多年的种子销售经验。2015 年 8 月至 2018 年 2 月在隆平高科从事销售工作，身份是江西宜春地区区域经理，职责是介绍和推广公司种子，并代表公司销售种子，对所销售的种子品种、质量负责。

二是相关证人证言，证明王敏接受闵氏父子种子订单，并向公司订购了"陵两优 711"种子，印制"T 优 705"小包装袋分装种子并予以冒充销售。其中，闵蜀蓉证言证明郭宝珍需要"T 优 705"种子，自己向王敏提出采购种子计划，王敏表示有该种子，并承诺有提成；证人曹传宝等的证言，证明其按王敏要求印制了"T 优 705"种子小包装袋，王敏予以签字确认。证人闵生如的证言，证明王敏明知印制"T 优 705"小包装袋用于包装"陵两优 711"种子，仍予以签字确认。

三是相关证人证言，证明四川隆平高科研发、运送"陵两优 711"到江西丰城等情况。其中，四川隆平高科副总张友强证言证明：王敏向隆平高科江西省级负责人杨剑辉报购了订购"陵两优 711"计划；杨剑辉证言证明公司收到"陵两优 711"计划并向江西发出"陵两优 711"散子，该散子可以销往江西，由江西有资质的经销商卖到广西，但不能在江西直接销售。隆平高科票据显示收到王敏订购"陵两优 711"计划并发货至江西。

四是造成损失情况、相关鉴定意见及被害人陈述、证人证言等，证明农户购买种子后造成绝收等损失。

王敏对以上证据无异议，但提出在小包装袋印制版式上签字是闵生如让他签的。

法庭辩论阶段，被告人王敏及其辩护人认为王敏没有主观犯罪故意，其行为不构成犯罪。

公诉人针对辩护意见进行答辩：

第一，从主观方面看，王敏明知公司不生产"T 优 705"种子，却将其订购的"陵两优 711"分装成"T 优 705"予以销售。王敏主观上明知销售的种子不是订购时的种子，仍对种子进行名实不符的分装，具有销售伪劣种子的主观故意。

第二，从职责角度看，不论王敏还是四川隆平高科的工作人员，都证明所有种子订购，是由经销商报单给区域经理，区域经理再报单给公司，公司发货后，由区域经理分销。王敏作为四川隆平高科宜春地区区域经理，具有对种子质量进行审查的职责，其明知隆平高科不生产"T 优 705"种子，出于谋利，仍以此种子冒充彼种子进行包装、销售，具备犯罪故意，社会危害性大。

第三，王敏的供述证明，其实施了"在百度上搜索'T 优 705'及'T 优 705'审定公告内容"的行为，并将手机上搜索到的"T 优 705"种子包装袋版式提供给印刷商，后在"T 优 705"包装袋版式上签字；曹传宝和李亚东（江西运城制版有限公司设计师）都证实"T 优 705"小包装袋的制版、印刷都是王敏主动联系，还拿出公司的授权书给他们看，并特别交代要在印刷好的袋子上打一个洞，说种子要呼吸；刘英（隆平高科在南昌县的经销商）也证实，从种子公司运过来的种子不可以换其他品种的包装袋卖，这是犯法的事。王敏能够认识"在包装袋印制版式上签字就是对种子的种类、质量负责"的法律意义，仍予以签字。

第四，王敏作为隆平高科的区域经理，实施申报销售计划、设计包装规格、寻找印刷点、签字确认、指导分包作业等行为，均表明王敏积极实施生产、销售伪劣种子犯罪行为，王敏提出是闵生如让他签字,与事实不符,其辩护理由无法成立。

法庭经审理,认为公诉人提交的证据能够相互印证,予以确认。2018 年 10 月 25 日,江西省南昌县人民法院作出一审判决,以生产、销售伪劣种子罪判处被告人王敏有期徒刑八年,并处罚金人民币十五万元。

王敏不服一审判决,提出上诉。其间,王敏及其家属向南昌县农业局支付 460 万元用于赔偿受害农民损失。2018 年 12 月 26 日,南昌市中级人民法院作出终审判决,维持一审法院对上诉人王敏的定性,鉴于上诉期间王敏已积极赔偿损失,改判其有期徒刑七年,并处罚金人民币十五万元。

【指导意义】

生产、销售伪劣种子的行为严重危害国家农业生产安全,损害农民合法利益,及时、准确打击该类犯罪,是检察机关保护农民权益,维护农村稳定的职责。检察机关办理该类案件,应注意把握两方面问题:

(一)以此种子冒充彼种子应认定为假种子。根据刑法第一百四十七条规定,生产、销售假种子,使生产遭受较大损失的,应认定为生产、销售伪劣种子罪。假种子有不符型假种子(种类、名称、产地与标注不符)和冒充型假种子(以甲冒充乙、非种子冒充种子)。现实生活中,完全以非种子冒充种子的,比较少见。犯罪嫌疑人往往抓住种子专业性强、农户识别能力低的弱点,以此种子冒充彼种子或者以不合格种子冒充合格种子进行销售。因农作物生产周期较长,案发较为隐蔽,冒充型假种子往往造成农民投入种植成本,得不到应有收成回报,严重影响农业生产,应当依据刑法予以追诉。

(二)对伪劣种子造成的损失应予综合认定。伪劣种子造成的损失是涉假种子类案件办理时的疑难问题。实践中,可由专业人员根据现场勘查情况,对农业生产产量及其损失进行综合计算。具体可考察以下几个方面:一是根据现场实地勘察,邀请农业、气象、土壤等方面专家,分析鉴定农作物生育期异常的原因,能否正常结实,是减产还是绝收等,分析减产或者绝收面积、产量。二是通过审定的农作物区试平均产量与根据现场调查的往年产量,结合当年可能影响产量的气候、土肥等因素,综合评估平均产量。三是根据农作物市场行情及平均单价等,确定直接经济损失。

【相关规定】

《中华人民共和国刑法》第一百四十七条

《中华人民共和国种子法》第四十九条、第九十一条

《最高人民法院、最高人民检察院关于办理生产、销售伪劣商品刑事案件具体应用法律若干问题的解释》第七条

《最高人民检察院、公安部关于公安机关管辖的刑事案件立案追诉标准的规定(一)》第二十三条

《农作物种子生产经营许可管理办法》第三十三条

南京百分百公司等生产、销售伪劣农药案

(检例第 62 号)

【关键词】

生产、销售伪劣农药罪 借证生产农药 田间试验

【要旨】

1. 未取得农药登记证的企业或者个人,借用他人农药登记证、生产许可证、质量标准证等许可证明文件生产、销售农药,使生产遭受较大损失的,以生产、销售伪劣农药罪追究刑事责任。

2. 对于使用伪劣农药造成的农业生产损失,可采取田间试验的方法确定受损原因,并以农作物绝

收折损面积、受害地区前三年该类农作物的平均亩产量和平均销售价格为基准,综合计算认定损失金额。

【基本案情】

被告单位南京百分百化学有限责任公司(以下简称百分百公司)。

被告单位中土化工(安徽)有限公司(以下简称中土公司)。

被告单位安徽喜洋洋农资连锁有限公司(以下简称喜洋洋公司)。

被告人许全民,男,1971年12月出生,喜洋洋公司法定代表人、百分百公司实际经营人。

被告人朱桦,男,1971年3月出生,中土公司副总经理。

被告人王友定,男,1970年10月出生,安徽久易农业股份有限公司(以下简称久易公司)市场运营部经理。

2014年5月,被告单位喜洋洋公司、百分百公司准备从事50%吡蚜酮农药(以下简称吡蚜酮)经营活动,被告人许全民以百分百公司的名义与被告人王友定商定,借用久易公司吡蚜酮的农药登记证、生产许可证、质量标准证(以下简称"农药三证")。双方约定:王友定提供吡蚜酮"农药三证"及电子标签,并对百分百公司设计的产品外包装进行审定,百分百公司按久易公司的标准生产并对产品质量负责。经查,王友定擅自出借"农药三证",久易公司并未从中营利。

2014年5月18日、6月16日,许全民代表百分百公司与中土公司负责销售的副总经理朱桦先后签订4吨(单价93000元)、5吨(单价87000元)采购合同,向朱桦采购吡蚜酮,并约定质量标准、包装标准、付款方式等内容,合同金额计813000元。

2014年5月至6月,中土公司在未取得吡蚜酮"农药三证"的情况下,由朱桦负责采购吡蚜酮的主要生产原料,安排人员自研配方,生产吡蚜酮。许全民联系设计吡蚜酮包装袋,并经王友定审定,提供给中土公司分装。该包装袋印制有百分百公司持有的"金鼎"商标,久易公司获得批准的"农药三证",生产企业标注为久易公司。同年6月至8月,中土公司先后向百分百公司销售吡蚜酮计2324桶(6.972吨),销售金额计629832元。百分百公司出

售给喜洋洋公司,由喜洋洋公司分售给江苏多家农资公司,农资公司销售给农户。泰州市姜堰区农户使用该批农药后,发生不同程度的药害,水稻心叶发黄,秧苗矮缩,根系生长受抑制。经调查,初步认定发生药害水稻面积5800余亩,折损面积计2800余亩,造成经济损失计270余万元。经检验,药害原因是因农药中含有烟嘧磺隆(除草剂)成分。但对涉案农药为何混入烟嘧磺隆,被告人无法给出解释,且农药生产涉及原料收购、加工、分装等一系列流程,客观上亦无法查证。

案发后,许全民自动投案并如实供述犯罪事实,朱桦、王友定到案后如实供述犯罪事实。久易公司及王友定向姜堰区农业委员会共同缴纳赔偿款150万元,中土公司缴纳赔偿款150万元,喜洋洋公司缴纳赔偿款55万元,百分百公司及许全民缴纳赔偿款95万元,朱桦缴纳赔偿款80万元,合计530万元。

【指控与证明犯罪】

本案由泰州市姜堰区农业委员会于2015年8月12日移送至姜堰区公安局。8月14日,姜堰区公安局立案侦查。2016年5月13日,泰州市姜堰区公安局以许全民等涉嫌生产、销售伪劣农药罪移送泰州市姜堰区人民检察院审查起诉。11月1日,泰州市姜堰区人民检察院以被告单位及被告人涉嫌生产、销售伪劣农药罪向泰州市姜堰区人民法院提起公诉。12月14日,泰州市姜堰区人民法院公开开庭审理了本案。

法庭调查阶段,公诉人宣读起诉书,指控被告人及被告单位在无"农药三证"的情况下,生产、销售有药害成分的农药,并造成特别重大损失,其行为构成生产、销售伪劣农药罪。针对以上指控的犯罪事实,公诉人向法庭出示了三组证据予以证明:

一是销售合同、出库清单、协议书等证据,证明被告单位、被告人借证生产、销售农药的事实。

二是田间试验公证书、农作物生产事故技术鉴定书、检验报告等证据,证明被告单位、被告人生产、销售的吡蚜酮中含有烟嘧磺隆(除草剂)成分,是造成水稻受损的直接原因。

三是证人证言、被害人陈述、被告人供述和辩解等证据,证明被告单位、被告人共谋借用"农药三

证",违法生产、销售伪劣农药,造成水稻大面积受损,及农户损失已经得到赔偿的事实。

法庭辩论阶段,被告人及辩护人提出:1.涉案农药不应认定为伪劣农药,行为人不具有生产伪劣农药的故意。2.盐城市产品质量监督检验所并非司法鉴定机构,其出具的检验报告不具有证据效力;泰州市农作物事故技术鉴定书是依据农药检测报告等作出的,不应作为定案依据。3.水稻受损原因不明,不能排除天气、施药方法等因素导致。

公诉人针对辩护意见进行答辩:

第一,虽然因客观原因无法查证涉案农药吡呀酮如何混入烟嘧磺隆(除草剂)成分,但现有证据足以证明,涉案吡呀酮含有烟嘧磺隆(除草剂)成分,并造成水稻大面积减产的危害后果,可以认定为伪劣农药。被告单位、被告人无"农药三证",未按照经国务院农业主管部门审批获得登记的农药配方进行生产,生产完成后未进行严格检验即出厂销售,主观上具有生产、销售伪劣农药的故意。

第二,盐城市产品质量监督检验所具有农药成分检验资质,其出具的检验报告符合书证有关要求,可证明涉案吡蚜酮含有烟嘧磺隆(除草剂)成分这一事实。泰州市农业委员会依据该检验报告和田间试验结果出具的《农作物事故技术鉴定书》,系按照《江苏省农作物生产事故技术鉴定实施办法》组成专家组开展鉴定后作出的,符合证据规定,能证明受害水稻受损是使用涉案吡蚜酮导致。

第三,为科学确定水稻受损原因,田间试验结果系由泰州市新农农资有限公司申请,在泰州市姜堰公证处的全程监督下,进行拍照、摄像固定取得的。"七种配方,八块试验田"的试验方法,是根据农户将吡呀酮与阿维氟铃尿、戊唑醇、咪鲜三环唑混合施用的实际情况,并考虑涉案吡呀酮仅存在于两个批次,确定第一到第四块试验田分别施用两个批次、不同剂量(20克和40克)的吡呀酮;第五和第六块试验田分别将两个批次吡呀酮与其他农药混合施用;第七块试验田混合施用不含吡呀酮的其他农药;第八块试验田未施用农药。结果显示凡施用涉案农药的试验田,水稻均出现典型的除草剂药害情况,排除了天气等因素影响,证明水稻受害系因农户使用的涉案农药吡呀酮中含有烟嘧磺隆

造成。

法庭经审理,认为公诉人提交的证据能够相互印证,予以确认。因被告人许全民自动投案,如实供述罪行,且判决前主动足额赔付了农户损失,达成了谅解,构成自首,依法减轻处罚,2017年9月19日,江苏省泰州市姜堰区人民法院作出一审判决,以生产、销售伪劣农药罪判处被告单位百分百公司罚金五十万元,中土公司罚金四十万元,喜洋洋公司罚金三十五万元;以生产、销售伪劣农药罪判处被告人许全民有期徒刑三年,缓刑五年,并处罚金八万元;因被告人朱桦及王友定系从犯,如实供述,积极赔偿损失,依法减轻处罚,以生产、销售伪劣农药罪判处被告人朱桦有期徒刑三年,缓刑四年,并处罚金五万元;判处被告人王友定有期徒刑三年,缓刑三年,并处罚金人民币二万元。一审宣判后,被告单位及被告人均未上诉,判决已生效。

【指导意义】

(一)借用或通过非法转让获得他人"农药三证"生产农药,并经检验鉴定含有药害成分,使生产遭受较大损失的,应予追诉。根据我国《农药管理条例》规定,农药生产销售应具备"农药三证"。一些企业通过非法转让或者购买等手段非法获取"农药三证"生产不合格农药,扰乱农药市场,往往造成农业生产重大损失,危害农民利益。借用或者通过非法转让获得"农药三证"生产不符合资质农药,经检验鉴定含有药害成分,致使农业生产遭受损失二万元以上的,应当依据刑法予以追诉。农药生产企业将"农药三证"出借给未取得生产资质的企业或者个人,且明知借用方生产、销售伪劣农药的,构成生产、销售伪劣农药罪共同犯罪。其中使农业生产遭受损失五十万元以上,销售金额不满二百万元的,依据刑法第一百四十七条生产、销售伪劣农药罪追诉;销售金额二百万元以上的,依据刑法第一百四十九条从重处罚原则,以生产、销售伪劣产品罪予以追诉。

(二)生产损失认定方法。生产、销售伪劣农药罪为结果犯,需以"使生产遭受较大损失"为前提。办理此类案件,可以采用以下方法认定生产损失:一是运用田间试验确定涉案农药与生产损失的因果关系。可在公证部门见证下,依据农业生产专家

指导,根据农户对受损作物实际使用的农药种类,合理确定试验方法和试验所需样本田块数量,综合认定农药使用与生产损失的因果关系。二是及时引导侦查机关收集、固定受损作物折损情况证据。检察机关应结合农业生产具有时令性的特点,引导侦查机关走访受损农户了解情况,实地考察受损农田,及时收集证据,防止作物收割、复播影响生产损失的认定。三是综合评估损害数额。农业生产和粮食作物价格具有一定的波动性,办案中对损害具体数额的评估,应以绝收折损面积为基准,综合考察受损地区前三年农作物平均亩产量和平均销售价格,计算损害后果。

【相关规定】

《中华人民共和国刑法》第一百四十七条、第一百四十九条、第一百五十条

《最高人民法院、最高人民检察院关于办理生产、销售伪劣商品刑事案件具体应用法律若干问题的解释》第七条、第九条

《最高人民检察院、公安部关于公安机关管辖的刑事案件立案追诉标准的规定（一）》第二十三条

《农药管理条例》第四十五条、第四十七条、第五十二条

《农药登记管理办法》第二条

《农药生产许可管理办法》第五条、第二十八条

湖北省天门市人民检察院诉拖市镇政府
不依法履行职责行政公益诉讼案

（检例第 63 号）

【关键词】

行政公益诉讼　　行政监管职责　　违法建设农村垃圾治理

【要旨】

一级政府对本行政区域的环境质量保护负有法定职责。政府在履行农村环境综合整治职责中违法行使职权或者不作为,损害社会公共利益的,检察机关可以发出检察建议督促其依法履职。对于行政机关作出的整改回复,检察机关应当跟进调查;对于无正当理由未整改到位的,可以依法提起行政公益诉讼。

【基本案情】

2005 年 4 月,湖北省天门市拖市镇人民政府（以下简称拖市镇政府）违反《中华人民共和国土地管理法》,未办理农用地转为建设用地相关手续,也未按照《中华人民共和国环境保护法》开展环境影响评价,与天门市拖市镇拖市村村民委员会签订《关于垃圾场征用土地的协议》,租用该村 5.1 亩农用地建设垃圾填埋场,用于拖市镇区生活垃圾的填埋。该垃圾填埋场于同年 4 月投入运行,至 2016 年 10 月停止。该垃圾填埋场在运行过程中,违反污染防治设施必须与主体工程同时设计、同时施工、同时投产使用的"三同时"规定,未按照规范建设防渗工程等相关污染防治设施,对周边环境造成了严重污染。

【诉前程序】

2017 年 2 月,天门市人民检察院发现拖市镇政府在没有申报审批获得合法手续的情况下,未建设必要配套环境保护设施,以"以租代征"的形式,违法建设、运行生活垃圾填埋场,在运行过程中存在对周边环境造成严重污染、损害公益的行为,决定立案审查。

调查核实过程中,检察机关查阅了拖市镇政府关于租用拖市村集体土地建设垃圾填埋场的会议纪要、文件、协议等档案材料;督促天门市环境保护局进行了现场勘查;采集了现场影像资料,询问了相关人员。基本查明:拖市镇政府未办理用地审批、环境评价等法定手续,建设并运行生活垃圾填埋场,未建设防渗工程、垃圾渗滤液疏导、收集和处

理系统、雨水分流系统、地下水导排和监测设施等必要配套环境保护设施,垃圾填埋场在运行过程中对周边环境造成严重污染。根据《中华人民共和国地方各级人民代表大会和地方各级人民政府组织法》《中华人民共和国环境保护法》等相关法律规定,拖市镇政府作为一级人民政府,对本行政区域负有环境保护职责,应当对自身违法行使职权造成环境污染的行为予以纠正,并及时治理污染,修复生态环境。

2017年3月6日,天门市人民检察院向拖市镇政府发出检察建议,督促其依法履职,纠正违法行为并采取补救措施,修复区域生态环境,恢复农用地功能。检察建议书发出后,天门市人民检察院多次与拖市镇政府进行沟通,督促整改。3月22日,拖市镇政府针对检察建议书作出书面回复称:其已将该垃圾填埋场的垃圾清运至天门市垃圾处理场进行集中处理,并投入资金、落实专人对垃圾场周围进行了清理、消毒,运送土壤进行了回填处理,杜绝了垃圾污染,且在该处设立了禁止倾倒垃圾的警示牌。

4月12日,天门市人民检察院对拖市镇政府的整改情况进行跟进调查时发现,拖市镇政府虽然采取了一些整改措施,但整改后的垃圾填埋场表层覆土不到1米,覆土下仍有大量垃圾。天门市人民检察院委托湖北省环境科学研究院对垃圾填埋场垃圾渗滤液及周边地下水样进行检测。检测结果表明,拖市镇垃圾填埋场周边地下水样中铬、铅超标严重,渗滤液中含有重金属、氨氮、磷等污染物。经专家检测评价认为,该垃圾填埋场周边水质显示出典型的垃圾渗滤液污染特性,严重影响当地居民的健康和生态安全;现存垃圾随着时间推移还会产生大量渗滤液,若不采取措施将会对周边水体和汉江造成持续15到20年的长期生态污染风险;建议采取清理转移的方法,将垃圾清挖送到市区垃圾处理场,垃圾渗滤液抽取送城区污水处理厂处理,原址采用回填土壤绿化。

【诉讼过程】

(一)提起诉讼。通过诉前调查取证,天门市人民检察院固定了相关证据,认定拖市镇政府采取有限整改措施后,其违法行政行为造成的公益侵害仍在持续。经湖北省人民检察院批准,2017年6月29日,天门市人民检察院向天门市人民法院提起行政公益诉讼,请求判令:1.确认拖市镇政府建立、运行该垃圾填埋场,造成周边环境污染的行政行为违法;2.判令拖市镇政府继续履行职责,对关停后的该垃圾填埋场环境进行综合整治,消除污染,修复生态。

(二)法庭审理。2017年12月22日,天门市人民法院公开开庭审理了本案。

法庭审理过程中,拖市镇政府答辩认为:1.只有县级以上政府及其环保部门才是具有环境保护职责的行政机关,其作为镇政府,不具有该项职责;2.检察机关关于垃圾填埋场污染周边环境的证据不充分;3.镇政府建设垃圾填埋场的行为并非行政行为,在行政诉讼中不具有可诉性。

针对镇政府答辩意见,天门市人民检察院向法院提交了《天门市委办公室、市政府办公室关于印发乡镇综合配套改革三个配套文件的通知》《市环保局关于拖市镇垃圾填埋场环境问题的复函》、湖北省环境科学研究院《检测报告》、相关专家出具的《关于天门市拖市镇区垃圾填埋场污染潜在生态风险的评估意见》、垃圾填埋场现场照片等证据。天门市人民检察院认为,《中华人民共和国环境保护法》第六条第二款规定,地方各级人民政府应当对本行政区域的环境质量负责;第三十三条第二款规定,县级、乡级人民政府应当提高农村环境保护公共服务水平,推动农村环境综合整治;第三十七条规定,地方各级人民政府应当采取措施,组织对生活废弃物的分类处置、回收利用。本案中,镇政府与村委会签订征地协议,建设、运行垃圾填埋场,目的是为了处置镇区生活垃圾,履行农村环境综合整治职责,是行使职权的行政行为。但其履职不到位,未办理用地审批、环境评价,未建设防渗工程、渗滤液处理、地下水导排监测等必要配套设施,导致周边环境严重污染,造成社会公共利益受到损害,应当依法履职,采取积极措施治理污染,修复生态;拖市镇政府在收到检察建议后,虽然对该垃圾填埋场做了覆土处理,但未完全进行治理,检察机关经跟进调查和委托检测,确认社会公共利益仍处于受侵害状态。综上,拖市镇政府答辩理由不成立。

(三)审理结果。2018年3月19日,天门市人民法院作出判决,支持了检察机关全部诉讼请求,认定拖市镇政府作为一级政府,具有环境保护的法定职责;拖市镇政府建设垃圾填埋场是履行职权行政行为;根据现有证据,该垃圾填埋场存在潜在污染风险;拖市镇政府治理垃圾填埋场是其违法后应当承担的法律义务,其应当继续履行整治义务。判决如下:1.确认被告拖市镇政府建设、运行垃圾填埋场的行政行为违法;2.责令被告拖市镇政府对垃圾填埋场采取补救措施,继续进行综合整治。

（四）案件办理效果。该案判决后,拖市镇政府积极履职,组织清运原垃圾填埋场覆土下的各类垃圾1000余立方并进行了无害处理。经湖北省相关部门审批同意,2018年4月至12月,在垃圾填埋场原址上新建污水处理厂一座,设计产能日处理污水500吨。目前该污水处理厂已投入使用。

该案办理后,天门市人民检察院摸排发现全市乡镇垃圾填埋场普遍存在环境污染风险问题。经过全面调查分析,天门市人民检察院向天门市委、市政府报送《关于建议进一步加强对全市乡镇垃圾填埋场进行整治的报告》,提出了将乡镇垃圾填埋场整治工作纳入天门市污染防治工作总体规划、进行清挖转运以及覆土植绿等建议。天门市委、市政府高度重视,相关职能部门迅速组织力量,对全市乡镇27个非正规垃圾填埋场、堆放点进行了专项重点督查,整治恢复土地近8.5万平方米。

【指导意义】

改善农村人居环境是以习近平同志为核心的党中央作出的重大决策,是实施乡村振兴战略的重要内容。加强农村生活垃圾治理,是改善农村人居环境的重要环节,也是推进乡村生态振兴的关键之举,对于促进乡村治理具有重大意义。

（一）基层人民政府应当对本行政区域的环境质量负责,其在农村环境综合整治中违法行使职权或者不作为,导致环境污染损害社会公共利益的,检察机关可以督促其依法履职。《中华人民共和国地方各级人民代表大会和地方各级人民政府组织法》《中华人民共和国环境保护法》《村庄和集镇规

划建设管理条例》等法律法规规定了基层人民政府对农村环境保护、农村环境综合整治等具有管理职责。其在履行上述法定职责时,存在违法行使职权或者不作为,造成社会公共利益损害的,符合《中华人民共和国行政诉讼法》第二十五条第四款规定的情形,检察机关可以向其发出检察建议,督促依法履行职责。对于行政机关作出的整改回复,检察机关应当跟进调查,对于无正当理由未整改到位的,依法提起行政公益诉讼。

（二）涉及多个行政机关监管职责的公益损害行为,检察机关应当综合考虑各行政机关具体监管职责、履职尽责情况、违法行使职权或者不作为与公益受损的关联程度、实施公益修复的有效性等因素确定重点监督对象。农村违法建设垃圾填埋场可能涉及的行政监管部门包括规划、环保、国土、城建、基层人民政府等多个行政机关,而基层人民政府一般在农村环境治理、生活垃圾处置方面起主导作用。如果环境污染行为与基层人民政府违法行使职权直接相关,检察机关可以重点监督基层人民政府,督促其依法全面履职,根据需要也可以同时督促环保部门发挥监管职责,以形成合力,促使环境污染行为得到有效纠正。检察机关通过办案发现本地普遍存在类似环境污染行为的,可以经过深入调查,向当地党委、政府提出建议,以引起重视,促使问题"一揽子"解决。

【相关规定】

《中华人民共和国行政诉讼法》第二十五条

《中华人民共和国地方各级人民代表大会和地方各级人民政府组织法》第六十一条

《中华人民共和国环境保护法》第六条、第十九条、第三十三条、第三十七条、第四十一条

《中华人民共和国土地管理法》第四十四条

《最高人民法院、最高人民检察院关于检察公益诉讼案件适用法律若干问题的解释》第二十一条

《村庄和集镇规划建设管理条例》第三十九条

第四部分

交流与合作

检察外事工作　2019 年,最高人民检察院紧密围绕党和国家外交工作大局和检察中心工作,全面贯彻习近平新时代中国特色社会主义思想特别是外交思想,深入学习领会党的十九大和中央外事工作会议精神,认真落实第三次全国检察外事工作会议部署,有效开展了一系列检察外事活动。

一、深化交流互访

2019 年,经中央批准,最高人民检察院高层出访团组 6 个,其中,张军检察长率团赴葡萄牙、古巴访问,赴俄罗斯访问并参加中俄双边业务研讨会,赴柬埔寨访问并参加第十二届中国—东盟成员国总检察长会议。孙谦副检察长率团访问希腊、埃及。张雪樵副检察长率团赴越南参加第二次中越边境检察会晤。检察委员会专职委员万春率团赴吉尔吉斯斯坦参加第十七次上海合作组织成员国总检察长会议。全年共接待来自 9 个国家的高级别检察代表团;高层外事会见数十场次;厅局级及以下出访团组 49 个,共计 162 人次。地方检察机关派出团组 45 个,共计 195 人次;其中,自组团组 30 个 180 人次;随团团组 15 个 15 人次。

二、巩固和发展国际合作机制

一是巩固双边合作机制。在山西举办中俄检察业务研讨会;赴俄罗斯参加中俄检察圆桌会;赴越南参加第二次中越边境检察会晤;赴白俄罗斯参加中白业务研讨会。二是推动开展国际项目。与欧盟知识产权局开展“IPKey 中国”项目,与欧洲环保协会、国际救助儿童会等境外非政府组织开展主题研讨会、专题访问、比较研究等活动。三是维护多边合作机制。赴柬埔寨参加第十二届中国—东盟成员国总检察长会议、赴吉尔吉斯斯坦参加第十七次上海合作组织成员国总检察长会议;参加国际反贪局联合会、国际检察官联合会机制下的多边会议等活动。

三、加强国际刑事司法协助工作

一是依法依规办好国际刑事司法协助案件。2019 年共办理国际刑事司法协助案件 181 件,主要涉及俄罗斯、哈萨克斯坦、吉尔吉斯斯坦、越南等国家。二是认真研判司法协助工作新情况、新问题。组织工作组先后赴新疆、云南、广西、内蒙古、广东、黑龙江、山东、江苏、浙江等 9 省(自治区)开展司法协助专项调研。

四、稳步推进全国检察机关因公出国(境)培训和外国检察官来华培训工作

一是加强全国检察机关因公出国(境)培训工

作管理。全年全国检察机关因公出国(境)培训项目 14 个,参训人员共计 210 人。二是做好外国检察官来华培训工作。依托国家检察官学院及其分院的师资力量,先后安排莫桑比克、乌兹别克斯坦、新加坡、老挝、柬埔寨、马尔代夫等 6 个国家的 90 名检察官来华交流与培训。

五、积极参与国际条约谈判和法律问题研究

一是派员参加中希(腊)引渡条约、中巴(西)移管被判刑人条约、中尼(泊尔)刑事司法协助条约等双边条约,以及中日韩自贸区第十五轮谈判、区域全面经济伙伴关系协定(RCEP)等国际公约谈判任务。二是就《联合国反腐败公约》《联合国消除种族歧视公约》等多项国际公约研提意见。三是最高人民检察院分别与朝鲜、塞尔维亚、尼泊尔、蒙古国最高检察机关签署合作谅解备忘录,与韩国、古巴、俄罗斯、白俄罗斯最高检察机关签署合作计划。

(最高人民检察院国际合作局　汪　洋)

第十七次上海合作组织成员国总检察长会议　经中央批准,9 月 30 日至 10 月 3 日,最高人民检察院检察委员会专职委员万春率团赴吉尔吉斯斯坦出席第十七次上海合作组织成员国总检察长会议。

第十七次上海合作组织成员国总检察长会议于 2019 年 10 月 1 日在吉尔吉斯共和国首都比什凯克举行。本次会议以“加强上海合作组织成员国检察机关在打击走私和非法贩运麻醉药品、精神药物及其前体物质方面的合作”为主题。印度共和国代理起诉总长阿南德、哈萨克斯坦共和国总检察长努尔达吾列托夫、中华人民共和国最高人民检察院检察委员会专职委员万春、吉尔吉斯共和国总检察长扎姆什托夫、巴基斯坦伊斯兰共和国驻吉尔吉斯大使馆代表塔西里、俄罗斯联邦第一副总检察长布克斯曼、塔吉克斯坦共和国副总检察长穆哈玛迪布洛希姆、乌兹别克斯坦共和国总检察长伊尔达舍夫等分别率团参加了会议。上海合作组织秘书处副秘书长阿卡什卡洛夫、上海合作组织地区反恐怖机构副主任季约索夫、国际检察官联合会主席黄喆奎以及阿富汗伊斯兰共和国、白俄罗斯共和国、伊朗伊斯兰共和国、蒙古国等上海合作组织观察员国和亚美尼亚共和国、土耳其共和国等对话伙伴国的检察机关总检察长和代表也出席了会议。会议由吉尔吉斯共和国总检察长扎姆什托夫主持,各代表团团

长围绕主题就本国检察机关在打击走私和非法贩运麻醉药品、精神药物及其前体等方面的工作交流了经验并提出了建议。中国检察代表团团长万春在大会主旨发言中介绍了中国检察机关依法惩治和预防毒品犯罪的职责和成效，并就落实上海合作组织比什凯克峰会就打击毒品犯罪达成的共识，提出四点建议：一是积极发挥检察机关职能和上海合作组织成员国总检察长会议的独特作用，为本地区禁毒合作进一步贡献检察力量；二是依法严厉打击跨境毒品犯罪，积极推动完善本国禁毒法律体系和制度机制；三是加强禁毒执法司法合作；四是加强国际交流，共同提升打击毒品犯罪的能力。

会议决定第十八次上海合作组织成员国总检察长会议于2020年秋天在乌兹别克斯坦共和国举行。会后，上海合作组织成员国检察机关代表共同签署了《第十七次上海合作组织成员国总检察长会议纪要》。

中国检察代表团于9月30日上午抵达比什凯克。下午，吉尔吉斯共和国总检察长扎姆什托夫与中国检察代表团一行举行会谈。双方就吉方向中方最高人民检察院提请协助调查的司法协助案件进行沟通，中方表示将积极协调相关部门加快调查进程，并及时向吉方通报相关情况。吉总检察长表示衷心感谢。

访问期间，中国检察代表团参观了吉尔吉斯斯坦国立法学院并进行了座谈。万春对该学院取得的成绩和中吉双方间的法律学术交流表示赞赏，并向吉方介绍了我国的人民代表大会制度、司法制度和检察制度。座谈结束时，吉尔吉斯斯坦国立法学院院长雷斯门杰耶夫·巴克得别克代表该院授予万春名誉博士学位。

（最高人民检察院国际合作局　穆靖海）

第十二届中国—东盟成员国总检察长会议　经中央批准，2019年11月4日至8日，最高人民检察院检察长张军率团赴柬埔寨暹粒参加第十二届中国—东盟成员国总检察长会议，柬埔寨首相洪森到会致辞并与各国代表团团长合影留念。张军检察长在会议上致辞并作主题发言，强调中国检察机关将与东盟各国检察机关携手合作，同舟共济，共同谱写各国检察机关友好合作新篇章。

张军检察长在致辞中说，"志合者，不以山海为远"，中国与东盟各国友谊源远流长。随着"一带一路"倡议的实施，中国和东盟关系迈入新的发展时期，政治互信不断加强，经贸关系更加深化，各领域合作全面推进，双方人民福祉得到发展和增进。当前，正携手走向更加和平、稳定、繁荣的未来。中国检察机关将贯彻习近平主席提出的亲诚惠容理念，与东盟各国检察机关一道，为建设更为紧密、繁荣的中国—东盟命运共同体作出更大贡献。

张军指出，本次会议以"检察官在打击地区人口贩运中的作用"为主题，体现了与会各方对跨境人口贩运犯罪社会危害的深刻认识，表明了各国检察机关加强国际合作、维护地区安宁的共同意愿。要充分发挥中国—东盟成员国总检察长会议机制这一重要区域性司法合作平台，共同破解难题，有效承担起打击跨境人口贩运的社会责任和国际义务。

张军检察长在随后的第一次全体会议上围绕打击跨境贩运妇女儿童犯罪作了主题发言，提出三点建议：一是联合开展专项行动，集中力量有效打击跨境贩运妇女儿童犯罪案件，形成震慑效应，共同维护各国边境地区和平稳定和人民安全。二是完善司法协作机制，在协助跨境调查取证、缉捕遣返犯罪嫌疑人、涉案赃款赃物移交、证据转换、司法文书送达、情报交流和信息共享等方面，细化协作内容，特别是要编发共同打击贩运妇女儿童犯罪的典型案例，为办案提供指引和参考，提高合作成效。三是共同进行业务培训，通过联合举办国际研讨、培训班等方式，加强各国边境地区检察人员交流培训，相互学习、借鉴办案经验，研究解决司法实践中的问题，共同提高东盟各国检察官业务能力和水平。

云南省人民检察院检察长王光辉、陕西省人民检察院检察长杨春雷、甘肃省人民检察院检察长朱玉参加会议。

（最高人民检察院国际合作局　穆靖海）

中国检察代表团出访情况　一、中国检察代表团访问葡萄牙、古巴

经中央批准，应葡萄牙总检察长卢西利亚·加戈、古巴总检察长奥赫达邀请，2019年5月20日至26日，最高人民检察院检察长张军率中国检察代表团访问葡萄牙、古巴。

访问葡萄牙期间，中国检察代表团先后访问了葡萄牙总检察院、调查与刑事行动总署、司法警察

局、最高司法法院，与葡方司法界高层人士进行了广泛深入交流。张军检察长与葡萄牙总检察长卢西利亚·加戈会谈时表示，中葡传统友好，自2005年两国建立全面战略伙伴关系后，双边关系包括司法检察合作都进入新阶段。去年习近平主席对葡进行历史性访问，中葡签署了共建"一带一路"谅解备忘录，对整个欧洲都具有示范作用。随着中葡友好关系的日益巩固，两国执法和司法领域"你来我往"，交流合作更加频繁。希望通过此次访问深化中葡两国检察机关友谊，相互学习公益诉讼检察、儿童权益保护等方面的经验做法，深入开展领域更广、措施更实的司法协作，为共建"一带一路"提供有力司法保障，共同增进两国人民福祉。

张军检察长在会见葡最高司法法院院长安东尼奥·若阿金·皮萨拉时表示，今年恰好是中葡建交40周年，两国在政治、经济、文化、科技等方面都有着非常深入的交往。两国司法机关的交流为两国各方面的交往起到了很好的促进和保障作用。希望中葡两国司法机关继续加强合作，不断深化互信，为中葡两国关系发展贡献更多的"司法智慧"，使两国人民从中受益。双方还就上诉申诉案件受理、简易程序适用、认罪认罚案件从宽处理、指导性案例编写运用等进行了交流互动。

访问期间，张军检察长与葡萄牙调查与行动总署署长阿尔巴托·平托、葡萄牙司法警察局局长等就办理重大疑难复杂案件、打击跨国有组织犯罪、严肃查办重大金融犯罪、应对犯罪智能化趋势、外逃人员引渡、构建更加紧密检警关系等方面进行深入交流。双方表示要进一步凝聚共识、务实合作、共谋发展。山西省人民检察院检察长杨景海、贵州省人民检察院检察长傅信平、中国驻葡萄牙大使蔡润参加有关活动。

当地时间5月23日至25日，最高人民检察院检察长张军率中国检察代表团访问古巴。古巴国务委员会副主席兼总审计长贝赫拉诺、古巴国务委员会秘书长阿科斯塔会见代表团。贝赫拉诺对中国检察代表团的到来表示热烈欢迎，强调古巴人民对中国人民始终怀有友好感情，希望加强与中国检察等部门的交流，进一步提升各领域合作水平。张军检察长介绍了中国检察机关办理职务犯罪案件情况，表示相互学习具有本国特色的与职务违法犯罪作斗争的制度机制，深化合作，将有助于坚定社会主义道路自信、理论自信、制度自信和文化自信。

阿科斯塔会见中国检察代表团，重点交流了依法治国、宪法修改等情况。阿科斯塔说，古中传统友好，古巴十分关注中国的改革发展进程，对中国的成功感到自豪、高兴，希望加强与中方各领域交流，深化互利合作。张军检察长强调中古友谊牢不可破，检察机关将落实好两国元首共识，相互交流全面依法治国经验，更好发挥法治的保障和促进作用，推进两国社会主义建设取得更大成就。

张军检察长与古巴总检察长奥赫达亲切会谈，详细介绍了中国检察机关内设机构改革和检察职能，深入交流了平等保护公有制非公有制经济、接受群众控告申诉、加强青年检察官培训等方面情况。双方一致表示两国检察机关都是共产党领导下的重要部门，在创新合作模式、实现优势互补等方面拥有新的广阔空间，要加强全方位、深层次合作，在更高水平上实现友好发展。张军检察长与古巴总检察长奥赫达签署两国检察机关2019—2020年合作计划并接受古巴电视台采访。

中国检察代表团与古巴检察官就检察院在社会和经济模式完善中的作用进行专题研讨。中国驻古巴大使陈曦参加有关活动。

二、中国检察代表团访问俄罗斯

经中央批准，应俄罗斯联邦总检察长尤·雅·柴卡邀请，2019年6月17日至20日，最高人民检察院检察长张军率中国检察代表团访问俄罗斯，与俄罗斯联邦总检察院共同在哈巴罗夫斯克举办环境保护与知识产权保护法律问题研讨会。中国检察代表团先后访问了俄罗斯联邦哈巴罗夫斯克检察院、联邦阿穆尔河水域环境保护检察院。张军检察长与俄罗斯联邦总检察长尤·雅·柴卡会谈时表示，今年是中俄建交70周年，在习近平主席和普京总统的推动下，确立了中俄新时代全面战略协作伙伴关系。落实两国元首频繁互访取得的重要成果，推进两国经贸关系等共同发展的愿景离不开司法检察工作的支持，两国检察机关要通过务实合作更好发挥作用。张军检察长指出，黑龙江是两国的界河，保护黑龙江流域的生态环境，是我们双方共同的责任，中俄两国检察机关要加强交流、互相协作，运用公益诉讼等措施，共同保护好黑龙江领域的生态环境，更好惠及两国人民。张军检察长强调，中俄两国经贸关系有了长足发展，未来还有很大的提升空间，两国经贸等方面合作的水平越高，就越离不开法治和司法检察的规范与保障，两国检察机关要为经贸等方面合作提供必要的司法服务，以维护共同的利益。希望中俄检察机关在今后的交流中，与时俱进，聚焦双方投资企业合法权益等的保护，妥善处理经贸合作中可能出现的法律问题。

柴卡总检察长对中国检察代表团的到来表示热烈欢迎，强调要和中方一起在环境保护、改善营商环境等方面继续推进双方深入务实的交流合作。会谈结束时，张军检察长与柴卡总检察长共同签署了《中华人民共和国最高人民检察院和俄罗斯联邦总检察院 2020—2021 年合作计划》，合作计划就环境保护的法律合作、维护双方投资企业的合法权益作出了安排。黑龙江省人民检察院检察长高继明、新疆生产建设兵团人民检察院检察长赵铁实、中国驻哈巴罗夫斯克总领事崔国杰等参加了有关活动。

三、中国检察代表团访问希腊、埃及

经中央批准，应埃及总检察长纳比勒·萨迪克和希腊总检察长谢妮·瓦塞洛普罗的邀请，2019 年 6 月 20 日至 27 日，最高人民检察院孙谦副检察长率团访问希腊、埃及。代表团于 6 月 20 日至 22 日访问了埃及。埃及总检察长萨迪克与中国检察代表团进行了正式会谈。代表团逐一访问了埃及总检察院及其专门负责反腐、商业、税务和国家安全的 4 家直属特殊类型检察机构，深入交流检察工作。同时，对驻埃及大使馆提出的两起涉中国公民案件司法协助事项，代表团在与萨迪克总检察长正式会晤时专门提出并转交了材料。

代表团于 6 月 23 日至 27 日访问了希腊。希方对此次访问高度重视，给予了热情友好、细致周到的接待。在希腊总检察院与代表团正式会晤时，希腊总检察长瓦塞洛普罗还专门邀请希腊最高法院院长与代表团会见，并亲自或安排多位副检察长陪同代表团先后访问了希腊刑事案件侦查局、反恐局和财政部打击经济犯罪检察官办公室，所到部门都进行了充分准备，给予了热情接待和详细讲解，双方通过实地考察、互动问答等方式就有关司法检察工作和实践问题进行了深入沟通交流。

在会谈中，孙谦副检察长对埃及和希腊的诚挚邀请和热情接待表示由衷感谢，对外方关心的我国人民检察院组织法和刑事诉讼法修改、检察改革、打击有组织犯罪、国际合作与交流等问题详细介绍了相关情况，并就今后的交流合作、司法协助等事

项与外方进行了深入探讨和沟通，达成了初步共识。代表团以发展双边友好关系为主线，以密切两国检察机关合作交流为着力点，与两国检察机关高层进行了深入、广泛、友好的交流，表达了与两国检察机关发展友好交往关系的良好愿望，充分利用会晤、参访、茶叙、餐叙的机会，与各方人士广泛交谈，回应外方关切，增进外方对我国检察制度、司法实践的了解和认同。

四、中国检察代表团赴俄罗斯参加第五届东方经济论坛

经中央批准，受最高人民检察院张军检察长委托，2019 年 9 月 4 日至 6 日，内蒙古自治区人民检察院检察长李琪林率团赴俄罗斯符拉迪沃斯托克市参加了第五届东方经济论坛。在俄期间，中国检察代表团参加了在远东联邦大学举行的俄联邦总统普京出席并讲话的全体会议，参加了俄联邦总检察长、司法部长等出席的"完善国家司法权，保护投资者权益"会议，参观了论坛各交互式展台，与俄联邦总检察院、滨海边疆区检察院、符拉迪沃斯托克市及部分市区检察院的俄方代表进行了会晤交谈。在论坛首日活动中，李琪林检察长代表中国检察机关接受了俄联邦总检察院新闻中心的采访，介绍了中国检察机关的性质和职能、法律监督工作的重点任务，详细阐述了中国检察机关保障投资者权益情况，深入交流了中国检察机关在保障投资者权益方面的主要举措做法。新疆维吾尔自治区人民检察院副检察长孙宝平、最高人民检察院第四检察厅副厅长王建平等随团出访。

（最高人民检察院国际合作局 穆靖海）

外国检察代表团来访情况 一、韩国代表团访华

经中央批准，应最高人民检察院邀请，2019 年 1 月 25 日至 27 日，韩国检察总长文武一来访。1 月 25 日，张军检察长在京会见韩国检察总长文武一一行，双方共同签署了两国检察机关深化务实合作 2019 至 2020 年合作计划。会见中，张军检察长首先对文武一一行来访表示热烈欢迎。张军检察长说，中国和韩国互为友好邻邦，两国地缘相近、文缘相通、人缘相亲。两国最高检察机关于 1999 年和 2011 年先后签署了合作协议和关于刑事执法领域的合作谅解备忘录，为双方开展务实合作奠定了基础。近年来，双方检察机关高层互访不断，业务合作密切，积极开展学术交流，多次互派官员参加国

际会议,在多边合作机制下相互支持,为两国友好关系作出了积极贡献。

张军检察长向客人简要介绍了中国检察机关内设机构改革等工作情况。张军检察长说,2018 年是中国改革开放和检察机关恢复重建 40 年,检察机关经历了国家监察体制改革、反贪转隶,检察职责发生了很大变化。中国最高人民检察院重新调整组建了 10 个检察业务机构,按数序统一命名,分别为第一至第十检察厅,以完善内设机构为切入点全面履行宪法法律赋予检察机关的职能,为人民群众提供更优质的检察产品。

张军检察长表示,两国检察机关要在共同打击跨国有组织犯罪等方面加强合作,为两国健康友好关系提供良好法治环境。

文武一检察总长感谢张军检察长的亲切会见,表示将进一步加强与中国检察机关的业务合作,在增进学术交流、打击刑事犯罪等方面加强协作。会见后,双方签署了两国检察机关深化务实合作 2019 至 2020 年合作计划。张军检察长为文武一检察总长介绍最高人民检察院举办的庆祝改革开放 40 周年暨检察机关恢复重建 40 周年回顾展。

二、斯里兰卡代表团访华

经中央批准,应最高人民检察院邀请,2019 年 2 月 23 日至 3 月 3 日,斯里兰卡总检察长贾亚苏里亚率团访华。2 月 25 日,最高人民检察院检察长张军在京会见斯里兰卡总检察长贾亚苏里亚一行。张军检察长代表中国最高人民检察院对贾亚苏里亚一行表示热烈欢迎。张军检察长说,中国和斯里兰卡有着深远的友谊,自 1957 年建交以来,两国关系始终健康稳定发展,高层交往频繁,政治互信不断增强,多领域合作日益密切。中斯两国司法机关、检察机关在双边和多边机制框架下保持积极沟通,不断丰富和发展两国友好合作内涵。

张军检察长向客人简要介绍了中国共产党十九大、司法体制改革和检察机关内设机构改革等情况。张军检察长说,最高人民检察院刚刚完成内设机构改革,重新组建了 10 个检察业务机构,即负责普通刑事犯罪检察的第一检察厅、负责重大刑事犯罪检察的第二检察厅、负责职务犯罪检察的第三检察厅、负责经济金融犯罪检察的第四检察厅、负责刑事执行检察和司法人员职务犯罪侦查的第五检察厅、负责民事检察的第六检察厅、负责行政检察的第七检察厅、负责公益诉讼检察

的第八检察厅、负责未成年人检察的第九检察厅、负责控告申诉检察的第十检察厅,突出了专业导向。省级以下内设机构改革正在推进中,年内将全面完成。

张军检察长说,斯里兰卡是“一带一路”沿线重要国家,中斯两国在经贸领域的合作将日益密切,双方司法合作显得愈加重要,也为检察机关之间的交流合作开辟了更广阔的前景。中国检察机关愿与斯方检察机关继续携手,加强双方高层来往,深化全面务实合作,为深化两国友好关系提供更好法治保障。

贾亚苏里亚总检察长感谢张军检察长的亲切会见,表示将进一步深化双方检察人员交流,完善合作机制,推动两国检察机关友好关系持续发展。斯里兰卡驻华大使科迪图瓦库参加会见。

三、朝鲜代表团访华

经中央批准,应最高人民检察院邀请,2019 年 6 月 4 日至 11 日,朝鲜中央检察所所长金明吉率团访华。

6 月 4 日,最高人民检察院检察长张军在京会见朝鲜中央检察所所长金明吉。张军检察长对金明吉一行访问最高人民检察院表示热烈欢迎。张军检察长说,中朝是山水相连的友好邻邦,中朝传统友谊是两国老一辈领导人亲自缔造和精心培育的,是双方共同的宝贵财富。去年以来,金正恩委员长四次访华,就发展两国传统友好关系、加强战略沟通与习近平总书记达成一系列重要共识。金明吉同志在两国建交 70 周年之际访华,充分体现了朝鲜检察机关对中朝传统友谊的高度重视、对中国检察机关的友好情谊。

张军检察长向客人简要介绍了中国经济社会发展、司法改革和检察工作情况。他说,中国共产党十九大明确提出中国特色社会主义进入新时代,中国社会主要矛盾已经转化为人民日益增长的美好生活需要和不平衡不充分的发展之间的矛盾。人民群众在民主、法治、公平、正义、安全、环境方面有着内涵更丰富、水平更高的发展需求。为适应发展的新需求,去年最高人民检察院完成了内设机构系统性、重构性改革,调整组建了第一至第十检察厅 10 个检察业务机构,刑事、民事、行政、公益诉讼“四大检察”法律监督总体布局有力推进,努力让人民群众在每一个司法案件中都感受到公平正义。2019 年是中华人民共和国成立 70 周年,中国检察

机关将继续坚持以习近平新时代中国特色社会主义思想为指导，坚持稳中求进工作总基调，忠实履行法律监督职责，努力为决胜全面建成小康社会提供更高水平的法治服务。

张军检察长希望两国检察机关进一步增进友谊，加强合作，相互支持，落实好两国最高领导人共识，共同推动中朝传统友好关系不断取得新的发展，更好造福两国和两国人民。

金明吉介绍了朝鲜中央和地方检察所职能和检察工作情况。他感谢张军检察长的热情会见，表示将进一步推动两国司法、检察机关务实合作。会见后，张军检察长和金明吉所长共同签署了中朝两国检察机关新的合作谅解备忘录。朝鲜驻华大使池在龙参加会见和相关活动。

四、比利时代表团访华

经中央批准，应最高人民检察院邀请，2019年6月11日至14日，比利时联邦总检察长范立威率团访华。6月12日，最高人民检察院检察长张军在京会见比利时联邦总检察长范立威一行，双方就加强两国司法合作、共同打击跨国有组织犯罪进行了深入交流。

张军检察长表示，2014年中比建立全方位友好合作伙伴关系后，两国高层互访频繁，经贸往来成效显著，人文交流广泛深入，创新合作前景广大。两国政府签署了引渡条约、被判刑人移管条约和中比刑事司法协助条约，为两国的司法合作奠定了坚实的基础。中国最高人民检察院与比联邦总检察院一直有着良好的合作关系。作为开放的、法治的、负责任的国家，中国司法机关与比利时司法机关加强合作、打击犯罪，是双方共同的愿望。在经济全球化大背景下，双方要通过个案的司法协助解决同一类的问题，有力震慑跨国有组织犯罪，为双边经济合作和贸易往来创造良好营商环境。国与国之间的司法合作要本着互惠互利、平等互助原则。中比两国司法、检察机关要在双边司法条约框架下强化合作，为发展两国友好关系提供更好政治、法律和双边环境。

范立威感谢张军检察长的亲切会见。他表示，在全球化背景下，中比两国面临着共同的挑战。比利时检察机关希望进一步畅通交流渠道，在打击跨国有组织犯罪、网络犯罪等方面加强与中方合作。

比利时驻华大使马文克参加会见。

五、越南代表团访华

经中央批准，应最高人民检察院邀请，2019年8月20日至24日，越南总检察院副总检察长陈公樊率团访问我院。最高人民检察院检察长张军在京会见代表团。张军检察长首先向陈公樊一行简要介绍了中国检察机关内设机构改革和检察工作情况。张军检察长说，中越同为共产党领导的社会主义国家，互为友好邻邦和合作伙伴，是具有战略意义的命运共同体，一荣俱荣、一损俱损。我们面对的一些问题是有共性的，彼此发展进步成果也需要相互分享。近年来，在高层交往的战略引领下，两国各领域交流合作成果丰硕，彰显了两个社会主义邻国开展互利合作的巨大潜力。中越两国司法机关尤其是检察机关在边境地区检察合作、司法协助以及中国—东盟总检察长会议机制下取得了很多具体成果。双边各领域的合作交往持续深入，为两国司法检察工作提出了新要求，中国检察机关愿意继续推进中越两国检察机关友好关系。

张军检察长表示，明年适逢中越两国建交70周年，越南将主办第十三届中国—东盟总检察长会议。相信两国司法机关将进一步深化务实合作、丰富交流渠道，为促进共同繁荣发展、为加快推进"一带一路"和"两廊一圈"对接营造良好法治环境，更好地落实两国领导人达成的共识。

陈公樊副总检察长感谢张军检察长的亲切会见，他表示，越南检察机关将进一步加强与中国检察机关的交流合作，推动两国友好关系不断深化。

六、塞尔维亚代表团访华

经中央批准，应最高人民检察院邀请，2019年10月21日至25日，塞尔维亚检察长扎戈尔卡·多洛瓦茨率团访华。

10月22日，最高人民检察院检察长张军在京会见塞尔维亚共和国检察长扎戈尔卡·多洛瓦茨一行，会后双方签署了两国检察机关合作谅解备忘录。

张军检察长首先对多洛瓦茨率团访华表示热烈欢迎，并介绍了中国的检察制度和"四大检察""十大业务"开展情况。他说，今年是中华人民共和国成立70周年。70年来，中国检察制度始终与国家发展历程休戚相关，特别是改革开放以来，与经济、政治、文化建设同步，中国的法治建设和检察事业取得了巨大的进步。

张军检察长表示，中国和塞尔维亚两国传统友谊深厚，特别是习近平主席2016年访问塞尔维亚、两国建立全面战略伙伴关系以来，两国高层交往频繁，政治互信牢固，各方面合作取得长足发展，务实合作成果丰硕。塞尔维亚是西巴尔干地区首个同中国签署关于共同推进"一带一路"建设政府间谅解备忘录的国家，充分显示塞尔维亚对于"一带一路"的高度重视和积极响应，这将极大地促进两国经贸往来、人员交往和文化交流。

张军检察长强调，中塞两国检察制度虽然存在一定差异，但在打击犯罪、保护人民、维护法治等方面有着相同的目标。相信两国检察领域的友好合作一定能够进一步丰富中塞全面战略伙伴关系的内涵。随着两国经贸合作的不断深化，司法交流合作需求也将不断扩大，两国司法机关更需要深化务实合作、丰富交流渠道，为促进共同繁荣发展、推进"一带一路"建设营造良好法治环境。

多洛瓦茨检察长感谢张军检察长的亲切会见，表示将进一步完善双方交流合作机制，本着精诚合作的精神将传统友谊延续下去，开拓更加广阔的合作空间。

访华期间，代表团还访问了浙江省人民检察院、杭州市人民检察院并参观该院智慧检务信息化展示中心，参观了杭州互联网法院。

七、尼泊尔代表团访华

经中央批准，应最高人民检察院邀请，2019年11月12日至15日，尼泊尔联邦民主共和国总检察长阿格尼·普拉撒德·卡瑞尔率团访问中国西藏检察机关。11月13日，受张军检察长委托，西藏自治区人民检察院检察长朱雅频在拉萨会见卡瑞尔总检察长一行。双方就落实两国检察机关签署的《合作谅解备忘录》、深化中尼检务合作交流进行了深入座谈交流，就举办第二届中尼检务合作论坛进行磋商，就深化边境地区检务协作交换意见。

朱雅频检察长表示，中尼两国司法体制不同，但预防和惩治犯罪、维护社会和谐稳定和司法公平正义的目标是相同的。多年来，中国西藏检察机关作为与尼泊尔毗邻的中国地方检察机关，与尼泊尔检方保持着友好交往和积极合作，为推动两国司法合作付出了积极努力。我们期待依据中尼刑事司法协助条约和两国检察机关签署的《合作谅解备忘录》，加强双方共同打击非法越界和跨境犯罪的检务合作。此次座谈是双方落实《中尼联合声明》的一项具体举措，也是落实两国领导人重要共识的具体行动，对推动中尼检务交流合作

具有重要意义。

卡瑞尔总检察长介绍了尼泊尔检察制度及检察机关情况后表示，尼泊尔总检察院将按照两国检察机关签署的《合作谅解备忘录》，在刑事司法协助等领域加强交流合作，协力共同打击跨境犯罪，促进双方边境地区和平稳定发展。

双方一致同意，完善"中尼检务合作交流论坛"轮流举办机制，拟定共同关心的合作问题，深入对话、增进了解；推动中国西藏自治区检察机关与尼泊尔检察机关进一步加强培训合作交流，形成务实合作新机制。在藏期间，尼泊尔检察代表团赴拉萨市、日喀则市进行了参观访问。

尼泊尔驻拉萨总领事馆总领事戈宾达·巴哈杜尔·卡尔基，最高人民检察院国际合作局局长阮丹生一同座谈。

八、蒙古国代表团访华

经中央批准，应最高人民检察院邀请，2019年11月24日至28日，蒙古国总检察长班·扎尔格勒赛罕率团访华。11月25日，最高人民检察院检察长张军在京会见蒙古国总检察长班·扎尔格勒赛罕。张军检察长首先对班·扎尔格勒赛罕率团来访表示热烈欢迎，并简要介绍了中国最高人民检察院内部业务机构设置和履职情况。他说，今年是两国建交70周年，也是中蒙友好合作关系条约修订25周年。随着两国领导人互访加深，政治互信不断增强，两国人民的友好交往日益密切，两国在经济、文化、社会等各领域合作更加频繁。中方愿同蒙方一道，在检察工作和法治建设层面落实好两国领导人达成的各项共识，扎实推进务实交流合作，推动中蒙关系持续稳定向前发展。

张军检察长表示，中蒙两国检察机关已签署的三个合作协议、谅解备忘录，为双方加深了解、相互合作，促进两国各方面的友好关系发挥了重要作用。进入新时代，两国政治互信加强，有必要签署新的谅解备忘录，深化两国检察机关人员交往、信息交换和相互司法协助。

会谈中，宾主双方就人员培训、公益诉讼检察、打击网络诈骗犯罪、边境地区司法合作等共同感兴趣的话题进行了深入交流。张军检察长表示，刚刚闭幕的中国共产党十九届四中全会明确提出拓展公益诉讼案件范围，中国检察机关正在积极落实。中方愿与蒙方共同促进双边、多边在边境地区河流保护等生态环境方面的合作，也希望两国检察机关

在携手共同打击和预防跨国有组织犯罪等方面进一步加强沟通交流，把两国司法合作更加扎实有效地落实好。

班·扎尔格勒赛罕总检察长感谢张军检察长的会见，表示将致力于深化多领域检察合作，为两国友好关系提供更好的法治环境。

会见后，张军检察长和班·扎尔格勒赛罕总检察长共同签署了两国检察机关新的合作谅解备忘录。访问期间，代表团赴上海市人民检察院参观考察。

（最高人民检察院国际合作局　穆靖海）

内地和港澳特区交流与合作综述　2019 年最高人民检察院紧紧围绕中央对港澳工作大局，立足检察职能，发挥专业对口优势，积极主动做好涉港澳工作。

一、深化内地与港澳特区高层交流互访

2019 年，最高人民检察院充分利用多边会议机制及国际会议平台，加强与港澳特区司法机关高层交流。11 月，第十二届中国—东盟成员国总检察长会议在柬埔寨举行，最高人民检察院邀请了香港特区律政司、澳门特区检察院派团参会。会议期间，张军检察长会见了香港特区律政司刑事检控专员梁卓然和澳门特区检察院程立福助理检察长。10 月，最高人民检察院副检察长邱学强率团访问澳门，出席了澳门特别行政区 2019—2020 年司法年度开幕典礼及澳门特区检察院新任主任检察官就职典礼，分别与时任澳门特区行政长官崔世安、现任行政长官贺一诚、检察长叶迅生举行了工作会谈，进一步加强了内地检察机关与澳门特区司法法

律界的友好合作关系。5 月，组织澳门特区检察院检察长叶迅生一行 8 人赴湖南参访；8 月，组织澳门特区检察院检察长叶迅生一行 29 人参加在国家检察官学院四川分院举办的第八届澳门特区检察官国情研习班。通过访问和培训，澳门特区同行增进了对内地法律制度的认同和法治建设成果的了解，增强了对国家的认同感和向心力。

二、与港澳特区开展多层次的交流和务实合作

2019 年，在香港特区人大代表来京列席全国人大常委会有关会议期间主动就代表们关心的法律问题与部分香港区议会议员、职业律师深入交流。5 月，派员参加中央和国家机关新闻发言人赴港访问交流活动，拜访多个政府及执法司法部门，与香港特区法律界人士进行广泛交流。5 月，派员出席由香港特区廉政公署举办的第七届国际会议。7 月，协调安排澳门特区检察院检察长办公室副主任胡洁如一行 9 人赴江苏学习交流。6 月和 8 月，分两批次接待来自港澳特区的 29 名法律系大学生，安排有关业务部门检察官与学生进行面对面交流，并安排部分学生到海淀区人民检察院参观。积极落实《最高人民检察院检察信息技术研究中心与澳门特别行政区检察院检察长办公室信息化建设合作协议》，协助澳门特区检察院开发的案件管理系统已基本建成并进入试运行阶段，大大提升了澳门特区检察院信息化建设、应用水平。妥善处理与港澳特区执法机关的个案协查关系，在各自法定职责范围内就个案继续开展务实合作。

（最高人民检察院国际合作局　张　龙）

中华人民共和国最高人民检察院
与外国检察机关签署的合作协议一览表

协议名称	签署时间
中华人民共和国最高人民检察院和大韩民国大检察厅深化务实合作 2019 至 2020 年合作计划	2019 年 1 月 25 日
中华人民共和国最高人民检察院和古巴共和国总检察院 2019—2020 年合作计划	2019 年 5 月 23 日
中华人民共和国最高人民检察院和朝鲜民主主义人民共和国中央检察所合作谅解备忘录	2019 年 6 月 4 日

协议名称	签署时间
中华人民共和国最高人民检察院和俄罗斯联邦总检察院 2020—2021 年合作计划（环境司法保护议题）	2019 年 6 月 18 日
中华人民共和国最高人民检察院和尼泊尔联邦民主共和国总检察院合作谅解备忘录	2019 年 10 月 13 日
中华人民共和国最高人民检察院和塞尔维亚共和国总检察院合作谅解备忘录	2019 年 10 月 22 日
中华人民共和国最高人民检察院和蒙古国总检察院合作协议	2019 年 11 月 25 日
中国－越南边境地区检察机关会晤第二次会议纪要	2019 年 11 月 28 日
第十七次上海合作组织成员国总检察长会议纪要	2019 年 10 月 1 日

（最高人民检察院国际合作局 韩 弋 施 琦）

中华人民共和国最高人民检察院和大韩民国大检察厅深化务实合作2019 至 2020 年合作计划

中华人民共和国最高人民检察院和大韩民国大检察厅（以下简称"双方"）在 2011 年 6 月 29 日签订的《中华人民共和国最高人民检察院和大韩民国大检察厅关于刑事执法领域的合作谅解备忘录》基础上，为进一步深化两国检察机关务实合作，达成合作计划如下：

第一条 定期召开研讨会

双方每年轮流举办一次研讨会，就确定的主题进行研讨。

召开研讨会的具体日期、地点和内容由双方事先协商决定。

第二条 其他约定

双方互相交换有关研讨会的资料以及商定的文件和资料。

第三条 实行机关

本合作计划议定事项由以下部门代表双方

实施：

——中华人民共和国最高人民检察院国际合作局；

——大韩民国大检察厅国际协力团。

第四条 费用承担

履行本合作计划产生的费用由双方各自承担，双方另有规定除外。

本合作计划于 2019 年 1 月 25 日在北京签订，一式两份，每份均用中文、韩文和英文写成。如有分歧，以英文本为准。

中华人民共和国　　　　大韩民国
最高人民检察院　　　　大检察厅
　检察长　　　　　　　检察总长
　张 军　　　　　　　文武一

中华人民共和国最高人民检察院
和古巴共和国总检察院
2019—2020 年合作计划

中华人民共和国最高人民检察院和古巴共和国总检察院（以下称双方），认识到继续增进双方检察机关和两国友好合作关系的重要性，为落实双方于 2015 年 3 月 17 日签署的《中华人民共和国最高人民检察院和古巴共和国总检察院合作谅解备忘录》，双方商定拟在 2019—2020 年开展以下合作：

2019 年

一、2019 年 5 月，中华人民共和国最高人民检察院派高级代表团对古巴进行正式访问。

二、2019 年 9 月，古巴共和国总检察院派 15 名检察官到中国国家检察官学院接受 10 日培训。双方可根据特定的专业需要商定培训课程。

2020 年

三、2020 年 3 月，中华人民共和国最高人民检察院派高级代表团对古巴进行正式访问并参加 2020 年第十五届刑事科学国际会议及第三届司法法律与社会活动。

四、2020 年 9 月，古巴共和国总检察院派 15 名检察官到中国国家检察官学院接受 10 日培训。双方可根据特定的专业需要商定培训课程。

本合作计划中所有活动的费用问题遵照双方于 2015 年 3 月 17 日签署的《中华人民共和国最高人民检察院和古巴共和国总检察院合作谅解备忘录》第五条执行。

双方交流合作的内容和方式可不受限于该计划，如有必要，双方可根据 2015 年 3 月 17 日签署的合作谅解备忘录开展其它活动。

为执行本合作计划，双方可通过以下部门直接联络：

代表中华人民共和国最高人民检察院实施本合作计划的部门是：国际合作局，联系电话：+86 - 10 - 65209946，传真：+86 - 65288032，电子邮箱：hmshiqi@qq.com。代表古巴共和国总检察院实施本合作计划的部门是：国际关系与合作司，联系电话：（537）2140001，2140002，电子邮箱：relaciones@fgr.gob.cu。

本合作计划于 2019 年 5 月 23 日在哈瓦那签署，一式两份，每份用中文、西班牙文写成，两种文本同等作准。

中华人民共和国	古巴共和国
最高人民检察院	总检察院
检察长	总检察长
张　军	雅米拉·培尼亚·奥赫达

中华人民共和国最高人民检察院
和朝鲜民主主义人民共和国中央检察所
合作谅解备忘录

中华人民共和国最高人民检察院和朝鲜民主主义人民共和国中央检察所（以下简称“双方”）在相互尊重主权和平等互利基础上，为深入发展中朝传统友谊，进一步加强两国检察机关的友好往来与

司法合作,达成合作谅解备忘录如下:

第一条 本合作谅解备忘录旨在规定双方开展交流合作的一般性原则。

第二条 双方每两年一次轮流派检察人员到对方国家就检察业务及工作中共同关心的问题进行研讨。

第三条 双方可以每两年派检察人员到对方国家进行专题业务培训,共同提高检察人员素质。

如确有需要,双方可不局限于上一款规定,通过协商就培训事宜深化合作。

第四条 双方可应对方要求交换关于检察机关组织建设、职能作用等方面的法律文件、检察工作信息和法律出版物。

第五条 双方可在必要时互相通报各自参加的或有助于促进各自发展的活动情况。

第六条 依据两国于 2003 年签署的《中华人民共和国和朝鲜民主主义人民共和国关于民事和刑事司法协助的条约》的有关规定,双方均为两国司法协助的中央机关,就司法协助请求双方可直接联系,并依据条约规定提供协助。

关于引渡请求双方将通过外交途径进行,但出于应急考虑,也可就有关具体事项先期进行联络。

第七条 本谅解备忘录未规定的内容,双方可在协商一致的情况下,在各自职权范围内进行一定的扩大和深化合作。

第八条 本谅解备忘录在解释或执行时发生的疑问或争议,双方应本着互相谅解和尊重的精神通过直接沟通的方式协商解决。

第九条 应一方要求,双方可通过谈判对本谅解备忘录的内容进行修改。任何修改内容需经双方签字后生效。

第十条 本谅解备忘录的实施,中方由中华人民共和国最高人民检察院国际合作局负责,朝方由朝鲜民主主义人民共和国中央检察所对外法律合作局负责。

第十一条 本谅解备忘录自签署之日起生效,有效期五年。如其中一方未在本谅解备忘录有效期结束六个月前书面通知对方废止本谅解备忘录,则本谅解备忘录的有效期自动延长五年,并依此顺延。

如其中一方书面通知对方要求废止本谅解备忘录,则本谅解备忘录在收到通知日起六十天后废止。

本谅解备忘录于二〇一九年六月四日在北京签署。本谅解备忘录一式两份,每份均用中文和朝文写成,两种文本具有同等效力。

中华人民共和国　　朝鲜民主主义人民共和国
最高人民检察院　　　中央检察所
　检察长　　　　　　　所长
　张　军　　　　　　　金明吉

中华人民共和国最高人民检察院
和俄罗斯联邦总检察院
2020—2021 年合作计划
（环境司法保护议题）

中华人民共和国最高人民检察院和俄罗斯联邦总检察院(以下称"双方")为落实 1997 年 3 月 29 日签署的《中华人民共和国最高人民检察院和俄罗斯联邦总检察院合作协议》精神,根据 2017 年 8 月 24 日在巴西利亚签订的《金砖国家和南方共同市场国家检察机关领导人针对违反环境保护法问题的宣言》,为强调在尊重环境保护法领域的社会建设方面保持和加强长期合作的重要意义,特商定在 2020 年至 2021 年共同开展以下活动:

2020 年

1. 双方监督检查授权机关在中华人民共和国

与俄罗斯联邦边境接壤地区的环境保护领域内的活动。根据监督结果互相提供关于黑龙江（阿穆尔河）流域的监督检查情况的相关资料，以用于工作。（2020年底前由双方检察机关各自完成）

2. 举办主题为"黑龙江（阿穆尔河）流域的环境保护问题"的专题研讨会，了解双方检察机关在黑龙江（阿穆尔河）流域环境保护方面开展的工作。（上半年，俄罗斯）

3. 举办主题为"检察机关在跨国界水域和气候保护领域的实践"的工作会晤。（下半年，中国）

2021 年

4. 总结双方检察机关在办理违反生态环境法律方面的有关案例（包括民事、刑事、行政）以及关于损害赔偿方面的实践经验。双方根据总结结果互相提供案件审理实践和正在进行的分析资料，以用于工作。（2021年底前由双方检察机关各自完成）

5. 举办主题为"打击非法砍伐森林和销售森林资源"的工作会晤。（上半年，俄罗斯）

6. 举办主题为"检察机关办理生态环境犯罪以及关于损害赔偿方面实践经验"的工作会晤。

（下半年，中国）

2020 年至 2021 年

7. 双方经合作，计划各自在对方的检察机关刊物上发表至少两篇关于介绍中华人民共和国和俄罗斯联邦在打击违反生态环境法律方面的经验做法的文章。即在中华人民共和国最高人民检察院刊物上刊登俄罗斯检察机关的经验文章，在俄罗斯联邦总检察院刊物上刊登中国检察机关的经验文章。

负责落实本合作计划的部门，中方为中华人民共和国最高人民检察院国际合作局；俄方为俄罗斯联邦总检察院国际司法合作总局。

本合作计划具体实施程序和条件由双方补充商定。

本合作计划于2019年6月18日在哈巴罗夫斯克签署，一式两份，每份用中文和俄文写成，两种文本同等作准。

中华人民共和国　　　　俄罗斯联邦
最高人民检察院检察长　总检察长
　　张　军　　　　　尤·雅·柴卡

中华人民共和国最高人民检察院
和尼泊尔联邦民主共和国总检察院
合作谅解备忘录

中华人民共和国最高人民检察院和尼泊尔联邦民主共和国总检察院（以下简称"双方"），在相互尊重主权和平等互利基础上，为深入发展中尼传统友谊，进一步发展和促进两国检察机关的友好往来与司法合作，达成合作谅解备忘录如下：

第一条 双方在遵守本国法律和履行本国加入的国际条约义务前提下，在各自职权范围内，加强和扩大彼此间的互助合作。

第二条 双方每年一次轮流互派代表团进行访问，就检察业务、边境地区检察机关的合作，以及工作中共同关心的问题进行研讨。

第三条 尼方每年可派员到中国参加业务培训，中方将承担尼方人员在中国的食宿、交通、培训等费用。

第四条 双方可根据各自国内法，应对方要求交换关于检察机关组织建设、职能作用等方面的法律文件、检察工作信息和法律出版物。

第五条 双方在不违背之前签署的其他双边合作协议的前提下，继续执行已有的检务合作论坛机制和边境检察机关会晤机制，相互交流彼此边境地区社会治安、生态环境保护和犯罪动向等情况，共同打击非法出口木材、毒品走私和交易、偷渡、人口拐卖、非法货币交易等涉及对方的跨境犯罪，并进行交流磋商，做好预防工作，共同保护边境地区的和谐稳定。

第六条　本谅解备忘录的实施，中方由中华人民共和国最高人民检察院国际合作局负责，尼方由尼泊尔联邦民主共和国总检察院国际合作局负责。

第七条　实施本谅解备忘录期间，双方均应承担对提供和接受的文件、信息和数据的保密义务。在未得到对方的书面同意之前，一方不得公开或者转移相关文件、信息或其它数据。

第八条　本谅解备忘录未规定的内容，双方可在协商一致的情况下，在各自职权范围内进行一定的扩大和深化合作。

第九条　本谅解备忘录在解释或执行时发生的疑问或争议，双方应本着互相谅解和尊重的精神通过直接沟通的方式协商解决。

第十条　应一方要求，双方可通过谈判对本谅解备忘录的内容进行修改。任何修改内容需经双方签字后生效。

第十一条　本谅解备忘录自签署之日起生效，有效期5年。如其中一方未在本谅解备忘录有效期结束6个月前书面通知对方废止本谅解备忘录，则本谅解备忘录的有效期自动延长5年，并依此顺延。

如其中一方书面通知对方要求废止本谅解备忘录，则本谅解备忘录在收到通知日起60天后废止。

双方于2000年10月13日签署的《中华人民共和国最高人民检察院和尼泊尔王国总检察院合作协议》自本合作谅解备忘录生效之日起不再适用。

本谅解备忘录于二〇一九年十月十三日在加德满都签署。本谅解备忘录一式两份，每份均用中文、尼泊尔文和英文写成，三种文本同等作准。如遇解释上的分歧，以英文本为准。

中华人民共和国　　　尼泊尔联邦民主共和国
最高人民检察院　　　总检察院

检察长　　　　　　　检察长

张　军　　　　阿格尼·普拉撒德·卡瑞尔

中华人民共和国最高人民检察院
和塞尔维亚共和国总检察院
合作谅解备忘录

中华人民共和国最高人民检察院和塞尔维亚共和国总检察院（以下称"双方"），为发展和加强两国检察机关的友好合作，达成如下谅解备忘录。

第一条　双方在遵守本国法律和履行本国加入的国际条约义务前提下，在各自职能和权限范围内，依据本谅解备忘录开展合作。

第二条　双方在以下重点领域进行合作：有组织犯罪，恐怖主义犯罪，涉及毒品、武器和人口犯罪，腐败犯罪，洗钱犯罪，网络犯罪和其他严重犯罪以及冻结、扣押、没收犯罪所得等。

第三条　双方可根据需要举行会议和磋商，讨论共同关心的问题，交流专业知识。

第四条　双方同意在职业培训和加强中华人民共和国和塞尔维亚共和国检察官的能力方面进行合作。

第五条　双方可根据具体需要交换立法和法律制度的信息以及打击犯罪相关行动的信息。

第六条　双方可就共同关注的重大问题开展联合研究，举办会议，召开研讨会。

第七条　为实施本谅解备忘录，双方应当直接沟通。

代表中华人民共和国最高人民检察院实施本谅解备忘录的是：国际合作局（地址：中国北京市东城区北河沿大街147号，传真：+86-10-65288032）；

代表塞尔维亚共和国总检察院实施本谅解备忘录的是：国际司法合作局（地址：塞尔维亚贝尔格莱德Nemanjina 22-26,11000,传真：+381-11-2645286）。

如果上述人员发生变更，双方应正式通知

对方。

双方应在签署本谅解备忘录后的三十天内，就负责双方合作的人员的地址、电话号码、传真号码和电子邮件通知另一方。

第八条 双方应执行所有必要的程序，以便在另一方发出请求时保持收到的文件及其他所有信息的机密性。

双方应在遵守各自国内法规定的范围内，按照另一方的要求保障保密程度。

请求文件和信息的一方应根据已批准的国际协定的规定，并按照本谅解备忘录的要求使用文件和信息。

第九条 双方各自承担履行本谅解备忘录所产生的费用，另有规定的除外。

第十条 对本谅解备忘录的分歧以及执行过程中出现的问题，由双方通过协商进行解决。

第十一条 如双方同意，可对本谅解备忘录的内容进行修改。

第十二条 本谅解备忘录不影响双方签署的其他协议所产生的权利和义务。

第十三条 本谅解备忘录长期有效，自签署之日起生效。

任何一方均可随时以书面形式通知对方终止本谅解备忘录。终止自该通知发出之日后第 60 天生效。

本谅解备忘录的终止不影响谅解备忘录生效期间作出的任何承诺的完成，除非双方另有约定。

第十四条 本谅解备忘录不产生国际法上的权利或义务。

本谅解备忘录于二〇一九年十月二十二日在北京签署，一式两份，每份均用中文、塞尔维亚文和英文写成。三种文本同等作准。如有分歧，以英文本为准。

中华人民共和国　　　塞尔维亚共和国
最高人民检察院　　　　总检察院
检察长　　　　　　　检察长
张　军　　　扎戈尔卡·多洛瓦茨

中华人民共和国最高人民检察院和蒙古国总检察院合作协议

中华人民共和国最高人民检察院和蒙古国总检察院（以下简称"双方"），在相互尊重主权和平等互利基础上，在遵守本国法律和履行本国加入的国际条约义务前提下，为进一步发展和促进两国检察机关的友好往来与司法合作，提高刑事司法协助效率，有效实施《中华人民共和国和蒙古人民共和国关于民事和刑事司法协助的条约》（以下简称《条约》），特达成以下共识。

第一条 双方应依据《条约》规定，在各自职责范围内加强和深化刑事司法协助领域的合作，并积极提供协助。

第二条 双方在根据《条约》提供刑事司法协助请求书时，可提供电子版，随后需及时补充请求书原件。需要补充材料时，可直接通过电子版联系，不需重新提供请求书。

第三条 双方在各自职权范围内，敦促相关司法执法部门采取必要措施，切实保障对方国家人员、机构在本国的安全及合法权益。

第四条 双方将通过互派代表团访问、举办研讨会等形式，促进双方检察官的交流与了解。

第五条 蒙方每年可派检察官到中国参加业务培训，中方将承担蒙方人员在中国境内的食宿、交通、培训等费用。具体培训人数和时间由双方沟通确定。

第六条 双方将继续支持边境检察机关开展交流与合作，建立边境盟、省级检察院会晤形式，相互交流彼此边境地区社会治安、生态环境保护和犯罪动向等情况，共同打击涉及对方的跨境犯罪，保护边境地区的和谐稳定。两国省级检察院开展交流的情况应报各自最高检察机关。

在双方领导和授权下，中国内蒙古自治区人民检察院和蒙古南戈壁省检察院、东戈壁省检察院、苏赫巴托省检察院、东方省检察院在各自职权范围内开展定期会晤,依法加强合作与交流。每年举办一次定期会晤。

第七条　双方可应对方要求交换关于检察机关组织建设、职能作用等方面的法律文件、检察工作信息和法律出版物。

第八条　实施本协议期间,双方均应承担对提供和接受的文件、信息和数据的保密义务。在未得到对方的书面同意之前,一方不得公开或者转移相关文件、信息或其它数据。

第九条　本协议未规定的内容,双方可在协商一致的情况下,在各自职权范围内进行一定的扩大和深化合作。

第十条　本协议在解释或执行时发生的疑问或争议,双方应本着互相谅解和尊重的精神通过直接沟通的方式协商解决。

第十一条　应一方要求,双方可通过谈判对协议的内容进行修改。任何修改内容需经双方签字后生效。

第十二条　本协议的实施,中方由中华人民共和国最高人民检察院国际合作局负责,蒙方由蒙古

国总检察院外交、司法协助局负责。

第十三条　本协议自签署之日起生效,有效期5年。如其中一方未在本协议有效期结束6个月前书面通知对方废止本协议,则本协议的有效期自动延长5年,并依此顺延。

如其中一方书面通知对方要求废止本协议,则本协议在收到通知日起60天后废止。

双方于1998年10月26日签订的《中华人民共和国最高人民检察院和蒙古国总检察院合作协议》和2011年9月20日签订的《中华人民共和国最高人民检察院和蒙古国总检察院合作谅解备忘录》自本协议生效之日起不再适用。

本协议于二〇一九年十一月二十五日在北京签署,一式两份,每份均用中文和蒙文写成,两种文本具有同等效力。

中华人民共和国　　　　蒙古国
最高人民检察院　　　　总检察院
检察长　　　　　　　　总检察长
张　军　　　　　班·扎尔格勒赛罕

中国－越南边境地区检察机关会晤
第二次会议纪要

中国越南边境地区检察机关会晤第二次会议于2019年11月28日在越南广宁省下龙市召开。会议主题是"加强直接合作,提高刑事司法协助质量和效率,保护边境地区公共利益"。

参加会议有38位代表,其中:

由最高人民检察院副检察长张雪樵率领的中华人民共和国检察代表团有10位代表,包括第一检察厅、第八检察厅和国际合作局领导;云南省和广西壮族自治区人民检察院领导和代表。

由最高人民检察院副检察长陈公樊率领的越南社会主义共和国检察代表团有28位代表,包括第十厅、第十三厅、第十四厅和办公厅等业务部门领导;和中国接壤的广宁、谅山、高平、奠边、莱州、老街、河江等七省人民检察院领导以及河内市人民检察院检察长。

会晤在友好,充满同志加兄弟之情的气氛中进

行,与会代表就巩固友谊,共同打击犯罪,提高刑事司法协助质量和效率,保护两国边境地区公共利益等重要问题坦诚、深入地交换了意见。会议取得圆满成功并达成如下共识:

1. 会议认为本次会议的主题和内容符合全球化背景下双方进一步加强司法合作的需求。双方认为需进一步提高刑事司法协助效率、预防和打击跨国犯罪,加强边境地区资源环境、药品食品安全等领域司法协作,共同保护两国公共利益。

2. 会议认为双方需高度重视边境地区检察合作机制的重要意义,并在执行中根据实际情况不断充实和完善合作内容。两国边境地区检察机关要加强配合执行刑事司法协助请求,互派代表团访问,分享信息,及时解决执行刑事司法协助请求过程中遇到的困难,切实提高两国边境地区预防和打击犯罪的效果。

3. 会议认为要加强地方检察队伍教育培训的合作,共同提高两国边境地区检察干警的汉越双语能力。

4. 两国最高人民检察院要为双方及相互接壤地方检察院开展合作创造便利条件。

5. 边境地区检察机关要做好普法工作,共同提高边民的法律意识,充分发动边民及时发现、预防和打击犯罪。

各方同意于 2021 年在中国举办中国－越南边境地区检察机关会晤第三次会议。由双方国际合作局负责联系,并为履行本纪要的有关问题向两国

最高人民检察院领导提出建议。

本纪要一式两份,每份均用中文和越南文写成,两种文本同等作准,双方各持一份中文和一份越南文版本。

代表	代表
中华人民共和国	越南社会主义共和国
最高人民检察院	最高人民检察院
团长	团长
副检察长	副检察长
张雪樵	陈公樊

第十七次上海合作组织成员国
总检察长会议纪要

第十七次上海合作组织成员国总检察长会议于 2019 年 10 月 1 日在吉尔吉斯斯坦比什凯克市召开。

出席会议的有:印度共和国代理起诉总长阿南德、哈萨克斯坦共和国总检察长努尔达吾列托夫、中华人民共和国最高人民检察院检察委员会专职委员万春、吉尔吉斯共和国总检察长奥·扎姆什托夫、巴基斯坦伊斯兰共和国总检察长安瓦尔·瓦苏尔、俄罗斯联邦第一副总检察长布克斯曼、塔吉克斯坦共和国副总检察长穆哈玛迪布洛希姆、乌兹别克斯坦共和国总检察长奥·伊尔达舍夫。上海合作组织秘书处副秘书长阿卡什卡洛夫和上海合作组织地区反恐怖机构副主任季约索夫以及阿富汗伊斯兰共和国、白俄罗斯、伊朗伊斯兰共和国、蒙古国等上海合作组织观察员国和阿塞拜疆、亚美尼亚共和国、尼泊尔联邦民主共和国、土耳其、斯里兰卡社会主义共和国、柬埔寨王国等对话伙伴国的检察机关领导以及独联体国家协调委员会执行秘书叶尔摩拉耶夫、国际检察官联合会主席黄喆奎也参加了会议。

各代表团团长就上海合作组织成员国检察机关在打击走私和非法贩运麻醉药品,精神药物及其前体等方面的工作交流了经验。根据会议结果,上合组织成员国代表团的领导们:

意识到必须进一步共同努力,提高上海合作组织成员国检察机关相互协作的效率;

强调加强有效合作,打击走私和非法贩运麻醉药品,精神药物及其前体的重要性,将其作为打击跨国有组织犯罪的优先事项之一;

表示高度关注区域内麻醉药品,精神药物及其前体的发展规模和趋势;

努力加强协作,增强上海合作组织成员国间睦邻友好合作的能力;

根据上海合作组织宪章规定和上合组织 2025 年发展战略、2019 年 6 月 14 日发表的元首理事会比什凯克宣言、2018 年至 2023 年的上海合作组织成员国禁毒战略和行动实施计划,上合组织预防药物滥用和精神药物公约以及 2004 年 6 月 17 日通过的上合组织成员国关于打击毒品和麻醉品的协议、1988 年 12 月 20 日通过的"联合国禁止非法贩运麻醉药品和精神药物公约"和上合组织成员国参加的其他国际条约,作出以下决定:

1. 加强上合组织成员国检察机关合作,加强打击极端主义、恐怖主义、分裂主义、非法买卖毒品设备和制毒原料、贩卖人口、犯罪收入(极端主义和恐怖主义资助来源)合法化(洗钱)等犯罪的力度。创造必要条件,提升与非法贩运毒品相关的刑事司法协助效率,包括通缉、查明、追缴,冻结,扣押和没收

犯罪资产,确保遵守国际法和国内法的原则和规范;

2. 不断交流打击与非法贩运麻醉药品,精神药物及其前体有关的跨国有组织犯罪领域的监管法案、参考文献,方法手段,信息分析,科研教学资料;

3. 加强和改善上海合作组织检察机关教学科研机构之间相互协作,对负责打击非法贩运麻醉药品,精神药物及其前体的检察人员开展培训,提高职业技能;

4. 扩大与观察员国和对话伙伴国检察机关的合作,并与打击非法贩运麻醉药品,精神药物及其前体问题的区域和国际组织的有关机构发展协作;

5. 就打击非法贩运麻醉药品,精神药物及其前体的专题开展双边和多边活动;

6. 下次上合组织成员国总检察长会议将于2020年秋天在乌兹别克斯坦共和国举行。

该会议纪要于2019年10月1日在吉尔吉斯共和国比什凯克市签署,该纪要俄语和汉语版本一式两份,具有同等法律效力。

该会议纪要交由上合组织秘书处保管,秘书处将为各方提供经公正无误的复印件。

印度共和国代理起诉总长	阿南德
哈萨克斯坦共和国总检察长	努尔达吾列托夫
中华人民共和国最高人民检察院检察委员会专职委员	万 春
吉尔吉斯共和国总检察长	奥·扎姆什托夫
巴基斯坦伊斯兰共和国总检察长	安瓦尔·瓦苏尔
俄罗斯联邦第一副总检察长	布克斯曼
塔吉克斯坦共和国副总检察长	穆哈玛迪布洛希姆
乌兹别克斯坦共和国总检察长	奥·伊尔达舍夫

第 五 部 分

大 事 记

2019 年检察机关大事记

一月

3 日　国务院新闻办公室举行新闻发布会,最高人民检察院检察长张军、副检察长童建明介绍最高人民检察院改革内设机构,全面履行法律监督职能有关情况并答记者问。

7 日　中央政治局常委会听取最高人民检察院党组工作汇报,最高人民检察院党组书记、检察长张军作工作报告,党组副书记、副检察长邱学强,党组成员、副检察长孙谦,党组成员、中央纪委国家监委驻最高人民检察院纪检监察组组长苏德良,党组成员、副检察长童建明、陈国庆列席会议。

10 日　最高人民检察院召开检察新闻宣传工作座谈会。最高人民检察院检察长张军主持座谈会并讲话,副检察长邱学强出席。中宣部副部长、中央广播电视总台党组书记、台长慎海雄,人民日报社副总编辑吕岩松,新华通讯社副社长刘思扬出席并讲话。中央有关部门、中央主要新闻媒体和网络媒体负责同志参加座谈。座谈会前,中央有关部门和中央主要新闻媒体负责人出席了 2018 年度十大检察新闻和十大法律监督案例定评会。

17 日　全国检察长会议在北京召开。在 17 日上午和下午的大会上,最高人民检察院检察长张军讲话,副检察长邱学强主持。副检察长孙谦,中央纪委国家监委驻最高人民检察院纪检监察组组长苏德良,副检察长童建明、张雪樵、陈国庆出席。各省、自治区、直辖市检察院,解放军军事检察院,新疆生产建设兵团检察院检察长;最高人民检察院各内设机构、直属事业单位负责人参加。中央国家机关有关内设机构负责人,部分全国人大代表、政协委员和法学专家学者应邀参加。

22 日　上午,最高人民检察院检察长张军、副检察长张雪樵走访九三学社、中国民主建国会。下午,最高人民检察院检察长张军、副检察长童建明走访中国民主促进会。

23 日　上午,最高人民检察院检察长张军、副检察长张雪樵走访台湾民主自治同盟、中国农工民主党、中国国民党革命委员会。下午,最高人民检察院检察长张军、副检察长陈国庆走访中国民主同盟。

24 日　最高人民检察院机关召开离退休老干部座谈会,最高人民检察院检察长张军与 29 位离退休老同志一起畅谈检察工作,副检察长童建明出席。座谈会上,张军检察长为 4 位从事检察工作满 30 年的离退休干部代表颁发了"检察荣誉证章"。

25 日　最高人民检察院检察长张军、副检察长孙谦走访中国致公党。

26 日　最高人民检察院检察长张军主持召开特约监督员座谈会,征求对《最高人民检察院工作报告(征求意见稿)》的意见建议。副检察长邱学强通报《最高人民检察院工作报告(征求意见稿)》起草情况和主要内容,中央纪委国家监委驻最高人民检察院纪检监察组组长苏德良,副检察长童建明、张雪樵、陈国庆出席。

28 日　最高人民检察院党组召开 2018 年度民主生活会,紧扣强化创新理论武装,树牢"四个意识",坚定"四个自信",坚决做到"两个维护",勇于担当作为,以求真务实作风坚决把党中央决策部署落到实处这一主题,进行党性分析,开展批评与自我批评。最高人民检察院党组书记、检察长张军主持会议并作总结讲话,党组副书记、副检察长邱学强,党组成员、副检察长孙谦,党组成员、中央纪委国家监委驻最高人民检察院纪检监察组组长苏德良,党组成员、副检察长童建明、陈国庆出席会议,副检察长张雪樵列席会议并发言。

31 日　最高人民检察院机关举行新春团拜会,最高人民检察院检察长张军致新春贺词。最高人民检察院领导、离退休老领导老同志、机关全体干部职工和离退休干部代表观看了文艺节目。

二月

2 日　最高人民检察院印发《关于认真学习贯彻习近平总书记在十九届中央纪委三次全会上重要讲话精神的通知》(高检发〔2019〕2 号)。

15 日　最高人民检察院检察长张军主持召开特约监督员座谈会,征求对《最高人民检察院工作报告(征求意见稿)》的意见建议。副检察长邱学强通报了《最高人民检察院工作报告(征求意见稿)》起草情况和主要内容,副检察长孙谦,中央纪委国家监委驻最高人民检察院纪检监察组组长苏德良,副检察长童建明、张雪樵、陈国庆,检察委员会专职委员万春、张志杰出席座谈会。

21日 最高人民检察院召开全国人大代表、专家学者座谈会，征求对《最高人民检察院工作报告（征求意见稿）》的意见建议。最高人民检察院检察长张军主持，副检察长邱学强、孙谦，中央纪委国家监委驻最高人民检察院纪检监察组组长苏德良，副检察长童建明、陈国庆，检察委员会专职委员张志杰出席座谈会。

22日 最高人民检察院举行党组中心组（扩大）学习专题辅导报告会，学习贯彻《中国共产党政法工作条例》。最高人民检察院党组书记、检察长张军主持报告会，中央政法委员、秘书长陈一新作专题辅导报告。报告会以电视电话会议形式召开，院党组成员、中央纪委国家监委驻最高人民检察院纪检监察组组长苏德良，院党组成员、副检察长童建明、陈国庆，检察委员会专职委员万春、张志杰，驻院纪检监察组、机关各内设机构全体人员，各直属事业单位处级以上党员干部，解放军军事检察院领导和内设机构主要负责同志在最高人民检察院主会场参加报告会，省、市、县三级检察院设立分会场。

25日 最高人民检察院召开全国检察机关党风廉政建设和反腐败工作会议暨第三轮巡视工作动员部署会，最高人民检察院检察长张军出席并讲话。副检察长邱学强主持会议。中央纪委国家监委驻最高人民检察院纪检监察组组长苏德良传达十九届中央纪委三次全会精神，对检察机关党风廉政建设和反腐败工作提出建议。副检察长童建明宣布第三轮巡视组的授权任职及任务分工。副检察长孙谦、张雪樵、陈国庆，检察委员会专职委员万春、张志杰出席。会议以电视电话会议形式开至全国四级检察院。最高人民检察院巡视工作领导小组成员，中央纪委国家监委驻最高人民检察院纪检监察组和最高人民检察院机关全体人员，各省级检察院会议代表在北京主会场参加会议。中央政法委员会派员到主会场指导。

26日 最高人民检察院邀请17位社会各界人士代表召开座谈会，征求对《最高人民检察院工作报告（征求意见稿）》和检察工作的意见建议。最高人民检察院检察长张军主持，副检察长邱学强、童建明、张雪樵，检察委员会专职委员万春、张志杰出席座谈会。

26日 最高人民检察院印发《关于认真学习贯彻〈中国共产党政法工作条例〉的通知》（高检发〔2019〕4号）。

28日 国家检察官学院举行2019年春季学期开学典礼，最高人民检察院检察长张军出席并开讲2019学年大检察官讲堂第一讲。

28日 最高人民检察院召开专家学者座谈会，征求对《最高人民检察院工作报告（征求意见稿）》的意见建议。最高人民检察院检察长张军主持，副检察长邱学强、中央纪委国家监委驻最高人民检察院纪检监察组组长苏德良，副检察长童建明、陈国庆，检察委员会专职委员张志杰出席座谈会。

三月

1日 最高人民检察院印发《最高人民检察院、全国工商联关于印发〈关于建立健全检察机关与工商联沟通联系机制的意见〉的通知》（高检发〔2019〕5号）。

4日 最高人民检察院召开庆祝"三八"国际妇女节暨女法律人为民营企业提供法律服务座谈会，最高人民检察院检察长张军出席并讲话，副检察长童建明主持。

4日 最高人民检察院召开两会检察系统人员座谈会，通报《最高人民检察院工作报告》有关情况。最高人民检察院检察长张军主持，副检察长邱学强、孙谦，中央纪委国家监委驻最高人民检察院纪检监察组组长苏德良，副检察长童建明、张雪樵、陈国庆，检察委员会专职委员万春、张志杰出席座谈会。

12日 最高人民检察院检察长张军在十三届全国人大二次会议第三次全体会议上作最高人民检察院工作报告。副检察长邱学强、孙谦，中央纪委国家监委驻最高人民检察院纪检监察组组长苏德良，副检察长童建明、张雪樵、陈国庆，检察委员会专职委员万春、张志杰列席会议。

12日 最高人民检察院检察长张军主持召开全国两会旁听人员汇报会，听取旁听人员汇报代表委员对最高人民检察院工作报告的意见建议和反映集中的问题。副检察长邱学强、孙谦，中央纪委国家监委驻最高人民检察院纪检监察组组长苏德良，副检察长童建明、张雪樵、陈国庆，检察委员会专职委员万春、张志杰出席。

18日 最高人民检察院召开全国两会工作总结会、全国两会新闻宣传工作总结会，最高人民检察院检察长张军出席并讲话,副检察长邱学强主持,副检察长童建明、检察委员会专职委员张志杰出席会议。

21日　最高人民检察院召开全国检察机关学习贯彻全国两会精神电视电话会议,最高人民检察院检察长张军出席并讲话。副检察长邱学强主持会议,并就加强检察新闻舆论工作提出了具体要求。中央纪委国家监委驻最高人民检察院纪检监察组组长苏德良,副检察长童建明,检察委员会专职委员万春、张志杰出席会议。电视电话会议开到全国四级检察院。

四月

9日　最高人民检察院举行2019年最高人民检察院领导干部业务讲座,最高人民检察院检察长张军讲授第一课。副检察长邱学强主持,副检察长孙谦、童建明、张雪樵、陈国庆,检察委员会专职委员万春参加。

10日　最高人民检察院举行知名法学期刊主编座谈会,最高人民检察院检察长张军主持,副检察长童建明,检察委员会专职委员万春出席座谈会。27位知名法学期刊主编、副主编参加。

17日　最高人民检察院党组书记、检察长张军出席政法领导干部专题研讨班,并作专题辅导报告。

28日、29日　最高人民检察院举行以"'我将无我'奋斗,不负人民重托——共和国建设者走进检察机关"为主题的第27次检察开放日活动,首次邀请全国劳模参加。最高人民检察院检察长张军主持座谈会并讲话,副检察长邱学强、童建明、陈国庆,检察委员会专职委员万春出席,中华全国总工会书记处书记、党组成员王俊治出席并讲话。

30日　最高人民检察院举办国史讲座第一讲,最高人民检察院检察长张军主持并讲话,国防大学教授、博士生导师徐焰作专题讲座。副检察长邱学强、孙谦、童建明、陈国庆,检察委员会专职委员万春,最高人民检察院机关各内设机构及直属事业单位全体人员参加讲座。

五月

6日　最高人民检察院举办以"弘扬五四精神,建设法治中国"为主题的第28次检察开放日,邀请高校法律专业学生代表参加活动。最高人民

检察院检察长张军致欢迎词。副检察长邱学强出席欢迎仪式。

30日　最高人民检察院举行以"携手关爱,共护明天"为主题的第29次检察开放日活动。

六月

6日　最高人民检察院召开"不忘初心、牢记使命"主题教育动员部署会议。最高人民检察院检察长张军,中央主题教育第十一指导组组长冷溶出席会议并讲话。副检察长邱学强、孙谦,中央纪委国家监委驻最高人民检察院纪检监察组组长苏德良,副检察长陈国庆出席。

12日　最高人民检察院举行"不忘初心、牢记使命"主题教育报告会,最高人民检察院检察长张军出席报告会并讲话,中央主题教育第十一指导组副组长李五四出席报告会。副检察长邱学强、孙谦,中央纪委国家监委驻最高人民检察院纪检监察组组长苏德良,副检察长童建明、张雪樵、陈国庆,检察委员会专职委员万春,最高人民检察院机关全体党员干部参加报告会。

17日至20日　最高人民检察院检察长张军率中国检察代表团赴俄罗斯哈巴罗夫斯克出席中俄检察机关圆桌会议。

22日　最高人民检察院检察长张军、中央纪委国家监委驻最高人民检察院纪检监察组组长苏德良、副检察长陈国庆、检察委员会专职委员万春出席最高人民检察院机关广播操展演暨趣味运动会。机关及直属事业单位近700名干部职工参加。

27日　最高人民检察院组织"不忘初心、牢记使命"主题教育专题党课。最高人民检察院党组书记、检察长张军作专题授课,党组副书记、副检察长邱学强主持,中央主题教育第十一指导组组长冷溶、副组长李五四等出席。院党组成员、副检察长孙谦、童建明,副检察长张雪樵在主会场,全国四级检察机关干警通过电视电话会议系统在分会场参加。

七月

8日　最高人民检察院机关举行"不忘初心、牢记使命"主题教育学习交流会,最高人民检察院检察长张军出席会议并讲话,副检察长邱学强、孙谦、张雪樵、陈国庆,检察委员会专职委员张志杰出席,副检察长童建明主持。

20日　大检察官研讨班在四川成都开班。在

上午和下午的大会上，最高人民检察院检察长张军讲话，副检察长邱学强主持。副检察长孙谦，中央纪委国家监委驻最高人民检察院纪检监察组组长苏德良，副检察长童建明、张雪樵、陈国庆，检察委员会专职委员万春出席。各省、自治区、直辖市检察院，军事检察院，新疆生产建设兵团检察院检察长，最高人民检察院各内设机构、直属事业单位负责人参加。部分中央国家机关有关机构负责人、最高人民检察院特约监督员、全国政协委员、法学专家学者应邀参加。下午，中国检察官协会举行第六次全体代表大会暨第六届理事会第一次会议，最高人民检察院检察长张军当选中国检察官协会会长。副检察长邱学强代表中国检察官协会作第五届理事会工作报告。副检察长童建明主持会议。大会选举邱学强为中国检察官协会常务副会长，副检察长孙谦、童建明、张雪樵、陈国庆，检察委员会专职委员万春、张志杰为副会长；选举产生了第六届理事会理事、常务理事。

21 日　中国法学会检察学研究会召开第三次会员代表大会暨换届选举会议。

21 日　第二十届全国检察理论研究年会暨中国法学会检察学研究会年会在四川成都举行。

30 日　最高人民检察院举行出访成果分享报告会。最高人民检察院检察长张军主持并强调，要以习近平外交思想为指引，扎实做好新时代检察外事工作，增自信、知不足、促合作。副检察长邱学强，中央纪委国家监委驻最高人民检察院纪检监察组组长苏德良，副检察长童建明，检察委员会专职委员万春、张志杰出席。

八月

17 日　最高人民检察院举行第 31 次检察开放日活动，230 余名社会公众通过网上预约参加活动。

19 日　最高人民检察院机关举行"不忘初心、牢记使命"主题教育第二次学习交流会。最高人民检察院检察长张军强调，检察机关领导干部要以上率下，加强党的政治建设，落实管党治党责任，确保主题教育见实效、收长效。副检察长邱学强、孙谦，中央纪委国家监委驻最高人民检察院纪检监察组组长苏德良，副检察长陈国庆，检察委员会专职委员张志杰出席，副检察长童建明主持。

21 日　最高人民检察院召开离退休部级老领导座谈会，通报今年以来检察工作和最高人民检察院"不忘初心、牢记使命"主题教育情况，听取老领导意见建议。最高人民检察院检察长张军主持，副检察长邱学强、孙谦，中央纪委国家监委驻最高人民检察院纪检监察组组长苏德良，副检察长童建明、陈国庆，检察委员会专职委员张志杰出席，梁国庆、熊传震、王克、王振川、陈连福、莫文秀、张常韧、许卫国参加。

23 日　最高人民检察院召开各民主党派全国人大代表、全国政协委员座谈会，通报上半年检察工作和最高人民检察院机关开展主题教育情况，听取代表委员意见建议。最高人民检察院检察长张军主持，中央统战部副部长邹晓东出席。副检察长邱学强，中央纪委国家监委驻最高人民检察院纪检监察组组长苏德良、副检察长童建明、检察委员会专职委员张志杰出席。

23 日　最高人民检察院印发《关于建立过问或干预、插手检察办案等重大事项记录报告制度的实施办法》（高检发〔2019〕10 号）。

27 日　最高人民检察院印发《人民检察院办案活动接受人民监督员监督的规定》（高检发〔2019〕11 号）。

28 日　最高人民检察院召开全国检察机关刑事检察工作电视电话会议，最高人民检察院检察长张军出席会议并讲话，副检察长邱学强、中央纪委国家监委驻最高人民检察院纪检监察组组长苏德良，副检察长童建明、陈国庆，检察委员会专职委员万春、张志杰出席，副检察长孙谦主持并讲话。会议以电视电话会议形式开到全国四级检察机关，中央政法委、最高人民法院、公安部、司法部等相关部门负责人和参加全国刑事检察业务培训的学员在主会场参加会议。

30 日　最高人民检察院党组召开"不忘初心、牢记使命"主题教育专题民主生活会，最高人民检察院党组书记、检察长张军主持会议，进行检视剖析并讲话。中央主题教育第十一指导组组长冷溶到会指导并讲话，指导组副组长李五四到会指导。党组副书记、副检察长邱学强，党组成员、副检察长孙谦，党组成员、中央纪委国家监委驻最高人民检察院纪检监察组组长苏德良，党组成员、副检察长童建明、陈国庆，检察委员会专职委员万春、张志杰逐一进行检视剖析，严肃认真地开展了批评与自我批评。最高人民检察院副检察长张雪樵列席会议，并从民主监督的角度提出意见建议。

九月

4日 最高人民检察院机关召开"不忘初心、牢记使命"主题教育总结会议,最高人民检察院检察长张军出席并讲话。中央主题教育第十一指导组组长冷溶、副组长李五四到会指导。副检察长邱学强主持,中央纪委国家监委驻最高人民检察院纪检监察组组长苏德良,副检察长童建明、陈国庆出席。

7日 最高人民检察院检察长、北京二中法治副校长张军到北京二中开讲第二次法治课。

9日 根据中央关于巡视工作的统一部署,召开中央第四巡视组巡视最高人民检察院党组工作动员会议。会前,中央第四巡视组组长赵凤桐主持召开与最高人民检察院党组书记、检察长张军的见面沟通会。张军检察长主持动员会议并讲话,中央第四巡视组组长赵凤桐作动员讲话。中央第四巡视组副组长王利华及有关同志,最高人民检察院党组副书记、副检察长邱学强,党组成员、副检察长孙谦,党组成员、中央纪委国家监委驻最高人民检察院纪检监察组组长苏德良,党组成员、副检察长童建明、陈国庆,副检察长张雪樵,驻院纪检监察组有关负责同志,机关各内设机构副巡视员、二级高级检察官以上人员,各直属事业单位班子成员等参加会议。

9日 召开中央第四巡视组听取最高人民检察院党组工作汇报会议,最高人民检察院党组书记、检察长张军主持会议并汇报,中央第四巡视组组长赵凤桐,副组长王利华及其他同志,最高人民检察院党组副书记、副检察长邱学强,党组成员、副检察长孙谦,党组成员、中央纪委国家监委驻最高人民检察院纪检监察组组长苏德良,党组成员、副检察长童建明、陈国庆,副检察长张雪樵参加会议。

17日 第十一期全国检察教育培训讲师团西部巡讲支教启动。最高人民检察院检察长张军接见讲师团全体人员。

19日 最高人民检察院党组第四轮巡视动员部署会召开。最高人民检察院党组书记、检察长张军出席并讲话,党组副书记、副检察长邱学强主持,党组成员、中央纪委国家监委驻最高人民检察院纪检监察组组长苏德良,党组成员、副检察长童建明出席。被巡视省级检察院党组副书记和巡视巡察机构负责人,最高人民检察院党组巡视工作领导小组成员,驻院纪检监察组、检务督察局和各巡视组全体同志参加会议。

19日 最高人民检察院与司法部举行工作座谈会,最高人民检察院检察长张军出席并讲话,最高人民检察院副检察长邱学强主持。

23日 国家检察官学院举行2019年秋季学期大检察官讲堂第一讲。最高人民检察院党组书记、检察长张军作专题报告。

26日 最高人民检察院举办庆祝新中国成立70周年"歌唱祖国"文艺汇演。汇演前,最高人民检察院检察长张军为熊传震、薛辉、徐同昌、白晶、崔进、王军等6名"庆祝中华人民共和国成立70周年"纪念章获得者颁发纪念章。最高人民检察院各厅级单位和老检察官合唱团分别进行了合唱表演。副检察长邱学强、中央纪委国家监委驻最高人民检察院纪检监察组组长苏德良,副检察长童建明、陈国庆,检察委员会专职委员万春出席活动。

27日 最高人民检察院机关举行新任职人员宪法宣誓仪式。最高人民检察院检察长张军监誓并讲话,副检察长邱学强主持宣誓仪式,检察委员会专职委员万春领誓,检察委员会专职委员张志杰等新任职人员进行宪法宣誓。

27日 最高人民检察院举办国史讲座第二讲,邀请原中央党史研究室副主任李忠杰作专题辅导讲座。最高人民检察院检察长张军主持并讲话,副检察长邱学强、中央纪委国家监委驻最高人民检察院纪检监察组组长苏德良,副检察长童建明、陈国庆,检察委员会专职委员万春、张志杰和机关全体党员干部参加讲座。

29日 最高人民检察院印发《关于对全国检察机关第二批"不忘初心、牢记使命"主题教育加强指导的通知》(高检发〔2019〕12号)。

十月

11日 最高人民法院、最高人民检察院、公安部、国家安全部、司法部印发《关于适用认罪认罚从宽制度的指导意见》的通知(高检发〔2019〕13号)。

18日 中国政法实务大讲堂首场专题讲座在北京大学开讲,最高人民检察院检察长张军以"中国特色社会主义司法制度的优越性"为主题,与300余名北京大学师生热烈互动,共话法治。

27日 由最高人民检察院和中央广播电视总台共同录制的《守护明天》第三季首映式在最高人

民检察院举行。最高人民检察院检察长张军,中宣部副部长、中央广播电视总台台长慎海雄出席并致辞。最高人民检察院副检察长童建明出席首映式。

十一月

4日 最高人民检察院机关召开学习贯彻党的十九届四中全会精神大会,最高人民检察院检察长张军出席会议并讲话,副检察长邱学强主持,中央纪委国家监委驻最高人民检察院纪检监察组组长苏德良,副检察长童建明、张雪樵、陈国庆,检察委员会专职委员万春和机关全体党员干部参加会议。

10日 中国政法实务大讲堂在中国人民大学开讲,最高人民检察院检察长张军以"中国特色社会主义司法制度的优越性"为主题作专题讲座,并与听课师生讨论交流。

11日 最高人民检察院举办"检察护航民企发展"主题检察开放日活动,邀请民营企业家到最高人民检察院参加座谈,最高人民检察院检察长张军主持座谈会并讲话,全国政协副主席、全国工商联主席高云龙出席座谈会并讲话。最高人民检察院副检察长邱学强、陈国庆,检察委员会专职委员万春,中央统战部副部长、全国工商联党组书记、常务副主席徐乐江,全国工商联党组成员、副主席鲁勇,党组成员、秘书长赵德江和最高人民检察院、全国工商联有关部门负责同志参加座谈会。

11日 最高人民检察院与全国工商联召开服务民营经济健康发展工作会商会,最高人民检察院检察长张军代表最高人民检察院结合学习贯彻党的十九届四中全会精神就做好服务民营经济发展工作提出建议,全国政协副主席、全国工商联主席高云龙出席会商会,中央统战部副部长、全国工商联党组书记、常务副主席徐乐江主持。最高人民检察院副检察长邱学强,检察委员会专职委员万春,全国工商联党组成员、副主席鲁勇,党组成员、秘书长赵德江和最高人民检察院、全国工商联有关部门负责同志参加会商会。

12日 最高人民检察院召开咨询委员工作会议,最高人民检察院检察长张军主持会议并讲话,最高人民检察院咨询委员会主任朱孝清报告2019年工作,朱孝清、杨振江、倪英达、陈连福、池强、许卫国、张常韧、莫文秀8位调研组组长分别汇报了各专题调研情况,哈斯木·马木提发言,24位咨询委员参加会议。副检察长邱学强、孙谦,中央纪委国家监委驻最高人民检察院纪检监察组组长苏德良,副检察长陈国庆,检察委员会专职委员张志杰和机关各部门负责人参加会议。

13日 最高人民检察院检察长张军、副检察长邱学强在河南郑州出席第一届新时代检察工作论坛。

15日 最高人民检察院召开全国检察机关学习贯彻党的十九届四中全会精神电视电话会议,最高人民检察院检察长张军出席会议并讲话,副检察长邱学强主持。副检察长孙谦、中央纪委国家监委驻最高人民检察院纪检监察组组长苏德良,副检察长张雪樵、陈国庆,检察委员会专职委员万春和机关全体党员干部在主会场参加会议,全国四级检察机关人员通过电视电话会议在各分会场参会。

18日 最高人民检察院检察长张军、最高人民法院副院长姜伟、全国律师协会刑事专业委员会主任田文昌在国家检察官学院参加"控辩审"三人谈,就认罪认罚从宽制度适用中的重点问题进行深入细致的权威解读,最高人民检察院副检察长陈国庆主持。

20日、21日 第二届服务保障长江经济带发展检察论坛在上海举办,最高人民检察院副检察长邱学强出席论坛并讲话,副检察长张雪樵主持,上海市委副书记、市委政法委书记尹弘致辞。

22日 最高人民检察院检察长张军、副检察长张雪樵出席政协第十三届全国委员会第三十次双周协商座谈会,协商检察公益诉讼制度。

十二月

2日 全国检察机关"学习贯彻四中全会精神,做好意识形态工作"培训班在京开班,最高人民检察院检察长张军出席并讲话。副检察长邱学强、孙谦,政治部主任潘毅琴出席,副检察长童建明主持开班式。

3日 最高人民检察院举办主题为"弘扬宪法精神,推进国家治理体系和治理能力现代化"的第33次检察开放日活动。最高人民检察院检察长张军出席欢迎仪式并致辞,副检察长邱学强、政治部主任潘毅琴出席。活动开始前举行了宪法宣誓仪式。

7日 最高人民检察院检察长张军在中国政法大学为中国政法实务大讲堂授课。

9日 最高人民检察院举行党组中心组(扩大)学习暨《中国共产党问责条例》专题辅导报告

会,邀请中央纪委国家监委法规室主任邹开红围绕学习贯彻《中国共产党问责条例》作专题辅导报告。最高人民检察院党组书记、检察长张军,党组副书记、副检察长邱学强,党组成员、中央纪委国家监委驻最高人民检察院纪检监察组组长苏德良,党组成员、副检察长童建明、陈国庆出席,党组成员、政治部主任潘毅琴主持。

13日至16日　最高人民检察院机关举办学习贯彻党的十九届四中全会精神培训班。最高人民检察院检察长张军、副检察长陈国庆、政治部主任潘毅琴分别作专题授课。副检察长邱学强、孙谦,中央纪委国家监委驻最高人民检察院纪检监察组组长苏德良,副检察长童建明、张雪樵,检察委员会专职委员万春,机关全体干警参加培训。在13日上午的开班式暨辅导报告会上,中央政法委秘书长陈一新作辅导报告。

16日　最高人民检察院举行机关学习贯彻十九届四中全会精神培训班厅级单位党组织书记交流会。最高人民检察院检察长张军主持并讲话,副检察长邱学强、孙谦,中央纪委国家监委驻最高人民检察院纪检监察组组长苏德良,副检察长童建明、张雪樵、陈国庆,检察委员会专职委员万春出席。

17日　最高人民检察院检察长张军主持召开检察监督体系和监督能力现代化建设座谈会,副检察长邱学强、孙谦,中央纪委国家监委驻最高人民检察院纪检监察组组长苏德良,副检察长童建明、张雪樵、陈国庆,政治部主任潘毅琴,检察委员会专职委员万春出席。9位来自高等院校和地方检察机关的专家学者、一线检察官受邀参加座谈会。

17日　最高人民检察院召开人民监督员代表座谈会,最高人民检察院检察长张军出席并讲话,副检察长童建明主持。64名人民监督员参加会议。

30日　最高人民检察院检察长张军、副检察长张雪樵列席最高人民法院审判委员会会议。

（最高人民检察院办公厅秘书处）

第 六 部 分

统 计 资 料

全国检察机构统计表

截至 2019 年 12 月底　　　　　　　　　　　　　　　　　　　单位：个

院　　　别			机构数
合计			3612
最高人民检察院			1
省级检察院			33
地级院	小计		398
	副省级市检察院		15
	市检察院		287
	自治州检察院		30
	盟检察院		3
	战区军事检察院		7
	派出分院	分计	56
		生产建设兵团分院	13
		直辖市检察分院	14
		铁路运输检察分院	16
		农垦检察分院	1
		林业检察分院	4
		监狱检察分院	2
		工矿检察分院	1
		油田检察分院	1
		其他派出分院（含两块牌子院）	4
县级院	小计		3180
	县、旗检察院		1420
	县级市检察院		351
	市辖区检察院		963
	自治县、旗检察院		106
	基层军事检察院		26
	派出基层院	分计	314
		基层铁路运输检察院	59
		基层农垦检察院	37
		基层林业检察院	28
		基层监狱检察院	89
		基层工矿检察院	4
		基层油田检察院	1
		基层开发区检察院	81
		其他派出基层检察院	15

33 个省级检察院中含军事检察院 1 个和新疆生产建设兵团检察院 1 个。

全国检察机关人员分类管理统计表

截至 2019 年 12 月底 单位：人

职务		人数
合 计		217787
检察人员	检察官	68194
	检察辅助人员、司法行政人员	115933
	事业编制、地方行政编制、纪检编制、其他聘用制人员	33660

（以上表格由最高人民检察院政治部办公室提供）

2019 年人民检察院审查逮捕、起诉各类犯罪案件情况统计表

案件类别	批准、决定逮捕		提起公诉	
	件	人	件	人
合 计	750262	1088490	1275233	1818808
危害公共安全案	47918	58116	417725	433428
破坏社会主义市场经济秩序案	57317	94193	68117	138537
侵犯公民人身、民主权利案	124521	159223	159564	211180
侵犯财产案	261953	357900	312506	441437
妨害社会管理秩序案	249922	409391	302499	575635
贪污贿赂案	1921	2256	12428	15173
渎职侵权案	4526	4744	1794	2329
其他	2184	2667	600	1089

2019 年人民检察院立案监督工作情况统计表

案件类别	对公安机关				对行政执法机关			
	监督立案		监督撤案		建议移送案件		已移送案件	
	件	人	件	人	件	人	件	人
合 计	16385	20934	15146	18352	5106	6091	4671	5596
危害公共安全案	1271	1335	966	1019	108	127	95	111
破坏社会主义市场经济秩序案	2189	2987	3148	3718	2187	2602	2017	2418
侵犯公民人身、民主权利案	1817	2261	1629	1862	25	29	24	28
侵犯财产案	4993	5957	6155	7382	834	961	743	856
妨害社会管理秩序案	6110	8387	3243	4366	1951	2371	1790	2181
其他	5	7	5	5	1	1	2	2

2019 年人民检察院侦查监督工作情况统计表

案件类别	纠正漏捕	纠正漏诉	侦查活动违法		检察建议					
			书面提出纠正	已纠正	提出	其中诉讼活动不当	社会治安综合治理	采纳	其中诉讼活动不当	社会治安综合治理
	人	人	件次	件次	件次	件次	件次	件次	件次	件次
合计	27383	33497	49563	42063	24381	3537	8648	20984	3134	7510
危害公共安全案	294	706	6982	6037	2001	370	423	1752	332	362
破坏社会主义市场经济秩序案	3780	5403	3781	3135	2204	329	596	1849	288	499
侵犯公民人身、民主权利案	3147	3619	9226	7771	3413	523	1453	2848	436	1219
侵犯财产案	6444	6612	13241	11321	3796	720	1167	3306	632	1019
妨害社会管理秩序案	13687	16910	16273	13751	7494	952	2794	6355	838	2434
其他	31	247	60	48	5473	643	2215	4874	608	1977

2019 年人民检察院办理刑事抗诉案件情况统计表

案件类别	提出抗诉	撤回抗诉	抗诉案件法院裁判		抗诉裁判结果					
					改判		维持原判		发回重审	
	件	件	件	人	件	人	件	人	件	人
合计	8302	1663	6499	14975	3010	4653	2135	6788	1354	3534
贪污贿赂案件	453	94	445	707	198	252	166	286	81	169
渎职侵权案件	101	24	133	221	35	53	57	105	41	63
其他刑事案件	7748	1545	5921	14047	2777	4348	1912	6397	1232	3302

注:刑事抗诉案件包括人民检察院按二审程序和审判监督程序提出抗诉的案件。

2019 年人民检察院审查起诉适用认罪认罚从宽案件统计表

案件类别	适用认罪认罚审结合计		起诉	不起诉	出庭程序小计	普通程序	简易程序	速裁程序	一审宣告刑合计	
	件	人	人	件	件	件	件	件	件	人
合计	756036	971038	865221	101281	603757	113128	306468	184161	553418	682708
危害公共安全案	310896	311805	265114	46685	245905	23894	106278	115733	227578	229683
破坏社会主义市场经济秩序案	32498	61401	54186	7208	23100	9821	11609	1670	19976	33659
侵犯公民人身、民主权利案	73658	94123	81182	12362	55022	20150	28750	6122	49315	61698
侵犯财产案	177989	234864	215959	17017	148027	25373	87802	34852	135754	171188
妨害社会管理秩序案	154885	261691	242026	17609	126892	30587	70599	25706	116269	181582
贪污贿赂案	5231	6000	5714	286	4169	2904	1210	55	3467	3984
渎职侵权案	700	878	803	75	513	352	151	10	419	520
其他	179	276	237	39	129	47	69	13	640	394

2019 年人民检察院刑事执行检察工作情况统计表

类别	减刑、假释、暂予监外执行检察				刑事执行活动检察	监外执行和社区矫正监管活动检察	监管事故检察	强制医疗交付、执行活动监督	财产执行检察
	小计	减刑	假释	暂予监外执行					
	人	人	人	人	件	人	件	件	件
检察发现不当	41725	39592	1869	264	—	—	—	—	23381
书面提出纠正违法	40271	38029	1900	342	29135	40571	63	368	23795
已纠正	38035	35861	1844	330	28847	39762	92	366	23830

注："已纠正"数据含上年度提出纠正后未作出决定的积存案件。

2019 年人民检察院对民事行政判决、裁定、调解书提出抗诉情况统计表

单位:件

案件类别	受理	审查结案	提出抗诉	抗诉案件再审情况						
				合计	改判	调解	发回重审	和解撤诉	维持原判	其他
民事案件	76900	68999	5103	4091	2342	244	472	114	838	81
行政案件	12711	11402	156	101	23	1	18	3	52	4

2019 年人民检察院对民事行政判决、裁定、调解书提出再审检察建议情况统计表

单位:件

案件类别	息诉	提出再审检察建议	法院裁定再审	采纳再审检察建议再审裁判结果						
				合计	改判	调解	发回重审	和解撤诉	维持原判	其他
民事案件	6453	7972	4583	3360	2629	153	50	122	123	283
行政案件	851	83	39	34	22	5	2	2	0	3

2019 年人民检察院办理行政公益诉讼案件统计表

单位:件

类别	案件线索受理	立案	诉前检察建议	其中			其中		
				涉及防范化解重大风险	涉及精准脱贫	涉及污染防治	起诉	法院审结	一审判决支持
合计	132791	119787	103076	253	912	23910	568	349	303
生态环境领域	55719	50263	45090	77	448	22727	276	185	166
资源保护领域	15046	13935	12091	46	110	819	110	52	48
食品安全领域	34182	30809	24490	61	212	193	34	15	15
药品安全领域	3888	3107	2732	7	0	13	3	0	0
国有财产保护领域	12552	12336	10610	28	48	25	78	67	51
国有土地使用权出让领域	1922	1564	1281	5	0	12	45	21	18
其他领域	9482	7773	6782	29	94	121	22	9	5

2019 年人民检察院办理民事公益诉讼案件统计表

单位:件

类别	案件线索受理	立案	诉前检察建议	其中			其中		
				涉及防范化解重大风险	涉及精准脱贫	涉及污染防治	起诉	法院审结	一审判决支持
合计	8934	7125	4913	9	24	559	4210	3311	2922
生态环境领域	3607	2870	1973	4	16	518	1793	1452	1269
资源保护领域	2618	2168	1453	2	5	38	1239	947	855
食品安全领域	1564	1319	963	2	3	1	773	636	557
药品安全领域	731	543	385	1	0	0	317	220	199
英烈保护领域	50	48	28	0	0	0	32	22	19
其他领域	364	177	111	0	0	2	56	34	23

2019 年人民检察院受理举报、控告、申诉案件情况统计表

单位:件

类别	受理	处理	其中	
			检察机关办理	转其他机关
合计	264116	264116	48838	57919
首次举报	45368	45368	1782	30231
首次控告	116676	116676	18094	23862
首次申诉	102072	102072	28962	3826

2019 年人民检察院办理刑事申诉案件情况统计表

单位:件

案件类别	受理	复查决定中			
		变更原决定	纠正原决定	提出抗诉	提出再审检察建议
合计	19580	139	59	—	—
不服不批捕	192	5	1	—	—
不服不起诉	4157	112	49	—	—
不服撤案	15	0	4	—	—
不服其他诉讼终结的刑事处理决定	308	22	5	—	—
不服刑事判决裁定	14908	—	—	28	250

2019 年人民检察院未成年人检察工作情况统计表

类别	计算单位	2019 年	上年
全国批准逮捕犯罪嫌疑人	人	1088490	—
其中:女	人	111181	—
批准逮捕涉及侵害未成年人	人	47563	40005
其中侵害农村留守儿童	人	2072	2259
全国决定起诉犯罪嫌疑人	人	1818808	—
其中:女	人	188759	—
起诉涉及侵害未成年人	人	62948	50705
其中侵害农村留守儿童	人	2591	2808
不捕未成年犯罪嫌疑人比例	%	5.3	—
批捕未成年犯罪嫌疑人比例	%	2.9	—
不起诉未成年犯罪嫌疑人比例	%	4.4	—
起诉未成年犯罪嫌疑人比例	%	2.4	—

（以上表格由最高人民检察院案件管理办公室提供）

第 七 部 分

名　　录

大检察官名单

首席大检察官

张　军　最高人民检察院检察长

一级大检察官

邱学强　最高人民检察院副检察长

二级大检察官

孙　谦　最高人民检察院副检察长

童建明　最高人民检察院副检察长

张雪樵　最高人民检察院副检察长

陈国庆　最高人民检察院副检察长

万　春　最高人民检察院检察委员会副部级
　　　　专职委员

张志杰　最高人民检察院检察委员会副部级
　　　　专职委员

敬大力　北京市人民检察院检察长

宫　鸣　天津市人民检察院检察长

丁顺生　河北省人民检察院检察长

杨景海　山西省人民检察院检察长

李琪林　内蒙古自治区人民检察院检察长

高继明　黑龙江省人民检察院检察长

张本才*　上海市人民检察院检察长

刘　华(女)　江苏省人民检察院检察长

贾　宇　浙江省人民检察院检察长

薛江武(女)　安徽省人民检察院检察长

霍　敏　福建省人民检察院检察长

田云鹏　江西省人民检察院检察长

陈　勇　山东省人民检察院检察长

顾雪飞　河南省人民检察院检察长

王　晋　湖北省人民检察院检察长

林贻影　广东省人民检察院检察长

崔智友　广西壮族自治区人民检察院检察长

路志强　海南省人民检察院检察长

贺恒扬　重庆市人民检察院检察长

冯　键　四川省人民检察院检察长

傅信平　贵州省人民检察院检察长

王光辉　云南省人民检察院检察长

朱雅频　西藏自治区人民检察院检察长

杨春雷　陕西省人民检察院检察长

朱　玉　甘肃省人民检察院检察长

蒙永山**　青海省人民检察院检察长

时侠联　宁夏回族自治区人民检察院检察长

李永君　新疆维吾尔自治区人民检察院检察长

最高人民检察院检察长、副检察长名单

检察长　张　军

副检察长　邱学强　孙　谦　童建明　张雪樵　陈国庆

中央纪委国家监委驻最高人民检察院纪检监察组组长名单

苏德良

---

　　*　中央纪委国家监委网站 2022 年 6 月 1 日公布,张本才涉嫌严重违纪违法,接受中央纪委国家监委纪律审查和监察调查。2023 年 12 月 19 日,张本才以受贿罪被判处有期徒刑 13 年,并处罚金人民币 400 万元。

　　**　中央纪委国家监委网站 2021 年 6 月 2 日公布,蒙永山涉嫌严重违纪违法,接受中央纪委国家监委纪律审查和监察调查。2022 年 7 月 12 日,蒙永山以受贿罪被判处有期徒刑 11 年,并处罚金人民币 200 万元。

最高人民检察院政治部主任名单

潘毅琴

最高人民检察院检察委员会专职委员名单

万　春　　张志杰

最高人民检察院检察委员会委员名单

张　军　　　邱学强　　　孙　谦　　　童建明　　　张雪樵　　　陈国庆　　　万　春
张志杰　　　郑新俭　　　王守安　　　胡卫列　　　聂建华

最高人民检察院咨询委员会组成人员名单

主　任　朱孝清
副主任　张常韧　莫文秀　李如林　许卫国
委　员　（按姓氏笔画排序）
　　　　　马永胜　王田海　乔汉荣　刘铁流
　　　　　池　强　杨　司　杨振江　杨肇季
　　　　　李定达　肖　声　吴鹏飞　何泽中
　　　　　余　敏　汪　瀚　张少康　张金锁

张培中　张智辉　张德利　陈云龙
陈连福　陈俊平　郑　红　胡太平
哈斯木·马木提　袁本朴　贾志鸿
倪英达　徐　安　徐　明　高来夫
龚佳禾　崔　伟　曾页九　蔡　宁
秘书长　刘　喆

PROCURATORIAL YEARBOOK OF CHINA 2020

Contents

Part I Selections of Important Documents of the Supreme People's Procuratorate

Part II　Selections of the Judicial Interpretations of the Supreme People's Procuratorate

Part III   Selections of Cases

Part IV   Communication and Cooperation

Part V　Important Matters

Part VI　Statistics

Part VII　Directory

Contents

（刘　志　译）